사회복지학개론

황희숙

형설출판사
www.hyungseul.co.kr

머리말

사회복지사는 개인의 주체적 사고와 자기결정권을 보장하는데 최선을 다하고 개인이 부당하게 희생되는 일이 없도록 하며, 이러한 사명을 실천하기 위하여 전문적 지식과 기술을 개발하고 사회적 가치를 실현하는 전문가로서의 능력과 품위를 유지하기 위해 노력해야 한다고 사회복지사 윤리강령 전문에 기록되어 있다.

우리 사회는 다각적이고 혼합된 기능 속에서 삶의 질을 고민하는 모두의 노력에서 오는 피로감, 또는 낙심으로 사회복지실천의 높은 수준을 기대하고 있다. 이는 곧 전문역량을 갖춘 사회복지사의 권위와 역할을 바라고 있다.

최근 들어와 지역사회와의 총체적인 욕구에 민감할 수 있도록 서비스 공급주체 간의 인적, 물적 자원을 공유하고, 교환하고 클라이언트를 돕는 전달체계 혁신에 대한 요구가 높아져서 사회복지기관과 필요한 기관간의 협력관계를 다양하게 형성하는 것이 매우 중요하다.

이렇게 시대에 따른 사회복지실천 현장의 변화와 학문적 동향에 따라 사회복지학개론을 집필하였다. 책의 구성은 제1부는 사회복지학문과 실천에서의 기초영역을 다루었으며, 제2부는 사회복지실천이론과 기숭에 대하여 설명하였고, 3부에서는 인간의 삶의 영역과 사회정책에 대하여, 제4부는 인간의 생애주기와 사회복지 실천에 대하여 설명하였다. 특히 4부에서는 복지국가로 도약하기 위한 현대 사회복지의 향후 방향과 민간 사회복지체계의 개선과제를 다루고 협력을 필요로 하는 노동, 경제, 정치, 사법과 통합된 사회복지 실천도 구성되어 있다.

제1장은 사회복지의 개념, 제2장은 사회복지학 방법의 기초, 제3장은 사회복지의 발달, 제4장은 사회복지실천을 위한 사회복지조직과 인력, 제5장은 실천을 위한 사회복지법률, 제6장은 사회복지 실천의 과정, 제7장은 사회복지실천의 이해, 제8장은 사회복지실천의 기술, 제9장은 사회보험, 제10장은 공공부조, 제11장은 인간의 생애주기와 사회복지실천, 제12장은 노인인구와 사회복지, 제13장은 장애인구와 사회복지, 제14장은 다양한 가족 지원 서비스, 제15장은 복지국가의 사회복지 실천으로 다자간의 협력을 설명하였다.

이 책을 쓰도록 인도해 주신 하나님의 축복과 은혜에 감사드린다 책을 쓸수 있도록 지적역량과 인격적 소양을 길러주신 교수님과 부모님, 그리고 많은 시간 인내와 사랑으로 받아준 가족들, 그리고 지적 민감성을 일깨워 준 사회복지현장에서 일하는 사회복지사분들 경험과 지혜로 끊임없이 소통해주신 사회복지실천가들께 감사의 마음을 전합니다 그리고 이 책이 사회복지학과 학생들과 사회복지현장의 길을 안내하는 사랑 받는 교재가 되도록 출간해주신 형설출판사와 편집부에도 감사의 마음을 전한다

2022년 12월

저자

contents

contents

01

CHAPTER

사회복지개념의 기초

1

사회서비스와 사회복지

1) 사회서비스

산업화와 민주화 과정에서 발생한 문제 해결을 위해 사회가 어떻게 대응하는지에 따라 사회서비스를 포함한 사회보장에 대한 요구가 달라질 수 있다. 따라서 사회보장정책의 형성, 변화, 발전 과정을 이해하기 위해서는 산업화에 따른 사회서비스의 자원 형성 배경과 민주화 과정을 통한 정치·사회세력 간의 권력관계를 살펴볼 필요가 있다.

여러 서구국가에서는 산업화 이후 질병, 재해, 실업 등 사회적 위험들로 인해 발생하는 소득 감소나 상실에 대응하고자 소득보장제도를 확립했다. 자본주의 사회에서 시민의 인간다운 삶을 보장하기 위해서 일차적으로 일정 수준 이상의 안정적인 경제적 자원을 확보할 수 있도록 도와주는 제도가 필수적이지만, 소득 외에도 돌봄서비스를 포함한 다양한 형태의 사회서비스가 수반될 필요가 갈수록 커져왔다. 특히 20세기 중반 이후 여성의 경제활동 참여가 증가하고 인구 구조의 고령화가 심화됨에 따라 사적 돌봄 제공 가능성이 약화되는 동시에 공적 돌봄서비스와 일상적 돌봄서비스 지원의 중요성이 증가했다. 과거에는 아동, 장애인, 노인 중에서 요보호 대상자를 선별하여 시설에 수용해 돌보는 지원 방식이 주를 이루었다. 하지만 지금은 보다 많은 사람의 일상생활을 지원하는 사회적 돌봄서비스를 공적 돌봄서비스의 형태로 지원하는 방식으로 변화할 필요성이 커졌다.

서구 복지국가에서는 이러한 신사회적 위험에 대응하기 위해 1960년대부터 돌봄을 사회적 책임 영역으로 포괄해 사회정책의 공식 영역 안으로 제도화했다. 즉, 돌봄서비스는 가족에 의한 돌봄이 제대로 이루어지지 못하는 경우에 한해 선별적·제한적으로 제공되는 서비스가 아닌, 사회서비스의 보편성에 기초하고 있음을 보여준다. 한국전쟁 이후 개발도상국의 길을 걸어왔던 한국의 사회서비스 발전 과정은 산업화·민주화 과정과 깊은 연관성을 가지고 있다. 1970, 80년대만 해도 가부장제와 성불평등이 여전히 사회 전반에 뿌리 깊게 자리 잡고 있는 상황에서 여성의 노동시장 참여율이 낮았고, 돌봄의 책임이 주로 가족과 민간에 있었다. 20세기 후반에 들어서면서부터 한국 역시 여성의 노동시장 참여 증가, 저출산·고령화의 인구 및 가족구조 변화에 따라 국가의 대응 영역이 기존 사적 영역으로 인식되어왔던 가족과 민간으로 확대될 필요가 더욱 커지게 되었다. 즉, 실업, 질병, 노령 등의 기존 사회적 위험뿐만 아니라 출산, 양육, 간병, 수발 등까지 포괄하는 신사회적 위험에 대해 대응할 책임을 가족과 민간에게 계속 남겨둘 것인가 아니면 그 책임을 가족과 민간으로부터 공공으로 이동할 것인가에 대한 문제가 지속 가능한 사회보장체계 구축을 위해 매우 중요한 전략적 선택이 된 것이다. 이와 더불어 취약계층에 대한 사회서비스 강화와 보편성 확대, 지방분권시대의 공공과 민간 간의 역할 및 관계 구축, 시민과 지역사회 참여를 통한 공공성 확보 등의 이슈가 한국 사회가 함께 고민해야 할 주요한 쟁점이라 할 수 있다.

사회서비스에 대한 본격적인 논의에 앞서 사회서비스의 개념과 범위를 살펴볼 필요가 있다. 사회서비스의 개념은 국가별 정치사회적 배경에 따라 다양하게 정의되어왔다. 영국의 경우 사회서비스는 소득보장, 보건 고용 등을 포괄하는 광의와 지원, 원호, 보호서비스를 제공하는 협의의 개념을 의미하는 반면 미국의 경우 소득보장, 교육, 의료서비스 등을 제외한 휴먼서비스를 사회서비스로 규정한다.

발레(Bahle) 등은 사회서비스의 목적, 동기를 강조하여 사회서비스의 특성을 대인사회서비스, 사회적 욕구 충족, 사회적 상호작용, 사회적 중요성 등 네 가지로 정의했다. 이봉주 외, 정경희 외 등은 '사회서비스를 이윤 추구를 일차적 목적으로 하지 않고 사회적 욕구 충적에 초점을 두는 집합적이고 관계지향적인 활동'으로 규정했다. 카메론(Cameron)과 모스(Moss)는 사회적 돌봄서비스(social care services)가 정규적이고 빈번한 면대면(face-to-face)을 바탕으로 한 국가의 지원 영역으로서 아동 대상 보육, 교육, 시설보호 및 위탁보호서비스, 노인과 장애인 대상 재가돌봄 및 시설돌봄서비스를 포괄하는 것으로 정의했다. 김은정 역시 개인의 선호를 바탕으로 하는 시장적 서비스와 달리 사회서비스는 서비스 공급과 관리, 사용의 방식에서 '사회적' 서비스의 측면이 강조되고, 따라서 국가의 개입이 요구되거나 정당화되는 특성이 있음을 강조했다. 종합하면 사회서비스는 '사회적' 욕구 충족에 일차적 목적을 두고 이루어지는 '집합적'이고 '관계지향적'인 활동이라 할 수 있다.

한국의 경우 2000년대 중반 이후 사회서비스에 대한 학문적 논의가 본격화되었으나 학문 분야나 학자에 따라 다양하게 정의되고 있고, 개념에 대한 이론적 숙의가 이루어지기 전에 행정기관별 사업에 따라 임의로 규정되면서 개념의 혼선이 있어왔다. 법률적 차원에서 살펴보면 「사회보장기본법」 제3조 제1항에서는 "'사회보장'이란 출산, 양육, 실업, 노령, 장애, 질병, 빈곤 및 사망 등의 사회적 위험으로부터 모든 국민을 보호하고 국민 삶의 질을 향상시키는 데 필요한 소득·서비스를 보장하는 사회보험, 공공부조, 사회서비스를 말한다"고 정의하고, 기존의 사회복지서비스와 관련복지제도라는 용어 대신에 이를 통합한 '사회서비스'를 사용하면서 그에 대한 정의를 "국가·지방자치단체 및 민간 부문의 도움이 필요한 모든 국민에게 복지, 보건의료, 교육, 고용, 주거, 문화, 환경 등의 분야에서 인간다운 생활을 보장하고 상담, 재활, 돌봄, 정보의 제공, 관련 시설의 이용, 역량 개발, 사회참여 지원 등을 통하여 국민의 삶의 질이 향상되도록 지원하는 제도를 말한다"고 규정하고 있다. 이 밖에 「사회적 기업 육성법」, 「사회서비스 이용 및 이용권에 관한 법률」 등에서 사회서비스를 다루고 있으나 사회서비스 개념에 대한 정의가 일관되지 않고, 범주 역시 광의와 협의가 혼재되어 다양하게 규정되고 있다.

2) 사회복지

'사회복지'라는 용어에서 '사회'는 집합적 개념으로 시민사회, 즉 개인과 개인, 개인과 집단, 개인과 사회의 상호작용이 일어나는 것을 의미하며, '사회'속에서 각 구성원은 인종적, 성적, 종교적, 신체적, 정신적 특성을 가지며, 사회는 구성원의 특성을 존중하고 사회구성원으로서의 권리가 최대한 보장될 수 있도록 사회구조를 갖출 책임을 가지며, 개인은 그러한 목적 속에 있는 사회가 건강하게 유지 발전될 수 있도록 최대한 기여할 책임이 있다. '복지'는 '안녕' 혹은 '인간 삶의 건강한 상태'를 의미하므로 '사회복지'란 '사회적 안녕'과 '사회적 행복'을 지칭한다고 할 수 있다(Barker, 2003).

사회복지는 우리들의 기본적인 삶을 유지하는 데 필요한 사회적 기제이며, 서로 돕고 나누는 사회, 서로 존중하며, 존엄성의 가치를 지향하고 있어서 다소 규범적으로 접근할 수 있다. 지금까지 사회복지가 무엇인가에 대해 다양한 정의는 있었지만, 사회복지계에서 합의된 정의를 찾기란 쉽지 않다. 왜냐하면 사회복지는 각 나라마다 다른 전통을 가지고 발전되었으며, 학자들에 따라 혹은 지향하는 이념에 따라 강조하는 내용이 다르기 때문이다. 따라서 사회복지에 대한 특성이나 개념을 정확히 이해하는 것이 학문적으로나 실천적으로 유용하기 때문에, 먼저 사회복지의 특성이 무엇인가를 알아보기로 한다(장인협·이혜경·오정수, 2009).

① 사회복지는 욕구충족을 위한 원조활동이다.

사회복지를 말할 때 떠올리게 되는 것은 가난한 사람, 혼자 살고 있는 노인123이나 장애인 등 사회적 약자를 도와주거나, 이들을 보호하는 생활시설에서부터 연금, 건강보험, 고용보험제도에 이르기까지 다양한 활동과 사실, 제도들이다. 또한 사회복지를 생각할 때 남을 위해 봉사하고 희생하는 착한 이미지를 연상하기도 한다. 이처럼 성격과 구조가 다른 다양한 활동들을 모두 묶어서 사회복지라 부르는 것은 그것들이 가지고 있는 고유의 공통점이 있기 때문이다. 그 공통점이란 사회구성원들이 자신의 기본적인 욕구를 스스로의 힘으로 충족시킬 수 없게 되는 상황을 인정하고, 그런 경우를 대비하여 사회구성원의 기본적인 욕구를 충족시키기 위한 원조활동이라는 점이다.

윌렌스키와 르보(Wilensky & Lebeaux, 1965)는 중요한 활동기준을 언급하였다. 예를 들어 사회복지의 주체는 공식적인 조직이어야 한다는 것이다. 개인적 관계로 도와주거나 일시적으로 행해진 자선행위는 미담사례일 뿐 엄격한 의미에서 사회복지라 할 수 없고, 사회복지는 국가나 민간조직 등 공식적 조직을 통해 이루어진 실천 활동을 의미한다. 그리고 사회복지활동은 사회적으로 승인된 목적과 방법을 이용해야 하며, 문제해결이나 욕구충족에 대한 책임성이 있어야 한다는 것이다.

② 사회복지는 인간다운 삶을 위해 소비적 욕구에 직접적인 관심을 갖는다.

인간의 삶에서 원조활동은 사회복지의 일차적 관심으로 사회구성원 개개인의 직접적인 소비욕구를 충족시키는 데 초점을 두고 있다. 사회복지 인식체계의 중심에는 다양한 환경 속의 인간이 위치하고, 이들의 다양한 미충족의 욕구를 해결하여 인간다운 삶을 확보해 주는 일이 사회복지의 우선적인 기능이다.

사회복지가 관심을 갖는 사회구성원의 기본적인 욕구란 최소한의 의식주 문제 해결에서부터, 적절한 사회화와 능력개발, 자기실현의 욕구에 이르기까지 다양한 수준을 의미할 수 있다. 그 수준과 범위는 주어진 사회의 생산성 수준이나 사회적 연대의 수준과 유형에 따라 달라질 수 있다.

③ 사회복지는 사회구성원 공동체가 도움과 나눔을 제도화한 것이다.

인간의 보다 나은 삶을 목표로 하고 있는 사회복지 활동은 과거에서부터 존재하였으며, 그 기능을 담당하는 주된 내용이 시대에 따라 변하여 왔다. 과거에는 주로 가족이나 친척, 지역사회가 사회복지활동을 수행하였다면, 현대사회에서는 국가를 비롯하여 다양한 공급주체가 사회복지활동을 수행하고 있다. 따라서 사회복지는 역사적과정 실체로서 사회변동에 따라 변한다. 특히 상부상조의 기능에서 사회적으로 제도화하는 과정으로 사회복지가 확립되었다고 할 수 있다.

그 이유는 사회복지는 이러한 기존 사회제도들이 도시화, 산업화로 복잡한 사회변동에 따라 사회구성원의 기본적인 욕구를 충족시킬 수 없는 한계 때문에 공식적인 상부상조 기능을 담당하면서 발전하였다. 그 결과 임시적이고 비공식적이었던 상부상조 기능은 사회질서의 유지 및 발전을 위해 필수 불가결한 기능으로 자리매김을 하게 된다. 따라서 오늘날 사회 복지는 사회구성원 간의 상부상조 기능을 공식화한 것이며, 사회제도로서 중요한 기능을 수행하고 있다.

④ 사회복지는 사회적 위험으로부터 대응하는 사회제도이다.

변화와 역사에 대한 인식에 있어서 복수의 경로의존적인(path-dependent)균형점들이 존재할 수 있으며, 정책결정 등의 상황에서 의도된 노력을 통해 역사의 흐름이 변화되고, 제도적인 적응성이 향상될 수 있다. 이는 민주적 관리에 대한 이해와 주어진 권리, 규칙, 선호, 자원의 제약하에 연합세력 간 협상수준을 넘는 것이며, 민주적 관리란 구체적으로 연합세력 형성에 기초가 되는 권리와 규칙에 대한 문화를 형성하는 것을 포함한다.

사회복지는 사회적 위험(social risks)에 의한 환경에 공동으로 대처하는 데 중점을 둔다. 일반적으로 사회적 위험은 개인의 인간다운 생존을 위협하는 현상이 사회구성원들에게 보편적으로 발생할 가능성이 있는 경우에 속한다. 따라서 사회적 위험은 개인 차원보다는 사회공동으로 대처하는 것이 우선시된다. 전통적인 사회적 위험으로는 노령, 질병, 장애, 실업 등이다. 사회적 위험에 대해 기존에는 가족, 시장경제 등과 같은 기존 제도가 대응하여 수행해 왔지만, 사회변동에 따라 그 기능적 실패를 경험하였고, 그 기능을 사회복지가 대신하여 제도적으로 발전하여 왔다. 사회보장제도는 바로 이러한 사회적 위험에 대응하려는 새로운 사회제도로 정착되는 것이다.

21세기에 들어서면서 전통적인 사회적 위험 외에 새로운 사회적 위험(new social risks)이 등장하고 있다. 새로운 사회적 위험은 인구 및 가족구조의 변화, 노동시장구조의 변화, 양극화와 관련이 높다. 인구 및 가족구조의 변화로 고령화, 이혼율의 증가와 노인부양부담, 한부모가족의 급증, 빈곤의 여성화, 아동의 빈곤, 노인부양문제 등 예전에는 경험하지 못한 새로운 사회문제가 발생되고 있다. 또한 노동시장의 구조변화는 비정규직 근로자를 양산하고 있고, 근로빈곤층을 확대시키고 있다. 이러한 변화와 관련하여 돌봄 서비스의 발전, 적극적 노동시장정책에 대한 강조 등은 새로운 사회적 위험에 대응하려는 것으로 볼 수 있다.

결국 사회복지란 인간의 욕구충족을 위한 원조활동이라는 실천성을 내용으로 하고 있으며, 사회적 실체로서 역사성과 사회변동에 조응하는 가변성, 사회제도의 기능적 수행, 다양한 사회적 위험에 대한 대응성 등을 특성으로 하는 역동적인 의미를 가지고 있다.

3) 사회복지의 개념

(1) 사회복지의 잔여적 개념과 제도적 개념

사회복지의 개념정의는 많은 국내외 학자들에 의하여 다양하게 시도되었다. 어의적 의미, 잔여적 개념과 제도적 개념, 광의의 사회복지와 협의의 사회복지 등으로 나누어 사회복지의 광범위한 내용과 본질을 이해하려 하는 경우가 많았다. 특히 윌렌스키와 르보(Wilensky & Lebaux, 1965)가 제시한 잔여적 개념과 제도적 개념을 사회제도의 기능적 분화와 사회복지 기능의 제도화 과정을 배경으로 하고 있다. 사회복지의 잔여적 개념과 제도적 개념에 대해 살펴보면, 다음과 같다(장인협·이혜경·오정수, 2009).

① 잔여적 개념(residual concept : 보충적 개념)

잔여적 개념의 사회복지는 가족, 시장 등과 같은 기존 다른 사회제도의 기능이 원활하게 수행되지 못할 경우에 나타나는 문제를 보충하거나 임시적인 기능을 수행한 것으로 파악하고 있다. 잔여적 개념은 가족, 시장, 종교, 정치제도의 기능적 실패를 인정하되, 사회복지는 그 기능을 임시로 보충할 뿐이며, 사회복지활동이 사회를 유지·발전시키는 데 필수적이라는 인식은 하지 않는다. 따라서 사회구성원들 중 낙오자들에게 최저한도의 보호를 제공하는 사회복지활동은 잔여적으로 주변적이며, 예외적이며 안전망(safety-net) 기능을 수행할 뿐이라는 것이다. 가능하면 가족이나 시장

경제와 같은 기존 사회제도들이 제대로 기능해서 사회복지활동이 필요치 않게 되는 것이 사회복지의 궁극적인 지향점이다.

② 제도적 개념(institutional concept)

제도적 개념의 사회복지는 사회제도로서 사회복지를 파악하고 있다. 사회복지는 가족, 종교, 정치, 경제제도와 같은 사회의 기존적이고 정상적인 제도로서 상부상조 기능을 수행하고 있다고 본다. 제도적 개념은 기존 사회제도의 실패, 즉 시장이나 가족제도의 실패를 임시적인 것이 아니라 피할 수 없고 지속적인 것으로 이해하고 있다. 따라서 사회복지가 사회를 유지하는 데 필수적인 기능을 수행하며, 그러한 기능이 지속적인 사회활동의 유형으로 조직되고 제도화되는 것은 당연하다는 것이다. 사회복지의 필수적인 기능이란 사회구성원 간의 상부상조를 말하며, 이러한 기능은 다른 사회제도가 수행하는 기능과 구별되며 독립적으로 수행한다.

오늘날 사회에서 핵가족제도가 아동양육과 노인, 장애인의 돌봄 및 그들의 사회화를 전적으로 책임질 수 없다. 또한 시장제도의 분배 원칙은 기본적으로 사회구성원 개개인의 욕구를 고려하는 것이 아니기 때문에 시장경제 원리에 의한 일차적 분배의 수정·보완이 필수적이다. 그리고 현대사회의 세속화 현상은 종교제도의 사회통합 기능을 크게 제한하게 되었다. 따라서 시장경제제도가 생산-분배-소비의 기능을 수행하고, 가족제도가 사회화의 기능을 수행하며, 종교제도가 사회통합 또는 영적 개발의 기능을 수행하는 것과 마찬가지로 동등한 차원에서 사회복지제도는 상부상조의 기능을 수행한다고 본다.

또한 제도적 개념의 사회복지는 다른 사회제도들의 기능적인 실패 위에서 그 제도들과의 기능적 중복 영역과 동시의 독자적인 영역을 가지고 포괄적인 사회제도로서의 위치를 확보하고 있다.

이상에서 살펴본 사회복지의 잔여적 개념과 제도적 개념을 대상, 사회문제의 발생원인, 국가의 역할, 사회복지의 기능 측면에서 비교하면, 〈표 1-1〉과 같이 정리할 수 있다. 즉, 사회복지의 잔여적 개념은 그 대상을 사회적 도움을 필요로 하는 사회적 취약계층으로 한정한다. 반면에 제도적 개념은 전체 사회구성원으로 보고 있다. 국가의 역할에 대해서도 잔여적 개념을 최소한의 국가역할을 인정하고 있어 사회적 취약계층에 대한 사회복지를 제공하는 데 초점을 두고 있다.

그러나 제도적 개념은 국가의 역할을 적극적으로 강조하여 국가에 의한 소득보장, 의료, 주택, 교육, 사회복지서비스 등 사회구성원의 삶의 질을 향상시키는 다양한 복지 프로그램을 제공하는 데 중점을 두고 있다. 마지막으로 사회복지 기능의 잔여적 개념은 가족, 시장기능의 실패에 대해 임시적·보충적 기능으로서 사회복지를 파악하고 있는 반면에, 제도적 개념은 가족, 시장 기능과는 다른 독립적 기능을 사회복지가 수행하고 있고 상부상조 기능을 사회제도로 확립한 것이다.

<표 1-1> 사회복지의 잔여적 개념과 제도적 개념의 비교

구 분	잔여적 개념	제도적 개념
대 상	제한적(취약계층 중심)	포괄적(전체 사회구성원)
사회문제 발생원인	개인 책임 강조	사회구조적 책임 강조
국가역할	국가역할의 최소화	국가의 적극적 역할
사회복지 기능	임시적, 보충적 (가족, 시장기능의 실패에 한정)	상부상조의 기능의 제도화 사회제도로서 사회적 기능수행

자료 : 오정수 외(2020), 사회복지학개론, 양서원.

사회복지의 잔여적 제도적 개념 외에 발전적 관점(developmental perspective)이 있다.

발전적 관점의 핵심은 사회복지를 경제발전의 긍정적 동력으로 보는 것인데, 제3세계 사회정책전문가 Midgley와 Livermore(1997:573-585)가 2차 세계대전 후 후진국들이 사회복지프로그램을 경제발전에 도움이 되도록 설계한 데 착안하여 개념화한 것이다. 이것은 사회복지가 경제발전에 기여하는 바가 다음과 같다고 하였다.

첫째는 교육, 영양, 보건의료서비스에 대한 투자는 시민에게 경제적 이득을 준다. 즉 교육에 투자하면 숙련 노동력을 얻을 수 있다. 숙련노동력은 경제를 튼튼하게 만든다.

둘째는 물리적 시설에 대한 투자, 예를 들면 도로, 교량, 관계수로, 상수도, 병원, 학교 시설 등에 대한 투자는 사회발전에 필요한, 경제사회적 기반이 된다. 이러한 경제 사회적 인프라는 노동에 필요한 수단(교통)과 공간(건물)을 제공한다. 따라서 인프라 투자는 경제적으로 생산적인 것으로 간주된다.

셋째는 욕구가 있는 사람들을 교육 훈련시키는 것은 경제적으로 효과적인 투자이다. 왜냐하면 그들이 직업을 갖게 되고 결국에는 자신의 문제를 스스로 해결할 능력이 생기기 때문이다.

발전적 관점에서는 워크페어(workfare, 근로를 조건으로 복지를 제공하는 것)를 강조하는 신자유주의적 관념이 깔려있다. 발전적 관점이 잔여적 제도적 개념과 대등한 관점을 갖기 위해서는 더 많은 연구가 필요하다(오정수 외, 2020, 사회복지학개론, 양서원).

(2) 광의와 협의의 사회복지 개념

사회복지의 개념은 사회복지활동의 구체적인 범위, 내용, 구성, 동기, 가치와 이념, 주체와 대상, 실천철학 및 방법과 밀접히 관련되어 있다. 그리고 사회복지의 개념은 시간과 장소에 따라 그 내용이 고정된 것이 아니라 변화하는 특성과 인접 사회제도와의 상호 역동성을 가지고 있다. 영국, 미국을 비롯하여 개별 국가별로 사회복지의 범위나 의미가 다를 수밖에 없는 것도 바로 이러한 이유 때문이다. 사회복지활동의 실체적 측면에서 넓은 의미와 좁은 의미의 사회복지 개념을 살펴보기로 한다.

① 협의의 사회복지

사회복지는 사회구성원의 복지와 사회질서의 기능을 유지하기 위해 기본적으로 여겨지는 사회적 욕구(social needs)를 해결하기 위한 것으로 정의할 수 있다. 그러나 기본적인 사회적 욕구를 해결하기 위한 실천활동에 어떤 영역이나 내용을 포함하느냐에 따라 사회복지의 범위가 달라질 수 있다. 협의의 사회복지는 이 범위를 좁은 의미에서 파악하는 것을 말한다. 즉 협의의 사회복지 개념은 사회구성원의 복지를 위하여 소득보장, 개별 사회적 서비스(personal social ser ices)만을 사회복지실천활동으로 포함하고 있다.

② 광의의 사회복지

광의의 사회복지 개념은 기본적인 사회적 욕구를 해결하기 위한 실천활동을 협의의 사회복지 개념보다 넓게 파악하고 있다. 즉, 광의의 사회복지는 소득보장, 건강, 주택, 교육, 개별 사회적 서비스를 포함하는 개념이다. 이 경우에는 영국의 사회서비스와 유사한 의미이며, 우리나라에서도 사회복를 전공하는 사람들이 가장 많이 갖고 있는 개념이다. 또한 조세, 환경, 문화, 교통 등 유럽의 사회정책에서 논의하는 영역까지 광의의 사회복지로 포괄하기도 한다.

지금까지 논의한 사회복지의 개념은 사회복지의 기능이나 실천활동의 범위와 관련하여 살펴보았다. 이를 종합하여 사회복지를 정의하면, "사회복지는 사회구성원 개개인이 기존의 사회제도를 통하여 자신의 기본적인 욕구를 충족시키는 데 어려움을 겪고 있거나 어려움이 예상될 때, 그 욕구를 충족시킬 수 있도록 도움을 제공하는 조직화된 사회적 활동의 총체"라 할 수 있다(장인협·이혜경·오정수, 2009).

이러한 개념정의는 사회복지를 기능 측면에서 기존의 주요 사회제도들과 함께 또 하나의 사회제도로 이해하고 실천의 범위를 넓은 의미로 파악하는 것으로서, 사회복지를 독립된 사회적 실체로서 접근하고 있다.

<표 1-2> 협의의 사회복지 광의의 사회복지

구 분		내 용
협의·광의의 사회복지	협의의 사회복지	고통과 빈곤을 완화시키는 것을 목적으로 하는 공공과 민간의 비영리적 기능(잔여적 사회복지)
	광의의 사회복지	사회유지에 반드시 필요한 사회적 경제적 교육적 보건 의료적 욕구가 충족되도록 돕는 국가의 프로그램, 급여 및 서비스체계(제도적 사회복지)

자료 : 오정수 외(2020), 사회복지학개론, 양서원.

2

사회복지와 관련개념

사회복지의 정의에 따라 그 내용이나 성격이 유사하거나 혼용하는 용어와 개념이 있다. 이 중에서 소셜웍, 사회보장, 사회서비스, 사회복지서비스, 사회안전망에 대해 간략하게 살펴보기로 한다.

1) 소셜웍(social work)[1)]

과거 우리나라에서 사회복지와 혼용하여 많이 사용된 개념이 소셜웍(social work)이다. 지금은 소셜웍과 사회복지를 동일하게 파악하지 않고 그 의미를 구분하고 있다. 이와 관련하여 자주 인용되는 것이 프리드랜더와 압테(Friedlader & Apte, 1980)의 정의이다. 그들에 의하면, "사회복지는 국민들의 복지를 위한 기본적인 것으로 인정된 사회적 욕구를 충족시키기 위하여, 그리고 사회질서의 회복을 위하여 제반 급여를 확보하거나 강화시키는 법률, 프로그램, 급여 및 서비스 체계이다. 반면에 소셜웍은 개인, 집단, 지역사회가 사회적 혹은 개인적 만족과 독립을 확보할 수 있도록 도와주는 인간관계상의 과학적 지식과 기술에 바탕을 둔 전문적인 서비스이다. 따라서 사회복지는 전문 소셜웍보다 넓은 의미를 지니고 있다"고 하였다(Friendlander & Apte, 1980;김상균 외, 2007에서 재인용).

1)과거에 social work을 사회사업이라고 번역하여 사용하였다. 그러나 사회사업은 우리나라에서 자선사업, 구호사업 등으로 인식되고 있고, 원래의 의미를 명확하게 전달할 수 없는 한계, 사회복지와의 관계 등의 이유로 소셜웍으로 사용하기로 한다(김상균 외, 2007).

사회복지가 대체로 상부상조의 기능을 수행하는 사회제도로 언급되는 반면에, 소셜웍은 전문직의 실천방법을 의미한다. 즉, 사회복지가 다른 사회제도들이 제 기능을 수행하지 못하거나 새로운 사회적 위험에 대처하기 어려울 때, 사회적 기능을 도와주는 제도나 활동의 총체로서 의미를 갖는 반면에, 소셜웍은 사회복지 안에서 실천을 통해 사회복지를 구현하는 전문적 방법이며, 사람들을 돕는 전문적 활동으로 이해된다.

따라서 소셜웍은 가치, 이론 그리고 실천이라는 상호 관련 속에 개인, 집단, 지역사회 등이 사회적 기능을 수행할 수 있도록 그들의 능력을 증진시키고, 회복을 도와주는 전문적인 활동이며, 전문직의 실천방법을 말한다.

우리나라에서 이러한 소셜웍을 실천하는 전문가를 사회복지사(social worker)라 하며, 이를 법적으로 명시하고 있다. 예컨대, 사회복지사업법 제11조 1항에서 '사회복지사업의 전문지식과 기술을 가진 자'를 사회복지사로 규정하고 있다.

보다 구체적으로 사회복지와 소셜웍의 개념을 목적이나 대상, 범위, 기능, 방법으로 구분하여 비교하면, 〈표 1-3〉과 같다.

<표 1-3> 사회복지와 소셜웍의 비교

구 분	사회복지	소셜웍
개 념	거시적(macro)	미시적(micro)
목 적	사회환경 지향적: 사회환경 변화	개인(인간) 지향적: 개인 변화
대 상	전체적, 불특정적	부분적, 특정적
범 위	보편성	개별성
기 능	예방적, 사전적	치료적, 사후적
방 법	정책, 제도	전문지식과 기술

자료 : 박경일 외(2001).

2) 사회보장(social security)

사회보장이란 용어는 1935년 미국의 '사회보장법'에서 연유하며, 일반적으로 널리 사용하게 된 것은 1942년 영국의 베버리지 보고서가 공표된 이후이다.

사회보장의 정의를 내릴 때 가장 많이 이용되는 것은 국제노동기구(ILO)의 정의이다. 국제노동기구는 "사회보장은 사회구성원들이 처하게 되는 일정한 위험(사고)에 대해서 사회가 적절한 조직을 통해 부여하는 보장이다"라고 정의했다. 특히 사회보장의 개념은 질병, 실업, 사망, 노령, 재해 등과 같은 사회적 위험에 대하여 국가가 보장하는 의미를 지니고 있다. 따라서 사회보장은 민간 부문의 자발적인 사회복지활동은 포함하지 않고, 국가의 법적 강제성을 띠고 있다. 그리고 사회보장의 주요 방식은 사회보험과 공공부조, 그리고 공공사회 복지서비스이다.

우리나라에서 사회보장에 대한 법적 정의는 사회보장기본법리[2]에서 찾을 수 있다. 사회보장기본법 제3조 1항에서 "사회보장이란 출산, 양육, 실업, 노령, 장애, 질병, 빈곤 및 사망 등의 사회적 위험으로부터 모든 국민을 보호하고 국민 삶의 질을 향상시키는 데 필요한 소득·서비스를 보장하는 사회보험, 공공부조, 사회서비스를 말한다"고 규정하고 있다.

또한 사회보장기본법 제3조 2항부터 4항에서 사회보험, 공공부조, 사회서비스에 대한 정의도 함께하였다. 즉 사회보험이란 국민에게 발생하는 사회적 위험을 보험의 방식으로 대처함으로써 국민의 건강과 소득을 보장하는 제도를 말한다. 공공부조란 국가와 지방자치단체의 책임 하에 생활 유지 능력이 없거나 생활이 어려운 국민의 최저생활을 보장하고 자립을 지원하는 제도를 말한다. 사회서비스란 국가·지방자치단체 및 민간 부문의 도움이 필요한 모든 국민에게 복지, 보건의료, 교육, 고용, 주거, 문화, 환경 등의 분야에서 인간다운 생활을 보장하고 상담, 재활, 돌봄, 정보의 제공, 관련 시설의 이용, 역량 개발, 사회참여 지원 등을 통하여 국민의 삶의 질이 향상되도록 지원하는 제도를 말한다.

따라서 사회보장기본법에서는 사회보장을 사회보험, 공공부조, 사회서비스를 모두 포함하는 개념으로 대단히 포괄적으로 규정하고 있어, 사회복지보다 광범위하게 정의하고 있음을 알 수 있다. 그러나 이러한 개념규정은 일반적으로 사회복지를 보다 넓은 의미로 정의하여 사회복지의 하위 영역으로 사회보장을 분류하는 것과는 대조적이다.

---

2) 사회보장기본법의 내용은 최근 법률 제15885호(2018.12.11. 시행)에 기초하고 있다.

3) 사회서비스(social services)

1950년 한국전쟁 이후 대규모 구호욕구에 대한 대응으로 시작한 한국 사회서비스의 변화는 공급체계의 변화에 따라 크게 3단계로 구분하여 제시될 수 있다. 즉, 정부의 특별한 역할보다는 민간이 대형생활시설 중심으로 서비스를 담당했던 시기인 1세대, 지역사회복지기관이 급증했던 시기인 2세대, 이용자 선택 방식으로 서비스 공급이 확충된 시기인 3세대 거치면서 현재의 사회복지서비스 지형이 형성되어왔다.

(1) 사회서비스의 1세대(한국전쟁 이후~1970년대)

한국전쟁 직후 정부가 제대로 기능을 하지 못한 시기를 비롯하여 1960~70년대 '선성장 후분배' 일변도의 개발독재정부 시기에 이르기까지 정부 차원의 복지공급은 억제된 채 사회복지서비스 공급의 재원은 대부분 외국원조에 의존했다. 그 과정에서 정부보다는 민간 자원(voluntary) 부문의 역할을 강조하는 미국의 사회사업적 모형이 자연스레 한국 사회서비스 공급체계의 원형이 되었을 뿐만 아니라 이후 사회서비스의 발전 경로를 제약하는 기재로서 작용했다.

이 시기에는 대규모 외국원조 재정을 기반을 구호 대상자나 사회적 격리 대상자를 수용하는 '보육원'·'복지원' 등 집단생활 유형의 시설 중심 사회서비스가 주를 이루었다. 즉, 사회서비스 공급은 지역사회-외부(외국원조, 정부)로부터 받은 후원을 자원으로 하고 민간이 투자해서 보유한 자산과 시설을 활용하여 대상자들의 격리수용을 위주로 하는 생활서비스 제공 방식이라고 할 수 있다.

1970년대 말 아동상담보호 서비스들과 같은 비수용시설 서비스 등이 일부 등장했고, 1970년 제정된 「사회복지사업법」을 근거로 정부가 형식적인 규제자로서의 활동을 강화하기 시작했다고도 볼 수 있지만, 주된 공급 방식은 1970년대 말까지도 큰 변화가 없었다는 것이 일반적인 해석이다. 또한 이처럼 외국 원조를 바탕으로 한 민간 시설 중심의 1세대 공급 방식은 이후 한국 사회서비스 공급체계에 있어 민간서비스 생산자가 주도하는 형태의 역사적 경로의 시발이라 할 수 있다.

(2) 사회서비스의 2세대(1980년대~2000년대 중반)

대략 1980년대부터 2000년대 중반까지 한국 사회서비스는 정부가 투자하여 설치한 이용서비스 위주의 시설 및 프로그램을 민간에 위탁한 다음 이에 대한 운영비를 지원하는 방식으로 특징지을 수 있다.

1세대 서비스에서 구축한 인프라를 바탕으로 한 사회복지법인이 민간서비스 생산 위탁자로서 대거 참여했고, 그 결과 공급체계의 외관상 모형 변화 이상의 새로운 가치와 전문성에 바탕을 둔 서비스 변화를 가져오지는 못한 것으로 평가된다.

과거에는 시설을 통한 돌봄서비스가 주를 이루었다면, 이 시기에 서비스 이용자들이 자신의 주거지를 크게 벗어나지 않고 서비스를 받고자 하는 경향이 증가하면서 정부가 시설을 설립하고 시설의 운영을 민간법인에 위탁하는 위탁계약 방식을 중심으로 지역사회기관이 급격히 확대되었다. 이와 더불어 민간법인 자신의 토지에 건물을 지어 정부에 기부하고 정부는 이를 설립한 민간기관에 위탁하여 운영하는 형태, 민간법인의 토지에 정부가 건물을 짓고 토지를 소유한 민간법인에 위탁하는 형태, 정부의 토지에 민간법인이 건물을 짓고 정부가 이를 민간법인에 위탁하는 형태 등 다양한 방법으로 기관들이 설립·운영되었다. 설립 형태와 관계없이 서비스의 운영에 소요되는 비용은 보조금 형태로 정부가 재정을 부담했고, 이는 현재까지 유지되고 있다.

역사적으로 보면 1980년 중후반 민주화의 물결과 함께 분배 이념을 중심으로 분출된 복지욕구에 절대빈곤계층뿐만 아니라 저소득층에 대한 사회서비스 확대 필요성이 대두되었다. 하지만 이미 신자유주의 이념 아래 세계화와 작은 정부론이 세계적인 담론으로 여러 나라에 영향을 미치는 시기였고 한국 역시 이 흐름에서 정부의 역할이 제한적으로 구현될 수밖에 없었다. 또한 상술한 바와 같이 1세대 사회서비스의 경로 제약도 여전히 작용했다.

다만 기존 1세대 수용시설 서비스보다 새로이 도입된 이용시설 서비스의 비중이 커짐에 따라 1세대 사회서비스에 비해 대상자 및 서비스의 형태가 다양해졌다. 즉, 이 시기에는 종합사회복지관, 노인복지관, 장애인 복지관 등 재가 이용서비스 형태의 생활지원, 교육, 자활, 상담, 케어 등의 사회서비스가 확대되었고, 기존 1세대 대상이었던 절대빈곤층이나 부랑인 중심에서 벗어나 지역사회에 거주하는 일반 저소득층까지 그 대상이 확대되었다. 하지만 우선시되는 정책은 여전히 빈곤층에 대한 기초생활 지원이었다는 점에서 한계로 지적될 수 있다.

한편 정부 부문에 의한 재정 공급이 확대되면서 책무성 확보와 규제의 필요성도 증가했다. 특히 1997년 「(신)사회복지사업법」 개정으로 정부지원시설에 대한 평가가 의무화되면서 정부 부문에 의한 규제자로서의 역할이 확대되었다. 또한 1990년대 후반에는 사회서비스 공급체계에서 사회복지공동모금회, 기업재단 등 민간 부문 재정공급자의 참여가 확대되는 등 프로그램 위탁형 원조 방식도 함께 나타났다.

(3) 사회서비스의 3세대(2000년대 중반 이후 현재까지)

카메론과 모스의 유럽 돌봄서비스 정책 비교 연구에 따르면, 대부분의 국가들에서 돌봄서비스에 대한 수요가 꾸준히 증가해오고 있으며, 그 증가속도 또한 더욱 빨라지고 있다고 진단하고, 이에 대한 주요한 이유로 여성들의 경제활동 참여 증가에 따른 비공식 돌봄서비스의 감소와 평균수명의 증가로 인한 고령인구 증가, 지속적 돌봄을 필요로 하는 장애인의 수 증가 등을 들었다. 한국의 경우도 2000년대 이후 저출산·고령화로 인해 보편적 돌봄 욕구 충족을 위한 공적 재원 확대의 정당성을 확보해왔다고 할 수 있다. 특히 아동, 노인, 장애인, 여성 및 가족 등 관련 사회서비스 예산이 매해 크게 증가해왔고, 생활시설이나 이용시설 중심의 서비스에서 벗어나 보육, 노인장기요양, 장애인활동지원, 지역사회투자 서비스 등 다양한 형태의 돌봄 및 일상생활지원 서비스, 방문형 재택서비스들이 크게 확대되면서, 이전 세대 사회서비스의 제한적 대상에서 벗어나 인구사회학적 속성에 따라 다양한 욕구를 가진 일반 인구 대상으로의 확대를 가져왔다.

3세대에 들어서 사회복지서비스의 소비자가 대상자를 넘어 이용자로 확대되었다는 점에서 사회서비스의 기존 잔여적 성격에서 점차 보편적 성격을 띠게 되었다고 할 수 있다. 이러한 보편적 사회서비스 확대 전략은 신사회적 위험을 완화하고 고용을 창출·증대할 수 있는 양면적 목적에 유효한 정책으로 채택되었다. 재원 및 재정지원 방식을 살펴보면, 사회서비스가 최초로 제공되기 시작한 1세대에는 생활시설서비스 제공 기관에 조세에 기초한 직접 보조금을 지원하는 형태가 주를 이루었다. 그러나 2세대에 접어들면서 지역사회이용시설 서비스가 확대되어 서비스 구매나 위탁계약 방식이 증가하였고, 3세대인 2000년 중반 이후에는 여기에 이용자에게 직접 재정을 지원하는 바우처 방식이 도입되었다.

사회서비스에 대한 수요 집단의 규모와 범위가 커짐에 따라 서비스 이용자들의 개별적 상황에 따라 서비스의 형식과 내용이 유연할 수 있는 이른바 대상별 맞춤형 서비스 제공의 필요성이 더욱 커지는 가운데, 바우처 방식은 소비자가 생산자를 선택하는 이용자의 권리를 강화할 수 있다는 점에서 이론적으로 강점을 가진다. 또한 이러한 이용자 재정지원 방식은 서비스 공급기관들 간의 경쟁을 통해 서비스 품질을 높일 수 있다는 긍정적인 전망도 있지만, 실제로는 서비스 제공 기관, 특히 영리부문의 사회서비스 진입과 양적 증대를 유도했다. 예를 들어 바우처를 매개로 전달되는 장애인 활동지원서비스 등과 바우처를 사용하지 않는 이용자 선택제도인 노인요양서비스에서는 이전 시설(기관)들이 별도의 지정을 받아 서비스 제공 기관으로 참여하기도 했고, 개인이나 사단법인 등이 새롭게 제공 기관으로 진입하기도 했다. 즉, 이 시기에 비영리법인이 운영하는 민설민영 방식도 확대되었지만, 개인이 설립하여 운영하고 이용자에게 제공한 서비스 대가를 정부가 지불하는 사설사영 형태가 급증했다.

또한 사회서비스의 양적 확충과정에서 신규 일자리가 생겨나고 제공 기관이 다양하게 증가했다는 측면도 있지만, 그 이면에는 저공인력의 분란정한 고용과 서비스의 접근 성 및 전문성 등 서비스 품질에 대한 불신이 문제로 나타났다. 따라서 새로운 정책 시도의 정착이라는 이면에 공공성, 보장성, 고용안정성을 약화시키는 요인으로 지적되어왔다. 결국 한국 사회에서 공공 부문의 사회서비스는 초기부터 현재까지 제공 주체로서의 역할을 다하고 있지 못한 실정이다.

요컨대 한국 사회서비스는 서구 국가에 비해 급속하게 변화하면서 설립 주체와 운영 주체 구성의 각 단계가 병존하며 고착되었고, 비용 조달의 측면에서 정부가 운영보조금 또는 이용자 단위의 보조금, 지원금 방식으로 조달하는 것으로 변화해왔다. 특히 3세대에서는 법인과 개인을 포함한 민간이 설립하고, 정부와 서비스 이용자에게 대가로 수입을 얻는 방식으로 운영되는 기관의 경우 매출을 높이는 데 주력해야 하는 제도적 유인이 존재한다는 점에서, 공공성의 가치에 반하는 상황이 얼마든지 일어날 수 있다. 또한 2세대 시기에 급격히 확대된 종합사회복지관, 장애인복지관, 노인복지관 등 역시 사회복지법인, 종교법인, 사단법인 등 운영법인이 책무성을 방기한 채 부실 운영하는 사례가 적지 않게 발생하고 있다.

따라서 복지서비스 전달과 관련하여 기존에는 제도의 협소한 대상자 범위와 공급량 부족이 주요한 문제였다면, 최근에는 제도의 내용, 재정, 공급기반, 전달체계 등 사회서비스 시스템의 포괄적 변화의 필요성이 강조된다. 지속적인 서비스 수요의 창출, 서비스 공급량의 확충, 서비스 품질 제고를 위한 제도적 보완, 자원관리의 효율화 등의 과제에 직면했다. 한편 사회서비스의 시장화, 저소득 취약계층의 서비스 이용에 대한 부실화, 저임금·불안정한 일자리의 양산 등에 대한 대응책 마련이 필요한 시점이다.

한국의 사회서비스 전개 과정에서 기존의 생활서비스와 지역사회 이용시설 서비스의 경우 대부분 최저생계비 기준을 적용하여 대상자를 선정해왔으며, 일부 바우처 서비스 역시 이러한 기준을 사용했다. 그러나 2000년 중반 이후부터 보육서비스, 노인장기요양서비스, 장애인활동지원서비스 등 최근 사회서비스 정책에서는 급여 대상자 선정에서 소득기준에 앞서 욕구기준을 중요시하면서 보편성을 확대해왔다. 현재 다수의 일상적 돌봄지원서비스나 지역사회서비스 등 역시 소득기준을 완화하여 대상자를 선정한다.

티트머스(Titmuss)는 보편적 프로그램과 선별적 프로그램에 대해 사회복지의 궁극적 목표에 근거하여 양자 모두의 필요성을 강조했다. 즉, 복지국가의 목표는 기본적 서비스를 통해 기본적인 삶을 보장하는 것에 머무르지 말고 불운이 초래하는 자연적 불평등을 보장하는 것까지 목표로 해야 한다는 점이다. 이와 같은 긍정적 선별주의 관점에서는 보편주의와 선별주의 중 취사선택하는 것이 아니라 보편적 서비스와 선별적 서비스가 어떤 영역을 담당할 것인지를 배분하는 것이 중요하다는 것을 강조한다. 따라서 서비스 이용 가능 대상은 보편적으로 확대하되, 욕구 충족의 시급성이 더 높은 취약계층에 대해서는 추가적인 지원이 가능하도록 함으로써 사각지대와 돌봄의 공백을 최소화는 방향으로 전개될 필요가 있다. 이를 위해서는 개별 제도의 대상 기준에 기초한 단일 서비스 제공에 그치는 것이 아니라 생애주기에 걸친 복합적 문제와 욕구에 대응하기 위한 통합적, 전문적 사례관리와 지원이 중요하다.

한편, 서비스 수혜자로서의 대상자들이 이제는 이용자로서 개인의 기능적 수준을 높일 수 있는 개별적인 선택과 지원이 강조되면서 여러 국가들에서 제공 기관의 경쟁을 전제하는 시장적 기제가 활용되어왔다. 특히 영국, 미국 등 다수의 서구 국가들은 사회서비스 특히 돌봄서비스를 제공하는 방식에 있어 복지 효율성 증대를 내세우며 시장 기제를 도입했다. 한국 역시 노인장기요양, 보육, 장애인 활동지원 등을 이용자 선택 방식으로 실시해왔다.

이는 서비스 욕구를 분절적 단위로 나누고 각각을 충족할 수 있는 서비스의 공급량을 증가시키는 방식이 누적된 결과라 해석된다. 하지만 시장 기제에 기반을 둔 공급 방식은 사회서비스의 본래 가치인 공공성을 훼손할 수 있다는 우려가 꾸준히 제기되어왔다. 즉, 이용자에게 선택권을 부여하여 유효수요를 확대하고 다양한 공급자의 경쟁을 유도하는 방식을 통해 서비스 제공 주체들의 효율성을 증진시킬 수 있다는 가정은 시장화에 대한 지지를 이끌어왔지만, 이윤 추구에 몰입하는 영리조직이 서비스 제공에 참여하면서 사회서비스의 질과 지속적인 서비스의 제공을 담보할 수 없다는 것이다. 또한 효율성이 강조되는 시장의 논리에서는 사회서비스의 외부효과, 즉 돌봄 욕구에 대한 일차적 대응을 넘어서 정치 및 경제에 미치는 사회적 가치가 간과되기 쉽다. 결국 이는 신사회적 위험에 대응하는 사회보장의 범위와 내용을 제한함으로써 공공성을 약화할 수 있다는 지적이다.

한국의 초기 사회서비스는 생활시설 서비스가 주를 이룬 반면 1990년대 이후 지역사회 이용시설 서비스가 확대되었다. 서비스 대상의 규모가 커지면 개별적 욕구에 부응하며 서비스 통합과 조정 역할을 주도적으로 담당할 수 있는 공공 부문의 역할이 중요하다. 하지만 현재 전체 사회서비스 제공 기관의 대부분은 민관기관이며 공공의 비율은 미미한 수준이다. 사회복지시설 현황을 살펴보면, 2017년 기준 노인, 아동, 장애인 등 모든 시설은 6만 130개소이며, 이 가운데 정부가 설치하고 직영하는 곳은 1,240개소(2.06%)에 불과하다. 민간 위탁하는 시설 3,571개소(5.94%)를 국공립 시설로 포함해도 약 8%에 지나지 않는다.

사회서비스는 기본적이며 보편적인 인간의 욕구를 해결하기 위한 서비스로 언급되고 있다. 사회서비스를 명료하게 정의하기가 어려운 이유는 사회서비스를 개별(개인 간) 사회적 서비스(personal social service), 휴먼서비스(human service), 사회복지서비스(welfare service), 사회적 보호(social care) 등 다양한 용어들과 혼용되고 있기 때문이다. 그리고 각 국가별로 의미하는 바가 다르기 때문이다. 즉, 영국에서는 사회서비스를 소득보장, 의료, 교육, 주택, 협의의 사회서비스(개별 사회적 서비스를 말함)를 포함하고 있다. 반면에 미국에서는 휴먼서비스라는 용어로 사회서비스, 건강, 보건, 교육 등을 포함하는 것으로 사용되기도 한다.

최근에 우리나라에서 사회서비스의 확충에 대한 정책적 관심이 높아졌다. 그러한 이유는 사회서비스 분야의 일자리 창출과 복지확대라는 정책지향이 맞아떨어졌기 때문이다. 우리나라에서 논의되고 있는 사회서비스의 개념을 보면, 넓은 의미와 좁은 의미로 구분할 수 있다. 넓은 의미로는 우리나라 표준산업분류상 사회서비스를 공공행정, 국방, 교육서비스, 의료서비스 및 사회복지서비스를 포함하고 있으며, 좁은 의미로는 사회적 돌봄서비스(social care service)를 말한다.

그러나 법적 규정에 의하면, 사회서비스를 넓은 의미로 파악하고 있다. 예를 들어 앞에서 살펴본 사회보장기본법에서 명시하고 있는 사회서비스의 개념이나 사회적기업육성법에서 사회서비스란 교육, 보건, 사회복지, 환경 및 문화 분야의 서비스, 그밖에 이에 준하는 서비스로 다양한 영역의 서비스를 포함하고 있다. 또한 사회서비스 이용 및 이용권 관리에 관한 법률에서는 사회서비스를 사회복지사업법에 따른 사회복지서비스, 보건의료기본법에 따른 보건의료서비스, 그밖에 이에 준하는 서비스로 규정하고 있다. 이처럼 사회서비스를 사회복지를 비롯하여 다른 영역에서 제공되는 서비스까지 포괄하는 것으로서, 개인 또는 사회전체의 복지 증진 및 삶의 질 제고를 위해 사회적으로 제공하는 서비스로 언급되고 있다.

(4) 사회복지서비스(social welfare services)

우리나라와 일본에서는 사회복지서비스(social welfare service)와 사회복지사업이라는 표현이 자주 사용된다. 이 경우에는 사회복지라는 제도적 틀 안에서 제공되는 개별 사회적 서비스라는 보다 제한된 의미로 이해되며, 법률용어로 사용되고 있다(김상균 외, 2007). 즉, 사회복지서비스는 대상별 접근에 따라 노인, 아동, 여성, 장애인, 가족 등에 제공되는 복지서비스를 말한다.

우리나라 사회복지사업법 제2조 6항에서 "사회복지서비스라 함은 국가·지방자치단체 및 민간부문의 도움을 필요로 하는 모든 국민에게 사회보장기본법 제3조 4항(복지, 보건의료, 교육, 고용, 주거, 문화, 환경 등)에 따른 사회서비스 중 사회복지사업을 통한 서비스를 제공하여 삶의 질이 향상되도록 제도적으로 지원하는 것을 말한다"고 규정하고 있다.

그리고 사회복지사업법 제2조 1항에서 "사회복지사업이라 함은 다음의 법률에 의한 보호·선도 또는 복지에 관한 사업과 사회복지상담, 직업지원, 무료숙박, 지역사회복지, 의료복지, 재가복지, 사회복지관 운영, 정신질환자 및 한센병력자 사회복귀에 관한 사업 등 각종 복지사업과 이와 관련된 자원봉사활동 및 복지시설의 운영 또는 지원을 목적으로 하는 사업을 말한다"고 명시하고 있다.

사회복지사업법에서 규정하고 있는 사회복지사업의 관련된 법은 다음의 〈표 1-4〉와 같이, 2015년 현재 총 27개에 이르고 있다. 따라서 각 법에 의해 제공되는 사업 및 서비스를 사회복지사업, 사회복지서비스로 이해할 수 있다.

<표 1-4> 사회복지사업법에 명시된 사회복지사업의 관련법

가.	국민기초생활보장법	나.	아동복지법	다.	노인복지법
라.	장애인복지법	마.	한부모가족지원법	바.	영유아보육법
사.	성매매방지 및 피해자보호 등에 관한 법률				
아.	정신건강증진 및 정신질환자 복지서비스 지원에 관한 법률				
자.	성폭력범죄의 처벌 및 피해자보호 등에 관한 법률				
차.	입양특례법				
카.	일체하 일본군위안부 피해자에 대한 생활안정지원 및 기념사업 등에 관한 법률				
타.	사회복지공동모금회법				
파.	장애인·노인·임산부 등의 편의증진 보장에 관한 법률				
하.	가정폭력방지 및 피해자보호 등에 관한 법률				
거.	농어촌주민의 보건복지증진을 위한 특별법				
너.	식품 등 기부 활성화에 관한 법률			더.	의료급여법
러.	기초연금법	머.	긴급복지지원법	버.	다문화가족지원법
서.	장애인연금법	어.	장애인활동 지원에 관한 법률		
저.	노숙인 등의 복지 및 자립지원에 관한 법률			처.	보호관찰 등에 관한 법률
커.	장애아동 복지지원법	터.	발달장애인 권리보장 및 지원에 관한 법률		
퍼.	청소년복지지원법	허.	그 밖에 대통령령으로 정하는 법률		

(5) 사회안전망(social safety nets)

사회안전망(social safety nets)의 개념은 세계은행(IBRD), 국제통화기금(IMF) 등에 의해 사용된 용어로, 기존 사회보장제도하에서는 적절한 보호를 받지 못한 채 여전히 위험에 노출된 사람들을 보호하기 위한 대책을 의미한다. 사회안전망이라는 용어는 국제통화기금이나 세계은행이 개도국과 동구권국가들에게 차관공여와 함께 구조조정을 요구하면서 그로 인해 야기되는 실업 및 빈곤계층의 확대라는 부작용을 완화사키기 위하여 최소한의 인간다운 생활을 보장하는 장치로서 사용되었다. 특히 이 용어는 기존의 사회보장이나 사회복지라는 개념보다 좀 더 긴급하고 과도기적인 상황, 예컨대 경제위기 상황이나 구조조정에 따른 고실업과 빈곤화 현상에 대응하기 위한 목적으로 등장하였다.

구조조정에 따른 고실업과 빈곤화 현상에 대응하기 위한 목적으로 등장하였다. 우리나라에서 사회안전망에 대한 논의가 본격화된 직접적 계기는 1997년 경제위기 당시 IMF 및 세계은행으로부터 구제금융의 조건으로 사회안전망의 확충을 요구받으면서부터이다. 외환위기 직후 구조조정에 따른 대량실업이 발생하면서 기존 사회복지제도로부터 전혀 보호를 받지 못하는 복지사각지대가 확산되었고, 국민의 기본 생활이 위협받는 상황에 이르렀다. 이를 극복하기 위한 방안으로 사회안전망에 대한 확충이 요구되었으며, 이러한 요구에 부응하여 사회안전망에 대한 관심과 정책적 노력이 전개되었다. 따라서 사회안전망은 실업·질병·노령·빈곤 등 사회적 위험으로부터 국민을 보호하기 위한 제도적 장치로서 빈곤층 및 취약계층 보호를 위한 공공부조, 국민들의 복지지원 등을 위한 사회복지서비스, 노후소득보장, 건강, 재해 등 잠재적 위험에 대비하기 위한 사회보험을 포괄하는 광의의 개념으로 사용되고 있다.

이러한 개념에 따라 우리나라의 사회안전망은 '사회보험–공공부조 및 사회복지서비스–긴급복지지원'이라는 3단계 체계로서 사회적 위험(social risks)에 대한 보장체계를 구축하고 있다. 첫째, 1차 안전망으로서 사회보험체계이다. 노후소득보장, 건강, 재해, 실업이라는 사회적 위험에 대비하여 각각 국민연금, 건강보험, 산업재해보상보험, 고용보험 등을 말한다. 둘째, 2차 안전망은 공공부조 및 사회복지서비스로서 빈곤층에 대한 국민기초생활보장제도, 노인빈곤층을 위한 기초연금의 실시, 저소득층의 의료문제를 해결하기 위한 의료급여 등이다. 셋째, 3차 안전망은 긴급복지지원제도이다. 2차 안전망의 서비스를 받지 못하면서 갑자기 발생되는 위기로 생계유지 등이 곤란한 경우 위기생활을 해소할 수 있도록 신속히 지원할 수 있는 긴급복지지원제도 등을 말한다.

이러한 사회안전망의 목적은 모든 사회적 위험에 대한 포괄성과 사회구성원 모두에게 적용되는 보편성을 실현하고 기본적인 생활을 보장하는 데 있다. 한편, 앞에서 살펴본 사회안전망의 체계는 공공 부문에서 이루어지는 것으로 공공사회안전망이라 언급되고 있고, 민간 부문이 주도되어 사회적 위험에 대응하는 것을 민간사회안전망으로 구분할 수 있다(오정수 외, 2020, 사회복지학개론, 양서원).

3

사회복지학의 과학적 연구방법

1) 사회복지의 이념

사회복지활동의 구체적인 모습을 결정하는 것은 현실을 해석하는 사상과 철학, 인간과 사회에 대한 가치와 신념체계라 할 수 있다. 이러한 가치와 신념체계를 복지이념 또는 복지이데올로기로 정의할 수 있다. 사회복지의 이념 또는 복지이데올로기는 사회복지에 대한 시각을 정립하는 데 기여하며 가치판단적 설명을 가능하게 한다. 이러한 관점에서 〈표 1-5〉에서 보는 바와 같이 많은 학자들이 사회복지에 관한 이념을 분석하는 작업을 시도해 왔다. 여기에서는 죠지와 윌딩(George & Wilding, 1994)이 분류한 복지 이데올로기로서 신우파, 중도노선, 사회민주주의, 마르크스주의, 페미니즘, 생태주의를 살펴보면 다음과 같다(김영화 · 이옥희 옮김, 1999).[3)]

---

3) 조지와 윌딩(George & Wilding, 1976)은 반집합주의, 소극적 집합주의, 페이비언사회주의, 마르크스주의로 분류하였으나, 그 이후의 저작(1994)에서 위의 여섯 가지로 분류하고 있다. 반집합주의는 신우파, 소극적 집합주의는 중도노선, 페이비언사회주의는 사회민주주의와 유사한 논리와 내용을 이루고 있다.

<표 1-5> 복지이데올로기의 구분

저자	이념의 연속선						
Wedderbum (1965)	반집합주의	시민권		전체주의	기능주의		
Titmuss(1975)	잔여주의	산업주의			제도주의		
George & Wilding(1976)	반집합주의	소극적 집합주의		페이비언 사회주의	마르크스주의		
Mishra(1977)	잔여주의	제도주의			사회주의		
fumiss & Tilton(1979)	보수주의	적극적 국가		사회보장국가	사회복지 국가	급진주의	
Room(1979)	시장자유주의	정치적 자유주의		민주적 사회주의	선마르크스주의		
Pinker(1979)	고전파 경제이론	신중상주의적 집합주의		신중상주의적 집합주의	마르크스주의적 사회주의자		
Taylor-Gooby & Dale(1981)	개인주의	개량주의		구조주의	마르스크스주의		
Williams(1989)	반집합주의	사회 개량주의	페이비언 사회주의	급진적 사회행정정	복지의 정치경제학	페미니즘	반인종주의
George & Wilding(1994)	신우파	중도노선	사회 민주주의	마르크스 주의	페미니즘	생태주의	

자료 : George & Wilding(1994), 김영화·이옥희 옮김 (1999)에서 재인용.

(1) 신우파(The New Right)

신우파는 국가개입에 기초한 복지확대를 반대하는 주된 논리적 근거를 제공해주고 있다. 복지국가에 대한 신우파의 비판은 이념적인 도전임과 동시에 정책쟁점으로 구체화되어 사회복지의 발전에 많은 영향을 미치고 있다. 신우파의 논리를 주요 가치, 시장과 국가의 역할, 복지국가에 대한 태도를 중심으로 살펴보기로 한다.

신우파가 강조하는 핵심 가치 중의 하나는 자유이다. 일반적으로 자유는 그 의미와 내용에 따라 다르게 정의된다. 예를 들어 타인에 의한 강제가 없는 상태로서의 자유를 말하거나, 아니면 어떤 것을 행하는 자유만이 아니라 그것을 행할 수 있는 자유, 즉 현실적인 기회의 제공을 포괄하는 의미로서의 자유 등으로 구분된다. 신우파는 강제가 없는 상태로서의 자유를 강조하고 있기 때문에 정부개입의 확대 및 평등을 지향하는 복지국가는 자유를 위협한다고 비판한다. 특히 시장에 의한 일차적 분배와는 달리 재분배는 불가피하게 강제적이고 복지국가의 가부장적 특성으로 개인의 선택기회가 제한받기 때문에, 복지국가는 개인의 자유를 훼손하는 것으로 간주한다.

시장과 국가의 역할에 대한 신우파의 입장은 명확하다. 자유시장이야말로 자원배분의 최적의 기제임과 동시에 개인의 선택권의 확대, 인간의 자율성을 구현하는 장치라고 주장하고 있다. 신우파는 시장에 대한 국가의 과도한 개입을 국가와 사회의 경쟁력을 약화시키는 원인으로 보고, 국가의 역할을 최소한으로 축소해야 하는 반면에 시장의 역할을 보다 확대해야 한다고 강조하고 있다.

신우파는 복지국가에 대해 매우 비판적인 태도를 보이고 있다. 신우파에 의하면, 복지국가는 시장에 대한 과도한 개입으로 경제의 잠재력 및 성장 동력을 약화시킬 뿐 아니라, 개인의 책임성을 훼손하고 의존문화를 심화시킨다는 것이다. 또한 복지국가는 정부비대화 현상 및 재정위기를 수반할 뿐 아니라, 복지지출에 대한 선거공약을 이행하기 위해 유력한 이익집단에 의존해야 하기 때문에 정부의 권위를 실추시키고 있다고 비판한다. 따라서 신우파는 복지국가가 경제적으로나 사회적으로도 부정적인 결과를 초래한다고 강조함으로써 복지국가에 대한 반대 입장을 명확히 하고 있다.

(2) 중도노선(The Middle Way)

중도노선을 명확하게 설명하기란 쉽지 않으며, 다양한 스펙트럼을 가지고 있다. 왜냐하면 신우파에 대해서는 비판적이고 사회민주주의에 대해서는 지지적인 중간입장을 하고 있으며, 복지에 대한 국가개입을 반대하기보다는 비판적 지지입장을 보이고 있기 때문이다.

중도노선의 주요 가치는 신우파와 마찬가지로 자유와 개인주의에 기초하고 있지만, 자유의 개념은 빈곤으로부터의 자유, 기회제공의 자유를 강조하고 있다는 점에서는 다르다. 이러한 점 때문에 중도노선은 실용주의적 가치를 신봉하고 있다고 해도 과언이 아니다. 시장과 국가의 역할에 대해 중도노선은 실용주의적 입장을 취하고 있다. 중도노선은 신우파와 마찬가지로 경제를 조직하는 최선의 방식으로 자유시장을 강조하지만, 신우파와는 달리 시장경제가 언제나 원활하게 작동하지 않고 일정하게 관리되어야 한다는 입장을 취하고 있다. 시장은 경기변동에 불안정하며 생산과 분배 기능에 있어 일정한 한계를 가지고 있기 때문에, 국가개입을 통해 시장의 부정적 효과를 통제하거나 보완해야 한다고 주장한다. 또한 복지에서 국가의 역할은 필요하지만 국가의 역할의 범위와 성격에 대해서는 비판적으로 접근하고 있다. 예를 들어, 빈곤해소와 관련된 국가의 역할은 인정하지만 본질적인 평등추구를 위한 국가의 역할에 대해서는 반대 입장을 취하고 있다.

복지국가에 대한 태도 역시 중도노선의 입장에서는 대체로 긍정적인인 입장을 취하고 있다. 복지국가는 사회문제와 사회안정을 위한 강력한 권력이라고 보고 있다. 복지국가는 자유시장체제의 모순들을 완화해주며 정부가 국민들의 안녕에 적극적인 관심을 갖고 있다는 느낌을 주어 국가의 권위에 정당성을 부여한다는 것이다. 신우파가 경제우선 주의라면 중도노선은 그런 절대주의적 입장에서 벗어나 경제정책과 사회정책 간에는 상황에 따라 균형이 요구되며, 시장결과를 수정하기 위해 복지국가의 역할 및 사회정책의 필요성을 강조하고 있다.

(3) 사회민주주의(Democratic Socialism)

19세기 말부터 제1차세계대전까지 제2인터내셔날에 집결한 사회민주당의 이론과 정책의 총칙이다. 19세기 말 자본주의하의 노동자에게도 참정권이 주어져 정치적·형식적 민주주의는 달성되었지만 경제적 민주주의는 아직 달성되지 않았는데 이것을 획득하는 것이 노동자계급의 과제라는 발상으로부터 사회민주주의란 용어가 생겼다. 제1차세계대전 발발과 함께 서구의 노동자 정당은 국가에 충성을 맹세했기 때문에 제2인터내셔날은 붕괴되고 러시아에서만 혁명이 성공했다. 그로 인해 러시아에는 코민테른이 성립됐다. 각국 사회민주당 내에서의 좌우대립의 심각화와 함께 제2인터내셔날계의 사회민주당과 코민테른과의 대립은 코민테른이 반파시즘 통일전선을 결성하게 되기까지 격심하였다. 따라서 제1차세계대전 이후에는 사회민주주의란 용어는 러시아혁명을 비난하고 개량주의를 표방하는 서구의 우익사회민주당의 노선을 가리키는 용어로 되었다

사회민주주의는 복지국가를 가장 강력하게 옹호하는 입장이며, 복지국가의 다양한 정책을 통하여 자본주의사회에서 사회주의사회로 이행할 수 있다고 보고 있다. 사회민주주의자들은 복지국가에 대한 많은 논란에도 불구하고 20세기 초반의 자유방임적 자본주의로부터 인류문명의 중요한 진

일보를 이룩한 것이 복지국가라고 주장하였다.

사회민주주의의 주요 가치는 평등, 자유, 우애이다. 평등에 대해서는 누구나 똑같이 되어야 한다는 결과의 평등을 주장하지 않고, 지나친 불평등은 불공정하기 때문에 감소되어야 한다는 것이다. 이러한 논리에 따라 기본생활을 보장하고 사회적 불평등을 감소시키려는 국가의 역할을 확대해야 하며, 사회적 약자를 지원하는 긍정적 차별정책 및 재분배 정책의 필요성을 강조하고 있다. 또한 사회민주주의는 정치적·법적 권리 못지않게 사회적 권리를 강조하고, 이러한 사화권을 보장하지 않을 경우 자유를 침해하는 것으로 해석하면서 자유를 보다 적극적으로 정의내리고 있다. 우애는 시장경쟁보다는 협동, 개인의 사적 이익보다는 공동체의 이익, 이기주의보다는 이타주의를 강조하는 것을 의미한다.

자유시장에 대한 사회민주주의의 시각은 신우파의 논리와는 대조적이다. 시장의 역할을 인정하더라도 자유시장은 부와 권력의 집중화를 초래하여 불평등을 증가시키고 있고, 공공서비스와 관련된 자원배분의 효율성을 보장하는 것이 아니기 때문에 당연히 규제되어야 한다는 것이다. 따라서 시장결함을 해결하기 위해서는 시장에 대한 국가개입이 확대되어야 한다는 점을 강조한다.

복지국가에 대한 사회민주주의의 태도를 보면, 복지국가를 정당화하고 적극 지지하고 있다. 복지국가는 빈곤의 퇴치, 사회적 불평등의 감소, 경제성장의 촉진, 개인의 욕구충족, 이타주의와 사회통합의 증진에 기여한 것으로 평가하고 있다. 그러나 복지행정의 관료화, 평등지향의 가치축소 등 복지국가에 대한 비판을 수용하면서 민주주의에 대한 관심과 참여를 강조하고 있다.

(4) 마르크스주의(Marxism)

마르크스에 의해 확립되어 마르크스·엥겔스파의 정치운동을 이끌어 왔던 시상과 이론체계를 말한다. 마르크스의 사상전개에 있어서 그가 헤겔, 포이어바흐에 의해 현실에 근거한 유물론을 주장한 것은 결정적인 의의를 갖는다.

마르크스주의에서는 자본주의 경제를 계급갈등과 착취로 간주한다. 복지국가 역시 자본주의를 유지하기 위해 노동력의 재생산과 자본축적의 기능을 수행하는 것으로 간주하고 비판적 입장을 취하고 있다.

마르크스주의의 핵심적 가치는 평등실현에 있다. 신우파가 불평등을 사회발전의 중요한 동인으로 보는 반면에, 마르크스주의는 불평등을 사회 경제적인 손실이며 사회분열과 갈등을 초래하는 것으로 보고 있다. 그러므로 불평등을 해소하는 것이 사회발전을 위해 필요하며, 평등도 단순한 기회 제공의 의미를 넘어서 실질적인 평등을 달성하는 것이 중요하다고 주장한다. 마르크스주의에서는 자유를 적극적 의미로 해석하고 이러한 적극적 자유를 성취하기 위해서는 경제적 평등이 필수적이라고 강조한다. 하지만 마르크스주의자들은 사회민주주의자들과 달리 적극적 자유와 평등이 복지국가를 통해 실현될 수 있는가에 대해서는 상당히 회의적이다.

자유시장에 대한 마르크스주의의 시각을 보면, 국가관리 경제가 효율적이지만 자유시장체제하에서 국가관리는 성공적이거나 효과적이라고 믿지 않는다. 국가관리는 착취와 억압을 정당화하고 있기 특히 자유시장의 논리이기 때문에 자유시장체제는 사회통합과 경제적 평등 사회적 목적달성에 전혀 도움이 되지 않는다고 하였다.

복지국가에 대한 마르크스주의의 입장을 보면, 복지국가는 자본주의를 방어하는 기제라는 것이다. 복지국가는 자본주의적 복지국가이므로 때로는 자본주의체제 유지 이외의 일에 대해서도 양보하는 일이 있지만, 근본적으로 자본주의 경제체제를 유지하는 데 일차적인 관심을 갖고 있다. 또한 복지국가가 사회조화와 국가정당성이라는 불가능한 일을 성취하기 위해서는 복지국가의 능력 이상으로 지출을 해야 하고, 결국에는 재정위기를 초래할 것으로 설명하고 있다. 따라서 복지국가를 사회주의 사회로 이행하는 단계로 파악하는 사회민주주의와는 달리, 마르크스주의의 입장은 복지국가가 근본적인 사회변화를 주도할 수 있는 수단으로 보고 있지 않다.

(5) 페미니즘(Feminism)

사회·문화·정치·경제적 성차별과 불평등에 근거한 착취와 억압을 종식시키려는 이론, 사상, 신념, 분석 모형, 교육, 운동 등을 포괄하는 용어다. 근본적으로 페미니즘은 특정한 집단의 여성들에게만 이익을 주고자 하거나 남성들을 폄하하는 데 그 목적에 있지 않다. 오히려 페미니즘은 성에 기초한 모든 형태의 차별에 반대하는 것을 통해 여성의 삶, 나아가 모두의 삶을 나은 방식으로 변화시키는 것을 목표로 한다.

페미니즘이라는 단어는 19세기 프랑스의 사회주의 사상가 샤를 푸리에(Charles Fourier)에 의해 처음 쓰였으며 이는 '여성'이라는 뜻의 라틴어 'femina'에서 유래했다. 한국에서는 여성주의로도 많이 번역되며, 과거에는 여성해방론, 여성해방주의, 여권주의, 여권론이라는 단어로도 쓰였었다.

사회복지의 이데올로기로서 페미니즘은 성(gender)의 관점이나 역할에서 사회복지를 바라보는 시각을 의미한다. 이러한 페미니즘은 자유주의 페미니즘, 사회주의 페미니즘, 급진주의 페미니즘 등 다양한 분파로 분류할 수 있다. 그러나 여기에서는 각 분파별 차이를 살펴보는 것이 주된 관심사가 아니기 때문에, 복지이데올로기 측면에서 포괄적으로 페미니즘의 특성을 고찰하기로 한다.

페미니즘은 성(gender) 인지적 관점에서 복자국가를 분석하고 조망하는 통찰력을 제공해 주고 있다. 자유시장에 대한 페미니즘의 입장을 보면, 자유시장의 논리가 성별 불평등 현상을 고착화시키고 착취와 억압을 정당화하는 데 아용되고 있다고 주장하고 있다. 특히 공적 영역에서의 여성 불평등 현상은 사적 영역인 가정에서의 불평등에 기반하고 있으므로, 공적 영역에서 평등을 확대한 것만으로는 여성의 불평등 지위를 개선할 수 없다는 주장을 하고 있다. 따라서 평등에 대한 관심이 개인격인 차원이 아니라, 공적·정치적 주제가 되어야 한다고 강조하고 있다.

복지국가에 대한 페미니즘의 데도는 앙먼성올 가지고 있다. 복지국가의 서비스가 여성 삶의 기회를 개선할 수 있다는 가능성은 인정하면서도 여성 임금불평등, 성차별적 고용관계 등 성 불평등에 대한 해소에는 기대에 미치지 못한 것으로 평가하고 있다. 이러한 측면에서 페미니즘은 복지국가의 역할에 대해 다소 이중적인 태도를 취하고 있다. 복지국의 역할이 여성에게 노동기회의 제공 등 여성 평등 지위에 도움이 될 수 있지만, 정책입안부터 남성중심적인 가치실현으로 특정 성역할을 강화시키는 것으로 비판하고 있다. 특히 페미니즘은 성인지적 관점에 기초하여 복지국가의 역할 및 사회복지제도에 내재된 성불평등의 요소를 분석하는 새로운 시각을 제시해주고 있다.

(6) 생태주의(Greenism)

생태주의는 주로 관심에서 출발하였다. 공해, 오염, 보존, 보호 등 인간중심적 관심으로부터 어떻게 하면 지속가능한 환경을 지킬 것인가에 초점을 두었으나, 최근에는 지속가능한 성장에 대한 생태적 관심으로까지 확대되었다. 오염과 낭비를 흡수할 수 있는 지구의 능력뿐만 아니라 재생자원을 재생하는 데 걸리는 시간보다 더 빠른 속도로 소비해서는 안 되며, 비재생자원 역시 재생가능한 대체재를 개발할 수 있는 속도로만 소비해야 한다고 주장하고 있다. 생태주의자들은 경제성장과 소비확대가 여전히 가능하지만 성장에는 근본적인 한계가 있고 이미 성장의 부작용이 심각하다는 성장한계론(the limit of growth)을 설파하면서 생태적으로 지속가능한 성장에 관심을 두고 있다. 이러한 생태주의는 성장제일주의적 산업문명을 극복하고 탈근대적 문명전환운동을 지향하고 있고, 지배가 아닌 공존, 획일성이 아닌 다양성, 시장경쟁이 아닌 나눔의 공동체를 목표로 하고 있다(김영화·박태정·장경은, 2008).

생주의의 입장에서 중요하게 여기는 가치는 평등이다. 그러나 평등에 관한 시각은 다른 이데올로기보다 훨씬 더 광범위한 견해를 취하고 있다. 인류의 생존은 일련의 불평등의 감소에 달려 있다고 주장한다. 개인이든 국가이든 부유한 사람들이 소비할 수 있는 권리 및 필요 이상으로 소비하는 과소비자로 보고 있다. 산업사회 내의 불평등, 선진국과 후진국 간의 불평등을 해소하고 전지구적인 파괴를 방지하는 것이 필요하다는 것이다. 생태주의는 불평등을 반대하고 개인, 공동체, 사회 그리고 환경에서의 반생명적인 요소를 제거함으로써 그동안 억압되었던 타자의 다양한 권리를 수용하고 그 기능을 조화시키고자 한다.

생태주의에서 강조하는 또 다른 가치는 상호보완성, 자율성, 연대성이다. 인간은 기본적으로 불완전한 존재이며, 이러한 불완전성을 극복하기 위해서는 상호협력이 필요하며, 타인과 더불어 살 수 있는 상호보완성이 인간을 인간답게 하는 중요한 가치라는 것이다. 그리고 생태주의는 자율성을 중시한다. 산업화로 인한 일과 생활의 분리는 인간의 주체적 삶을 객체적 삶으로 전환시키는 계기였으며, 인간을 타자화시켜 자율성을 상실하게 했다는 점을 강조하고 있다. 또한, 인간과 자연은 일방적으로 개발하는 차원이 아니라 쾌적한 삶의 공간을 만드는 동반자적 관계를 강조하는 등 연대성의 가치를 중요시한다(김영화·박태정·장경은, 2008).

자유시장체제에 대해서는 반대하는 입장을 가지고 있으나, 다른 이데올로기에 비해 반대논리는 근본적으로 다르다. 자유시장에 대한 생태주의의 입장은 시장체제를 파괴적인 사회를 만드는 주요 요인으로 강조하면서 반대하고 있다. 자유시장체제가 본래부터 개인과 사회를 파괴하는 가치와 과정에 기초하고 있다고 본다.

복지국가에 대한 생태주의적 입장을 보면, 복지국가가 성장에 의존하고 있고 특정 경제 및 산업체제에 좌우되어 있기 때문에 근본적인 해결방안을 제시하지 못하고 있다는 것이다. 선진산업사회의 경제성장이 개인을 풍요롭게 하고 공공서비스의 자원을 증가시키는 방식으로 복지를 강화했지만, 이러한 경제성장이야말로 엄청난 비복지를 초래했다고 주장한다. 궁핍, 질병, 실업 등 사회적 병리현상들은 산업주의의 산물, 즉 성장지향성, 대규모 조직의 강화, 인간의 욕망추구에 따른 결과라는 것이다. 더 극단적으로 자본성, 대규모 조직의 강화, 인간의 욕망추구에 따른 결과라는 것이다. 더 극단적으로 자본주의가 생존하기 위해서는 빈곤을 필요로 하기 때문에, 빈곤이 자본주의사회 내에서 퇴치될 수 있을 것이라고 기대하는 것은 착각이라고 주장한다. 이러한 문제는 자본주의 체제가 변화될 때까지, 그리고 생태사회가 창조될 때까지 계속될 것이라고 주장한다.

지금까지 살펴본 복지이데올로기들을 주요가치, 자유시장 및 복지국가에 대한 태도를 중심으로 간략하게 정리하면, 〈표 1-6〉과 같다. 특히 복지국가에 대한 지지와 관련된 이데올로기적 입장은 상대적인 것이다. 그러나 이러한 구분은 각 이데올로기에서 강조하는 시각과 입장을 분류한 것이며, 현실사회에서 지배적인 이념유형으로 구체화되는 것은 다른 차원의 문제이다.

<표 1-6> 복지이데올로기의 비교

구 분	신우파	중도노선	사회민주주의	마르크스주의	페미니즘	생태주의
주요 가치	자유(강제가 없는 상태) 개인주의	자유 (기회제공) 개인주의	자유 (권리보장) 평등지향 우애	평등 (결과의 평등)	성 불평등 해소	평등 (인간과 자연)
자유시장에 대한 태도	시장역할에 대한 국가 개입의 최소화	시장역할에 대한 조건부 국가개입	시장역할에 대한 적극적인 국가 개입	억압과 착취기능, 자본주의 체제의 유지	시장에 대한 국가개입 (여성평등 지위보장)	시장체제는 환경파괴의 역할수행
복지국가에 대한 태도	반대	소극적 지지	적극적 지지	반대	비판 및 소극적 지지	반대

자료 : 오정수 외(2020), 사회복지학개론, 양서원.

2) 사회복지의 가치

가치(vahue)란 일반적으로 사회에서 소중한 것, 올바른 것, 바람직한 것을 의미한다. 사회복지학을 가치중립적인 학문이라기보다는 가치지향적인 학문이라고 언급하듯이 사회복지는 가치로부터 자유로울 수 없다. 그렇다면 사회복지가 추구하는 가치 또는 바람직하다고 판단할 수 있는 사회복지의 모습이 무엇인가라는 점이다. 이 점은 사회복지가 왜 필요한가라는 질문에 대한 규범적 논의의 기초를 제공해주고 있으며, 동시에 사회복지현상을 다루는 사회복지이론과 실천방법의 준거이다. 여기에서는 사회복지가 추구하는 일반적인 가치와 사회복지전문직의 가치에 대해 살펴보기로 한다(장인협·이혜경·오정수, 2009).

(1) 사회복지의 일반 가치

① 인간의 존중

사회복지에서 중요하게 여기는 일반가치는 무엇보다도 인간의 존중이다. 인간존중은 인간이 가지고 태어나면서의 가치로서, 성, 종교, 인종, 국적, 사회적 지위, 신체적·정신적 조건 등에 관계없이 인간으로 태어나는 한 존중받아야 한다는 의미를 말한다. 이러한 인간존중의 가치는 "모든 사람은 태어나면서부터 자유로우며, 동등하게 존엄성과 권리를 보장받아야 한다"고 명시되어 있다. 그리고 우리나라의 헌법 제10조 "존엄과 가치를 가지며 행복을 추구할 권리를 가진다"는 조항도 인간존중의 가치를 규정하고 있는 것이다. 또한 기독교의 네 이웃을 네 몸과 같이 사랑하라, 불교의 자비사상, 홍익인간의 이념 등은 바로 인간존중의 사상을 의미한다. 이러한 인간존중의 가치는 선언이나 법조항, 사상의 측면에서 다루어질 문제가 아니라 실천을 통해 구체화되어야 한다. 따라서 사회복지가 추구하는 가치는 인간존중의 가치를 실천하는 것에 있으며, 인간의 기본적 권리를 보장하는 사회를 구축하는 데 있다.

② 평등

사회복지의 가치 중 중요한 하나는 평등(equality)이다. 평등은 사회적 자원의 재분배를 통하여 사회구성원의 삶의 질을 향상시키고자 하는 가치이다. 그러나 평등의 구체적인 개념에 대해서는 많은 논란이 있다. 일반적으로 평등의 개념은 수량적 평등, 비례적 평등, 기회의 평등으로 구분된다.

수량적 평등은 모든 사람을 똑같이 취급하여 욕구나 능력의 차이에 관계없이 사회적 자원을 분배하는 개념으로서 가장 적극적인 평등의 개념이다. 비례적 평등은 사회적 자원을 개인의 욕구, 능력, 기여 정도에 따라 분배하는 개념이다. 기회의 평등은 결과와는 관계없이 과정상의 기회만 똑같이 제공해 주는 개념이다.

이러한 평등의 개념 중 복지국가의 형성과 성장에 기초가 된 것은 적극적인 의미의 평등이다. 사회복지의 가치로서 평등은 이것을 의미하며, 사회적 권리를 확대하고 일정 수준의 기본생활을 보장하며 사회적 불평등을 해소하려는 복자국가의 전략과 일맥상통한다. 비록 복지국가의 개혁 이후 평등전략에 대한 경조가 되면서 형평성(equity)이나 효율성(efficiency)과 같은 다른 가치에 의하여 대체되고 있지만, 사회적 불평등을 해소하려는 노력은 사회복지가 추구하는 가치와 밀접히 관한되어 있다고 할 수 있다.

③ 자유

자유(freedom)의 개념에는 적극적 자유와 소극적 자유라는 두 가지 의미가 있다. 소극적 의미의 자유란 다른 사람에 의한 강제가 없는 상태(freedom from~)로서, 사람들 간의 상호작용 관계에서 다른 사람의 간섭 없이 자신의 의지대로 행할 수 있는 상태를 의미한다. 반면에 적극적 의미의 자유란 자기가 원하는 것을 할 수 있는 상태(freedom to~)를 말한다.

이러한 자유의 개념은 이념적 입장에 따라 다르게 사용된다. 신우파의 이념에서는 소극적 의미의 자유를 주정하고, 사회민주주의의 이념에서는 적극적 의미의 자유를 사용한다. 예를 들어 신우파의 입장에서는 사유재산권 형사의 자유 또는 급여나 서비스 선택의 자유를 강조하여 복지에 대한 국가의 개입을 자유의 침해로 간주한다. 그러나 사회민주주의의 입장에서는 사회적 권리로서 복지를 누릴 수 있는 자유로 인식하며, 국가의 복지에 대한 개입을 적극적 자유의 확대로 간주한다. 특히 실질적인 경제적 보장과 평등이 없는 상황에서의 자유는 공허한 것으로 보고 있다.

국가개입에 의한 사회복지실천활동은 법적 규정에 의해 수행되기 때문에 강제성은 불가피하며, 원하는 것을 행할 수 있는 적극적 자유를 보장한다는 의미에서 정당성을 가지고 있다. 따라서 사회복지의 가치는 강계가 없는 자유보다는 사회적 권리를 보장할 수 있는 적극적인 자유에 초점을 두고 있다.

④ 민주성

민주적 정신과 민주적 과정에 대한 신념은 사회복지의 기본원리이다. 모든 인간은 자기를 표현하고, 사생활을 유지하며, 자기에게 영향을 미치는 결정에 참여해야 하며, 타인과 함께 공동체를 구성하여 더불어 살아간다는 기본 가치는 사회복지실천에 많은 영향을 미치고 있다. 사회복지실천에서 자기결정의 원리, 민주적 참여의 강조 등은 민주성이라는 가치에 기반을 두고 있다.

⑤ 사회정의

정의(justice)의 개념은 절차상의 정의(procedural justice), 실질적 정의(substantive justice), 능동적 과정으로서의 정의(justice as active process) 등으로 사용되고 있다. 절차상의 정의는 법률에서 정한 합법적인 절차를 강조하며, 실질적 정의는 결과로서 강조한다. 능동적 과정으로서 사회정의는 분배적 정의를 불의한 현상을 예방하고 치료하는 사회적 과정을 강조한다. 사회복지에서는 특히 분배적 정의를 강조한다. 사회적 약자에게 보다 나은 처우와 권한, 자원의 배분이 이루어지도록 노력해야 한다.

⑥ 사회통합

사회통합(social integration)이라는 개념은 일정한 사회단위 내의 구성원 상호간 구성원이 사회에 대하여 또는 갖는 연대감을 의미한다. 또한 사회통합은 다양한 특성을 가진 사회구성원들이 공동체에 대한 소속감을 갖고 공동의 비전을 공유하며 긍정적인 관계를 유지하는 사회적 결집력을 말한다. 만약 사회통합이 이루어지지 않는다면 인간다운 삶의 보장이나 행복추구를 위한 헌법적 권리를 실현하는 것을 불가능할 것이다. 세계화, 정보화, 탈근대화라는 대전환기에 새로운 도약과 발전을 위해서는 분열과 갈등을 극복하고 사회통합이 필수적으로 요구된다.

사회복지는 사회구성원 상호간의 도움을 주고받는 행위를 통하여 사회적 자원을 재분배할 뿐 아니라, 이러한 원조행위가 구성원 상호간간의 정서적 유대 및 감정적 통합을 촉진시킬 것이다. 이처럼 사회복지는 사회구성원의 사회통합을 위한 중요한 제도적 수단이라 할 수 있다. 특히 사회통합은 사회적 약자에 대한 배려와 사회적 배제 집단의 포용으로부터 출발해야 하며, 사회복지가 추구하는 중요한 가치임과 동시에 목표라 할 수 있다.

(2) 사회복지전문직의 실천 가치

사회복지전문직은 인간의 기본적 욕구를 충족하고 인간의 잠재능력과 개성을 최대한 실현시키는 것을 목표로 하며, 상대방의 권리와 의견을 존중하는 민주주의 원리에 입각하여 사회복지를 실천하고 있다(장인협·이혜경·오정수, 2009).

사회복지전문직의 실천 가치는 인간에 대한 존중, 클라이언트의 자기결정권, 클라이언트의 역량강화, 사회정의 및 차별금지, 비밀보장 등 매우 다양하게 제시되었다. 그러나 이러한 가치들 간의 갈등이나 우선순위 그리고 중요도 등에 대한 일정한 지침이 없다면, 사회복지전문직의 실천 가치는 주장하는 학자에 따라 아니면 실천 상황에 따라 논란이 될 것은 분명하다. 따라서 전문직으로서 사회복지실천 가치의 확립 및 윤리적 기준 설정에 많은 노력이 있었으며, 그 결과가 사회복지사 윤리강령에 명시된 것으로 볼 수 있다. 사회복지사 윤리강령에 나타난 내용을 중심으로 사회복지전문직 실천의 가치를 살펴보기로 한다.

미국사회복지사협회(NASW)[4]의 사회복지사 윤리강령에 의하면, 사회복지전문직은 서비스, 사회정의, 인간에 대한 존엄성과 가치, 인간관계의 중요성, 진실성, 능력이라는 핵심가치에 기초하고 있음을 명시하고 있다.

우리나라의 사회복지사 윤리강령에는 미국의 경우와는 달리 핵심가치를 별도로 언급하고 있지 않다. 그러나 사회복지사 윤리강령의 전문에 나타난 주요 가치들을 보면, 인본주의, 평등주의, 인간의 존엄성과 가치 존중, 자유권과 생존권의 보장, 사회정의, 민주주의의 가치실현, 사회적 약자에 대한 배려, 전문가로서의 능력과 지식향상 등으로서 미국 사회복지사 윤리강령의 핵심가치와 유사한 내용을 이루고 있다.

이러한 핵심가치는 사회복지전문직의 독특한 목적과 관점을 기반으로 이루고 있다. 여기에서는 2008년에 개정된 미국 사회복지사 윤리강령에서 제시하고 있는 사회복지전문직의 핵심가치(core value)와 이러한 가치에 따른 윤리원칙(ethical principle)을 살펴보면, 다음과 같다(NASW, 2009).

4) 미국사회복지사협회(National Association of Social Workers). 소셜워커(social worker)를 과거에 사회사업가로 번역하기도 하였다. 그러나 현재 우리나라 사회복지사업법에 사회복지사로 규정하고 있고, 또한 보편적으로 사용하고 있어 사회복지사로 통일하여 사용한다.

① 가치 : 서비스(services)

윤리원칙 : 사회복지사의 일차적 목표는 욕구가 있는 사람들을 원조하고 사회문제를 해결하는 것이다.

사회복지사는 다른 사람에 대한 서비스를 자기 이익보다 우선토록 한다. 사회복지사는 욕구가 있는 사람들을 돕고 사회문제를 해결하기 위해 자신의 지식, 가치와 기술을 이용한다. 사회복지사는 자신의 전문직 기술의 일부를 재정적 보상에 대한 기대를 하지 않고 자발적으로 제공하도록 권장된다.

② 가치 : 사회정의(social justice)

윤리원칙 : 사회복지사는 사회적 불의(injustice)에 도전한다.

사회복지사는 특히 취약하고 억압받는 개인이나 집단과 함께 활동하거나 이들을 위하여 사회적 변화를 추구한다. 사회복지사의 사회변화를 위한 노력은 일차적으로 빈곤, 실업, 차별이나 기타 여러 형태의 사회적 불의에 초점을 둔다. 이러한 활동은 억압이나 문화적·인종적 다양성에 대한 민감성과 이에 관한 지식을 증진코자 한다. 사회복지사는 필요한 정보, 서비스, 자원에 대한 접근, 기회의 균등, 그리고 모든 사람들에 대하여 의사결정과정에서의 실질적인 참여를 보장하려고 노력한다.

③ 가치 : 인간의 존엄성과 가치(dignity and worth of the person)

윤리원칙 : 사회복지사는 인간의 천부적인 존엄성과 가치를 존중한다.

사회복지사는 개인적인 차이나 문화적·인종적 다양성에 유의하면서 관심과 존중의 자세로 모든 사람들을 대해야 한다. 사회복지사는 클라이언트가 사회적으로 책임 있는 자기결정을 할 수 있도록 도와야 한다. 사회복지사는 클라이언트 스스로 욕구를 변화시키며, 해결할 수 있도록 클라이언트의 역량과 기회를 향상시키기 위하여 노력한다. 사회복지사는 클라이언트와 전체 사회에 대한 이중적 책임을 인식해야 한다. 또한 사회복지자는 전문직의 가치, 윤리원칙 및 윤리기준에 비추어 클라이언트의 이익과 전체 사회의 이익 간의 갈등을 해결하기 위해 노력한다.

④ 가치 : 인간관계의 중요성(importance of human relationships)

윤리원칙 : 사회복지사는 인간관계의 중요성을 인식하여야 한다.

사회복지사는 사람들 간의 관계는 변화를 위한 중요한 수단임을 이해해야 한다. 사회복지사는 사람들을 원조과정에 파트너로 참여시킨다. 사회복지사는 개인, 가족, 집단, 조직 및 지역사회의 복지를 증진하거나 회복, 유지 및 향상시키기 위해 사람들 간의 관계를 강화하여야 한다.

⑤ 가치 : 진실성(integrity)

윤리원칙 : 사회복지사는 신뢰받을 수 있도록 행동하여야 한다.

사회복지사는 전문직의 사명, 가치, 윤리 원칙, 윤리적 기준을 인식하고, 이에 부합하도록 실천해야 한다. 사회복지사는 정직하고 책임 있게 행동하고, 자신이 소속한 조직의 입장에서 윤리적 실천을 증진시킨다.

⑥ 가치 : 능력(competence)

윤리원칙 : 사회복지사는 자신의 능력범위 내에서 실천하며, 전문적 지식과 기술을 개발하고 향상시킨다.

사회복지사는 전문적 지식과 기술을 향상시키고, 이를 실천에 적용하기 위하여 끊임없이 노력하고, 전문직의 지식기반에 기여하도록 힘쓴다.

4

사회복지의 실천윤리

사회복지전문직의 실천 가치로부터 사회복지실천의 구체적인 윤리강령이 나오게 된다. 사회복지사는 과학성(science)과 예술성(art)에 기초한 실천의 철학과 윤리를 발전시켜 왔으며, 사회복지사 윤리강령은 이러한 철학과 윤리에 기초한 원칙과 지침을 제공하고 있다(장인협·이혜경·오정수, 2009).

미국의 경우를 보면, 1947년 미국사회복지사협회에서 사회복지사의 윤리강령(code of ehics)을 채택하였다. 그 이후 시대 변화에 맞게 여러 차례 개정되었으며, 최근의 윤리강령의 개정은 2017년에 이루어졌다. 이 윤리강령은 전문, 윤리강령의 목적, 윤리의 원칙, 윤리의 기준이라는 네 개의 부분으로 구성되어 있다(NASW, 2017).

미국사회복지사협회에서 제정한 사회복지사의 윤리강령 중 사회복지사가 준수해야 할 6개의 윤리의 기준을 보면, 클라이언트에 대한 사회복지사의 윤리적 책임, 동료에 대한 사회복지사의 윤리적 책임, 사회복지사의 실천현장에서의 윤리적 책임, 전문가로서 사회복지사의 윤리적 책임, 사회복지 전문직에 대한 사회복지사의 윤리적 책임, 사회에 대한 사회복지사의 윤리적 책임으로 구성되어 각각의 항목에 대한 구체적인 실천윤리를 제시하고 있다.

우리나라의 경우 사회복지사 윤리강령은 1988년 3월에 제정·공포된 이후, 2001년 12월에 현재의 윤리강령이 공포·시행되었다. 현재 시행되고 있는 사회복지사 윤리강령은 전문과 5개의 윤리기준, 사회복지사윤리위원회의 구성과 운영, 사회복지사선서를 포함하고 있다. 이 중에서도 윤리기준을 보면, 사회복지사의 기본적 윤리기준, 사회복지사의 클라이언트에 대한 윤리기준, 사회복지사의 동료에 대한 윤리기준, 사회복지사의 사회에 대한 윤리기준, 사회복지사의 기관에 대한 윤리기준으로 구성되어 있다.

윤리강령은 사회복지사가 어떤 가치와 윤리적 기준에 기초하여 사회복지전문직을 수행할 것인가를 제시해주는 유용한 지침이다. 그리고 윤리강령은 윤리적 문제가 발생할 때 의사결정과 사회복지실천의 지침이 되는 가치, 원칙, 기준을 명시하고 있다. 그렇다고 윤리강령은 사회복지실천에서 직면하게 되는 구체적인 사안이나 모든 쟁점들을 해결해 줄 수는 없을 것이다. 왜냐하면 개별 사안에 따라 환경적 상황이나 맥락이 다를 수 있거나, 사회복지사의 개인적 속성 및 과업환경에 따라 실천과정에서의 선택된 방식이 모두 일치할 수 없기 때문이다. 따라서 윤리강령에 나타난 실천 윤리는 사회복지사가 각각의 사례에 적용하는 데 있어 실천가로서의 체계적인 틀과 기준을 제공하고 있다는 점을 유의하면서, 사회복지사는 윤리강령에 부합하도록 끊임없는 자기 노력이 필요하다. 참고로 우리나라의 사회복지사 윤리강령을 소개하면, 다음과 같다.

[사회복지사 윤리강령]
제정연혁
1937. 2. 윤리강령 초안제정 결의
1982. 1. 사회복지사 윤리강령 제정
1988. 3. 제1차 사회복지사 윤리강령 개정
1992. 10. 제2차 사회복지사 윤리강령 개정
2001. 12. 제3차 사회복지사 윤리강령 개정
전문
사회복지사는 인본주의·평등주의 사상에 기초하여, 모든 인간의 존엄성과 가치를 존중하고 선부의 자유권과 생존권의 보장활동에 헌신한다. 특히 사회적·경제적 약자들의 편에 서서 사회정의와 평등·자유와 민주주의 가치를 실현하는 데 앞장선다. 또한 도움을 필요로 하는 사람들의 사회적 지위와 기능을 향상시키기 위해 저들과 함께 일하며, 사회제도 개선과 과련된 제반 활동에 주도적으로 참여한다.
사회복지사는 개인의 주체적과 자기결정권을 보장하는 데 최선을 다하고, 어떠한 여건에서도 개인이 부당하게 희생되는 일이 없도록 한다. 이러한 사명을 실천하기 위하여 전문적 지식과 기술을 개발하고, 사회적 가치를 실현하는 전문가로서의 증력과 품위를 유지하기 위해 노력한다.
이에 우리는 클라이언트·동료·기관 그리고, 지역사회 및 전체사회와 관련된 사회복지사의 행위와 활동을 판단·평가하며 인도하는 윤리기준을 다음과 같이 선언하고 이를 준수할 것을 다짐한다.

02
CHAPTER

사회복지학 방법의 기초

1

사회복지학의 성격

1) 사회복지의 특성

학문으로서 성립되기 위해서는 고유의 연구주제 및 대상, 연구방법에 기초하여 현상을 과학적으로 설명하는 이론정립과 그것의 현실적용이 가능해야 한다. 여타의 사회과학처럼 사회복지학 역시 고유의 주제와 연구방법을 기초로 학문으로 정립되었다. 사회복지학은 '사회복지'라는 사회현상을 대상으로 과학적 방법을 적용하여 연구·분석하고 이론의 개발과 실천의 적용을 모색하는 학문이다.

현대사회의 변화에 따라 사회복지의 중요성이 강조되고, 이를 연구하고 실천하는 논의가 점증됨에 따라 사회복지학은 사회과학의 중요한 학문 분야로 자리를 잡게 되었다. 그 결과 사회복지학은 연구대상, 과학적 연구방법, 이론과 실천체계를 가진 독립된 학문 분야로 성장하였다. 그렇다면 학문으로서 사화복지학은 어떤 특성을 가지고 있는가를 살펴보면, 다음과 같다(장인협·이혜경·오정수, 2009).

첫째, 사회복지학은 모든 학문 분야처럼 과학성을 추구한다. 인간과 사회에 관한 과학적인 탐구방법을 기반으로 하여 사회복지현상을 과학적으로 설령하고 논증함으로써 사회복지학의 이론과 실천의 체계를 발전시키고 있다.

둘째, 사회복지학은 인간의 욕구충족을 목표로 한다. 인간의 욕구는 다양하고 무한한 특징을 지니고 있다. 사회복지학은 인간의 삶의 질에 관련된 기본적이고 보편적인 욕구를 충족시키기 위한 방법과 제도를 발전시키는 데 초점을 두고 있다.

셋째, 사회복지학은 다학문성(multi-discipline)을 특성으로 한다. 사회복지학은 정치학, 경제학, 사회학, 심리학 등 인접 사회과학의 다양한 학문적 성과를 활용한 이론과 실천의 체계를 발전시키고 있다.

넷째, 사회복지학은 인간의 욕구충족을 위한 실천활동을 강조하고 사회문제해결을 지향한다. 사회복지학은 응용사회과학 또는 실천사회과학으로서 사회문제의 해결을 위한 방법을 창출해 내고 이를 실제 사회현상에 적용하는 실천지향적인 학문이다.

이와 같은 특성을 지닌 사회복지학은 개인 수준의 미시적 차원뿐만 아니라 국가의 제도적 수준의 거시적 차원에서 전개되고 있는 도움활동 및 욕구충족을 위한 실천활동 등을 과학적으로 연구하는 학문이다. 특히 사회복지학은 인간 존엄성의 실현, 사회적 권리 및 사회정의의 신장 등에 노력하는 가치지향적인 학문이며, 사회문제를 해결하기 위한 구체적 서비스와 개입을 강조하는 실천학문이라 할 수 있다.

2

사회복지학의 발전

사회복지를 연구주제로 하는 사회복지학은 정치학, 경제학, 사회학, 심리학 등 다른 사회과학에 비해 출발이 늦었다. 처음부터 학문으로 정립되기보다는 다양한 인접 학문의 지식과 기술을 포괄하면서 사회문제의 해결을 위한 실천학문으로서 점차 독립적인 학문 분야로 성장하였다. 특히 20세기에 들어와 전문소셜웍의 등장, 복지국가의 출현 및 발전은 사회복지학을 독립된 학문 분야로 성립·발전시키는 데 지대한 공헌을 하였다.

그러나 오늘날 사회복지학이 사회과학 분야에서 독립된 학문으로 성장하였지만, 사회복지학의 체계는 개별 국가의 학문적 전통에 따라 차이가 있다. 우리나라 사회복지학의 체계는 초창기에 미국의 소셜웍(social work, 사회사업학)이 수입되어 사회복지학의 근간을 이루었다. 그 이후 산업화에 따른 사회문제의 해결을 위해 거시적이고 제도적인 접근의 필요성이 강조되면서 소셜웍과 함께 사회정책학이 사회복지학의 중요한 연구 영역으로 설정되었다. 그 결과 현재 우리나라 사회복지학은 크게 소셜웍과 사회정책학이라는 두 영역으로 구성되어 있다. 이러한 점을 고려하여 사회복지학의 성립과 발전과정을 살펴보기로 한다(김상균 외, 2007; 장인협·이혜경·오정수, 2009).

1) 소셜웍의 발전

소셜웍은 사회적응과 문제해결을 위해 사람들을 돕는 전문적인 활동으로서 미시적인 임상실천과 환경개입에 초점을 두고 있는 학문 영역이라 할 수 있다.[1)]

---

1) 과거에 Social Work는 학문적으로 '사회사업학'이라 하였다. 앞에서 언급하였듯이, 의미전달을 명확하기 위해 소셜웍을 사용하기로 한다.

소셜웍의 출발은 19세기 후반에 영국과 미국에서 민간기관의 복지활동을 조정하기 위하여 설립된 자선조직협회(Charity Organization Society)라는 민간조직의 활동에 기원을 두고 있다. 19세기 말 영국과 미국의 자선조직협회가 이 분야의 자원봉사자들을 교육하고 조직·관리하는 과정에서 일정한 기준과 지침서를 필요로 하면서 소셜웍에 관한 학문과 교육도 시작되었다. 이러한 활동을 계기로 사회복지전문인력에 대한 교육훈련과정이 개설되면서 학문 영역으로 태동하게 되었다.

체계적으로 소셜웍에 대한 교육과 학문이 이루어진 시기는 20세기 초에 미국의 대학에 사회사업학과가 설치되면서부터이다. 특히 리치몬드(Richmond)는 1917년에 자선조직협회의 활동에서 얻은 경험과 지식을 체계적으로 정리한 『사회진단(Social Diagnosis)』이라는 저서를 출간하였다. 그녀의 저서는 소셜웍의 기본원리와 실천과정을 체계적으로 제시했다는 점에서 소셜웍의 학문발전에 지대한 공헌을 하였다.

당시의 소셜웍(social work)은 실천현장에 근무하는 사회복지실무자들을 대상으로 교육이 이루어졌으나, 시간제 등록학생의 문제점이 제기되면서 보다 전문적인 교육의 필요성으로 전일제 수업으로 운영되는 대학원 과정이 생겨나기 시작했다. 특히 대학원(school of social work)에서 운영되는 소셜웍은 대부분 대학의 학부에서 사회학, 심리학, 경제학 등을 공부한 학생들이 전공하였다. 이러한 전통으로 소셜웍은 사회과학의 지식 체계에 기초를 두었고, 인간의 문제해결에서 사회환경의 영향으로 등한시하지 않았다.

그러나 1920년대 이후 프로어트(S. Freud)의 정신분석이론과 정신의학이 발전하면서 소셜웍에 지대한 영향을 미쳤다. 프로이트의 영향은 초창기의 '환경 속의 인간(person-in environment)'이라는 개인과 사회환경 간의 상호작용에 관심보다는 개인의 정신 내부의 역동과정에 초점을 두었다. 그 결과 인간의 심리내적 역동에 관한 분석을 기초로 임상적 실천(clinical practice)을 중심으로 하는 소셜웍이 발전하게 되었다.

정신분석학과 정신의학의 지식은 임상적인 실천에 직접 적용이 가능했지만, 사회과학의 지식은 일반적으로 이론 중심적이어서 즉각적인 실천에의 적용이 곤란하였으므로 사회복지사들은 다른 분야의 사회과학을 어느 정도 멀리하게 되었다.

이처럼 1920년대 이후 약 30년의 기간은 쇼셜웍이 미시적인 심리사회적 역동의 행동과학에 치중하였고, 거시적 사회구조 및 인간과 환경 간의 상호관계에 관한 사회과학적 탐구를 소홀히 하였다. 또한 사회과학도 다소 순수이론에 치중하는 경향이 있어서 소셜웍과 사회과학의 간격이 커지게 되었다.

1960년대에 들어서면서 소셜웍은 다시 사회변화와 사회구조의 영향에 관심을 갖기 시작하였다. 즉, 제2차 세계대전 이후 사회 경제적인 발전에도 불구하고 빈곤문제가 해결되기보다는 빈곤의 재발견, 인권에 대한 강조 등으로 보다 거시적인 사회구조에 관심을 두었다. 개인의 문제 역시 사회변화와 밀접히 관련되어 있기 때문에 소셜웍도 개인의 심리내적인 측면에 초점을 두기에는 한계가 있었다. 그리하여 소셜웍은 개인의 내적 문제뿐만 아니라 개인과 환경 간의 상호작용에 초점을 두고 다양한 이론적·실천적 접근을 시도하면서 발전하였다.

오늘날 소셜웍은 임상적 실천을 강조하면서도 인간과 환경 간의 상호작용을 중요시하고 있다. 따라서 인간행동과 사회환경에 관한 다양한 행동과학 및 사회과학적 분석이 소셜웍의 학문과 실천의 기초가 되고 있다.

3

사회복지학의 과학적 연구방법

1) 사회복지의 과학적 연구방법이 필요한 이유

현대사회의 사회복지는 과학적인 접근책이 요청되고 있다. 과학적인 접근이 필요한 이유는 CT가 가지는 니드와 문제를 가능한 한 객관적으로 그리고 정확하게 파악해서 그 문제해결을 위한 정책과 개입이 이루어지게 해야 할뿐만 아니라 사회복지의 효과적인 공급체계를 설정하기 위해서 정확한 자료를 수집하고, 또한 서비스가 실시된 후에는 서비스의 효과를 분석하고 평가해야 하기 때문이다. 사회복지의 과학적 연구조사는 사회복지 실천활동을 위한 기초적·실증적 자료를 제공해주고, 사회복지 CT 상황의 변화, 실천활동에 대한 반응과 효과성을 조사하여 과학적인 검증을 통해서 사회복지의 과학성, 전문성, 책임성을 향상시킬 수 있는 수단과 방법을 제공해준다. 이 같은 의미에서 현대적인 사회복지는 과학적 연구조사 방법을 이용하지 않고서는 합리적이고 효과적인 서비스 실천을 할 수 없다고까지 말해지고 있다.

2) 과학적 연구방법의 정의

'과학적'이라는 표현에는 체계적, 검정 가능성, 객관성 등의 의미가 동시에 포함되어있다. 즉, 과학적 연구 방법이란 지식을 추구하되, 어느 개인의 주관적 믿음이나 느낌의 영향을 받는 것이 아니라 검정 가능한 관찰과 실험에 의해 지식을 구하는 방법이다. 과학적 방법은 또한 객관적인 연구 방법을 사용하여 연구자가 제시한 결론에 대하여 다른 사람들이 동의하게 하는 방법으로 결론에 도달하는 것이다. 과학적 방법은 검정 가능성을 보장하는 연구 방법으로 다른 사람들의 반복 연구가 가능하도록 연구절차와 과정이 상세하게 공개되어야 한다.

3) 과학적 연구의 목적

과학적 연구의 목적은 현상을 기술, 설명, 예측, 통제하려는 데 있다.

(1) 기술

과학적 탐구의 일차적 목표는 현상을 기술하는 데 있다. 현상을 기술하는 것은 설명이나 예측 전에 취해야 할 단계이며 가장 기초적인 지식을 제공한다.

(2) 설명

기술이 '무엇'이라고 하는 내용과 사실에 초점을 두는 것이라면 설명이란 '왜'라는 의문에 대답하는 것이다. 연구자들은 과학적 연구를 통해 각각의 현상을 개별적으로 분리시켜 설명하는 것에 만족하지 않고 더 많은 현상이나 사건을 한꺼번에 설명할 수 있는 일반적인 법칙과 이론을 추구한다.

(3) 예측

두 가지의 현상들이 정확히 기술되었다면, 한 가지 현상을 다른 현상의 정보로 예측해 볼 수 있다. 설명이 이미 일어난 사건의 원인을 밝히기 위한 것인 반면, 예측은 특정한 사건이 발생하기에 앞서서 다른 현상들로부터 그 사건을 이끌어 내는 것이다.

(4) 통제

통제란 어떤 현상의 원인이나 필수적인 조건을 조작함으로써 인간의 힘으로 그 현상을 일어나게도 하고, 일어나지 않게도 하는 것을 의미한다. 이를 통해 다양한 현상들 사이의 인과 관계에 대한 정보를 얻을 수 있으나 통제를 하려면 필연적으로 가치판단을 하게 되므로, 일반적으로 통제는 과학의 영역을 벗어나 철학적, 윤리적 문제를 야기하는 수가 많다. 흔히 과학은 가치중립적이어야 한다고 주장하지만 일반적으로 응용과학 분야에서는 과학적 탐구와 가치문제를 완전히 분리시키기는 어렵다.

4) 과학적 연구의 특징

과학적 연구는 객관성, 편파성의 통제, 지식의 변화, 반복 가능성, 귀납적 접근, 정확성 및 진실성의 특징을 갖는다고 정리할 수 있다. 이와 같은 것들을 갖추고 있을 때 우리는 과학적 방법이라고 부를 수 있다. 과학적 방법은 어떤 고정된 공식이 아니라 연구자의 과학적 태도, 주어진 문제들에 접근해 들어가는 객관적인 방법, 비판적 사고의 습관이다. 과학적 방법은 어떤 외적 요건들만을 가지고 기계론적으로 설명될 수 없으며, 결국은 연구자 자신의 태도나 사고방식에 의해서 결정될 수 있기 때문이다. 아무리 연구방법을 잘 알고 있다 하더라도 연구자가 편견을 갖게 되면 그 연구결과는 절대로 객관적이 될 수 없다. 따라서 과학적 연구방법의 본질은 기교가 아니라 과학적 마음가짐과 객관적이고 비판적인 사고방식에 그 바탕을 두고 있다고 할 수 있다.

5) 과학적 연구의 과정

과학적 방법은 일반적으로 연구 문제에서 출발하여 연구결론을 도출하는 일련의 단계들로 설명할 수 있다. 그러나 이들 단계를 지칭하는 용어는 물론 단계의 수도 연구자에 따라 다소 다르다. 이는 과학적 방법이 고정된 순서와 시간계열을 따르는 듯 보이지만 경직된 순서를 고집하지는 않는다는 것을 의미한다. 각 단계는 고립적이거나 독립적인 것이 아니다. 연구자는 둘 혹은 그 이상의 단계를 동시에 수행하거나 단계들 사이를 왕래하는 경우가 많다. 과학적 방법의 단계들은 그 자체가 목적이 아니고, 연구문제를 체계적인 방법으로 해결한다는 목적을 위한 수단이 되어야 한다.

처음 단계는 문제가 되는 현상을 발견하고 그와 관련된 조건을 관리하는 것이다. 두 번째 단계는 문제를 보다 명확하고 구체적으로 진술하거나 가설을 설정하는 것이다. 최초의 아이디어 없이는 숙고도, 평가도, 고안도 불가능하기 때문에 이 단계에서는 비정상적이라고 생각될지라도 모든 아이디어를 제안하고 고려할 수 있는 사고의 자유가 필수적으로 요청된다. 세 번째 단계는 연구설계를 구안하는 것이다. 연구 설계에는 동원될 연구방법과 절차, 연구대상, 모집방법, 시험 처치와 프로그램 시행, 측정도구와 자료수집 방법, 자료분석 방법이 포함된다. 네 번째 단계는 연구설계(계획)를 시행한 후에 다양한 측정방법을 동원하여 자료를 수집하는 단계이다. 다섯 번째 단계는 수집한 자료를 분석한 결과에 따라 가설을 검증하는 단계이다. 마지막 단계는 자료분석결과에 기초한 결론을 도출하여, 이러한 결론들을 기존의 지식체계에 통합시키는 단계이다.

(1) 문제의 정립

조사자가 취급하고자 하는 주제, 조사의 목적 등에 관해서 명백한 의도를 가지고 논리적으로 정립하는 것이다. 따라서 문제를 보다 명백하게 정립하기 위해서 관련된 문헌을 조사하고 해당분야의 전문가들과 토의하여 의견을 참고하거나 예비조사를 실시할 수도 있다.

(2) 가설의 구성

가설이란 어떠한 문제에 대해서 그 타당성을 입증하기 위한 잠정적인 대답을 말한다. 따라서 이러한 잠정적인 대답은 반증될 수도 있다. 대부분의 조사계획은 이러한 가설을 시험하기 위한 활동지침들로 구성된다. 즉 가설 없이는 우리는 조사를 어디서부터 시작해야 할 것인지, 어떻게 전개할 것인지를 알 수 없다.

(3) 조사 설계

가설이 설정되면 조사표의 작성에 착수하게 된다. 조사표를 작성하기 위해 질문항목의 취사선택, 질문의 작성, 회답의 형식을 만들어야 한다.

① 질문항목

조사시간상 20~30분 정도의 것이 바람직하다. 항목을 배열할 때에는 상대편이 위화감이나 혐오감을 주지 않는 것으로 간단한 질문부터 답하기 쉽게 상대편의 심리적인 과정을 고려하는 것이 중요하다.

② 질문의 작성

용어와 문장을 간단히 하고 전문적인 표현은 가능한 한 피하고 상대편에게 유도적인 질문을 하거나 편향된 질문, 두 가지 이상의 논점과 문제를 포함한 질문은 피해야 한다.

③ 회답의 형식

자유롭게 표현할 수 있게 하는 자유회답법과 제한회답법 두 가지가 있다. 제한회답법에는 이분법 즉 'OX'식이나 '예·아니오'식·'찬성 반대'식, 많은 것 중에서 선택하는 다항선택법, 순서를 매기는 품등법, 어느 것이 상위인가를 판단케 하는 비교법 등이 있다.

(4) 표본추출의 방법

표본추출에는 작위적 추출법, 할당법, 무작위 추출법 등 3가지 방법 중 오차와 신뢰성을 통계학적으로 확정할 수 있는 무작위 추출의 방법과 특징에 대해 논의한다.

① 단순무작위추출법

대상자의 이름을 적은 쪽지를 상자 속에서 뽑아내는 추첨방식.

② 계통적 추출법

모집단의 요소의 목록표를 이용하여 표본을 추출하는 방법 100명 중 10명을 뽑을 때 매 10번째 학생을 뽑으면 되는 것.

③ 층화추출법

층화추출법은 표본추출 전에 모집단을 몇 개의 동질적인 집단으로 구분하여 각층으로부터 무작위로 표본을 추출하는 방법.

④ 집락추출 및 다단계추출법

집락추출은 모집단으로부터 집락 또는 집단을 무작위로 선정한 다음, 이 집락에서 일정한 수의 요소를 추출하는 방법. 다단계추출법은 집락추출의 변형된 방법으로 2단계 이상의 표본추출작업을 거쳐서 최종적인 조사단위가 선정되는 방법을 말한다.

(5) 자료의 수집

실제자료를 수집하는 방법으로 관찰법, 면접, 질문지법, 기타 여러 가지 방법이 있다

(6) 자료의 처리 및 분석

자료의 분석은 수집된 자료의 편집, 코딩(coding)과정이 끝난 뒤에 대개의 경우 통계적 기법을 이용하여 이루어지게 된다.

- ▶ 편집은 조사설계에 따른 분석을 하기 위하여 완전하고 일관성 있는 자료를 확보하기 위한 작업으로 자료의 정정·보완·삭제 등을 하는 것이다.

▶ 코딩은 자료의 분석을 용이하게 하기 위해서 관찰된 내용에 일정한 숫자를 부여하는 과정이다.

▶ 자료의 통계적인 분석은 조사목적과 자료를 얻기 위해 이용한 표본추출방법, 자료수집방법 및 측정방법을 고려하여 선택한다. 통계적 분석방법은 그에 맞는 자료의 형태를 갖추어야 하므로 조사설계를 계획할 때부터 수집할 자료의 성격과 분석방법을 일관성 있게 결정하여야 한다.

(7) 보고서의 작성

분석이 이루어진 후에는 이러한 결과에 대한 의미 있는 해석을 해야 한다. 동일한 과정을 거쳐 실시된 연구에 의해서 얻어진 동일한 자료도 분석자가 해석하는 차이에 따라 상반된 결론이 유도될 수도 있기 때문에 최종적인 자료의 해석단계에서 신중한 고려를 해야 한다. 결과를 경험적으로 일반화하여 이를 일정한 형식으로 타인들에게 전달하기 위해 보고서로 기술하는 것이다.

6) 과학적 연구방법의 유형

연구란 일정한 분야에서 사실이나 원리를 발견하기 위하여 행하여지는 면밀하고 체계적이며, 인내심이 요구되는 탐구활동을 의미한다. 이 같은 정의에 적합한 많은 연구 방법론들이 있다.

(1) 실험연구(Experimental research)

① 가장 강력한 연구 방법론

특정 변수에 직접 영향을 주려고 시도하는 유일한 연구, 인과 관계에 관한 가설을 실증적으로 검정할 수 있는 유일한 방법, 연구자는 하나 이상의 독립변수가 하나 이상의 종속변수에 주는 영향에 관심이 있다. 따라서 연구자는 과외변수들을 통제하는 실험 연구를 통해 각 변수간의 관계를 기술, 예측, 확인하고 부분적으로나마 추정할 수 있다.

② 기본 특성

처치(독립변수)의 효과를 평가하기 위해 두 가지 이상의 방법을 비교, 독립 변수를 상이한 형태, 특정 처치의 유무, 같은 처치의 정도 차이 등 다양한 형식으로 독립변수를 조작한다.

(2) 상관연구(Correlational research)

▶ 둘 또는 그 이상의 변수 사이에 하나 또는 그 이상의 관계 조사

실험 연구와 달리 변수를 조작하지 않고 상관을 나타내는 통계량을 이용하여 둘 이상의 변수 사이의 관계 정도를 기술한다.

▶ 상관 연구는 인간 행동을 설명하거나 결과를 예측하기 위해 수행된다. 두 변수 간에 충분한 크기의 관계가 있다면, 한 변수의 점수를 가지고 다른 변수의 점수를 예측할 수 있다. 하지만 상관 연구의 결과는 항상 주의 깊게 해석되어야 한다. 상관은 관계의 정도를 나타낼 뿐 이과관계를 나타내는 것이 아니다.

(3) 인과-비교 연구(causal-comparative research)

① 집단 사이의 차이가 발생하는 원인이나 그 원인에 의한 결과 측정

이때 집단 간의 차이를 나타내는 변수는 조작할 수 없는 변수이거나 윤리적 이유 때문에 조작하지 않는 변수이다. 따라서 인과 비교 연구는 실험 연구의 대안으로 수행된다.

② 상관 연구와의 관계

유사점은 두 연구 모두 변수를 조작하지 않고 변수 사이의 관계를 탐구하며 그 결과는 차후 실험 연구를 위한 자료를 제공한다는 점이고, 차이점은 인과 비교 연구는 둘 이상의 집단을 비교하고 최소한 하나의 범주형 변수를 포함하는 반면 상관연구는 단일 집단의 각 대상에 대하여 둘 이상의 양적 변수를 포함한다는 것이다.

③ 실험 연구와의 관계

유사점은 관계를 측정하기 위해 집단의 수행 상태를 비교한다는 것이다. 차이점은 실험 연구에서 독립변수를 조작하는 반면 인과비교 연구에서는 조작하지 않기 때문에 그 원인에 대한 증거가 약하다는 것이다.

(4) 조사연구(Survey research)

① 어느 집단의 구체적인 특성을 파악하기 위해 자료를 수집

모집단의 어떤 측면을 기술하기 위한 세 가지 기본적인 특성(정보 수집, 표본으로부터, 질문을 통하여)을 갖고 있다.

② 목적

모집단의 특성을 기술하는 것. 즉, 모집단의 구성원들이 하나 이상의 변수에 있어서 어떻게 분포되어 있는지를 알기 위해 모집단을 대표하는 표본을 조사하고 그 결과로부터 모집단의 특성을 추리하는 것.

③ 어려운 점

질문이 분명하고 오해의 소지가 없도록 하는 것과 분석 결과가 의미를 가질 수 있도록 충분한 숫자의 질문지가 회수되어야 하는 것.

④ 장점

비교적 많은 사람들로부터 많은 정보를 수집할 수 있고 개인면접을 통해 특별한 관심이나 의미를 갖는 질문을 심도있게 다룰 수 있다는 것.

⑤ 정보수집의 방법

직접시행, 우편, 전화, 개인 면접의 각 방법은 각기 장·단점이 있다.

(5) 질적연구(qualitative research)

▶ 얼마나 잘, 얼마나 많이, 얼마나 정확히, 무엇이 이루어지고 있는가 이상으로 특정한 상황이나 장면 하에서 무슨 일이 일어나고 있는지에 대해 보다 전체적인 모습을 파악하고자 하는 것

따라서 한 사람이나 소수의 사람을 대상으로 특정 활동이나 상황의 상세한 면을 설명하는 것을 목적으로 한다.

② 일반적 특성

㉠ 자연적 장면은 자료의 직접적인 출처가 되며, 연구자는 중심 도구가 된다.

㉡ 자료는 수치보다는 글이나 그림의 형태로 수집된다.

㉢ 연구자는 연구결과뿐 아니라 연구과정을 중시한다.

㉣ 연구자는 자료를 귀납적으로 분석한다.

㉤ 중요관심사는 생의 의미를 해석하는데 있다.

③ 질적연구 방법

문화 기술적 연구, 관찰, 모의 실험, 사례 연구, 내용 분석

(6) 역사적 연구(historical research)

① 그 시대의 문서를 찾아서 분석하거나, 그 시대에 살았던 개인을 만나서 과거의 어떤 국면을 연구

즉, 과거에 발생한 사건과 행동을 기술, 설명, 이해하는데 필요한 자료를 체계적으로 수집하고 평가하는 절차

② 목적

㉠ 과거의 성공과 실패를 일깨워 주기 위해서

㉡ 과거에 일어났던 사건이 현재의 문제를 해결하는데 적용 가능하다면 그 해결방식을 살펴보기 위해서

㉢ 미래에 대한 예측을 하기 위해서

㉣ 관계와 경향에 대한 가설을 검정하기 위한 방법이다.

7) 연구방법에 관한 고려사항

(1) 전집(population)

전집이란 연구자가 관심을 갖고 있는 대상 전체를 뜻한다. 즉, 연구자가 연구 결과를 일반화시키

려고 규정한 사건이나 사물 혹은 대상의 집합을 전집이라고 하며, 이것을 집단이라고 부른다. 대부분의 조사연구는 모집단 전체를 조사 대상으로 전집조사를 실시하는 것이 아니라 모집단의 일부를 뽑아서 모집단의 속성을 추리하게 된다. 모집단의 일부 즉, 표본을 추출하는 과정을 표집이라고 한다. 전집조사를 할 경우 엄청난 시간과 경비가 들고 많은 노력이 필요하게 된다. 게다가 전집조사가 표본조사보다 그 결과에 있어 반드시 더 정확하다고 볼 수는 없다. 때로는 표본조사가 더 효율적이고 신뢰성이 높은 수도 있다.

(2) 표집 방법

표집 방법은 선정된 표본이 모집단을 얼마나 잘 대표하는가 하는 대표성의 문제와 관련이 있다. 대표직인 표본이 가저아 할 특성을 상대적 혹은 비례적으로 내포하고 있어야 한다. 확률적 표집을 구성하고 있는 요소들이 표집될 때 영(0)이 아닌 어떤 확률을 갖고 있다는 것을 전제로 특정한 표집을 얻을 확률을 객관적으로 알 수 있도록 설계하여 표집하는 방법을 말한다. 비확률적 표집은 전집의 요소들이 뽑힐 확률을 고려하지 않고 연구자의 주관적 판단에 의해서 임의적으로 표집하는 방법을 말한다. 그런데 이 방법은 표집에 따른 오차가 어느 정도 되는지를 계산할 수 없기 때문에 표집에서 얻은 통계치로 모수치를 추정하는데 확률적인 추리를 할 수 없다.

① 확률적 표집 방법

㉠ 단순무선표집

제비를 뽑을 때처럼 특별한 선정기준을 마련해 놓지 않고 아무렇게나 뽑는 방법이다. 이 방법은 확률적 표집 방법 중에서 가장 널리 쓰이고 있다. 무선표집을 하기 위해서는 첫째, 전집에 포함된 모든 요소가 동등하게 표집될 수 있는 기회를 가져야 하며 둘째, 어느 특정한 요소의 선택이 다른 요소가 표집될 기회에 아무런 영향을 주지 않아야 한다.

㉡ 체계적표집

전집의 구성이 특별한 순서 없이 배열되어 있다는 것을 전제로 해서 일정한 간격을 두고 표집하는 방법이다. 모집단의 전체 사례에 번호를 붙일 수 있다면 단순무선표집 방법보다 더 간편하게 표집을 할 수 있다.

© 유층표집

전집에서 표본을 추출하는 것이 아니라 전집을 여러 단계의 하위집단들로 층화시킨 뒤 각 하위집단에서 적절한 수의 표본을 뽑아내는 방법이다.

㉣ 군집표집

모집단을 구성상의 특성과 관계없이 다수의 군집으로 분할하여 이들 중에서 일정수의 군집을 무작위로 추출하는 방법을 말한다. 군집은 시, 읍, 면과 같은 지역이 될 수 있다.

② 비확률적 표집 방법

㉠ 의도적표집

연구자의 주관적인 판단에 의해서 전집을 대표할 수 있다고 생각이 되는 사례들을 의도적으로 표집하는 경우이다. 비용이 적게 든다는 장점이 있다.

㉡ 할당표집

전집의 여러 특성을 대표할 수 있도록 몇 개의 하위집단을 구성한 다음, 각 집단에 알맞은 표집의 수를 할당하여 그 범위 내에서 임의로 표집하는 방법이다. 유층표집과 유사하지만 비확률적 표집이라는 점에서 차이가 있다.

© 우연적표집

필요로 하는 표본을 언제 어디서나 조사자가 임의로 표집하는 방법으로, 길을 지나가는 사람을 일정한 수만큼 골라 인터뷰를 한다거나 사람들을 대상으로 하여 어떤 조사를 실시하는 것 등이 대표적인 예이다.

8) 자료수집에 대한 고려사항

(1) 질문지법

조사연구에서 자료수집의 한 방법으로 가장 빈번하게 사용되는 도구가 질문지이다. 질문지란 어떤 문제나 사물에 관한 필요한 사항을 알아보기 위하여 만든 일련의 문항들을 체계적으로 조직하여 작성한 글을 말한다. 일반적으로 어떤 사회 문제나 사건에 대하여 개인들이 가지고 있는 의견이나 태도를 알아보고자 할 때 대개 질문지를 사용한다. 질문지를 만들 때는 가급적 문항수를 적게 하여 필요한 사항만 묻도록 할 것이며, 반응 결과가 응답자에게 불리하게 작용하지 않을 것이라는 사실을 인식시켜야 한다.

(2) 관찰법

관찰의 방법은 과학적 연구에서 가장 오랜 역사를 가진 방법인 동시에 연구의 기본수단이라고 말할 수 있다. 특히 유아를 대상으로 하는 연구는 관찰 방법에 많이 의존하게 된다. 관찰법은 비언어적인 행동에 대한 데이터를 수집하는 것에 일차적인 목표를 두고 있으며, 이를 위해 시각에만 의존하는 것이 아니라 청각, 촉각, 후각 등 가능한 모든 감각을 동원할 필요가 있다. 또 정밀한 관찰을 위해서 필요하다면 모든 측정도구를 이용하기도 한다. 관찰법에는 일화기록, 행동기록, 시간표집, 사건표집이 있다.

(3) 면접법

면접은 인간이 정보를 얻어내기 위해 사용하는 방법 중에서도 가장 오래되고 가장 빈번히 사용해 온 방법이다. 면접은 일정한 조건하에서 질문을 하여 응답을 얻어내는 언어적 상호작용 과정을 통하여 피면접자가 내적으로 가지고 있는 무엇인가를 알아내는 것이다. 자료수집 방법으로서의 면접법은 자기 기입식 질문지를 통한 자료수집 방법과는 달리 좀 더 다양하고 심도 잇는 자료를 얻는데 목적이 있다.

① 구조화된 면접

미리 준비된 질문지에 따라 질문의 내용과 순서를 지키면서 진행되는 면접이다. 구조화된 면접에서는 연구문제에 관한 정보를 획득하기 위해 세심하게 제작된 면접조사표를 사용한다.

② 비구조화된 면접

면접계획을 세울 때 면접목적만을 명시하고 면접할 내용이나 면접 방법은 면접자에게 일임하는 방법이다. 필요한 정보를 알아내기 위한 문항구성이나 질문의 순서와 방법이 면접자의 재량에 속하기 때문에 상황에 따라 유통성 있는 면접을 진행할 수 있다.

③ 반구조화된 면접

사전에 면접에 관해 치밀한 계획을 세우되, 실제 면접 상황에서는 면접을 융통성 있게 진행시키는 방법을 말한다. 대개 중요한 질문은 구조화되고 그 밖의 질문은 비구조화되는 것이 보통이다. 구조화된 면접과 비구조화된 면접 방법이 갖는 장점만을 택한 이 방법은 사실과 가설을 확인할 수 있을 뿐 아니라 새로운 사실이나 가설을 발견할 수도 있다.

(4) 사회성 측정법

어떤 한 집단에서 그 집단 구성원들의 상호작용 양상이나 집단의 응집력을 알아보고자 할 때 이용되는 방법이다. 즉, 이 방법은 특정한 어느 한 집단 내에서 개인의 사회적 위치나 비형식적인 집단의 구조를 파악할 경우에 적용할 수 있는 것으로, 한 개인이 그의 동료들에 의해서 어떻게 지각되고 받아들여지고 있는가를 평가하는 데 이용한다.

사회성 측정법에 의하여 자료를 수집한 다음에는 이것을 의미 있는 형태로 요약하여 분석하는 일이다. 사회성측정검사에서 얻은 자료를 분석하는 방법은 세 가지가 있다. 각 개인의 선택과 배척 관계를 중심으로 사회도(sociogram)를 그려보는 방법, 사회성측정지수에 의한 분석 그리고 사회성 측정 행렬표를 작성하여 몇 가지 특성을 계산하는 방법이다.

(5) 표준화 검사의 활용

표준화검사는 누가 사용하더라도 검사의 실시와 채점 그리고 결과의 해석이 동일하도록 모든 절차와 방법을 일정하게 만들어놓은 검사를 말한다. 다시 말하면, 표준화 검사는 주로 규준지향적(norm-referenced) 검사로서 예비조사의 과정을 거치면서 검사의 목적에 가장 적합한 검사지를 제작하기 위하여 검사문항의 표집과 구성을 엄격히 하며, 검사실시 조건과 채점 방법을 일정하게 규정해 놓고, 검사 결과의 해석을 표준화시키고 규준에 비추어 의미 있게 비교할 수 있도록 규준점수를 제시한 것이 특징이다. 따라서 표준화검사는 상당한 수준의 신뢰도와 타당도를 갖춘 검사로 인정받기 때문에 연구를 할 때 측정도구로 많이 이용된다. 표준화 검사는 검사 내용이나 검사 실시 방식 등에 따라 몇 가지로 분류된다. 즉, 검사 내용에 따라서 지능검사, 학력검사, 성격검사 등으로 분류하고, 검사의 실시 양식에 따라 개인적으로 실시하는 개인용 검사와 집단적으로 실시하는 집단용 검사로 구분한다. 그리고 검사를 구성하고 있는 문항이 어떤 형식을 취하고 있느냐에 따라서 언어검사와 비언어검사로 나누기도 한다.

표준화된 검사를 사용하는 것이 시간과 노력을 절약할 뿐만 아니라 더욱 신빙성 있고 타당한 결과를 얻을 수 있으며, 규준에 의거하여 검사 결과를 상대적으로 비교해 볼 수 있는 장점을 가지고 있다. 그러나 표준화검사에는 동일한 목적을 가진 것이라도 여러 가지 종류가 있으므로 적절한 검사를 선택하여 사용하는 일이 중요하다

(6) 기타

의미분석법(Semantic differential)은 어떤 사상에 관한 개념의 심리적 의미를 분석하여 의미공간상의 위치로 표현하는 측정 방법이다. 사람들이 사용하고 있는 어떤 개념은 비록 같은 용어로 표현하지만 그것이 의미하는 바는 제각기 다를 수 있다. 이처럼 사람에 따라 서로 다른 의미로 쓰이는 개념의 의미를 양극적으로 대비되는 일단의 형용사를 이용하여 측정하고, 그 결과를 3차원의 의미공간에 표시해 보려는 것이 의미분석법의 기본취지이다.

의미분석척도는 서로 대립되는 형용사로 양극을 이루고 있는 평정척도이다. 대개 다음과 같은 절차를 밟아 제작한다. 먼저 분석하고자 하는 개념을 결정한다. 다음에 의미공간의 축을 구성하는 요인을 선정한다. 그런 후에 척도의 단계를 어떻게 나눌 것인가를 결정한다. 대개 5단계 또는 7단계를 많이 이용한다. 이와 같이 분석하려는 개념과 의미공간의 축 그리고 척도의 단계를 결정했으면, 그 다음에는 이러한 결정에 따라서 상반되는 형용사를 짝지어 척도를 구성하면 된다.

9) 과학적 연구방법의 한계

과학적 연구방법의 본질을 염두에 둔다면 연구자가 연구과정에서 범할 수 있는 오류를 다음과 같이 정리해 볼 수 있다.

(1) 잘못된 자료의 수집

임의로 연구대상의 범위를 축소, 확대함으로써 부적절하고 부정확한 자료를 측정/수집하는 것, 또는 객관적이고 합리적인 기준에 의존하지 않고 주관적이고 감정적인 기준에 의하여 가설을 유도하고 자료를 수집하는 것이다.

(2) 측정조사범위의 성급한 축소 내지는 폐쇄화

과학적 연구는 원래 인과분석을 주된 목표로 삼고 있기 때문에 가능한 국한된 변수만을 분석하려는 경향이 있다. 또 경우에 따라서는 일정한 가설에 입각하여 입수 가능하고 다루기 용이한 변수만을 선택하는 경향도 있다. 따라서 어떤 연구를 막론하고 그 측정 및 분석범위에 있어서 어느 정도의 임의적인 폐쇄성 문제가 수반될 가능성이 있다.

(3) 지나친 비약에 의한 일반화

몇 개의 한정된 경험적 사실 또는 특수한 예를 근거로 하여 그와 직접적으로 관련되지 않은 일반적인 현상까지 확대하여 일반화하는 것을 말한다. 과학적 연구는 합리적인 일반법칙을 추구하지만 연구대상, 그에 따른 한정된 분석 수준과 정도를 무시한 채 무리하게 일반화를 시도해서는 안 된다.

(4) 특수사례의 무시

기존의 일반적인 연구경향, 신념, 태도 등에 치우쳐 그와 이탈되거나 상반되는 사실이나 사례들이 중요함에도 불구하고 그대로 무시하는 오류를 범할 수 있다. 이런 경향은 연구태도 및 시각의 보수성 내지 과거 지향적 가설화를 초래한다.

(5) 비논리적 추리의 가능성

일반적 법칙이나 명제 등이 제시하는 논리적인 경향을 무시한 채 오히려 감정적이거나 운명론적인 면에서 예외적으로 특정한 사실의 가능성을 오히려 인정하려는 것을 말한다.

(6) 허위적 유추의 가능성

두 현상이 어떤 점에서 유사할 경우 그들 간에는 다른 점에 있어서도 역시 유사할 가능성이 있다고 섣불리 판단하는 것을 말한다. 과학적 연구의 진행에 있어 허위적 유추를 범하는 경우가 없지 않다.

(7) 분석할 수 없는 잔여 부분의 신비성

어떤 현상에는 일정 정도 이상은 연구자가 이해할 수도, 밝힐 수도 없는 신비적 속성이 있을 수 있다. 따라서 연구현상이 갖는 설명 불가능한 신비적 잔여부분이 있다는 것을 인정하여 설명의 한정 또는 불완전성에 대해 겸손할 필요가 있다.

4

사회복지학의 실천방법

집단적인 계급의식 또는 이해관계에 기초하여 조직된 시민사회는 서구 복지국가 발전의 중요한 토대였다. 복지 제도를 확대하고 지속 가능하게 만들기 위해서는 이해당사자들이 집단적 이익과 요구를 명료히 하고, 그 토대 위에서 복지국가의 지지자가 되는 것이 이상적이다.

그러나 한국은 계급정치의 역사적 토대가 매우 약하다. 노동계급의 집단의식이 성장하지 못했고, 노조 조직률은 매우 낮으며, 노동시장 분절구조는 심화되고 있다. 이런 조건에서 한국 사회는 세계화, 정보화, 개인화, 탈산업화와 같이 계급적 연대를 약화시키는 구조변동에 직면해왔다.

이처럼 연대구조가 취약한 반면에 21세기 한국의 시민들은 유동적인 소통의 네트워크를 통해서 제도정치와 국가권력에 강력한 영향을 미치는 능력을 발전시켜왔다. 자생적 대중행동은 세계 곳곳에서 확산되고 있지만, 한국처럼 촛불집회 등의 대규모 대중행동이 수차례나 일어나서 제도정치에 심대한 영향을 미친 나라는 없다.

조직적 시민사회의 결핍이라는 역사적 유산을 주어진 현실로 수용하여 유동적 시민정치의 힘을 극대화하는 데에 중점을 둘 것인가? 아니면 더디더라도 거대조직 간의 조합주의적 협의를 중심으로 하는 제도 모델을 지향하면서 시민사회 조직화에 집중할 것인가? 양자의 병행발전은 가능한가? 한국 복지정치의 시민사회적 토대는 더 조직적이면서도 더 유동적이고, 더 집중적으로 협의하면서도 더 탈중심적으로 연대할 수 있는가? 에 대하여 생각해보자.

사회복지학의 실천방법이란 사회복지현상에 대한 접근방법이나 사회복지사의 활동을 의미한다. 실천방법은 학문적 접근방법과 사회복지사의 활동의 방법, 범위, 대상 등에 따라 다양한 분류가 가능하다. 예컨대, 사회복지실천의 접근방법을 개인, 가족, 집단에 초점을 두는 미시적 접근, 지역사회복지실천과 사회복지조직 등과 관련된 중범위 접근, 국가와 제도에 초점을 두는 거시적 접근 등으로 분류할 수도 있다.

비록 이러한 분류가 논란은 되지만 사회복지학의 실천방법을 이해하는 데 유용할 수 있기 때문에, 여기에서는 실천범위를 중심으로 미시적 수준(micro level), 중범위 수준(meso level), 거시적 수준(macro level)으로 구분하여 사회복지학의 실천방법을 살펴보기로 한다.

1) 사회복지의 미시적 실천방법 : 임상적 접근

사회복지의 미시적 실천방법은 주로 임상적 접근으로서 쇼셜웍(social work)을 의미한다. 쇼셜웍은 인간의 욕구충족을 위한 전문적인 도움활동을 가치, 이론, 실천을 통해 독립된 응용과학이다. 따라서 소셜웍은 하나의 응용과학 학문(discipline)이며 사람들을 돕는 전문적 활동이다.

이러한 전문적 활동을 과거에는 개별사회사업, 집단사회사업 등으로 언급되었지만, 최근에는 사회복지실천(social work practice)으로 사용되고 있다. 사회복지실천은 개인, 가족, 집단, 지역사회가 사회적 기능을 수행하고, 그러한 목적의 달성에 유리한 사회적 조건을 창출하기 위해 이들의 능력을 향상하거나 회복하는 것을 도와주는 전문적 활동으로 정의할 수 있다(Barker, 1995; 성민선 외, 2005에서 재인용).

사회복지실천의 개념정의에 따르면, 사회복지실천은 사회복지대상자 또는 클라이언트를 직접 대면하여 필요한 도움을 주는 직접적 실천 방식과 그들의 문제해결에 도움이 되는 자원연계나 환경적 개입을 하는 간접실천의 방식을 포괄하고 있다. 따라서 사회복지실천은 클라이언트의 구체적인 문제해결을 위해 개입하고 현장중심의 실천을 강조할 뿐 아니라, 클라이언트의 삶의 질을 유지할 수 있도록 환경도 개입의 대상으로 설정하고 있다.

한편, 사회복지실천은 개인, 가족, 집단 등에 따라 다양할 수 있다. 예를 들어, 개인을 대상으로 하는 사회복지실천은 개인적 문제 또는 사회문제에 직면해 있는 개인과의 일대일 관계를 통해 문제해결을 도와주는 접근방법이다. 가족을 대상으로 하는 사회복지실천이란 가족을 단위로 서비스를 제공하는 사회복지실천활동이다. 가족구성원들 간의 관계나 심리·정서적 문제에 개입하여 문제를 해결하기 위한 노력으로서, 사회단위로서 가족에 대한 이해가 필요하다. 집단을 대상으로 하는 사회복지실천은 유사한 목표를 가지고 있는 개별 성원들을 하나의 집단으로 구성하여 의도적인 집단

경험을 통해 사회적 기능을 향상시키고 직면한 문제에 보다 효과적으로 대처할 수 있도록 도와주는 활동이다. 즉, 집단활동을 통해 집단성원의 개별목표와 집단의 공동목표를 달성하기 위해 노력하는 실천방법이다.

결국 사회복지의 미시적 실천방법은 개인, 가족, 집단과의 직접적인 관계 또는 상호작용과정에 개입하는 사회복지사의 활동을 말하며, 이와 관련된 이론과 실천기법을 습득하는 것을 목표로 하고 있다.

2) 사회복지의 중범위 실천방법 : 지역사회중심의 접근

사회복지의 중범위 실천방법은 지역사회중심의 접근으로서 지역사회복지실천을 말한다. 사회복지실천의 대상으로 클라이언트에 한정할 경우 클라이언트와 직접 대면하여 실천하는 미시적 접근, 클라이언트의 가족이나 집단을 대상으로 하는 중범위 접근, 지역사회중심의 지역사회복지실천을 거시적 접근으로 분류하기도 한다. 그러나 여기에서는 사회복지의 실천방법을 보다 넓은 의미로 전제하여 개입방법(intervention method) 및 대상을 중심으로 분류하였다. 즉 사회복지의 실천방법을 개인, 가족 및 집단중심의 미시적 접근, 지역사회중심의 중범위 접근, 국가중심의 거시적 접근으로 구분하였다.

사회복지의 중범위 실천방법으로서 지역사회복지실천은 지역사회집단, 조직과 제도 그리고 지역사회 구성원 간의 관계 및 상호작용의 행동패턴을 변화시키는 실천기술의 적용이며, 지역사회 조직화 및 지역사회의 변화(change)를 위한 전문적이고 직접적인 개입활동이라 할 수 있다. 이와 같은 개념에서 알 수 있듯이, 지역사회복지실천은 지역사회주민의 조직화(organizing), 서비스의 계획(planning)에 따른 과정 및 기술적 방법, 삶의 조건을 개선시키기 위한 지속가능한 개발(development), 사회행동(social action) 및 사회변화전략 등에 관한 실천기술을 포함하고 있다(오정수·류진석, 2009).

이러한 지역사회복지실천에 대한 내용을 지역사회중심의 서비스 제공, 지역사회개발, 사회계획 및 정책, 사회행동 등 다양하며, 구체적인 지역사회실천모델로 세분화되고 있다. 이를 바탕으로 지역사회복지실천의 내용을 살펴보면, 다음과 같다(성민선 외, 2005).

첫째, 지역사회중심의 지역사회의 자원을 서비스 제공활동이다. 특정 문제나 욕구를 지닌 복지 수요자에 활용하여 직접적인 서비스를 제공하는 활동을 말한다. 지역사회 복지관의 노인이나 장애인을 위한 재가복지 프로그램은 이러한 활동의 좋은 예이다.

둘째, 지역사회계획활동이다. 지역사회 구성원 간의 구조적인 관계를 변화시키거나, 지역사회 구성원들이 지역문제에 대처하고 극복할 수 있도록 구체적인 실천과정을 계획하고 결정하여 수립하는 활동을 말한다.

셋째, 지역사회개발활동이다. 저소득층과 사회적 약자의 삶의 질을 향상시키기 위한 경제·사회적 개발활동을 수행하거나, 지역사회의 욕구구와 문제에 대처하는 지역사회 자원개발활동을 의미한다.

넷째, 지역사회조직화 및 옹호활동이다. 지역사회의 문제를 주민 스스로 해결할 수 있도록 주민들을 조직화하거나, 지역사회의 사회적 약자를 지지하고 옹호하는 활동을 말한다.

지역사회복지실천은 사회복지실천방법의 기초로서 사회복지사의 활동 영역에서 필수적이다. 지역주민의 삶과 생활기능을 높이기 위해 사회복지사의 역할은 지역사회자원의 사정, 복지지원체계의 개발, 지역주민의 욕구충족을 위한 정책결정자에 대한 옹호활동 등 지역복지실천활동과 밀접히 관련되어 있다. 다른 한편으로 지역복지실천활동은 지역주민의 심리적·사회적 기능 회복을 강조함으로써 상담, 임상치료 등 미시적 개입과 관련될 수밖에 없다. 따라서 지역사회조직가, 계획가, 사회행동가뿐만 아니라 직접적인 서비스 제공공자 혹은 임상사회복지사도 지역사회복지실천과 관련된 지식과 기술을 필요로 한다.

3) 사회복지의 거시적위 실천방법 : 정책적·제도적 접근

사회복지의 거시적 실천방법은 사회복지와 관련된 국가의 정책이나 제도를 통한 접근을 의미한다. 우리나라 사회복지학계에서 사회복지학은 크게 '임상'과 '정책'으로 구분하는 경향이 있다. 전자의 경우는 앞에서 살펴본 미시적 접근(때로는 중범위 접근을 포함하는 경우도 있다)과 관련이 높다. 반면에 후자의 경우는 사회복지문제에 대한 국가의 정책이나 제도에 관한 논의, 사회복지의 역사와 사상, 복지행정체계 등이 포함된다. 여기에서 언급하고 있는 사회복지의 거시적 실천방법은 사회복지학의 연구 분야로 구분하는 '정책' 영역과 일맥상통하며, 일반적으로 사회복지정책이나 사회복지행정이 주로 이에 해당한다.

사회복지의 거시적 실천방법으로서 사회복지정책은 사회복지문제를 해결하기 위해 정부가 계획적으로 선택한 행동지침이라 할 수 있다. 즉 기본욕구의 충족을 비롯하여 사회회구성원의 복지 증진에 관한 정부의 계획된 지침이나 내용으로서, 사회복지정책은 사회복지활동의 중심적인 역할을 수행하고 있다.

사회복지정책의 영역은 전통적으로 소득보장, 건강, 교육, 주택, 개별사회서비스를 주된 영역으로 설정하고 있으며, 넓게는 조세정책과 적극적 노동시장정책을 포함시키기도 한다. 예를 들어 근로소득장려세제(EITC) 등 조세제도를 통한 복지지원, 실업을 예방하고 일자리 창출과 관련된 적극적 노동시장정책은 중요한 사회복지정책이라는 사실에 이의를 제기하지 않고 있다. 사회복지의 관장부처인 보건복지부의 업무 영역뿐 아니라 여성가족부의 보육업무, 국토교통부의 저소득층 국민주택사업 등과 같이 다른 부처의 경우에도 사회복지정책으로 분류할 수 있는 업무를 관장하고 있다는 사실은 이를 단적으로 말해주고 있다.

사회복지정책의 분석방법으로는 정책내용분석(product), 정책과정분석(process), 정책성 과분석(perfommance)이라는 3P에 초점을 두고 있다(Gilbert & Terrell, 1998; 성민선 외, 2005).

첫째, 정책내용분석의 초점은 정책의 선택에 관한 것이다. 구체적인 정책대안의 선택 시 할당, 급여, 재정, 전달체계라는 네 가지 차원, 즉 사회복지급여를 누구에게 할당할 것인가, 사회복지급여의 내용이나 수준을 어떻게 할 것인가, 사회복지급여의 비용충당의 내용이나 재정 방식을 어떻게 할 것인가, 사회복지급여를 전달하는 조직적 체계를 어떤 방식으로 할 것인가라는 차원에서 분석한다. 그리고 이러한 네 가지 차원의 선택은 정책대안(alternatives), 사회적 가치(values)와 이론(theories)이라는 세 가지 축에 의해 분석될 수 있다.

둘째, 정책과정분석은 사회복지정책이 어떻게 형성되고 결정되는가를 이해하고, 그 과정에서 정책수요자, 관료, 정치집단, 전문가 등 정책 이해관계자 집단의 입장과 관계 등을 분석하는 것이다. 즉, 정책과정분석은 사회문제의 이슈화 과정, 정책의제로의 전환 과정, 정책대안형성 및 결정과정 등을 분석한다. 그리고 그 과정에서의 정책 관련 집단 간의 관계 및 상호작용에 따라 정책형성에 어떤 영향을 미치는가를 이해하는 데 초점을 두고 있다.

셋째, 정책성과분석은 정책집행의 정도, 정책목표의 달성 정도, 정책의 효율성 및 효과성에 대해 분석하는 것이다.

한편, 사회복지행정은 사회복지정책을 사회적 서비스로 전환하는 과정으로서 조직관리, 인적·물적 자원의 효율적 동원 및 활용과 관련된 사회복지조직의 총체적 활동이다. 사회복지행정은 보는 관점에 따라 그 의미하는 바가 다르다. 즉 넓은 의미에서 국가나 지방자치단체 수준의 공공사회복지행정을 말하며, 좁은 의미에서는 일선 사회복지기관의 관리행정을 의미하기도 한다. 그러므로 사회복지정책의 구체적인 집행과정이나 실행방식, 또는 사회복지조직의 관리활동(기획, 인사관리, 재정관리, 평가 등)은 사회복지의 중요한 실천방법이다.

이상에서 사회복지학의 실천방법을 크게 세 가지 접근방법으로 분류하여 살펴보았다. 그러나 사회복지의 미시적 접근과 거시적 접근이 별로 관계없거나 상호관계의 중요성을 인식하지 못하는 경향이 있다. 새로운 서비스 프로그램의 개발과 집행, 서비스 전달체계의 개편 등과 같은 사회복지정책의 변화는 일선 사회복지조직의 미시적·중범위 수준의 사회복지실천에 영향을 미칠 수밖에 없다. 그 반대로 사회복지사들이 미시적·중범위 사회복지실천과정에서 제공하는 서비스의 효과성을 높이기 위해서는 사회복지정책의 개선이 필요할 수 있으며, 클라이언트의 문제해결을 위해 필요한 서비스를 사회복지정책으로 어떻게 반영할 것인가 등의 실천적인 문제에 직면할 수 있다. 따라서 사회복지 전공자 또는 사회복지사는 사회복지의 실천방법을 총체적으로 이해할 필요가 있다.

4) 협력적 계획

(1) 협력적 계획의 배경과 필요성

오늘날 많은 국가에서 각각의 이해관계를 대표해서 서로 다른 지식과 기술을 가진 사람들이 소규모 또는 대규모로 협력하여 개발, 자원보호, 또는 삶의 질과 같은 논쟁적이고 복잡한 공공문제들을 해결하고자 한다. 이들 집단들은 공공기관이나 민간의 이익집단을 포함할 수 있으며, 정부에 의해 구성될 수도 있고 아니면, 이해관계자들을 중심으로 완전히 자발적으로 만들어지기도 한다. 이들 집단들은 그 구성원이 실제 문제를 맡고 있는 행위자들인 경우에는 사실상 의사결정권을 가질 수 있으나, 그렇지 않을 경우 정치인이나 관료, 주민들에게 단지 영향을 미치기를 희망할 뿐인 경우도 있다. 이러한 새로운 형태의 계획은 새로운 하나의 제도(institution)로서 공통적 요소를 가지고 있다. 이들 집단들은 협력적이고, 서로 다른 이익을 추구하는 이해관계자들을 참여시키며, 주로 자발적으로 조직되며, 그리고 독특한 맥락과 기회 및 문제에 따른다는 공통점을 가지고 있다. 이들 집단들은 서로 차이가 있지만, 협력과 상호학습의 방법을 공유하고 있다.

그러므로 좋은 해결책이란 사람들이 동의하는 것이다. 합의에 도달하기 위하여 고려 중인 계획문제와 관련한 이해관계를 가진 행위자들은 상호작용하고 대화과정에 참여한다. 이러한 의사소통적 과정의 이상적 결과는 의사소통적 합리성에 기반한 합의(consensus)이다. 이것은 매우 규범적 이상(normative ideal)이다. 의사소통과정에 참여하는 사람들은 합의추구에 의해 동기가 부여되고 그들 간의 상호작용은 하버마스의 '이상적 자유의사소통 상황(an ideal speech situation)'에서 발견되는 것이다.

W. Ury 등(1988)에 의하면, 협력이란 '서로 다른 합리성을 가진 집단들이 건설적인 방법으로 분쟁(disputes)을 탐색하고, 개인적 인식이나 제한된 견해를 넘어서는 대안을 같이 창조해 내는 과정이다'라고 정의하고 있다. 그리고 Gray(1989)는 '하나의 문제에 대해 다른 관점을 가진 집단들이 그들의 차이를 건설적으로 탐색할 수 있고, 무엇이 가능한가에 대한 그들 자신의 제한된 비전을 넘어서는 해결책을 찾을 수 있는 과정'으로 협력을 정의하고 있다.

Susskind and Cruikshank(1987)에 의하면. 협상적 관점에서 합의형성의 열쇠는 계획의 문제를 '승-패(gain or lose)'혹은 '예스-노(yes or no)'의 형태로 던져 놓는 것을 회피하는 것이다. 여기서 계획가의 역할은 관련된 모든 집단들의 이익에 응할 수 있는 해결책을 창안해 내도록 노력하는 것이다. 참여자들은 서로 교환할 내용을 찾아내고 합의에 도달해야만 한다. '승- 승'을 목표로 하는 협상은 회피를 목표로 하는 계획, 타협을 구하는 계획, 또는 다툼 없이 그냥 따라가는 계획과 다르다. 여기서의 생각은 각 집단들이 그들이 달리 가치를 부여하는 것을 찾아내고 교환할 수 있다면, 양보가 아니라 실제적인 이익이 가능하다는 것이다.

(2) 협력적 계획의 개념

1990년대의 계획이론 분야는 계획의 실제에 대한 연구에 있어서 협력적 계획모형 패러다임에 의해 지배되었다. 물론 협력적 계획모형의 이론가들이 수많은 실제 사례를 다루고 서로 다른 지적인 관점에서 접근하는 등 매우 다양하지만, John Forester(1989: 1999), Patsy Healey(1996: 1997: 1998), Charles Hoch(1994), Judith Innes(2000: 1999a: 1999b: 1999c: 1996) 등이 지난 10여 년간 진행한 연구들에는 뚜렷한 공통점이 있다. 이들 학자들은 공공계획가의 중심적 활동은 성찰과정을 촉진하거나 참여하는 것이라고 가정하고 있다.

협력적 계획모형 (collarative planning)이란 합의를 구하는 테이블에 모든 이해관계자들이 대면하여 대화를 하는 형태를 취할 수 있다(J. F. Innes and D. F. Booher, 1999b). 협력적 계획모형은 혼자서는 할 수 없는 성과를 얻어내기 위하여 2~3 사람이 힘을 합하는 파트너십의 형태가 될 수 있으며, 행위자들의 네트워크 간 2×2 연계성을 포함할 수 있거나, 서로 다른 목표와 역량을 가진 행위자들 간의 전체 복지에 상호 이익이 되는 공생적 행위가 될 수도 있다.

협력적 계획은 갈등이 있거나 전통적인 계획체제 내에서 해결할 수 없는 문제를 해결할 수 있는 방법 그 자체는 아니다. 보다 더 중요한 것은 체제 내의 행위자들 간에 새로운 네트워크를 형성하고 이러한 행위자들 간의 정보공유를 증진시키기 위한 하나의 방법이라는 것이다. 협력적 계획은 정보화사회에 있어서 매우 적응력 있고, 창조적인 계획모형으로서 발전해 왔다.

J. F. Innes와 D. F. Booher(2000a)에 의하면, 협력적 계획모형은 오늘날 우리가 경험하고 있는 극심한 이익과 가치의 분열을 관리할 수 있는 유일한 방법이기 때문에 앞으로 가장 유력한 모형이 될 것이며, 계획과정에 시민을 참여시키는 가장 좋은 방법이 될 것이라고 전망된다. 협력적 계획의 주요 특징은 계획활동의 산물이 바로 다양한 견해들로부터의 창조물이라는 것이다. 이와 같이 견해를 강조하는 것은 의사결정에서의 선택이 의사소통적 합리성에 기반하고 있다는 것을 의미한다.

진정한 협력은 타협과는 다르다. 타협은 단지 제한된 자원을 공유하기 위해 다른 면을 얻는 것에 불과하다. 협력이란 전체 규모(Phi)를 키우는 것이고, 보다 나은 대안을 창조해 내는 것이다. 협력은 호혜성(reciprocity), 즉, 이익과 자원이 서로 다른 행위자들과의 공동노력을 포함하기 때문에 이러한 잠재력을 갖게 되는 것이다.

(3) 협력적 계획의 원칙과 효과

① 원칙

협력적 계획의 기본적인 전제는 의사소통적 합리성(communicative rationality)의 개념이다. 의사소통적 합리성의 기본적인 생각은 과제나 문제에 대한 다른 이해관계를 가진 모든 사람들이 참여하는 대화를 통하여 진정한 지식을 얻을 수 있다는 것을 전제로 한다. 이러한 협력적 계획의 기본적인 전제가 어떻게 작용하고 왜 필요한가에 대한 이해를 돕기 위해서 제시된 원칙은 다음과 같다.

첫째, 협력과정의 생성과 과정의 성공은 다양성과 상호의존성을 기본으로 한다. 다양성을 통하여 협력적 계획이 요구되고, 이 과정이 성공하기 위해서 기여도나 인센티브 측면에서의 상호의존성이 균형을 이루어야 한다. 성공적인 상호의존성을 위해서는 호혜성에 대한 신뢰가 뒷받침되어야 한다.

둘째, 자기조직화(self-organizing)이다. 협력적 과정은 전통적인 계획을 변화시키려는 사람들로부터 발생한다. 이러한 과정이 체계화되어 있거나, 조직화, 집권화, 공식적인 권위에 의해서 형성되는 것이 아니기 때문에 자기조직화가 전제되어야 한다.

셋째, 협력적 계획은 네트워크의 힘을 형성하기 위하여 공유된 의미와 일체성을 가진다. 정보화사회에 접어들면서 공유된 의미와 일체성이 강조되고 있다. 공유된 의미는 상호적응을 촉진시키고, 불확실성이 많이 주어진 계층을 관리하는데 있어서도 협력적 계획의 필요성이 강조된다.

넷째, 한 번 성립된 협력적 계획은 특정한 과정을 벗어나 참여자들이 활동하고 있는 주변 네트워크에까지 영향을 미친다. 협력적 계획은 건전한 해결책을 제공해 줄 수 있기 때문에 갈등위주의 계획에서 벗어날 수 있으며, 성공적인 협력적 계획은 재생산이 가능하다.

다섯째, 성공적인 협력적 계획을 위해서는 상호관련 있는 목표, 유능한 행위자, 이상적인 연설 그리고 상호존중, 인센티브, 공유될 수 있는 과제, 상호성이 기본적으로 필요하다.

② 효과

이러한 원칙에 따라 협력적 계획이 제대로 진행되면. 다음과 같은 세 가지 차원에서의 효과를 기대할 수 있다.

첫째, 협력적 계획을 통해 신뢰관계와 같은 사회적 자본(social capital)이 형성될 수 있고, 상호이해, 문제 틀의 공유, 자료에 대한 동의 등 지적 자본(intellectual capital)이 형성될 수 있으며, 합의된 목적을 위해 함께 일할 수 있는 정치적 자본(Political capital)이 형성될 수 있다. 또한 고품질의 합의도출과 혁신적 전략의 도출이 가능하다.

둘째. 협력적 계획과정을 통해 새로운 파트너십이 생성되고, 조정과 공동행동이 가능하며. 공동의 학습이 전체 사회로 확산될 수 있다. 합의된 사항의 집행이 용이해지며, 관행과 인식에 있어서의 변화가 일어나게 된다.

셋째, 새로운 협력의 발생, 공진화(coevolution)의 진전과 파괴적인 갈등의 감소, 새로운 제도의 창출, 새로운 규범의 발견, 새로운 담론의 형성 등이 협력적 계획의 부차적인 결과로 발생될 수 있다.

MEMO

03 CHAPTER

사회복지의 발달

사회복지의 역사를 이해한다는 것은 과거의 사회복지경험을 통해 현재와 미래의 사회복지를 전망하기 위한 유용한 교훈을 찾는 데 있다. 빈곤, 질병, 노령 등 사회적 위험에 대처하려는 집합적 노력은 보편적으로 이루어져 왔다. 그러나 사회문제에 대한 대응은 시대별, 국가별 또는 정치경제적 상황에 따라 특정 형태나 방법으로 변화되어 왔을 뿐이다. 따라서 사회복지는 사회적 실체로서 역사적 산물이라 할 수 있으며, 시대와 장소에 따라 변화하는 역사적인 가변성을 그 속성으로 하고 있다. 특히 사회복지가 인간의 존엄성, 사회정의 등 가치에 기반하여 본격적으로 발달하게 된 시기는 전통사회보다는 근대사회의 성립과 함께 시작하였다. 이러한 역사적 변천과정을 이해하기 위해 이 장에서는 영국, 미국, 한국의 경험을 중심으로 사회복지의 발달을 살펴보기로 한다.

1

영국의 사회복지 발달

1) 봉건제의 붕괴와 빈민법 체제

영국의 빈민법 체제가 출현한 사회 경제적 배경을 살펴보기로 하자. 영국의 역사에서 중세는 대개 11~15세기 말까지를 가리킨다. 그러나 중세 영국의 경제적 바탕이었던 봉건제도는 이미 14세기 중반부터 무너지기 시작하였다. 1348년부터 1349년 사이의 흑사병으로 영국 인구의 1/3이 사망하고, 백년전쟁(1337~1453)과 장미전쟁(1455~1485)에 동원되었던 많은 농노들이 전쟁이 끝난 후 도시에 머물게 되자 농촌의 노동력이 부족하게 되고, 이는 경작지를 목유지로 전환하는 엔클로저(enclosure) 운동을 야기하게 되었다. 유럽 전역을 공포로 몰아넣었던 흑사병으로 인한 인구 감소, 엔클로저 운동 등 당시의 사회·경제적 상황은 무수한 농노들을 유랑민으로 내모는 계기로 작용하였으며, 봉건사회의 붕괴를 재촉하였다.

(1) 1601년 엘리자베스 빈민법(The Elizabethan Poor Law)

봉건사회의 붕괴가 초래하는 사회적 무질서에 대한 공포로부터 대응하기 위한 조치로서 일련의 빈민법 체제를 성립하기 시작하였다. 1601년의 엘리자베스 빈민법(Elizabeth poor law)은 14세기부터 나타난 빈민에 대한 제반 법령을 체계화시킨 것이다. 엘리자베스 빈민법으로 집대성되기 전까지 빈민과 관련된 일련의 중요한 입법들을 살펴보면, 다음과 같다.

① 1349년 노동자칙령(Ordinance of Labourers)

빈민들의 지리적 이동을 금지시키고, 자신의 교구를 벗어나는 사람들은 가혹한 처벌을 하였다. 그리고 농업노동자의 안정적인 공급을 위하여 근로 가능한 빈민에 대한 자선을 금지하였다.

② 1388년 케임브리지법(Statutee of Cambridge)

모든 노동자와 걸인들의 이동을 금지하고, 노동능력이 없는 빈민들의 구제를 각 지방의 책임으로 규정하였다. 거주지를 떠나고자 하는 빈민들은 양민이라는 증명서를 지녀야 했다.

③ 1598년 빈민구제법(Act for the Relief of the Poor)

모든 교구에 빈민감독관을 두고, 빈민감독관에게 실업자에 대한 구직활동과 자활능력이 없는 사람들을 위한 보호시설의 설치의 책임이 부과되었다.

이상과 같은 일련의 빈민 관련 조치들을 바탕으로, 1601년 엘리자베스 여왕 1843년에 집대성한 것이 엘리자베스 빈민법이며, 법이 1834년 빈민법 개정 전까지 영국 빈민정책의 기본적인 토대가 되었다.

1601년 엘리자베스 빈민법에서 체계화된 구빈행정의 특징을 살펴보면 다음과 같다.

첫째, 구빈의 책임을 교구가 아닌 국가의 책임으로 인정하였다는 점이다. 이는 구빈의 재원을 조성하기 위하여 국가가 구빈세를 부과하기로 하였음을 의미한다. 종래의 구빈은 자발적인 교회헌금에 의존해 왔으나, 늘어나는 구빈 수요를 상대적으로 줄어드는 헌금이나 기부금으로는 충족할 수 없게 되자, 구빈을 위한 조세를 징수하게 된 것이다.

둘째, 구빈의 행·재정을 교구단위 책임으로 한 지방행정의 원칙을 확립하였다. 구빈세는 지방세의 형태로, 구빈의 재정과 행정단위를 교구단위로 하여 각 지방의 치안판사들이 교구민 중 선발된 2~4명의 빈민감독관에게 구빈행정의 책임을 맡기는 등 구빈의 지방행정체계를 확립하였다.

셋째, 빈민의 유형을 노동능력 유무를 중심으로 분류하여 차별적으로 대처하는 구빈행정의 원칙을 확립하였다. 빈민의 유형을 다음과 같이 분류하였으며, 각각 대처하는 방법이 다르게 적용되었다.

① 근로능력이 있는 건강한 빈민(the able-bodied poor)

교정원(house of correction)이나 작업장(work house)에 수용하여 노동하게 하였고, 이들에 대한 자선금지와 이주제한조치가 이루어졌다.

② 근로능력이 없는 무능력 빈민(theimpotent poor)

구빈원에 수용하여 보호(indoor relief)함이 원칙이며, 거주할 집이 있으면 원외구제(outdoor relie)를 병행하였다.

③ 요보호아동(dependent children)

도제수습의 기회를 제공하거나 고아원에 수용보호되었다.

넷째, 보호할 가족이 있을 경우에는 구제의 대상에서 제외하는 등 친족부양의 책임을 강화하였다.

엘리자베스 빈민법이 중상주의적 발상에 기반하여 억압적 성격에서 벗어나지는 못하였지만, 사회복지발달에서 갖는 역사적 의미는 무엇보다도 빈민에 대한 공적 구제를 국가책임으로 인식하였다는 점이다.

(2) 1662년 정주법(The Act of Settlement, 1662)

엘리자베스 빈민법의 4대 원칙 중에서 가장 먼저 보완이 필요해진 것이 교구단위 행·재정책임의 원칙이었다. 구빈재정이 단위교구의 책임이기 때문에, 교구마다 구빈대상의 증가, 특히 빈민의 유입을 막으려는 조치를 강구하게 되었고, 결국 1662년 정주법이 제정되었다. 정주법은 교구에서 일정기간 이상 거주한 자에 한하여 구빈 대상이 될 수 있도록 하게 할 뿐 아니라 새로 이주한 자를 이주 후 40일 동안 감시·조사하여 구빈대상자가 1년에 10파운드의 세를 낼 수 있거나 그만한 금액을 교구에 예탁할 수 있으면 그대로 두고, 그렇지 못하면 그를 출생 교구로 추방할 수 있도록 한 법이다. 따라서 당시 영국의 빈민에게는 사실상 거주 이전의 자유에 상당한 제약이 되었다.

이 법은 궁극적으로 빈민의 기본권 침해는 말할 것도 없지만, 노동의 자유로운 이동을 제약하는 것으로 이주금지법의 성격을 지니고 있으며, 도시 임금노동자를 필요로 하는 상공업 신흥자본가들과 농업 노동력을 필요로 하는 농업 토지귀족들 간의 이해관계의 대립을 심화시켰다.

2) 빈민법의 변화 : 인도주의적 경향

18세기 들어와 빈민들의 작업장에서의 비참한 생활과 작업장 운영의 비효율성으로 인하여 구빈행정의 개혁이 요구되었다. 특히 1722년의 나칠블법(the Knatchbull Act)에 의한 작업장에서의 비인도적 조치들, 즉 작업장의 엄격한 규칙을 위반할 경우 발에 족쇄를 채우고 지하실에 감금하는 등의 억압적 통제 위주 조치에 대해 점차 비판이 고조되었다. 이러한 영향으로 빈민법의 내용을 조금씩 인도주의적인 경향으로 변화시키려는 노력이 가시화되었으며, 그 결과가 1782년의 길버트법과 1795년의 스핀햄랜드 제도로 구체화되었다.

(1) 1782년 길버트법(Gilbert Act, 1782)

1782년 길버트법은 노동능력이 있는 빈민은 실업자로 보아 원내구제(indoor relief) 대신, 고용을 알선하고 취업이 불가능한 경우에는 원외구제(outdoor relief, 거택보호)를 허용하였다. 즉 노동능력이 있는 빈민은 가정 근처의 지주, 농업경영자, 기타 고용주 등에게 임금보조수당을 지원하여 고용하게 함으로써 시설 외 구제 방식을 적극 채용하였다. 따라서 길버트법은 과거 지속되어 온 빈민법의 억압적 성격이 완화되고 원외구제를 확대시키는 계기가 되었다는 점에서 의의를 찾을 수 있다.

(2) 1795년 스핀햄랜드 제도(Speenhamland system, 1795)

1780년대부터 일부 지방정부에서 빈민들의 임금을 보충하는 수당을 지불하기도 하였다. 1795년에는 오랫동안 노동력의 이동을 제약해 온 정부법이 폐지되고, 같은 해 스핀햄랜드의 펠리컨장에서 모인 버크셔 지방의 치안판사들은 식품의 가격과 자녀의 수에 따라 등급화하여 임금을 보충해주기로 결정한 일이 계기가 되어 스핀햄랜드 제도로 칭하게 되었다.

스핀햄랜드 제도는 노동의욕이 있는 빈민을 대상으로 최저생활비를 정하여, 임금의 부족분을 구제비로부터 보충하는 임금보조제도라 할 수 있다. 스핀햄랜드 제도를 통해 실업자에게는 최저생활비가 지급되고 원외구제가 확대되었다. 스핀햄랜드 제도는 저임금에 의한 빈곤문제를 임금보충을 통해 해결하려고 했다는 점에서 빈곤을 도덕적 타락과 연관시켰던 종래 빈민법의 시각과는 대조적이다. 그러나 빈민구제에 드는 비용의 증대, 교구 내 개인 간 세금부담의 불공평성 문제가 제기되었을 뿐 아니라 노동의욕에 악영향을 미친다는 비난을 받게 되어 빈민법 개정의 빌미를 제공해 주었다.

3) 자유방임주의와 빈민법의 개정, 그리고 민간복지활동

(1) 1834년 개정 빈민법

영국은 18세기 후반부터 19세기 전반에 걸쳐 진행된 산업혁명은 사회·경제적으로 많은 변화를 초래하였다. 산업화의 진전에 따라 도시화가 진행되고, 이에 따른 인구의 대량이동이 이루어졌다.

다른 한편으로 임금노동을 기초로 하는 사회·경제적 변화는 빈민과 부랑인의 증가를 가져왔다. 산업화 시기에는 봉건제적 유산이 극복되는 과정임과 동시에 자본주의적 사회질서가 자리잡아가는 과정에서 개인주의적이고 공리주의적인 가치가 사회를 지배하게 된다. 특히 자유방임주의의 사고방식과 기독교의 근로와 절약의 가르침이 연결되어 빈곤은 개인의 나태한 성격이나 무능력의 결과이며, 자조의 실패는 결국, 이와 같은 왕립위원회의 보고서 제안들을 반영하여 1834년 빈민법의 전면적인 개인적 책임이 되었다. 이러한 자유방임주의에 기초한 빈곤관은 1834년 빈민법의 개정과 산업자본가와 중산층을 중심으로 한 민간자선활동, 그리고 19세기 후반에 진보적인 지식인들을 주축으로 한 페이비언들의 사회개혁운동으로 나타났다.

1832년 선거결과 산업자본가 계급이 전통적인 토지귀족들보다 다수의석을 차지하게 되자 스핀햄랜드 제도에 의한 구빈비용의 증대, 빈민의 양적 확산 및 근로의욕의 감소 등의 비판이 제기되면서 빈민법의 조사를 위한 왕립위원회가 설치되었다. 왕립위원회의 보고서는 다음과 같은 방안을 제시하였다.

① 스핀햄랜드 제도 하에서 시행되었던 임금보충제를 폐지한다.

② 모든 노동자들에 대한 구호는 작업장 구호로 대체한다.

③ 병자, 노인, 무능력자, 아동을 가진 과부에게만 원외구호를 제한한다.

④ 교구단위의 구빈행정을 빈민법 연합(poor law union)으로 조정한다.

⑤ 구호 수준을 지역사회의 가장 낮은 임금 수준보다 낮게 책정한다.

⑥ 구빈행정을 통제하는 중앙통제위원회(central board of control)를 설치한다.

결국, 이와 같은 왕립위원회의 보고서 제안들을 반영하여 1834년 빈민법의 전면적인 개정이 이루어진다. 개정 빈민법은 기존 빈민법을 반대하는 아담 스미스(Adam Smith)의 국부론이나 스펜서(Herbert Spencer)의 사회진화론도 영향을 미쳤지만, 직접적으로 빈민법의 폐지를 주장한 경제학자 맬더스(Malthus)의 인구론도 크게 영향을 미쳤다. 그에 의하면, 산업혁명 시대의 빈곤이란 인구의 자연증가 때문이며, 유효한 빈민대책은 빈민 자신에 의한 인구억제가 최선이라는 점을 강조하였다. 그리고 빈민법은 나태한 빈민의 인구증가에 크게 기여하고 있다고 주장하였다.

봉건질서가 붕괴되고 자유방임주의의 사상적 기초 하에 이루어진 1834년 개정 빈민법은 다음과 같은 구빈의 3대 원칙을 천명하였다.

첫째, 전국적인 균일처우의 원칙(The principle of national unifommity)이다. 개정 빈민법은 엘리자베스 빈민법의 개별 교구단위의 행·재정 체계로부터, 몇 개의 교구를 하나로 묶어 "구빈연합구"를 편성하여 중앙에서 조정하는 전국적인 구빈행정체계로 전환하였다. 이러한 결과, 빈민법에 의한 노동력의 자유로운 이동의 장애는 제거되었다.

둘째, 열등처우의 원칙(The principle of less eligibility)이다. 열등처우의 원칙이란 구빈수혜자의 보호 수준이 독립 노동자의 최저생활 수준보다 낮아야 한다는 것으로, 오늘날까지도 대개의 공공부조제도의 주요 원리로 작용하는 원칙이라 할 수 있다.

셋째, 작업장 테스트(workhouse test) 제도의 도입이다. 개정 빈민법에 의한 작업장테스트 제도란 노동능력이 있는 모든 빈민에 대하여 원외구제를 폐지하고, 빈민법에 의한 구제를 원하는 사람은 누구나 작업장에에 수용되도록 함으로써 노동의욕을 테스트하는 제도였다. 그러나 연령이 높고 낮음이나 장해, 질병의 구분 없이 일률적으로 수용하는 작업장은 공포의 집으로 불리게 되었고, 사실상 열등처우의 원칙과 작업장 테스트 제도는 구제신청의 억제수단이 되었다.

(2) 민간복지활동의 발달 : 자선조직협회(c.o.s.)와 인보관운동

① 자선조직협회

개정 빈민법이 시행된 이후 3년 만에 빈민구제 비용이 1/3 이상이나 감소하는 등 빈곤문제에 대한 국가책임이 퇴조한 반면, 다른 한편으로 19세기 후반 영국에서는 민간부문의 자선활동이 활발하게 전개되었다. 특히 1860년대 이후 박애정신에 기초한 민간의 빈민구제활동이 활발해지고 많은 자선단체가 만들어져 활동하기 시작하였다. 그러나 각각의 개별적인 활동은 효과도 적고, 오히려 빈민을 타락시킨다고 보는 견해도 있었다. 이러한 문제를 해결하기 위하여, 1869년 "구걸방지 및 자선조직을 위한 협회"가 설립되고, 곧 그 이름을 "자선조직협회(Charity Organization Society)"로 바꾸게 된다.

당시 다수 민간자선기관들의 서비스 중복과 재정낭비를 방지하기 위하여 민간자선기관과 단체들

간의 연락·조정·협력의 조직화와 빈곤구제의 적정화를 시도하였다. 자선조직협회운동에서 빈곤관을 보면, 빈곤책임은 개인에 있으며, 공적 구제활동이 빈민의 자존심을 파괴하며 의존성을 심화시킨다는 논리에 기초하였다. 따라서 자선조직협회는 구호활동의 중복을 방지하고 서비스의 효과성을 높이기 위해 빈곤가정을 등록케 하고 빈민의 상황을 조사하기 위하여 개별 가정방문과 면접을 실시하였다. 주된 활동의 초점은 자원봉사자인 우애방문가(friendly visitor)들을 활용하여 빈민들의 생활 방식을 변화시킬 수 있도록 인격적 감화를 주는 데 있었다. 우애방문가는 사회복지사(social worker)의 전신으로 볼 수 있다. 이러한 자선조직협회의 활동은 이후 미국으로 건너가 전문사회사업의 개별사회사업 실천방법으로 발전하게 되었다.

② 인보관운동

19세기 영국의 도시빈곤문제에 대한 또 하나의 중요한 접근이 인보관운동(Settlement Movement)이다. 인보관운동은 산업화의 진전에 따라 도시로의 인구가 집중되고, 그 결과 도시 빈민지역의 형성과 그에 따른 사회문제를 해결하기 위한 운동이었다. 1880년대 성공회 사제인 바네트(Samael Bumem)와 옥스퍼드, 캐임브리지 대학의 대학생들에 의하여 시작된 런던 동부지역의 토인비 홀(Toynbee Hail)이 유명하다. 이들의 인보관(Settlement House)운동은 자선조직협회가 "좋은 일 하는 상류층 부인"의 이미지와는 달리, 교사로서, 노동자로서, 지식인들이 빈곤지역 주민들과 함께 생활하며, 우애적인 접촉 속에서 함께 학습해 가는 사회개량운동이었다.

인보관운동은 빈곤의 원인을 빈민 자신에게서 찾던 자선조직협회의 빈곤관과는 달리, 빈곤문제 해결을 위한 빈민의 환경과 제도의 결함에 관심을 가졌다. 이들은 도시 노동자들의 빈곤문제에도 체계적으로 접근하여 20세기 초 영국의 빈민법 재검토와 자유당의 사회입법 형성의 흐름을 주도하게 된다. 이러한 빈곤관의 전환에는 노동자의 빈곤화를 사회현상으로서 과학적으로 연구한 부스(Charles Booth)의 런던조사(1886), 라운트리(Seebohm Rowntree)의 요크시 조사(1899)도 중요한 역할을 하였다. 그들은 빈곤의 원인을 개인적 특성보다는 사회체제적 특성에 초점을 두었고, 사회문제에 대하여 보다 획기적인 대책이 필요함을 알리는 데 큰 기여를 하였다. 영국의 인보관운동은 미국으로 건너가 전문 사회복지실천의 집단사회사업과 지역사회복지실천으로 발전하였다.

4) 베버리지보고서와 복지국가의 실현

20세기에 들어서면서 영국에서는 자본주의의 경제발전이 가속화되었다. 그러나 경제발전에 상응하는 노동자의 생활은 향상되기보다는 더욱 어렵게 되고 노사 간의 갈등이 심화되었다. 이 과정에서 자유방임주의가 쇠퇴하기 시작하면서 국가의 정책적 개입이 요구되었다. 자유당이 집권하고 노동당이 창당(1900)되는 등 노동자 계급의 조직화와 정치세력화는 빈민과 노동자에 대한 기존 빈민법 체제로 대응하기에는 한계에 이르렀다. 이에 따라 자유당은 1905년 빈민법 체제의 조사와 개혁을 위한 왕립위원회를 설치하였다. 빈민법 개혁을 위한 왕립위원회는 두 개의 보고서를 발간하였다. 즉, 빈민법 체제를 부분적으로 개선하는 데 초점을 둔 다수파 보고서와 빈민법 체제를 철폐 대상으로 한 완전고용정책을 요구한 소수파 보고서이다. 로이드 조지(Lloyd George)의 자유당 정부는 웹부처 등의 소수파 보고서의 제안대로 빈민법은 공공부조로서 존속시키고, 빈민에 대한 징벌적인 성격을 없애고, 빈곤의 원인에 대하여 사회적으로 대처하는 방침을 선택하였다.

1908년에는 노령연금법이 제정되었다. 노령연금법은 보험원칙과는 달리 무기여 국가연금으로 70세 이상의 노인들에게 연금을 지급하는 것을 내용으로 한다. 그리고 1911년에는 노동자를 위한 의료보험과 실업보험을 내용으로 한 국민보험법이 제정되었다. 국민보험법의 제정은 부조 방식에서 벗어나 보험 방식의 원리를 제도적으로 접근하였다는 점에서 중요한 의미를 지니고 있다. 즉, 사회보험제도의 도입은 사회복지의 대상이 빈곤계층에서 노동자와 일반국민에게로 확대되는 계기를 마련하였고, 공공부조 중심으로부터 사회보험 중심으로 사회복지제도가 발전하였다는 의미를 갖는다. 제1차세계대전에 이어, 1929년 세계대공황의 결과, 불황과 저임금, 실업문제가 지속되자, 영국은 1934년 실업보험과 실업부조로 이루어진 실업법을 제정하였다.

영국은 제2차세계대전을 전후하여 복지국가로 발전하는 새로운 전환기를 맞이하였다. 케인즈주의가 자유방임주의적 경제관리 방식을 대체하면서 국가개입이 강조되었고, 전쟁수행으로 사회적 유대감을 조성하고 국민 상호 간의 헌신과 차별 없는 상호부조 정신을 고취시켰다. 또한 사회개혁에 대한 국민적 열망도 고조되어서, 전시 연립내각은 전쟁 후의 사회재건을 위한 청사진으로 1942년에 『사회보험과 관련 제반 서비스에 관한 보고서(Social Insurance and Allied Service)』라는 베버리지 보고서(Beveridge Repor)를 출간하였다. 베버리지 보고서는 국민생활에 불안을 가져오는 5대 사회악(궁핍, 질병, 무지, 불결, 나태) 중 궁핍으로부터의 자유를 보장하는 사회보장제도의 틀이 제시되었다. 베버리지(Beveridge)의 사회보장제도의 핵심은 강제적인 사회보험제도로서, 사회보험제도의 원리를 체계적으로 확대 적용하면 모든 국민을 궁핍으로부터 해방시킬 수 있다고 믿었다. 베버리지는 빈곤을 추방하는 데 있어서 강제적인 사회보험을 1차적으로 상정하였고, 이에 포괄되지 못하는 경우를 대비하여 국민부조(national asisance, 공공부조) 장치를 마련하였으며, 국가가 제공하는 사회보장의 목표를 국민최저선(natioral minimuam)을 달성하는 데 두었다.

베버리지 보고서에서 제시된 사회보험제도의 특징을 살펴보면 다음과 같은 여섯 가지로 요약될 수 있다.

첫째, 정액급여(flat-rate benefits)의 원칙이다. 실업, 질병, 퇴직 등 소득중단을 야기하는 사회적 위험의 성격에 관계없이, 그리고 과거소득의 많고 적음에 상관없이 기본적 욕구를 충족시키는 국민최저선은 모든 국민에게 동일하게 제공되어야 한다는 것이다.

둘째, 정액기여(flat-rate contribution)의 원칙이다. 소득의 높고 낮음에 상관없이 동일한 사회보험료를 납부해야 한다는 것이다.

셋째, 행정책임통합(unification of administrative responsibility)의 원칙이다. 베버리지는 난립된 행정체계의 비효율성을 극복하기 위해, 사회보장성을 신설하고 지방마다 단일한 행정국을 설치하여 모든 피보험자를 포괄하도록 제안하였다.

넷째, 급여충분성(adequate benefits)의 원칙이다. 급여 수준과 급여지급 기간은 충분한 정도로 제공되어야 한다는 것이다.

다섯째, 포괄성(comprehensiveness)의 원칙이다. 사회보험은 일반적인 사회적 위험 및 전국민을 포괄해야 한다는 것이다.

여섯째, 피보험자 분류(cassification)의 원칙이다. 사회보험을 모든 국민을 피고용인, 고용주 및 독립노동자, 가정주부와 같은 무보수서비스 종사자, 비취업자, 15세 미만의 취업연령 미만자, 취업연령을 초과한 퇴직자로 구분하여 접근해야 한다는 것이다.

베버리지는 이상에서 살펴본 여섯 가지 원칙이 구체화되기 위해서는 세 가지 전제조건이 필수적임을 강조하였다. 첫째, 모든 아동에게 보편적으로 지급되는 아동수당제도, 둘째, 무료 보건서비스로 누구나 질병의 예방과 치료, 노동능력의 회복을 위한 국민 건강서비스제도의 도입, 셋째, 완전고용을 위한 정부의 노력이 바로 그것이다.

5) 제2차 세계대전 후 복지국가의 변화와 재편

전쟁 직후 집권에 성공한 노동당 정부에서 베버리지의 사회보험의 원칙과 세 가지 전제조건이 본격적으로 입법화되었다. 1945년 가족수당법, 1946년 국민보험법, 1946년의 국민보건서비스법, 1948년의 국민부조법이 제정되었다. 특히 국민부조법의 제정으로 1601년 이후의 빈민법 체제는 역사적으로 폐지되었다. 이로써 베버리지 보고서의 내용을 구체화한 '요람에서 무덤까지'로 일컬어지는 복지국가의 시대가 개막되었다.

전후 복지국가체제가 수립된 이후, 세계적인 경제호황 속에서 안정적인 경제성장이 이루어져 복지국가에 대한 국민적 합의가 유지되었다. 또한 정치적으로는 보수당과 노동당의 양당 정치 하에서 경쟁적으로 사회복지를 확대시켜 사회민주주의의 중도 이념에 기초한 복지국가는 지속적으로 발전하였다.

그러나 1970년대 이후 세계석유파동과 경제침체로 영국 복지국가는 시련을 맞이하였다. 1970년대 후반 이후 경제위기 속에서 복지국가 위기론이 등장하였고, 우파는 효율성의 실패를, 좌파는 평등의 실패를 근거로 복지국가체제를 신랄하게 공격하였다. 이러한 상황에서 1979년 집권한 대처(Thatcher)의 보수당 정부는 신보수주의 또는 신자유주의 이념에 기초하여 복지국가의 개혁을 추진하였다. 이러한 개혁은 사회복지 분야에서는 복지의 혼합경제 또는 복지다원주의(welfare pluralism)라는 이념에 의하여 추진되었다. 탈규제(deregulation), 유연화(lexibility)라는 시장중심적인 문제해결 방식을 선호하면서 국가개입의 축소, 복지제도의 수급자격을 엄격히 하거나 급여범위 등을 축소시켰다. 대처정부 이후 메이저(John Major) 정부로 이어지는 18년의 집권기간 동안 보수당은 복지 부문에서 많은 변화를 초래시켰으며, 보편주의로부터 잔여주의로의 전환을 위해 복지국가의 근간을 해체시키려는 노력을 강화하였다.

대처주의에 의해 영국 복지국가가 커다란 변화를 경험한 후 1997년 집권에 성공한 노동당의 블레어 정부는 자본의 세계화에 따른 노동시장의 동요, 인구의 고령화, 이혼, 낮은 출산율 등 가족체계의 불안정, 노동자의 동질성 약화, 실업 등 복지국가의 도전요인에 직면하였다. 이러한 도전요인에 효과적으로 대응하기 위해서 '조세와 지출중심의 국가복지주의(tay-spended welfare statism)'를 특징으로 하는 전통적인 사회민주주의의 전략과 시장중심의 문제해결 방식을 특징으로 하는 대처주의를 동시에 지양할 수 있는 새로운 패러다임을 제시하였다. 바로 '제3의 길(the third way)'이라는 패러다임을 주장하고, 이에 기초하여 복지국가체제도 복지와 고용을 결합한 '고용촉진적 복지국가(employment-first welfare state)'를 구축하기 위한 복지개혁을 단행하였다.

블레어(Tony Blair) 정부의 복지개혁은 과거 보수당 정부에서 추진되었던 '엄격한 급여 체제'를 답습한 경향이 있지만, 빈곤의 예방과 사회적 배제를 극복하려는 정책적 노력은 보수당 정부와는 차별성을 보여주었다. 그리고 블레어 경부는 노동가능한 사람들의 급여에 대한 책임과 의무를 강조하였으며, 사회보장급여가 개인행동에 대해 부정적인 효과를 미친다는 것을 수용하면서 권리중심의 복지공여체제를 벗어나 시민과 국가 간의 새로운 계약을 천명하였다. 블레어 정부의 복지개혁을 대표하는 뉴딜 프로그램(New Deal Programmes)은 '일을 위한 복지(welfare to work)'로서 제3의 길의 핵심적 이념을 구현한 프로그램이라 할 수 있다.

블레어 정부에 이어 2007년에 등장한 노동당의 브라운(Gordon Brown) 정부도 취업가능성(employability)을 높이는 방향으로 적극적인 노동정책을 구사하고 있다. '일을 위한 복지'로 대표되는 노동당 정부의 복지개혁은 '복지를 위한 새로운 계약이라는 녹서에서 밝힌 바와 같이 2단계인 베버리지 주의적 복지국가를 넘어서 3단계의 새로운 복지국가로의 변화를 목적으로 하였으나 그 성과에 대해서는 여전히 논란이 되었다(김태성 외, 2005).

2010년의 선거에서 승리한 보수당은 제3당인 자민당과 연립정부를 구성하였으며, 캐머런(David Cameron) 연립정부는 재정적자문제를 해결하기 위해 대대적인 긴축정책을 추진하기 시작하였다. 긴축정책의 기조는 복지 분야에서 복지 삭감 및 급여 수급조건의 강화, 노동시장참여에 대한 강한 인센티브 제공 등으로 구체화되었다.

캐머런 정부에서 추진한 대표적인 복지개혁의 핵심은 근로 프로그램(work programme)의 도입 및 유니버설 크레디트(universal credic : 통합급여)의 신설이다. 근로 프로그램은 기존 노동당정부의 뉴딜 프로그램을 대체하여 2011년 6월에 시행하였다. 그리고 복지의존도를 낮추고 근로와 복지의 연계를 강화하며, 복잡한 전달체계와 복지시스템의 정비 등을 위해 복지개혁법(Welfare Reform Act)을 2012년에 제정하였다. 복지개혁법의 주요 내용으로는 유니버설 크레디트의 신설, 수급조건의 강화, 가구당 사회보장급여 총액의 제한, 장애심사 강화, 주거급여 수급자격요건 강화, 전달체계의 일원화 등이다(최성은, 2012). 특히 2013년에 실시한 유니버설 크레디트는 저소득층 및 실업소득보조, 구직자수당, 고용 및 지원수당, 주거급여, 근로세액공제 및 아동세액공제제도를 하나의 단일급여로 통합한 급여로서, 급여의 복잡성 탈피 및 중복수혜의 방지, 근로유인을 강화하는 등 영국 복지급여 제공에서 중대한 변화가 이루어졌다.

또한 국가보건의료서비스(National Health Service) 제도의 공급 측면의 비효율성 문제 해결을 위하여 보건의료서비스에 대한 민간참여 확대를 통한 시장화를 유도하고 서비스 전달체계를 개선하려는 개혁들이 추진되었다. 그리고 연금재정 안정화를 위하여 연금지급 연령을 늦추는 계획을 앞당겨 실시하였으며, 단일연금제, 각종 수당 축소 등의 연금개혁이 실시되었다(최성은, 2012).

2016년에 브렉시트(Brexit)라는 뜻밖의 결정을 내린 국민투표는 캐머런 총리의 사임으로 이어졌고, 같은 보수당의 테리사 메이(Theresa Mary May)가 총리로 취임하였다. 브렉시트(Brexit)는 영국(Britain)과 탈퇴(Exit)의 합성어로 영국의 유럽연합(EU) 탈퇴를 의미한다. 브렉시트가 정치적 최대 현안이 되면서 다른 정책적 이슈는 크게 주목받지 못하였다. 그 결과 메이 정부에서의 복지정책은 큰 변화가 이루어지지 않았으며, 그동안 보수당 정부에서 추진하였던 조건부과 또는 제재중심의 복지가 강화되거나 복지긴축 추세가 지속되었다.

2019년 1월 메이 정부는 국가보건의료서비스(NHS)의 장기계획을 발표하였다. 장기계획에서 보건의료와 사회적 돌봄 간의 연계 강화, 개인 맞춤형 돌봄서비스의 제공, 통합 돌봄체계의 전국적 시행 등 구체적인 개혁과제를 제시하였다.

한편, 메이 정부에서 독특하게 추진한 정책은 외로움(loneliness)을 심각한 사회문제로 인식하여, 이를 담당할 담당부서를 2018년에 신설하였다는 점이다. 외로움은 단순히 개인차원의 문제가 아니라 국가차원에서 대응해야 할 사회문제이며, 외로움 대응을 위한 사회적 관계망 강화를 위한 종합계획을 수립하여 추진하는 등 정책적 관심이 되고 있다.

2019년 7월에 메이 총리가 사임하였고, 보리스 존슨(Alexander Boris de Pfeffel Johnson)이 총리로 취임하였다. 2019년 12월 총선거에서 간호 인력의 확충, 노인돌봄예산의 증가 등 복지확대를 공약하였다. 그러나 존슨의 보수당이 총선거에서 승리하였지만 보수당의 정책기조를 고려한다면, 존슨 정부의 복지정책도 메이 정부와 크게 변화되지는 않을 전망이다.

2

미국의 사회복지 발달

1) 대공황 이전 시대 : 개인주의와 민간복지활동

미국의 사회복지는 유달리 개인책임, 노동윤리, 자조, 의존성 탈피 등의 자유주의적 가치를 강조한다. 이러한 사상적 기초는 이민국가와 개척시대로 상징되는 국가형성과 발전과정에 내재된 전통에 근거하고 있다. 영국에서 메이플라워호를 타고 신대륙에로의 이주와 서부 개척과정에서 형성된 프런티어 정신은 자조와 독립을 강조하였고, 청교도의 윤리도 노동의 가치를 강조하였다. 따라서 자유주의 정신은 다른 어느 나라보다도 미국에서 강하게 작용하였고, 국가의 개입에 의한 사회복지의 제도화가 지연되고 전문사회사업의 발전이 두드러진 특징을 지니고 있다.

식민지 시대 미국의 경우는 빈곤의 문제를 새로운 대륙, 새로운 사회에 대한 부적응 때문으로 간주하였으며, 노동능력이 있는 빈민이란 개념을 수용하기가 쉽지 않을 정도로 개인의 책임을 강조하는 경향이 매우 강하였다. 이러한 경향은 독립 이후에도 지속되었으며, 19세기 이후 산업화를 경험하면서 나타난 사회문제에 대처하기 위해서 독자적인 입법을 통한 대응보다는 영국에서 도입한 빈민법 체제를 답습하여 구빈원에 의한 최소한의 빈곤구제활동을 실시하였다.

(1) 민간복지활동 : 자선조직협회와 인보관운동

남북전쟁 이후 급속한 산업화와 도시화가 이루어지면서 사회문제가 심화되고 급격한 사회변화를 경험하게 된다. 저임금문제나 도시 빈곤문제 등 자본주의 발전에 따른 근원적인 사회문제에 직면하였다. 지방분권주의와 개인주의의 전통, 그리고 19세기 후반에 스펜서(Herbert Spencer)와 그의 제자 섬너(William Sumner)의 적자생존에 기초한 사회진화론이 사상적으로 강력하게 영향력을 미치고 있어 국가개입의 논리가 쉽지 않았다. 사화진화론에 따르면, 사회질서는 자연질서와 마찬가지로 자연법칙에 의하여 지배되고 인간사회의 생존경쟁은 불가피한 것이다. 경쟁에서 가장 잘 적응하는 자만이 사회적으로 유리한 위치에 오를 수 있으며, 빈곤하다는 것은 사회적 실패로서 그 책임 역시 개인에게 있다는 것이다. 이러한 상황에서 빈곤문제에 대한 대처는 국가책임보다는 민간자선 기관들의 활동에 의존하였다.

미국 최초의 자선조직협회는 거틴(Siephen Humplnys Guen) 목사에 의해 1877년 버팔로에 설립되었고 이어서 다른 도시에도 자선조직협회가 설립되었다. 자선조직협회는 자선의 중복을 예방하고 빈민구제를 효율적으로 수행하기 위해 자선단체들 간의 업무연락 및 조정을 위해 설립되었다. 그리고 빈민 및 빈곤가정의 등록, 모금활동뿐 아니라 자원봉사자들의 우애방문(friendly visiting)을 통하여 빈민의 생활에 대한 태도를 변화시키는 데 주안점을 두었다. 이러한 이유는 자선조직협회의 빈곤관에서 찾을 수 있다. 즉, 자선조직협회는 빈곤의 원인을 사회구조에 있는 것이 아니라 빈민의 도덕적 결함에 있다고 보고, 빈곤퇴치는 빈민들의 성격적 결함을 교정하는 데 있으며 자선단체들의 협력에 의해 빈곤퇴치가 가능하다고 믿고 있었기 때문이다.

이 시기에 자선조직협회를 이끌었던 지도자들은 빈곤구제를 위한 정부활동이 빈민의 재활을 위해서는 도움이 되지 않는다는 생각을 가지고 있었고, 빈민계층을 구호를 받을 가치가 있는 빈민과 가치가 없는 빈민으로 구분하여 가치가 있는 빈민에게만 원조를 제공하게 되었다. 그리고 자선조직협회의 또 다른 기능으로 다양한 사회문제의 개선과 해결을 위해서는 자선기관들과 협력적인 계획을 모색하고, 새로운 사회복지기관을 설립하는 활동도 모색하였다. 특히 자선조직협회운동은 빈민을 돕는 이론적 기반으로서 적자생존론에 기초한 사회진화론(Social Darvinism)을 수용하였고 이를 과학적 자선이라고 불렸다. 자선조직협회는 기본 철학에 있어서 자유방임주의나 개인주의적 미국의 전통을 계승하는 것이기도 하였지만, 리치몬드(Mary Richmond)의 저서『사회진단』이 출간되면서, 개인의 자립을 둘러싼 사회환경과 개인의 인성의 발달을 관련시키는 개별사회사업의 발달과 소셜웍이 전문성을 갖게 하는 데 크게 기여하였다.

마국에서 인보관운등은 1886년에 코이트(Sanion Coit)가 영국의 바네트(Samuel Bamelt) 목사와 런던의 동부 슬립지역에 세운 토인비 홀을 방문하고 뉴욕으로 돌아와 뉴욕시 근린길드(Neighborhood Guild of New York)를 결성하면서 시작되었다. 1889년에 뉴욕에 대학인보관(college settlement)이 세워졌으며, 아담스(Jane Adams) 여사는 1889년에 미국 인보관의 상징이라 할 수 있는 유명한 헐 하우스(Hull House)를 시카고에 건립하였다. 그 후 인보관운동은 전국의 주요 도시로 급속히 확대되었다. 도시를 중심으로 전개된 인보관운동의 주요 클라이언트들은 미국 생활에 잘 적응하지 못하는 유럽에서 이민 온 사람들이나 농촌에서 도시로 이주한 사람들이었으며, 주요 활동내용도 교육과 문화에 집중하였다. 인보관운동가들은 자선사업가로 불리기보다는 사회개혁가로 불리기를 원하였으며, 그들의 관심은 빈민들의 구제를 직접 실행하는 것보다 빈곤의 원인제거, 도시생활 및 노동환경의 개선, 사후치료보다는 사전예방적인 방법을 우선시하였다. 인보관운동은 개인적인 가치보다는 개인을 둘러싸고 있는 사회적 환경을 개선시키는 데 초점을 두었으며, 이후 지역주민 스스로 문제를 해결할 수 있도록 돕는 지역사회조직 등과 같은 소셜워 전문직의 발달에 크게 기여하였다.

(2) 사회보험제도 도입논의와 실패

20세기 초부터 제1차 세계대전이 발발하기까지 미국의 경우도 사회보험 도입에 관한 논의가 전개되었다. 진보의 시대(the progress era)로 불리는 이 시기에 미국에서도 노동 문제, 빈곤문제를 비롯한 각종 사회문제해결을 위한 사회개혁운동이 활발하게 진행되었다. 그 중에서도 사회보험도입에 관한 운동은 비록 사회보험도입의 실패로 귀결되었지만, 미국 사회복지발달에 있어 주목할 활동이었다. 사회보험에 관한 논의는 정치권과 민간 분야에서 논의가 이루어졌지만, 정치권보다는 민간 분야에서 활발하게 진행되었다. 왜냐하면 선거과정에서 사회보험 도입을 선거이슈로 제기하였으나, 선거에 패배함에 따라 더 이상의 진전된 논의가 이루어지지 않았기 때문이다. 예컨대 1912년 대통령 선거에서 당시 루스벨트(Theodore Roosevelt) 후보가 신국가주의(New Nationalism)를 내세우면서 노동자재해보상보험과 질병, 실업, 노령 등의 위험으로부터 가족을 보호하기 위한 사회보험을 내세웠다. 그러나 대통령 선거에서 '새로운 자유(New Freedom)'를 표방한 민주당의 윌슨(Thomas Woodrow Wilson)에게 패배하면서 정치권에서 사회보험 도입운동은 수포로 돌아갔다.

정치권과는 달리 지식인들이 주도한 민간단체에서 진보적인 사회개혁의 실험으로 사회보험도입운동을 활발히 전개하였다. 사회보험운동의 첫 시험대는 산업재해보상보험의 도입이었다. 산업재해로 인한 노·사 양측의 경제적인 손실, 궁극적으로는 국가적인 손실을 방지하기 위한 예방책으로 사회보험제도의 도입 필요성을 강조하였다. 1911년에 뉴욕 주의 산업재해보상보험법이 만들어진 후에 산업재해보상보험제도는 전국적으로 확대되었다. 사회보험운동의 두 번째 목표는 의료보험의 도입이었다. 이 목표는 미국 의사협회와 민간보험회사의 조직적인 반대에 부딪쳐 좌절되고 말았다. 제1차 세계대전의 발발로 진보적 개혁운동은 전체적으로 소강상태에 들어가게 되고, 산업재해보상보험제도를 제외한 사회보험제도 도입운동은 실패로 끝이 났다. 이로써 1935년 사회보장법이 제정되기 전까지는 연방정부의 책임보다는 주정부의 역할과 민간단체의 복지활동을 강조하는 전통이 지속되었다.

2) 대공황과 사회보장법 : 연방정부의 사회복지 개입

제1차세계대전은 미국에 미증유의 경제성장을 가져왔다. 전후 유럽이 전쟁의 복구에 여념이 없고 사회통합을 위한 사회복지제도를 적극적으로 도입하는 것과는 달리, 자조 정신과 개인주의의 전통이 강한 미국에서는 국가개입에 의한 사회복지의 발전에 ㅈ거부감을 갖고 있었다. 그러나 1929년 미국의 뉴욕에서 시작된 대공황은 순식간에 유럽과 일본으로 번졌다. 대공황의 충격은 미국이 국가책임에 의한 사회복지제도를 출발시키는 계기가 되었으며, 국가가 시민의 경제생활과 복지에 개입하지 않으면 안 되는 필요성을 인식하는 전환점이 되었다. 1929년부터 1933년 사이에 국민총생산은 절반으로 감소하였으며, 실업률은 25%로 증가하였다. 이러한 경제위기 상황에서 1933년 당시 출범한 루스벨트(Franklin Delano Roosevelt) 행정부는 신국가주의 이념에 기초하여 뉴딜정책을 경제위기 극복의 수단으로 시행하였다. 케인즈(John Maynard Keynes)의 수요중심 경제이론은 뉴딜의 수요확대정책의 이론적 기초를 제공하였다. 수요중심의 경제정책에 의하여 실업자에게 일자리를 제공하는 각종 공공사업이 실시되었다. 1935년에는 사회보장법(Social Security Act)이 제정되었으며, 이 법에 의해 사회보장이란 용어가 법적으로 사용하게 되었다.

사회보장법의 제정은 미국 사회복지 발달과정에서 볼 때 새로운 전기를 마련한 것이며, 사회복지에 대한 연방책임을 공식화한 것으로 볼 수 있다. 사회보장법이 제정되기 이전에는 주정부의 책임하에 복지 프로그램을 수행하도록 되어 있었다. 예컨대, 1854년 피어스(Franklin Pierce) 대통령이 박애주의자였던 딕스(Dorothea Dix)의 정신장애인에 대한 연병방정부의 지원을 가능하게 하는 법안에 대해 거부권을 행사한 이후, 연방정부의 불개입 원칙이 고수되었다. 그러나 사회보장법의 제정은 사회복지에 대한 연방정부의 불개입 원칙이 파기된 것이며, 미국 사회복지 역사에서 획기적인 것으로 평가되고 있다.

1935년에 제정된 사회보장법의 주요 내용은 다음과 같은 세 가지 영역으로 구분된다. 첫째, 연방정부가 운영하는 새로운 사회보험으로서 노령연금(Olk Age Insurance)과 실업 보상(Unemployment Compensttion)제도, 둘째, 노인, 맹인, 요보호아동에 대한 범주적 공공부조, 셋째, 아동보호, 직업재활, 공공보건, 장애아동서비스 등 보건과 복지서비스로 이루어졌다.

이러한 사회보장법은 연방정부의 개입에 의한 사회보장제도로서 미국의 사회복지발달에 크게 기여하였다. 그러나 영국의 국민보험에 비교하여 건강보험이 포함되지 않았으며, 자영업자나 농민이 제외되는 등 적용대상과 적용위험에 있어서의 포괄성이 부족하였다. 또한 사회보험도 기여금에 의한 자활을 강조하는 계약적 성격이 강하여 여전히 자유주의 전통이 반영되어 있다.

한편, 20세기 전반에는 사회문제의 해결을 위하여 전문사회사업도 크게 발전하였다. 프로이트 심리학의 영향을 받은 개별지도 방법의 전문화가 이루어지고 집단지도와 지역사회조직이 사회사업 실천방법으로 분화되어 발전하였으며, 대학에서 사회사업교육이 체계적으로 이루어지게 되었다.

3) 위대한 사회(Great Society)와 사회복지의 확대

제2차세계대전이 끝난 후, 미국의 경제는 세계경제를 좌우하면서 비약적인 발전을 이룩하였다. 세계경제의 호황 속에 지속적인 경제성장이 이루어져 '풍요와 변영'의 시대를 맞이하였다. 1964년 빈곤과의 전쟁이 선언되기 전까지 경제성장에 의해 빈곤과 같은 사회문제가 해결될 것이라는 낙관적인 견해를 갖게 되었다. 또한 전쟁에 의하여 희생된 국민의 가정생활, 병사나 그 가족을 위한 복지, 상담사업, 도시 지역사회의 제건 등 전문사회사업의 역할과 영역이 넓어졌다.

그러나 안정적이고 지속적인 경제성장에도 불구하고 빈곤문제는 여전히 해결되지 않은 채 심각한 사회문제로 등장하였다. 또한 상대적 불평등 현상이 심화됨에 따라 경제성장이 사회문제를 해결할 것이라는 낙관론은 도전을 받게 되었으며, 사회개혁에 대한 요구가 강하게 표출되었다. 그 일례로 1962년 해링턴(Aicthael Hamington)의 저서 『또 다른 하나의 미국(The Other America)』에서 하나는 풍요로운 사람들이 사는 미국과 다른 하나는 교육, 주택, 의료 급여 등을 받지 못함으로써 박탈감과 굴욕감으로 고통을 받고 있는 사람들이 사는 미국이라고 주장하였다. 이처럼 '풍요속의 빈곤' 현상에 대한 사회적 비판이 제기되고, 흑인민권운동, 반전운동, 복지권운동, 학생운동 등 사회개혁에 대한 요구가 급증하였다.

1960년대는 바로 이러한 상황에 직면하였으며, 사회보장법 제정 이후 미국 사회복지발달에서 중요한 의미를 지니고 있다. 왜냐하면 '빈곤과의 전쟁'을 선언하면서 사회문제에 대한 국가의 제도적 개입을 확대시켰기 때문이다. 1960년에 집권한 케네디(John Fizgerald Kennedy) 대통령은 뉴프론티어 정신을 슬로건으로 내걸고 경제개발법, 인력개발훈련법을 제정하였다. 케네디가 암살당한 후 1963년에 집권한 존슨(Lyndon Baines Johnson) 행정부는 '위대한 사회(Great Socety)'를 추구하면서 1964년 경제기회법(the Economic Opportunities Act)에서 '빈곤과의 전쟁(War on Poverty)'을 선언하였다. 당시에 시행되었던 '빈곤과의 전쟁' 프로그램으로는 조기교육 프로그램인 Head Start, 교육보조, 직업훈련, 공공보건, 지역사회행동 프로그램 등이다. '빈곤과의 전쟁'에 의해 수행된 빈곤퇴치 프로그램들은 빈곤원인을 개인의 실패, 동기부족이나 개인의 선택결과로 설명하는 기존 시각에서 벗어나 부적절한 사회제도에 기인한다는 관점에 입각하고 있다는 점에서 의의를 찾을 수 있다.

또한 1965년에는 연방과 주 정부가 공동으로 공공부조 수급자인 빈민을 대상으로 하는 부조방식의 의료보장제도인 메디케이드(Medicaid)와 65세 이상의 노인이나 연령 관계없이 장애인을 대상으로 하는 보험 방식의 의료보장제도인 메디케어(Medicare)가 도입되었다. 1970년대 초반까지 사회보장제도가 지속적으로 확대되고 재정지출이 증가하였으며, 사회복지의 양적 확대가 이루어졌다.

4) 신보수주의의 공세와 사회복지의 변화

1970년대 후반부터 경제불황, 높은 인플레이션과 실업률, 사회보장의 재정 확대로 국가의 재정적자문제를 해결하기 위한 개혁조치가 필요하게 되었다. 이념적으로도 신보수 주의가 지배적인 이데올로기로 부상하면서 복지재정지출에 대한 축소압박이 가시화되었다.

1980년 집권한 공화당의 레이건(Ronald Wilson Reagan) 대통령은 신자유주의 경제학자의 공급중시 경제이론에 기초하여 이른바 '레이건노믹스(Reaganonics)'로 불리는 '작은 정부'를 지향하고 연방정부의 재정지출을 삭감하였으며, 기업에 대한 조세감면으로 경기를 부양하는 등 시장경제를 강화하는 개혁 조치를 취하였다. 특히 국가가 사회복지 프로그램에 지나치게 개입함으로써 노동윤리의 약화 등 사회복지체계가 비효율적으로 운영되었다는 비판 속에서 사회복지 지출을 줄이고 사회복지의 책임을 민간에 이양하고자 하였다. 레이건 행정부의 복지개혁을 '복지의 권한이양(welfare devolution)'이라는 특징으로 묘사하듯이 정부의 복지책임을 축소하려는 제반 조치들을 강화하였다. 우선 사회보장 재정적자를 해결하기 위하여 사회보장개혁위원회를 구성하고 이 위원회의 보고에 기초하여 1983년에 사회보장법을 개정하였으며, 급여 증가의 억제, 사회보장세의 인상, 퇴직연령의 연장 등 조치가 이루어졌다. 또한 사회복지체계의 민영화가 진행되었다.

레이건 행정부에 이어 부시(George Herbert Walker Bush) 행정부도 사회복지 분야에서는 복지급여의 축소와 민영화 등 다양한 형태로 복지지출을 억제하는 방향으로 정책이 추진되었다.

1993년에 집권한 민주당의 클린턴(William Jefferson 'Bill' Clinton) 대통령은 '기존 복지체제의 종식(end welfare as we know it)'을 선언하면서 복지개혁을 추진하였다. 미국에서는 빈민층을 대상으로 하는 메디케이드(Medicaid)와 노인층을 대상으로 하는 메디케어(Medicare)라는 의료보장제도가 있지만, 전 국민을 대상으로 하는 공공의료보험제도는 존재하지 않았다. 이러한 현실을 고려하여 1993년 1월에 공공의료보험제도의 도입 등을 목적으로 의료개혁특별위원회를 설치하고 활동하였지만, 1994년에 의료보험 개혁안이 폐기되면서 공공의료보험제도의 도입은 실패하였다.

1996년에는 미국 사회복지입법의 역사상 획기적이라고 평가판고 있는 '개인책임과 노동기회조정법(the Personal Responsibility and Work Opportunity Recociliation Act)'이 제정되었다. 이 법에 따라 주정부에 주어지던 연방보조금이 범주적 보조금(categorical grants)에 서 포괄적 보조금(block grants)으로 변경되었으며, 미국의 대표적 공공부조인 아동부양 가족세대지원제도(AFDC: Aid to Family with Dependent Children)가 폐지되고 빈곤가구에 대한 한시적 지원제도(TANF : Temporarily Assistance to Needy Family)로 대체되었다. TANF의 실시로 수급기간의 제한과 근로의무의 강화 등으로 빈곤율의 감소, 근로의욕의 제고 노동시장참여율 촉진 등의 성과에도 불구하고, 복지권의 확대보다는 의무를 강조하게 되었다.

클린턴 이후 2001년에 집권한 공화당의 부시(George Walker Bush) 행정부에서도 신자 유주의적 정책기조가 더욱 공고히 되면서 복지재정지출의 축소, 민간책임의 강조, 사회 보장재정지출의 효율화를 추진하는 등 시장경제 이념에 기초한 정책이 지속적으로 유지되었다.

2009년에 집권한 민주당의 오바마(Barack Husein Obam) 정부는 조세형평성을 제고하고 사회보장제도의 유지, 은퇴자의 보호, 양질의 일자리 창출, 의료체계의 개혁 등을 정책과제로 설정하여 복지개혁을 추진하였다. 특히 공공부조제도인 TANF의 운영예산문제를 두고 정당별 입장에 따라 논란이 되고 있다. 한편, 의료보장의 사각지대에 있는 국민들을 위해 공공의료보험 개혁을 시도하였고, 공화당을 비롯한 보수진영의 반대에도 불구하고 2010년에 오바마케어로 불리우는 '환자 보호와 적정가격의료보장법안(Patient Protection and Affordable Care Act)'을 제정함으로써 국민의료보험시대를 열었다. 이와 같은 공공의료보험제도의 도입은 미국 복지역사에서 획기적인 것으로 평가받고 있다. 그리고 근로빈곤층의 문제해결을 위해 최저임금 인상을 위해 지속적으로 노력하고 있다. 오바마의 2015년 국정연설에서도 중산층 강화와 최저임금 인상을 역설하는 등 근로빈곤층의 문제는 여전히 중요한 정책의제가 되었다.

2017년에 집권한 공화당의 트럼프(Donald John Trump) 정부는 오바마 정부에서 추진하였던 건강보험개혁법(ACA: the Affordable Care Act, 오바마케어) 폐지를 추진하였다. 오바마케어를 대체할 대안으로 미국건강보험법(AHCA: the American Health Care Act, 트럼프케어)을 제시하였다. 트럼프케어의 주요 내용은 건강보험 가입 의무화의 폐지 등 건강보험 공공성 약화를 특징으로 하고 있다. 그러나 2017년에 오바마케어를 수정한 법률안은 의회에서 최종적으로 부결됨에 따라, 구체적인 건강보험개혁법안의 입법이 이루어지지 않았다. 그럼에도 불구하고 건강보험 개혁에 대한 논의가 활발하게 이루어지고 있어, 2020년 미국 대선결과에 따라 건강보험 개혁의 방향이 결정될 것으로 보인다.

한편, 트럼프 정부는 저소득층에게 제공되는 보충적 영양보조프로그램(SNAP, 일명 Food Stamps) 및 의료지원 프로그램인 메디케이드(Medicaid)를 축소한 반면에, 근로연계형 복지강화를 통해 빈곤탈출에 치중하였다. 또한 기존 이민법상 비자·영주권 발급기준을 대폭 강화하였다. 즉 정부 지원프로그램을 받아야 하는 이민자(저소득층 이민자)에 대해 영주권발급을 제한하는 등 반이민 정책을 2019년 10월부터 시행하였다(오정수 외(2020), 사회복지학개론, 양서원).

3

한국의 사회복지 발달

1) 일제 강점기 및 미군정시기의 사회복지

(1) 일제 강점기의 사회복지

일제시대의 구제사업은 근대적인 복지이념에 의해 시행되었다기보다는 식민 정책의 일부로서 우리 민족이 충성을 하게끔 하려는 정치적인 목적을 갖는 시혜 또는 자선의 의미가 컸다.

일제시대에 들어와 일본은 본토에서는 1874년에 제정된 구휼규칙을 1929년에 폐지하고 구호법(救護法)을 새로 제정하여 보다 향상된 현대적 구빈행정을 시행하였으나, 한국에서는 이 법을 시행하지 않고 유사시에 은전을 베푸는 형태로 극히 한정된 범위의 요구호자에 대한 구빈사업을 실시하였다. 그러던 중 1944년 3월 그들은 군사적 목적을 위하여 한국민에게 징병과 노무징용을 강요하게 되어 비로소 일본 본토에만 실시해 오던 구호법을 한국에도 확대시행키로 하고 조선구호령(朝鮮救護令)을 제정, 실시하였는데 이는 일본의 구호법을 기초로 하고 모자보호법과 의료보호법을 부분적으로 부가해서 종합화시킨 법이다. 그 내용을 살펴보면 적용대상은 65세 이상의 노약자, 13세 이하의 유아, 임산부, 불구, 폐질, 질병, 상이, 기타 정신 또는 신체의 장애로 인하여 노동을 하기에 지장이 있는 자로 제1조에 규정되어 있다. 급여의 내용은 생활부조, 의료, 조산, 생업부조가 있으며 제10조에 규정되어 있다. 또한 제17조에는 장제부조가 규정되어 있다. 구호는 신청주의에 의해 실시되며, 이를 심사하기 위해 자산조사를 거치도록 규정하고 있으며, 구호는 거택보호가 원칙으로 되어 있다. 거택구호가 불가능하다고 인정되는 경우에는 구호시설수용, 위탁수용, 또는 개인의 가정 혹은 적당한 시설에 위탁수용할 수 있도록 규정하고 있다(김만두·한혜경, 2000:88-89). 이 조선구호령의 의의는 근대적 의미의 공적부조의 출발이라 할 수 있으며, 해방이후 전개되는 생활보호법의 모태가 되었다는 점이다.

일제하의 구빈사업으로는 이재민구호, 빈민구호, 빈민의료구제, 요보호 아동보호, 복지시설운영 등이 있으나 장기적이고 확고한 계획 하에 이루어진 것이 아니고 그때그때의 시혜 차원에서 이루어졌으며, 빈민구호대상자의 수(數)도 일본 본토와 현격한 차이가 나는 등(본토는 총 인구의 0.3%, 한국은 0.008% 수준)으로 매우 형식적인 구빈사업에 불과하였다(인경석, 2000:82). 이렇듯 식민지시대 사회정책의 특성은 식민통치의 합리화라는 이데올로기적 기능과 식민통치정책의 효율성의 도모 및 지배질서의 안정이라는 정치적 기능이 강조되기에, 식민지 민중의 기본욕구의 해결차원이 아니라 식민본국의 사회, 경제, 정치적 필요성에 따라 최소한의 사회복지정책이 성립됨을 그 특성으로 지적할 수 있다.

(2) 미군정시대

1945년 해방 후 미군정(美軍政) 3년간의 구호행정은 형식적으로는 일제하의 조선구호령을 계승하였으나 실제로는 미군정 법령에 의하여 이북피난민, 해외에서 귀환한 전재민 등에 대하여 주로 외국민간원조단체의 도움으로 구호사업을 실시하였다.

1948년 대한민국 정부수립 후 국민생활을 보장하는 관계법률이 제정되기도 전에 1950년 6.25동란이 발생하게 되어 전쟁기간 중은 물론 전후 1960년대 초까지도 주로 전재민 구호사업에 치중하게 되었다. 이 기간 중 구호행정은 우리나라 보건사회부와 유엔 민간원조사령부의 공동노력으로 이루어졌는데, 초기에는 주로 전재민의 응급생계구호에 치중하였고, 1952년 이후에는 장기사업으로 난민정착사업을 실시하여 농축사업 등에 종사케 하였다. 이 기간 중의 구호에 필요한 재원은 유엔구호계획에 의하여 주로 외국민간원조단체를 통하여 우방국으로부터 받은 원조물자에 의하였는데, 특히 미국 민간원조단체가 미국 잉여농산물에 의하여 양곡을 도입하여 많은 도움을 주었다. 또 미군정기간 동안 복지에 대한 행정대책이 크게 부족하였던 관계로 무계획적인 민간 구호단체와 시설이 증가하였고 외국자선단체와 기관들도 많이 들어왔다. 그리고 근대적이고 민주주의에 입각한 새로운 사회사업의 사조와 기반을 우리 사회에 도입하게 된 것은 이 시기부터였다.

2) 대한민국정부수립 이후의 사회복지

(1) 1950년대(제1·2공화국)

1948년 남한에서 합법적인 정부가 들어서게 되어 제1공화국이 출범하게 된다. 이를 전후하여 좌우의 이념적 대립이 지속되다가 1950년 한국전쟁의 과정을 통해 사회경제적으로 극도의 혼란과 불안정 상태에 놓이게 된다. 따라서 재원부족으로 복지정책에 대한 배려는 거의 없었다. 6·25 사변은 우리나라 사회복지에 두 가지 큰 변화를 가져오게 하였는데 첫째, 정부수립 후 단계적·계획적으로 준비되어 왔던 사회부의 모든 정책이 6·25사변으로 무산되어 버린 채 임시적·응급적 정책으로 전락되었다는 점이고, 둘째는 막대한 외국 원조로 인해 전시 및 전후에 우리 국민의 자활에 큰 활력소가 되었으나 우리 사회에 의존적 구제방식을 심화시켜 놓은 점이있다(손준규, 1983:32). 예를 들면 UNICEF와 같은 국제기구에 의해 실시된 원조 외엔 실질적인 복지정책이 존재하지 않았다고 할 수 있다. 그러나 이 시기 주목해야 할 사실은 어려운 여건 가운데도 교육부문에 대한 투자가 확대되었다는 점이다. 교육의 확대로 숙련노동자와 고급인력이 양성됨으로써 경제도약을 이루는데 커다란 밑거름이 되었다.

이 시기에 미국식 전문 사회사업교육이 도입되기 시작하여 사회사업교육은 1947년 이화여자대학교에 기독교 사회사업학과가 최초로 설치됨으로써 대학 내의 전문교육으로 그 첫걸음을 내딛게 되었으며 교육제도와 교육과정은 미국의 것을 그대로 모방 및 수용하면서 전개되었다.

공공차원에서의 사회사업교육도 현재 국립사회복지연수원의 전신인 중앙사회사업종사자훈련소를 통해서 이루어졌다.

또한 사회사업단체나 조직의 활동도 활발하여 1954년 12월 사단법인 한국사회사업연합회가 법인설립 허가를 받았으며, 1957년 부녀보호사업전국연합회, 1958년 사단법인 한국야료사업협회, 1954년 한국장애인 재활협회도 설립되었다.

종합적으로 1950년대에는 전후 경제, 사회, 정치가 취약하고 혼란스러웠음에도 불구하고 외형적으로는 외국원조단체의 자선구호활동, 전문사회사업교육기관의 설치, 각종 복지직능단체의 발생 등 민간사회사업은 활발했던 반면에 국가의 사회복지정책은 응급구호사업이 중심을 이루고 있으며 행정상으로도 일제와 미군정의 사회복지정책의 틀을 벗어나지 못하는 시기라 특징지을 수 있다.

(2) 1960년대(5·16군사혁명과 제3공화국)

근대적 의미의 사회보장제도는 1960년대 초 5·16혁명 후 태동되어 군사정부에 의하여 몇 가지 의욕적인 사회보장 입법들이 이루어졌다. 그 당시 군사정부는 1962년에 사회보장심의위원회 규정(대통령령)을 제정하여 사회보장심의위원회를 구성하여 이러한 사회보장 입법을 추진하였다. 그러나 그 당시의 경제적 여건으로는 이러한 입법들을 뒷받침할 만한 수단이 마련되지 못하여 제대로 시행되지 못하는 경우가 많았다.

군사정부는 우선 공적부조사업의 체계화에 주력하여 1961년에 생활보호법과 재해구호법을 각각 제정하였다. 생활보호법에 의하여 65세 이상 노인·18세 미만 이동·불구폐질자 등 근로 능력이 없는 무의탁한 자에 대하여 생계보호(거택보호 및 시설보호)를 실시하였으나 그 보호의 수준은 매우 미흡하여 인구 약40만 명 정도에 대하여 소맥분(밀가루)를 지급하는 사업이 중심이었으며, 이러한 현상은 1970년대 중반까지 계속되었다. 그리고 근로능력은 있으나 자립생활을 하지 못하는 가구를 위하여 1964년부터 자조근로사업을 실시하였는데 이 사업에 필요한 재원은 미공법(U.S.Public Law) 480호에 의한 구호양곡과 정부재정 등으로 충당하였다. 미공법에 의한 구호양곡지원은 1972년까지 계속되었다. 이와 같은 경제·사회적인 상황이 전개되는 가운데 정부에서는 공적부조의 일환으로 법적인 정비를 이루어 생활보호법(1961), 군사원호보상법(1961), 국가유공자와 월남귀순용사 특별보호법(1962), 재해구호법(1962), 자활지도사업에 관한 임시조치법(1965)등의 제도를 확립하는 한편 사회복지부문에 있어서도 아동복지법(1961), 윤락행위방지법(1961)을 입법화하였으며 사회보장면에서는 공무원 연금법(1960)을 필두로 선원보험법(1962), 군인연금법(1963), 산업재해보상법(1963), 의료보험법(1963)등의 관계 법률이 제정되어 실시를 보게 된 것이다.그리하여 1960년대에 들어와서 우리나라는 전대미문의 사회보험을 중심으로 한 근대적인 사회보장제도를 확립함과 동시에 사회복지정책의 기초를 정립하는 신기원을 이룩하였다.

이 시기의 사회사업교육, 사회복지관련단체 및 시설들의 활동을 살펴보면 1961년 대구시의 한국사회사업대학(현 대구대학교의 전신)이 설립되고 이후 6개 대학에 사회사업학과가 설치되어 구미의 사회사업이론을 우리 현실에 적용하는 노력이 꾸준히 일어나게 되었다(김덕준 외, 1977:66).

한편, 1952년에 창립된 사단법인 한국사회사업연합회는 1961년 한국사회복지사업연합회로 명칭을 바꾸면서 그 기능을 확대 개편하였고 1965년에 한국사회사업학교협의회, 1967년에 한국사회사업가협회가 창립되었다. 사회복지시설 현황을 보면 1968년도에 총 617개소에 72,628명이 수용되어 있었는데 그 중에 국공립시설은 18개소에 불과하고 나머지는 민간시설로 아동시설이 525개소, 양로와 장애인 시설이 59개소이고 모자시설은 33개소로 아동시설이 시설사회사업의 중심을 이루고 있었고(김덕준 외, 1977:67) 많은 시설이 외국 민간원조단체의 원조를 받고 있었다.

이 시기를 종합적으로 요약해 보면 첫째, 경제발전을 통한 사회문제의 변화에 따라 사회복지정책 변화가 생성되었으며, 이로써 일제와 미군정의 사회복지행정에서 탈피하게 되었고, 둘째, 5·16이후 생활보호법을 필두로 전반적인 사회복지법제의 외형적인 기초를 완성하게 되었지만 이법제의 시행 측면에서는 성공적이지는 못했다 할 수 있으며, 셋째, 이 당시에는 외원기관의 활발한 활동과 경제개발계획에 참여하고 사회복지서비스전달의 측면에서 상당한 도움을 주었다 할 수 있다. 넷째, 사회사업교육에 있어서는 기술론 중심의 미국 모형을 탈피하여 한국사회사업교육의 모색과 새조명하는 노력의 시기라 할 수 있겠다.

(3) 1970년대(제4공화국)

본격적인 의미의 사회보장의 추진은 어느 정도 경제적 성장을 이룩한 1970년대 중반 이후, 즉 제4차 경제개발 5개년 계획부터라고 할 수 있다. 정부의 당초계획은 제1·2차 경제개발 5개년 계획 기간까지는 성장위주의 경제개발을 추진하여 국력을 우선 배양하는 것이 급선무이며 제3차 5개년계획 기간부터 사회개발을 병행해 나갈 계획이었다. 그러나 제1차 석유파동으로 인하여 제3차 5개년 계획까지도 성장위주의 계획을 추진하지 않을 수 없었다(김정렴, 1992:308).

3차에 걸친 성장위주의 5개년 계획 추진으로 고도성장을 이룩하였으나 그동안 고도성장에 따른 경제적·사회적 불균형이 나타났고, 이러한 불균형을 시정하는 것이 곧 계속적인 경제발전을 가능케 하는 원동력이 된다고 보고 1977년을 시발로 하는 제4차 경제개발 5개년 계획부터 사회개발을 병행 추진해 나가되, 우선적으로 국민의 의료문제 해결을 위하여 의료보장 정책에 중점을 두고 추진하였다.

1970년대 국가는 비로소「복지」를 법적으로 제도화하고 또 복지는 생산관계내부로의 본격적인 진입을 이루었으나, 아직 국가는 이것을 경제정책의 시각에서 보려 하지도 않았다. 복지에 대한 국가의 태도는 가능한 한 비개입적이라 할 수 있고 복지에 대한 자본의 태도 역시 주변적인 점이 유신체제하에서의 복지노력의 특징이라 할 수 있겠다. 또한 이 시대는 민중수준에서 서민 근로자들에 의한 최초의 노동운동으로서 민주노조운동이 시작되었다고 할 수 있으며, 1970년 사회복지사업법의 제정으로 법규에 의거한 시설과 단체들이 정부의 보조를 받을 수 있었다는 것과 외원기관의 원조활동이 점차로 줄고 정부의 재정부담이 늘어나면서 사회복지제도의 토착화의 기반을 조성하였으며, 제4차 경제사회종합발전계획 실시를 통하여 경제와 사회의 균형발전을 모색하는 시기였으며, 1977년 아산복지재단이 설립되면서 보건의료, 사회복지사업 및 학문연구 작업에 활성제의 역할을 수행하게 되었을 뿐만 아니라 기업복지재단의 활발한 지원활동의 시발점이 되었다고 할 수 있다. 그리고 1970년대에 3개 대학에 새로 사회사업학과가 설립되기도 하였으나 양적으로 사회사업학과가 팽창한 시기는 아니었다. 1970년대 말경에 이르러서는 서울대, 중앙대 등에서 사회사업학과의 명칭을 사회복지학과로 개칭하게 되면서 그 후 신설되는 학과는 사회복지학과의 명칭을 사용하였다. 또한 1970년 사단법인 한국사회복지사업연합회의 명칭이 현재의 사회복지법인 한국사회사업학회가 본격적인 모임이 시작되고 학회지 창간호가 출간되었다. 그리고 1977년에는 한국사회사업가협회를 사단법인 한국사회사업가협회로 개칭하게 되었다.

(4) 1980년대(제5·6공화국)

제5공화국 정부는 국가안보를 전제조건으로 민주주의 정착과 정의사회의 구현, 복지국가의 건설 그리고 교육개혁과 문화창달 등 새로운 사회건설의 국정지표를 제시하였다. 6공화국이 출범한 이래 사회복지정책은 주요한 정치현안으로 떠오르게 되었으며 또한 1980년대 후반부터 한국형의 복지모형론이 등장했다. 이와 같은 한국형 복지모형이 등장하게 된 배경은 1970년 중반 이후 선진복지국가에서 복지국가위기론이 대두되고 있었기 때문에 한국에서도 자칫 잘못하면 복지병을 유발할 수 있다는 정책관련자들의 우려 때문이었다고 볼 수 있다. 따라서 보건사회부는 1986년도에 다음과 같은 복지시책의 기본 방향을 마련하였다. 자립정신에 입각한 복지시책의 전개로 한국형 복지모형은 국가개입을 가능한 최소화하고 가족의 기능을 강화하며 요보호자 자신의 자조와 재활을 강조하며 자원봉사의 참여를 장려하는 내용으로 나타났다. 이러한 프로그램의 구체적 내용을 보면, 지금까지는 사회복지서비스를 주도해오던 시설수용보호 중심에서 크게 탈피하여 지역복지와 재가복지사상이 도입되기 시작한다.

정부에서는 1989년 사회복지관의 설치와 운영규정을 만들어 영구임대 아파트단지 등 저소득층

주민 밀집지역의 지역복지를 위해 지방자치단체로 하여금 사회복지관 설치를 권장하고 많은 사회복지법인, 종교단체, 학교법인에서도 사회복지관의 위탁운영에 열의를 보이는 등 새로운 경향이 나타나기 시작하였다. 제6공화국의 사회복지제도 발전의 특징을 요약하면 다음과 같다.

첫째, 국민연금제도, 최저임금제도, 그리고 전국민의료보험제도의 실시 등 소득 및 의료보장의 확대가 이루어지기 시작하였다.

둘째, 1988년 서울 장애자올림픽 이후 장애인 종합대책을 수립하였으며 이어서 장애인 고용촉진 등에 관한 법률을 제정하여 장애인 복지에 대한 변화를 시도하였다.

셋째, 영유아보육법이 아동복지법과는 별도로 제정되면서 영유아보육사업이 크게 부각되었다.

넷째, 재가복지를 중시하여 재가복지봉사센터가 급격하게 증가되었으며 1987년부터 사회복지전문요원을 영세민 밀집지역의 동사무소에 배치하기 시작하였으며 사회복지 전문요원제도는 한국대학의 사회복지전문교육 반세기 역사의 산물이라 해석되며, 이들의 성공은 그들 자신의 사명감과 전문성뿐 아니라 사회복지 서비스에 대한 국가적·사회적 지지와 지원에 달려 있다고 할 수 있다.

특히 1983년도에는 1970년도에 제정되어 10여 년간 사용해오던 사회복지사업법이 개정되어 사회복지사 자격증(1·2·3급)이라는 새로운 제도로 그 명칭이 대치되었다. 이와 아울러 사회사업의 공식 명칭을 사회복지사로 변경하였고 각 대학에서 사회사업과의 명칭을 사회복지학과로 개칭하였고 사회복지학과가 집중적으로 30개 대학에 설립되었다. 그리고, 제7차 경제사회발전 5개년 계획 복지정책의 기본방향을 국가발전수준에 부응하는 사회복지제도의 내실화에 두고 국민복지를 증진시킬 것을 제시하였다. 그러나 사회복지와 관련해서는 소극적으로 대처하다가 1995년 초에 와서야 성장위주의 정책에서 벗어나 삶의 질과 생산적인 국민복지에 적극적인 관심을 기울여야 할 것이라고 강조하였다.

문민정부 이후 국민의 정부에 걸친 사회복지제도의 획기적인 변화는 다음과 같다.

첫째, 사회보험제도의 정비이다. 전 국민을 대상으로 국민연금제도의 확대실시(1998)와 더불어 전 사업장에 대한 고용보험제도의 적용, 의료보험의 통합으로 인한 국민건강보험제도의 출발 등으로 기본의 산재보험제도를 포함한 4대 보험이 제도로서 정착되어 발전되고 있다.

둘째, 공공부조제도로서 국민기초생활보장제도의 도입이다. 국민기초생활보장제도는 국가의 도움이 필요한 빈곤한 모든 국민들에게 기본적인 생활을 제도적으로 보장하게 된다. 이를 위해 4,800명의 사회복지전담공무원이 동사무소 등에 배치되어 있고 2003년까지 7,200명까지 확대될 전망이다.

셋째, 사회복지서비스 관련법의 제정 및 개정 등으로 각종 사회복지서비스가 지속적으로 확대·발전되고 있으며 사회복지관을 비롯한 민간 사회복지조직이 급증하고 있고, 민간사회복지의 자율성이 강화되고 있다. 그러나 최근 다시 악화되고 있는 경제의 위기로 인해 외형적으로 정착되기 시작한 사회복지제도의 내실화에 제동이 걸리지 않을까 우려된다. 사회복지제도의 기능은 경제성장에 저해되는 것이 아니라 경제성장과 조화를 이루어가며 경제를 활성화시키는 것으로 볼 때 정책당국은 사회복지제도의 발전에 지속적인 관심을 갖고 지원을 아끼지 말아야 할 것이다.

그밖에 1990년대에 전국적으로 각 대학에 사회복지학과가 급격히 증설되어 1999년 현재 4년제 대학에는 71개 대학, 2년제 대학에는 19개 대학에 사회복지학과 도는 사회복지학 전공이 설치되어 있으며(한국사회복지사협회, 1999)최근에는 아동복지학과, 노인복지학과, 가족복지학과 등 관련학과의 개설도 급증하고 있어 이들을 포함하면 훨씬 더 많은 대학에서 사회복지교육을 실시하고 있다. 또한 학회활동도 활발히 전개되고 있는데 오랜 역사를 갖고 있는 한국사회복지학회를 비롯하여 다양한 사회복지관련 학회의 활동이 활성화되고 있다. 한편 한국사회복지사협회는 최근 법정단체화되어 체제를 정비하고 사회복지사들의 자질 향상과 권익을 보장하기 위해 노력하고 있다

3) 우리나라 사회보장제도의 현황

우리나라의 사회보장에 관한 기본정신은 헌법에 명문으로 규정하고 있다. 헌법의 기본정신에 따라 각종 사회보장에 관한 법률들의 기본법이라 할 수 있는 '사회보장기본법'에서는 사회보장을 사회보험, 공적부조(공공부조), 사회복지서비스와 관련 복지제도로 구분하고 있고 이 중 관련 복지제도로서는 보건·주거·교육·고용 등의 분야에서 인간다운 생활이 보장될 수 있도록 하는 각종 복지제도를 들고 있다(오정수 외(2020), 사회복지학개론, 양서원.).

MEMO

04
CHAPTER

사회복지실천을 위한 사회복지조직과 인력

1 사회복지조직의 특성

사회복지활동은 공식적 조직에 의하여 수행된다. 공식적 조직의 접근방법은 대체로 관료적 접근방법 또는 민주적 접근방법으로 나누어지는데, 관료적 접근방법은 법령에 의하여 사전에 합의된 목표, 규격화된 절차와 규칙의 체계를 중심으로 노동의 분업, 인간관계의 비인격성을 특징으로 하는 반면, 민주적 접근방법은 민주적인 과정에 의한 목표설정과 의사결정, 융통성을 가진 분업구조, 우호적이고 협력적인 인간관계를 특징으로 한다.

사회복지활동을 수행하는 조직의 환경은 이러한 관료적 조직과 민주적 조직의 특성을 혼합한 조직으로서 다음과 같은 독특한 특성을 갖고 있다.

첫째, 사회복지서비스는 다양한 환경적인 요소들에 의존적이다. 서비스 생산에 필요한 자원들을 조직이 자체적으로 해결할 수 없기 때문에 자원을 통제하는 외부환경에 의존적이 된다.

둘째, 환경은 고정되어 있지 않고 역동적으로 변화한다. 이러한 변화는 사회복지조직에 대하여 압력으로 작용한다.

셋째, 사회복지조직의 환경에서는 대립적이고 갈등적인 가치들이 항상 존재할 수 있다. 공공과 민간의 자원제공자, 서비스 이용자, 전문가집단, 그 외 각종 이해집단들은 서비스와 관련하여 다른 목표와 이해를 추구할 수 있으며, 이러한 상반된 이해관계는 대립과 갈등을 노출하기도 한다(김영종, 1998: 76-78). 따라서 사회복지활동을 수행하는 행정가나 전문가는 다양한 환경조건 속에서 조직의 활동을 성공적으로 수행해가야 할 책임을 갖는다. 사회복지활동은 다양한 가치와 이해들을 조정하고 관리할 수 있는 능력을 필요로 하며, 이러한 다양한 가치와 이해관계들을 조화시키면서 조직의 목표를 지속적으로 추구해 나가는 과제를 수행하는 것이다.

그리고 사회복지활동은 공공과 민간의 다양한 조직들이 관련되어 있다. 공공과 민간의 조직은 법률이나 규정에 따라 정해진 목적과 기능, 역할을 수행하는 체계로 이루어진다. 공공의 사회복지활동은 국가와 지방자치단체와 같은 공공기관이나 공단과 같은 집행기관에 의하여 수행되고, 민간의 사회복지활동은 사회복지법인 또는 기타 민간법인에 의한 기관, 단체, 시설 또는 사회복지 관련 기관, 단체에 의하여 수행된다.

이와 같이 사회복지조직은 공공조직과 민간조직으로 구분할 수 있는데, 각 조직의 특성과 기능을 다음과 같다(오정수 외(2020).).

2

공공사회복지조직

1) 국가 수준의 행정조직

국가 수준의 사회복지 업무를 담당하는 조직은 주로 정책입안에 관한 업무를 관장하는 중앙 행정부서와 그 집행업무를 담당하는 공공기관(공단, 청)으로 구분된다.

우리나라에서 국가 수준에서 다루는 사회복지 업무는 정부조직법 및 관련 부처의 직제에 따라 보건복지부, 여성가족부, 고용노동부 등 다원적인 행정조직에 의하여 수행되고 있다. 보건복지부는 국민기초생활보장 업무와 국민연금, 국민건강보험, 사회복지서비스 업무를, 여성가족부는 여성복지와 양성평등, 청소년복지 업무를, 고용노동부는 산업재해보상보험과 고용보험 업무를 관장하고 있다. 이들 국가 수준의 중앙 행정조직은 국민기초생활보장법, 국민연금법, 국민건강보험법, 고용보험법 등 사회보장 관련 법률과 사회복지사업법 등 사회복지서비스 관련 법률에 의하여 사회복지에 관한 행정책임과 권한을 구체화하고 있다.

국가 수준의 사회복지 업무 중 사회보장 업무는 중앙부처 산하의 공공기관에 의하여 수행된다. 국민건강보험 업무는 보건복지부 산하의 국민건강보험공단, 국민연금 업무는 보건복지부 산하의 국민연금공단, 산업재해보상보험 업무는 고용노동부 산하의 근로복지공단, 고용보험 업무는 고용노동부 산하의 고용노동청에 의하여 수행된다.

2) 지방자치단체의 행정조직

지방자치단체의 사회복지행정조직은 국민기초생활보장과 사회복지서비스를 담당하는 광역자치단체인 서울특별시·광역시·도와 기초자치단체인 시·군·구 및 그 보조기관인 읍·면·동(행정복지센터), 그리고 지방자치단체 소속의 지방행정기관들이 있다.

지방의 사회복지행정조직은 광역자치단체(서울특별시·광역시·도) 기초자치단체(시·군·구) 일선 행정조직 수급자로 이어지는 사회복지전달체계이다. 광역, 기초 및 일선의 행정조직은 시·도 또는 시·군·구의 조례나 규칙, 인구 규모에 따라 다소 차이가 있다.

지방자치단체 사회복지행정조직의 기능은 주민의 복지 중진에 관한 사무인 주민복지에 관한 사업, 사회복지시설의 설치운영 및 관리, 저소득층 보호 및 지원, 노인·아동·장애인·청소년 및 여성의 보호와 복지 증진 등이 중심이다.

3) 준공공 행정조직

최근에는 사회복지사업의 공공성을 강화하기 위하여 국가와 지방자체단체 수준에서 준공공 기관의 성격을 지닌 행정조직이 등장하고 있다. 특히 사회보장 분야의 정보관리와 효율적인 업무수행을 위하여 사회보장정보원이 설립되었으며, 아동복지 분야에서는 학대아동보호, 드림스타트를 통한 아동통합사례관리, 아동자립지원, 입양지원, 실종아동지원 사업의 효과적인 추진과 아동정책의 종합적인 수행을 위해 아동권리보장원이 설립되어 운영되고 있다. 그리고 지방자치단체 수준에서는 시·도별 복지재단과 사회서비스원의 설립과 운영이 이루어지고 있다.

3

민간사회복지조직

우리나라의 사회복지실천활동은 특히 사회복지서비스 분야에서 민간조직에 의한 사회복지활동이 중심축을 이루고 있다. 국가와 지방자치단체는 지노감독과 재정지원의 역할올 수행하면서 지역사회 차원의 직접적인 사회복지서비스 제공의 책임을 민간조직에 위탁하고 있으며, 최근 지역사회를 중심으로 한 복지욕구가 증가하고 다양한 사회복지서비스가 발전하면서 민간조직의 사회복지활동이 중요시되고 있다.

여기에서 민간의 사회복지조직이란 영리를 목적적으로 하지 않는 사회복지법인, 사단법인, 재단법인, 종교단체, 법정단체 및 기타 특수법인, 등록단체, 그리고 기업체 및 개인이 사회복지사업을 목적으로 설치·운영하는 시설과 기관을 말한다. 민간사회복지의 운영조직으로는 사회복지기관, 단체와 사회복지이용시설, 사회복지생활시설을 들 수 있다.

1) 준공공 행정조직

사회복지기관, 단체란 사회복지사업을 수행하는 직능별 단체, 전국적 규모 또는 지역 사회의 운영주체이다. 한국사회복지협의회와 시·도 사회복지협의회, 한국사회복지사협회와 시·도 지회, 사회복지공동모금회와 시·도 지회 등은 각각 민간사회복지 분야에서의 조직, 인력, 자원동원의 중추적인 기관, 단체이다. 한국사회복지협의회, 시·도 사회복지협의회, 사회복지공동모금회는 사회복지사업법과 사회복지공동모금회법에서 규정한 독립된 사회복지법인이며, 한국사회복지사협회는 사회복지사업법에 의하여 민법의 사단법인에 관한 규정을 준용하는 법정단체이다.

그 외에도 전국적 규모의 개별 법인·단체로는 어린이재단, 월드비전, 굿네이버스 등이 있고, 사회복지 직능별 단체로는 노인복지, 아동복지, 장애인복지, 여성복지, 사회복지관 등 분야별 협회가 있다.

2) 사회복지이용시설

지역사회 차원의 개별 사회복지 운영주체로는 종합사회복지관과 노인복지관, 장애인 복지관 등 종별 사회복지관이 있으며, 이들은 직접적인 복지서비스를 제공하는 사회복지이용시설로 분류된다. 이 외에도 어린이집, 지역자활센터, 재가복지봉사센터터, 지역아동센터, 노인보호전문기관, 아동보호전문기관, 가정위탁지원센터, 청소년상담지원센터, 장애인 주간보호센터, 노인 주간보호센터, 만기보호센터 등 지역사회에서 다양한 복지서비스를 제공하는 이용시설이 관련법령에 의하여 확충되고 있다.

3) 사회복지생활시설

사회복지시설이란 다양한 문제로 인하여 생활의 위험을 받으며 살아가는 사람들이 어떤 이유로 스스로의 힘으로 인간다운 삶을 영위할 수 없을 때 도움을 제공하기 위하여 설립된 시설이다. 사회복지시설은 시설에 거주하면서 시설에 상주하는 전문가나 직원의 도움을 받는 생활시설과 자기 집에서 생활하면서 시설을 정기적으로 이용하는 통원시설의 형태가 있다.

서구와 마찬가지로 우리나라도 인구고령화로 고령화사회가 도래하고 고령사회로 진입하였으며, 사회통합과 정상화 이념의 대두로 과거의 시설중심의 보호에서 지역사회보호로 방향이 점차 전환되고 있어서 지역사회의 다양한 이용시설이 확충되고 있다. 그럼에도 불구하고 심한 신체적·정신적 장애나 경제적 어려움으로 자신의 가정에서 생활할 수 없는 사람들을 위하여 생활시설에서의 치료나 원조가 불가피한 경우가 많이 있다. 재활과 치료를 위해 전문적인 시설과 인력의 도움을 받아야 하는 사람들에게 사회복지생활시설은 삶의 필수적인 조건이며 생활의 일부이므로 생활시설에 의한 보호형태는 적극적인 선택(positive choice) 방안으로 고려되고 있다.

사회복지시설은 국가나 지방자치단체가 직접 설치·운영하기도 하지만, 대체로 사회복지법인이나 비영리법인, 기업체, 개인 등 민간이 설치·운영하는 경우가 대부분이다. 국가 또는 지방자치단체 외의 자가 시설을 설치·운영하고자 하는 때에는 시장·군수·구청장에게 신고하여야 한다. 또한 국가나 지방자치단체가 사회복지시설을 설치하여 민간조직에 위탁·운영하기도 한다. 사회복지시설의 운영은 보건복지부의 사업지침과 시설운영규정에 따라 조직, 인사, 재정 등 시설의 관리에 관한 필요한 사항을 제정·시행하도록 하고 있다.

사회복지법인을 설립하고자 하는 자는 대통령령(사회복지사업법 시행령)이 정하는 바에 따라서 시·도지사의 허가를 받아야 한다(사회복지사업법 제16조).

<표 4-1> 법령에 따른 사회복지시설의 종류

<table>
<tr><th rowspan="2">관련법</th><th rowspan="2">시설종류</th><th colspan="2">세부종류</th><th rowspan="2">소관
부처</th></tr>
<tr><th>생활시설</th><th>이용시설</th></tr>
<tr><td>사회복지
사업법</td><td>사회복지관,
부랑인·노숙인시설, 결핵·한센시설</td><td>부랑인시설
결핵·한센시설</td><td>사회복지관
노숙인쉼터
상담보호센터</td><td rowspan="7">보건
복지
부</td></tr>
<tr><td>노인복지법</td><td>노인복지시설</td><td>노인주거복지시설
노인의료복지시설</td><td>재가노인복지시설
노인여가복지시설
노인보호전문기관</td></tr>
<tr><td>농어촌주민의 보건복지 증진을 위한 특별법</td><td>복합노인복지시설</td><td colspan="2">농어촌에 지역에 한해 노인복지법 제31조 노인복지시설을 종합적으로 배치한 복합노인복지지설을 설치·운영 가능</td></tr>
<tr><td>아동복지법</td><td>아동복지시설</td><td>아동양육시설
아동일시보호시설
아동보호치료시설
공동생활가정
자립지원시설</td><td>아동상담소
아동전용시설
지역아동센터</td></tr>
<tr><td>장애인복지법</td><td>장애이복지시설</td><td>장애인거주시설
장애인의료재활시설</td><td>장애인지역사회재활시설
장애인직업재활시설
장애인생산품판매시설</td></tr>
<tr><td>정신복지법</td><td>정신보건시설</td><td>정신요양시설
사회복귀시설 중 생활(주거)시설</td><td>사회복귀시설 중 이용시설</td></tr>
<tr><td>국민기초생활보장법</td><td>지역자활센터</td><td></td><td>지역자활센터</td></tr>
</table>

한부모가족 지원법	한부모자복지시설	모(부)자보호시설 모(부)자자립시설 미혼모(자)시설 공동생활가정 일시보호시설	여성복지관 한부모가족복지상담소	
영유아보육법	영유아복지시설설		어린이집	
다문화가족 지원법	다문화가족지원센터		다문화가족지원센터	
성매매방지 및 피해자보호 등에 관한 법률	성매매피해지원시설	일반지원시설 청소년지원시설 외국인여성지원시설	자활지원센터	
성폭력범죄의 처벌 및 피해자보호 등에 관한 법률	성폭력피해보호시설	성폭력피해자보호시설	성폭력피해상담소	여성가족부
가정폭력방지 및 피해자보호 등에 관한 법률	가정폭력보호시설	가정폭력피해자보호시설	가정폭력상담소	

자료: 보건복지부(2014).

<표 4-2> 대상자별 사회복지시설의 종류

<table>
<tr><th>대상자별</th><th>형태</th><th colspan="3">시설종류</th><th>소관부서</th><th>관련법령</th></tr>
<tr><td rowspan="5">노인</td><td rowspan="2">생활</td><td>주거</td><td colspan="2">양로시설, 노인공동생활가정
노인복지주택</td><td rowspan="3">보건복지부
요양보험
운영과</td><td rowspan="5">노인복지법
제31조</td></tr>
<tr><td>의료</td><td colspan="2">노인요양시설
노인요양공동생활가정</td></tr>
<tr><td rowspan="3">주거</td><td>재가</td><td colspan="2">재가노인복지시설(방문요양, 주·야간주간보호, 단기보호, 방문목욕)</td></tr>
<tr><td>여가</td><td>노인복지관</td><td>경로당, 노인교실</td><td>노인정책과</td></tr>
<tr><td colspan="4">노인보호전문기관</td></tr>
</table>

<table>
<tr><td rowspan="3">아동</td><td>생활</td><td>아동양육시설
아동일시보호시설
아동보호치료시설</td><td>공동생활가정
자립지원시설</td><td rowspan="2">아동정책과</td><td rowspan="3">아동복지법
제52조</td></tr>
<tr><td rowspan="2">이용</td><td colspan="2">아동상담소, 아동전용시설</td></tr>
<tr><td>지역아동센터</td><td>아동보호전문기관</td><td>아동권리과</td></tr>
<tr><td rowspan="5">장애인</td><td>생활</td><td>거주시설</td><td>장애유형별 거주시설
중증장애인요양시설
장애인영유아생활시설</td><td rowspan="2">장애인권익
지원과</td><td rowspan="5">장애인 복지법
제58조</td></tr>
<tr><td rowspan="3">이용</td><td>지역 사회 재활 시설</td><td>장애인복지관
장애인의료재활시설
장애인주간보호시설
장애인단기보호시설
장애인공동생활가정
장애인체육시설, 장애인수련시설, 장애인심부름센터
수화통역센터, 점자도서관, 점서 및 녹음서 출판시설</td></tr>
<tr><td>직업재활 시설</td><td>장애인보호작업장
장애인근로사업장</td><td>장애인자립
기반과</td></tr>
<tr><td colspan="2">장애인생산품판매시설</td><td></td></tr>
<tr><td>생활</td><td colspan="2">장애인유료복지시설</td><td>장애인권익
지원과</td></tr>
<tr><td>영유아</td><td>이용</td><td>어린이집</td><td>국공립, 사회복지법인, 법인단체 등, 민간, 직장, 가정, 부모협동 어린이집</td><td>보육기반과</td><td>영유아보육법</td></tr>
<tr><td rowspan="2">정신질환자</td><td>생활</td><td colspan="2">정신요양시설
정신질환자 사회복귀시설(생활훈련시설·작업훈련시설·종합훈련시설·주거시설, 입소생활시설·주거제공시설·공동생활가정·중독자재활시설·종합재활시설</td><td rowspan="2">정신건강 정책과</td><td rowspan="2">정신건강 복지법</td></tr>
<tr><td>이용</td><td colspan="2">정신질환자 사회복귀시설(생활훈련시설·작업훈련시설·종합훈련시설, 주간재활시설·심신수련시설·직업재활시설·생산풍판매시설·종합재활시설)</td></tr>
</table>

<table>
<tr><td rowspan="2">부랑·
노숙인</td><td>생활</td><td>부랑인시설</td><td rowspan="2">기초생활 보장과</td><td></td></tr>
<tr><td>이용</td><td>노숙인쉼터, 상담보호센터</td><td></td></tr>
<tr><td>한부모
가족</td><td>생활</td><td>모(부)자보호시설, 모(부)자자립시설, 미혼모(자)시설, 공동생활가정, 일시보호시설</td><td>가족지원과</td><td>한부모가족
지원법</td></tr>
<tr><td>다문화
가족</td><td>이용</td><td>다문화가족지원센터</td><td>다문화가족과</td><td>다문화가족
지원법</td></tr>
<tr><td>지역주민</td><td>이용</td><td>사회복지관</td><td>사회서비스
자원과</td><td>사회복지
사업법</td></tr>
<tr><td rowspan="2">기타시설</td><td>복합</td><td>결핵·한센시설</td><td>질병관리본부
(에이즈·결핵 관리팀)</td><td>사회복지
사업법</td></tr>
<tr><td>이용</td><td>지역자활센터</td><td>자립지원과</td><td></td></tr>
</table>

자료: 보건복지부(2014).

4

사회복지사의 활동영역

1) 사회복지사의 활동영역

사회복지사의 활동 영역은 공공기관과 민간기관에 걸쳐 다양하다. 공공기관에서는 공무원으로서 중앙정부부처와 광역자치단체, 시·군·구, 읍·면·동에 사회복지 담당부서에 배치되어 있다. 민간기관으로는 각종 사회복지기관, 시설, 단체 등의 운영에 관한 영역이 있다.

현재 사회복지사업법과 아동복지법, 노인복지법, 장애인복지법, 한부모가족지원법, 영유아보육법, 정신건강복지법 등에 의한 각종 사회복지사업, 국민기초생활보장법에 의한 공공부조, 국민연금, 국민건강보험 등 사회보장 분야의 활동 영역, 의료법에 의한 의료사회복지 등 실제 활동 영역 외에 학교사회복지, 군사회복지, 교정복지, 산업사회복지 등 다양한 확장 가능한 영역이 있다. 사법기관인 가정법원에서도 이혼소송 등 가사심판을 위한 조사관으로 사회복지사의 개입활동이 이루어지고 있다.

현재 우리나라에서 사회복지사들이 다수 활동하고 있는 일차적인 영역은 사회복지사업으로서, 그 구체적인 영역은 사회복지사업법과 사회복지 관련 법률에 명시되어 있다.

이러한 법령의 규정에 따라 공공사회복지기관, 민간사회복지기관과 시설, 기업체의 사회복지재단, 공동모금회, 각종 사회단체, 사회운동기관에서 사회복지사들이 활동하고 있다.

그리고 보건의료 분야의 사회복지활동은 현재 사회복지사들이 그 전문성을 인정받고 있는 영역이다. 의료법 시행규칙은 종합병원에 사회복지사 자격을 가진 자 중에서 환자의 갱생, 재활과 사회복귀를 위한 상담 및 지도협부를 담당하는 요원 1인 이상을 둔다고 정하고 있다. 그러나 실제로 그러한 업무를 수행하기 위해서는 병원의 크기와 진료 과목에 따라 보다 많은 의료사회사업가들이 종원되어야 할 것이다. 인구고령화에 따라 수요가 급증하고 있는 노인장기요양 분야에서는 요양보호사, 정신건강 분야에서는 정신과 병원과 지역사회 정신건강증진센터에서 정신건강사회복지사가 활동하는 등 다양한 현장에서 사회복지사들의 역할이 확대되고 있다.

2) 사회복지 영역

(1) 공공영역 역할

공공부문의 역할은 지역 내 복지자원 연계와 조정에 있다. 공공영역에서는 사회적인 요구가 많지만 시장 기구에 의해 적절한 공급이 어렵거나, 또는 민간이 제공하기가 어려운 서비스들을 제공해야만 한다. 공공영역의 역할 중 하나는 공공과 민간의 역할분담에 기반한 민간영역의 활성화를 추구해야 한다. 예를 들어 민간사회복지시설, 기관의 활성화 방안이 적극적으로 마련되어야 하는 것인데, 이를 위해서라면 정부의 담당 업무 중에서는 민간에서 담당할 수 있는 업무는 과감히 민간에 이양해야 하며, 민간기관에 대한 권한 및 의무를 위탁할 경우에는 명확한 계약관계에 기반한 관계를 정립해 나갈 수 있어야 한다.

(2) 민간영역의 역할

민간의 영역은 사회복지 활동가 조직 및 사회복지기관과 종교단체, 경제계, 전문가단체, 사회단체, 노동조직, 학계 등이 있다. 이러한 다양한 주제들의 자발적인 참여와 함께 실천 활동을 통해서 다양한 조직, 프로그램, 단체, 개인들이 서비스의 전달과 관련된 역할을 수행하고 자발적 자원을 조직화하고 있으며, 자원 조사활동, 사회적 약자 및 가족에 대한 물질적, 비물질적 지원 제공에 대한 일선 역할 수행이 이루어져 나가고 있다.

MEMO

05

CHAPTER

실천을 위한 사회복지 법률

1

사회복지 법률의 구성

1) 헌법의 기본권

헌법은 국가의 기본법이자 사회복지법률을 지도하는 최고의 규범이다. 헌법은 국민의 기본적 인권으로서 자유권과 생존권을 규정하고 있다. 생존권은 사회권, 생활권 또는 복지권이라고도 하며, 국민이 인간다운 생활을 하기 위한 국가의 적극적인 책임을 요구할 수 있는 권리이다. 자유권은 헌법상의 선언적 권리인 반면, 생존권은 이를 구체화하는 법률의 제정과 국가의 적극적인 정책이 필요하다. 헌법의 전문에는 국민생활의 균등한 향상을 기할 것을 선언하고 있고, 헌법 제34조에서는 모든 국민은 인간다운 생활을 할 권리를 가지며, 국가는 사회보장 사회복지의 증진에 노력하여야 한다고 명시하였다.

생존권에 관한 구체적인 조항으로는 교육권(제31조), 근로의 권리(제32조), 노동자의 단결권, 단체교섭권, 단체행동권(제33조), 환경권(제35조), 양성의 평등과 모성보호(제36조), 보건에 관하여 국가의 보호를 받을 권리(제36조)가 있다. 이러한 헌법상 국민의 생활권적 기본권을 구체화한 법률이 사회복지 법률체계이다.

2) 입법의 체계

(1) 사회복지 법률관계

법률 차원에서 중심적이고 지도적인 규범의 성격을 갖는 것이 기본법이다. 기본법은 헌법과 법률 사이에 양자를 연결해주며, 하위법률들을 구속하고 지도하는 역할을 한다.

사회복지법률의 기본법은 사회보장기본법이다. 사회보장기본법 제3조에 의하면, 사회보장이란 사회보험, 공공부조, 사회서비스라고 정의하고 있다.

(2) 입법체계

한국의 사회복지에 관한 입법체계는 헌법을 정점으로 하여 사회보장기본법과 그 하위에 개별 법률, 시행령, 시행규칙의 순서로 체제화되어 있으며, 지방자치단체의 조례, 규칙 등이 이를 보완·시행되고 있다. 법률은 헌법 다음의 규범으로서 국회에서 의원입법제안이나 행정부에서 법안을 제출하여 국회의 역결을 거쳐 만들어진다. 법률이 실효성을 갖기 위해서는 그에 따른 시행령과 시행규칙을 필요로 한다. 시행령은 대통령의 명령으로서 법률에서 구체적인 범위를 정하여 위임받은 사항과 법률을 집행하기 위하여 필요한 사항을 정한다. 시행규칙이란 국무총리나 행정 각부의 장이 대통령령의 위임에 의한 위임명령이나 직권에 의한 직권명령을 제정하는 규범이다.

법률과 시행령, 시행규칙은 중앙정부가 제정하는 법규범인 반면, 조례와 규칙은 지방자치단체가 정하는 규범이다. 조례는 헌법이 정한 지방자치단체의 자치입법권 제117조에 따라 지방의회가 정하며, 규칙은 법령과 조례의 범위 안에서 지방자치단체장이 정한다.

3) 사회보장기본법

(1) 기본이념과 원칙 등

2014년에 개정·시행되고 있는 사회보장기본법은 총칙에서 목적, 기본이념, 정의, 다른 법률과의 관계 등을 규정하였다. 사회보장기본법의 기본이념은 사회보장에 의하여 모든 국민이 다양한 사회적 위험으로부터 벗어나 행복하고 인간다운 생활을 향유할 수 있도록 자립을 지원하며, 사회참여·자아실현에 필요한 제도와 여건을 조성하여 사회통합과 행복한 복지사회를 실현하는 것으로 규정하고 있다.

사회보장이라 함은 출산, 양육, 실업, 노령, 장애, 질병, 빈곤 및 사망 등의 사회적 위험으로부터 모든 국민을 보호하고 국민 삶의 질을 향상시키는 데 필요한 소득·서비스를 보장하는 사회보험, 공공부조, 사회서비스를 말한다. 따라서 사회보험에 관한 법률, 공공부조에 관한 법률, 사회서비스에 관한 법률 등은 사회보장기본법의 하위법률로서 사회보장에 관한 다른 법률을 제정 또는 개정하는 경우에는 사회보장기본법에 부합되도록 하여야 한다(제4조). 총칙에서 정한 주요 내용으로는 국가와 지방자치단체의 책임(제5조), 국민의 책임(제7조), 외국인에 대한 적용원칙(제8조)을 규정하였다. 국내에 거주하는 외국인에 대한 사회보장제도의 적용은 상호주의 원칙에 따르도록 하였다.

(2) 사회보장수급권

사회보장수급권(제9조), 사회보장급여의 수준(제10조), 사회보장급여의 신청(제11조), 사회보장수급권의 보호와 제한(제12조, 제13조)에 관하여 규정하였다. 사회보장을 받을 권리는 관계법령이 정하는 바에 의하여 보장되게 하였고(제9조), 사회보장급여의 수준은 국가가 모든 국민이 건강하고 문화적인 생활을 유지할 수 있도록 사회보장급여 수준의 향상에 노력하여야 한다고 하였다(제10조).

(3) 사회보장기본계획과 사회보장위원회

보건복지부장관은 사회보장기본계획을 5년마다 수립하여야 하며, 사회보장에 관한 주요 사책을 심의·조정하기 위하여 국무총리 소속으로 사회보장위원회를 두게 하였다(제20조). 기본계획은 사회보상위원회와 국무회의의 심의를 거쳐 확정한다.

(4) 사회보장정책의 기본방향과 제도의 운영

사회보장정책의 기본방향은 평생사회안전망의 구축·운영(제22조), 사회서비스보장(제23조), 소득보장(제24조)으로 하고, 사회보장제도의 운영은 운영원칙(제2조), 협의 및 조정(제26조), 민간의 참여(제27조), 비용의 부담(제28조), 사회보장 전달체계(제29조) 등을 규정하였다.

사회보장제도의 운영원칙으로는 보편성, 형평성, 민주성, 연계성과 전문성을 규정하고 있다. 즉 국가 및 지방자치단체는 사회보장제도를 운영함에 있어 이를 필요로 하는 모든 국민에게 적용하여야 하고, 사회보장제도의 급여 수준 및 비용부담 등에 있어서 형평성을 유지하여야 하며, 사회보장제도의 정책결정 및 시행과정에 공익의 대표자 및 이해관계인 등을 참여시켜 민주성을 확보하여야 한다. 그리고 사회보장제도를 운영함에 있어서 국민의 다양한 복지욕구를 효율적으로 충족시키기 위하여 연계성과 전문성을 높여야 한다.

사회보장의 비용부담에 있어 사회보험에 소요되는 비용은 사용자, 피용자 및 자영자가 부담하는 것을 원칙으로 하되, 관계협령이 정하는 바에 따라 국가가 그 비용의 일부를 부담할 수 있다. 공공부조의 비용 및 구관계법령이 정하는 일정 소득 수준 이하의 국민에 대한 사회서비스에 소요되는 비용의 전부 또는 일부는 국가와 지방자치단체가 이를 부담하며, 부담능력이 있는 국민에 대한 사회서비스에 소용되는 비용은 그 수익자가 부담함을 원칙으로 하되, 관계법령이 정하는 바에 따라 국가와 지방자치단체가 그 비용의 일부를 부담할 수 있다고 규정하고 있다. 그리고 국가와 지방자치단체는 모든 국민이 쉽게 이용할 수 있고 사회보장급여가 적시에 제공되도록 지역적·기능적으로 균형잡힌 사회보장 전달체계를 구축하여야 한다고 규정하였다(제29조).

4) 사회보장급여의 이용제공 및 수급권자 발굴에 관한 법률

(1) 기본이념과 원칙 등

이 법은 「사회보장기본법」에 따른 사회보장급여의 이용 및 제공에 관한 기준과 절차 등 기본적 사항을 규정하고 지원을 받지 못하는 지원대상자를 발굴하여 지원함으로써 사회보장급여를 필요로 하는 사람의 인간다운 생활을 할 권리를 최대한 보장하고, 사회보장급여가 공정하고 효과적으로 제공되도록 하며, 사회보장제도가 지역사회에서 통합적으로 시행될 수 있도록 그 기반을 구축하는 것을 목적으로 한다.

"사회보장급여"란 보장기관이 「사회보장기본법」 제3조 제1호에 따라 제공하는 현금, 현물, 서비스 및 그 이용권을 말한다. 기본원칙으로는 다음 사항을 규정하고 있다. ① 사회보장급여가 필요한 사람은 누구든지 자신의 의사에 따라 사회보장급여를 신청할 수 있으며, 보장기관은 이에 필요한 안내와 상담 등의 지원을 충분히 제공하여야 한다. ② 보장기관은 지원이 필요한 국민이 급여대상에서 누락되지 아니하도록 지원대상자를 적극 발굴하여 이들이 필요로 하는 사회보장급여를 적절하게 제공받을 수 있도록 노력하여야 한다. ③ 보장기관은 국민의 다양한 복지욕구를 충족시키고 생애주기별 필요에 맞는 사회보장급여가 공정·투명·적정하게 제공될 수 있도록 노력하여야 한다. ④ 보장기관은 사회보장급여와 「사회복지사업법」 제2조 제3호 및 제4호의 사회복지법인, 사회복지시설 등 사회보장 관련 민간 법인·단체·시설이 제공하는 복지혜택 또는 서비스를 효과적으로 연계하여 제공할 수 있도록 노력하여야 한다. ⑤ 보장기관은 국민이 사회보장급여를 편리하게 이용할 수 있도록 사회보장 정책 및 관련 제도를 수립·시행하기 위하여 노력하여야 한다. ⑥ 보장기관은 지역의 사회보장 수준이 균등하게 실현될 수 있도록 노력하여야 한다.

(2) 사회보장급여

사회보장급여(제122장)에서는 사회보장급여의 신청, 수급자격의 조사, 금융정보 등의 제공, 지급대상자의 발굴, 수급권자의 지원, 사회보장급여의 관리를 규정하였다.

(3) 사회보장정보

사회보장정보(제3장)에서는 사회보장정보의 처리와 사회보장정보시스템의 이용, 사회보장정보원의 설립을 규정하였다.

(4) 사회보장에 관한 지역계획 및 운영체계

특별시장·광역시장·특별자치시장·도지사·특별자치도지사(이하 "시·도지사"라 한다) 및 시장·군수·구청장은 지역사회보장에 관한 계획(이하 "지역사회보장계획"이라 한다)을 4년마다 수립하고, 매년 지역사회보장계획에 따라 연차별 시행계획을 수립하여야 한다. 이 경우 「사회보장기본법」 제16조에 따른 사회보장에 관한 기본계획과 연계되도록 하여야 한다(제35조). 시·군·구 지역사회보장계획은 다음 각 호의 사항을 포함하여야 한다.

① 지역사회보장 수요의 측정, 목표 및 추진전략

② 지역사회보장의 목표를 점검할 수 있는 지표의 설정 및 목표

③ 지역사회보장의 분야별 추진전략, 중점 추진사업 및 연계협력 방안

④ 지역사회보장 전달체계의 조직과 운영

⑤ 사회보장급여의 사각지대 발굴 및 지원 방안

⑥ 지역사회보장에 필요한 재원의 규모와 조달 방안

⑦ 지역사회보장에 관련한 통계 수집 및 관리 방안

⑧ 지역 내 부정수급 발생 현황 및 방지대책

⑨ 그 밖에 대통령령으로 정하는 사항

지역사회보장 운영체계로는 시·도에 두는 시·도사회보장위원회(제40조), 시·군·구에 두는 지역사회보장협의체(제41조)를 규정하였다. 사회보장업무 담당인력으로는 사회복지사업에 관한 업무를 담당하게 하기 위하여 시·도, 시·군·구, 읍·면·동 또는 사회보장사무 전담기구에 사회복지전담공무원을 둘 수 있다(제43조). 그리고 보건복지부장관, 시·도지사 및 시장·군수·구청장은 지원대상자의 사회보장 수준을 높이기 위하여 지원대상자의 다양하고 복합적인 특성에 따른 상담과 지도, 사회보장에 대한 욕구조사, 서비스 제공 계획의 수립을 실시하고, 그 계획에 따라 지원대상자에게 보건·복지·고용·교육 등에 대한 사회보장급여 및 민간 법인·단체·시설 등이 제공하는 서비스를 종합적으로 연계·제공하는 통합사례관리를 실시할 수 있다(제42조의2).

2

공공부조법

공공부조는 국가 및 지방자치단체의 책임하에 생활유지능력이 없거나 생활이 어려운 국민의 최저생활을 보장하고 자립을 지원하는 제도를 말한다. 공공부조에 관한 법률로는 국민기초생활보장법, 의료급여법, 긴급복지지원법이 있다.

1) 국민기초생활보장법

이 법은 1961년에 제정되어 40년간 시행되어 온 생활보호법을 대체하여 1999년 9월에 제정되어 2000년 10월 1일부터 시행되고 있다. 과거 생활보호법의 시혜적 성격에서 벗어나 절대빈곤 계층의 기초생활을 국가가 보장하는 국민적 권리로서의 수급권을 부각시켰다.

(1) 목적

이 법은 생활이 어려운 자에게 필요한 급여를 실시하여 이들의 최저생활을 보장하고 자활을 돕는 것을 목적으로 한다고 규정하였다(제1조).

용어의 정의(제2조)에서 "최저생계비"라 함은 국민이 건강하고 문화적인 생활을 유지하기 위하여 필요한 최소한의 비용으로서 제6조에 따라 보건복지부장관이 매년 공포하는 금액을 말한다. 기타 수급권자, 수급자, 수급품, 보장기관, 개별가구, 소득인정액, 소득평가액, 재산의 소득환산액, 차상위계층 등을 정의하였다.

(2) 적용대상

수급권자의 범위를 확대하여 근로능력 여부, 연령 등에 관계없이 소득인정액이 최저생계비 이하인 자로 하였다(제5조). 그밖에 급여대상을 정하기 위하여 급여의 신청, 신청에 의한 조사, 확인조사, 차상위계층에 대한 조사에 관한 사항을 규정하였다. 급여의 신청은 수급권자와 그 친족, 기타 관계인이 관할 시장·군수·구청장에게 수급권자에 대한 급여를 신청할 수 있고, 사회복지전담공무원은 급여를 필요로 하는 자가 누락되지 않도록 급여를 직권으로 신청할 수 있다(제21조).

(3) 급여내용

급여의 기본원칙(제3조)으로 이 법에 의한 급여는 수급자가 자신의 생활의 유지·향상을 위하여 그 소득, 재산, 근로능력 등을 활용하여 최대한 노력하는 것을 전제로 이를 보충·발전시키는 것으로 하고, 부양의무자의 부양과 다른 법령에 의한 보호는 이 법에 의한 급여에 우선하여 행하여지는 것으로 하였다.

급여의 종류(제7조)에서는 생계급여, 주거급여, 의료급여, 교육급여, 해산급여, 장제급여, 자활급여를 규정하였다. 또한 수급자와 차상위자의 자활의 촉진을 위하여 지역자활센터를 지정하여 운영하고, 자활기업을 설립·운영할 수 있도록 하였다. 그밖에 급여의 결정, 급여의 실시, 급여의 지급방법, 급여의 대리수령, 자활지원계획의 수립, 급여의 변경, 중지 등에 관한 사항을 규정하고 있다.

(4) 전달체계

생활보장사업의 기획·조사·실시 등에 관한 사항을 심의·의결하기 위하여 보건복지부와 시·도와 시·군·구에 각각 생활보장위원회를 둔다고 규정하였다(제20조). 급여의 보장기관으로 이 법에 의한 급여는 수급권자 또는 수급자의 거주지를 관할하는 특별시장·광역시장·도지사와 시장·군수·구청장이 행한다고 규정하였고, 주거지가 일정하지 아니한 경우에는 수급자가 실제 거주하는 지역을 관할하는 시장·군수·구청장이 행한다.

보장기관은 수급권자·수급자·차상위계층에 대한 조사와 수급자결정 및 급여의 실시 등 보장업무를 수행하기 위하여 사회복지전담공무원을 배치하여야 한다(제19조). 보장시설은 사회복지사업법에 의한 사회복지시설로서 보건복지부령으로 정하는 시설이다(제32조).

(5) 재정체계

사회보장급여의 보장비용에 관하여 보장업무에 소요되는 인건비와 사무비, 생활보장위원회의 운영비용, 급여실시비용 등을 규정하였고(제42조), 보장비용의 부담 구분을 정하였다. 국가는 시·군·구 보장비용의 총액 중 100분의 40 이상 100분의 90 이하를 부담하며, 시·도는 시·군·구 보장비용의 총액에서 국가부담분을 뺀 금액 중 100분의 30 이상 100분의 70 이하를, 시·군·구는 시·군·구 보장비용의 총액 중에서 국가와 시·도가 부담하는 금액을 뺀 금액을 부담한다(제43조).

2) 의료급여법

이 법은 기존의 의료보호법을 2001년에 의료급여법으로 명칭을 변경하여 시행되고 있다.

(1) 목적과 정의

법의 목적은 생활이 어려운 자에게 의료급여를 실시함으로써 국민보건의 향상과 사회복지의 증진에 이바지함을 목적으로 한다고 규정하였다. 용어의 정의에서 수급권자라 함은 이 법에 따라 의료급여를 받을 수 있는 자격을 가진 자를 말한다.

(2) 적용대상

수급권자는 국민기초생활보장법에 의한 수급자, 재해구호법에 의한 이재민, 의사상자보호법에 의한 의상자 및 의사자 유족, 독립유공자 예우에 관한 법률 및 국가유공자 예우 등에 관한 법률의 적용을 받고 있는 자와 그 가족으로서 국가보훈처장이 의료보호가 필요하다고 요청한 자 중 보건복지부장관이 의료급여가 필요하다고 인정한 자, 문화재보호법에 의하여 지정된 중요 무형문화재의 보유자 및 그 가족으로서 문화관광부장관이 의료보호가 필요하다고 요청한 자 중 보건복지부장관이 의료급여가 필요하다고 인정한 자, 북한이탈주민의 보호 및 정착지원에 관한 법률의 적용을 받고 있는 자와 그 가족으로서 보건복지부장관이 의료급여가 필요하다고 인정한 자, 광주민주화운동 관련자 보상 등에 관한 법률 제8조의 규정에 의하여 보상금 등을 받은 자와 그 가족으로서 보건복지부장관이 의료급여가 필요하다고 인정한 자, 기타 생활유지의 능력이 없거나 생활이 어려운 자로서 대통령이 정하는 자로 하였다.

(3) 급여내용

의료급여의 내용은 진찰·검사, 약제·치료재료의 지급, 처치·수술과 그 밖의 치료, 예방·재활, 입원, 간호, 이송과 그 밖의 의료목적의 달성을 위한 조치이다. 급여비용은 대통령령이 정하는 바에 의하여 그 전부 또는 일부를 의료급여기금에 부담한다고 규정하였다.

(4) 전달체계

보장기관으로 의료급여에 관한 업무는 수급권자의 거주지를 관할하는 시장·군수·구청장이 행한다고 규정하였고, 의료급여심의위원회에 관하여 규정하였다.

(5) 재정체계

급여비용의 대불, 상환, 의료급여기금의 설치 및 조성 등을 규정하였다.

3) 긴급복지지원법

이 법은 국민기초생활보장법 등의 지원을 받지 못하는 위기상황을 국민의 생계를 지원하기 위하여 2005년 12월에 신규 제정되었다.

(1) 목적

이 법은 생계곤란 등의 위기상황에 처하여 도움이 필요한 자를 신속하게 지원함으로써 이들이 위기상황에서 벗어나 건강하고 인간다운 생활을 영위하게 함을 목적으로 한다(제1조).

(2) 급여대상

이 법에서 급여대상이 되는 "위기상황"이라 함은 본인 또는 본인과 생계 및 주거를 같이 하고 있는 가구구성원이 다음 각 호의 어느 하나에 해당하는 사유로 인하여 생계유지 등이 어렵게 된 것을 말한다. ① 주소득자(主所得者)가 사망, 가출, 행방불명, 구금시설에 수용되는 등의 사유로 소득을 상실한 경우, ② 중한 질병 또는 부상을 당한 경우, ③ 가구구성원으로부터 방임(放任) 또는 유기(遺棄)되거나 학대 등을 당한 경우, ④ 가정폭력을 당하여 가구구성원과 함께 원만한 가정생활을 하기 곤란하거나 가구구성원으로부터 성폭력을 당한 경우, ⑤ 화재 또는 자연재해 등으로 인하여 거주하는 주택 또는 건물에서 생활하기 곤란하게 된 경우, ⑥ 주소득자 또는 부소득자(副所得者)의

휴업, 폐업 또는 사업장의 화재 등으로 인하여 실질적인 영업이 곤란하게 된 경우, ⑦ 주소득자 또는 부소득자의 실직으로 소득을 상실한 경우, ⑧ 보건복지부령으로 정하는 기준에 따라 지방자치단체의 조례로 정한 사유가 발생한 경우, ⑨ 그밖에 보건복지부장관이 정하여 고시하는 사유가 발생한 경우. 기본원칙으로 이 법에 의한 지원은 위기상황에 처한 자에 대하여 일시적으로 신속하게 지원하는 것을 기본원칙으로 하였으며, 다른 법률에 의하여 동일한 내용의 구호보호나 지원을 받고 있는 경우에는 이 법에 의한 지원을 하지 아니한다고 규정하고 있다(제3조).

(3) 급여내용

급여내용으로 긴급지원의 종류 및 내용, 긴급지원의 기간 등을 규정하고 있다. 긴급지원의 종류로는 금전 또는 현물 등의 직접지원으로서 생계지원은 식료품비·의복비 등 생계유지에 필요한 비용 또는 현물 지원, 의료지원은 각종 검사 및 치료 등 의료서비스 지원, 주거지원은 임시거소 제공 또는 이에 해당하는 비용 지원, 사회복지시설 이용지원은 사회복지사업법에 의한 사회복지시설에의 입소 또는 이용 서비스의 제공이나 이에 필요한 비용 지원, 교육지원은 초·중·고등학생의 수업료, 입학금, 학교운영지원비 및 학용품비 등 필요한 비용 지원, 그 밖의 지원은 연료비 그밖에 위기상황의 극복에 필요한 비용 또는 현물 지원과 민간기관·단체와의 연계 등의 지원이 포함된다(제9조). 긴급지원의 기간은 1월간의 생계유지 등에 필요한 지원으로 한다. 다만, 시장·군수·구청장이 긴급지원대상자의 위기상황이 계속된다고 판단하는 경우에는 1개월씩 두 번의 범위에서 기간을 연장할 수 있다(제10조).

(4) 전달체계

보건복지부장관은 위기상황에 처한 자에게 상담·정보제공 및 유관기관·단체 등의 연계서비스를 제공하기 위하여 담당기구를 설치·운영할 수 있으며, 시장·군수·구청장은 지역사회보장협의체를 통하여 사회복지·보건의료 관련 기관·단체 간의 연계·협력을 강화하여야 한다(제11조).

긴급지원기관은 긴급지원대상자의 거주지를 관할하는 시장·군수·구청장이 행한다고 하였다(제6조), 시장·군수·구청장은 긴급지원사업을 수행하기 위하여 담당공무원을 지정하여야 한다. 그리고 긴급지원연장 결정, 긴급지원의 적정성 심사, 중단, 지원비용의 환수결정 등을 위하여 시·군·구에 긴급지원심의위원회를 둔다(제12조).

(5) 재정체계

국가와 지방자치단체는 긴급지원업무를 수행하기 위하여 필요한 비용을 분담하여야 한다(제17조).

3

사회보험법

사회보험은 국민에게 발생하는 사회적 위협을 보험 방식에 의하여 대처함으로써 국민건강과 소득을 보장하는 제도이다. 사회보험에 관련된 법률은 5대 사회보험으로 연금보험, 건강보험, 고용보험, 산재보험, 노인장기요양보험에 관한 법률이 있다.

연금보험에 관한 법률로는 국민연금법, 공무원연금법, 군인연금법, 사립학교교직원연금법이 있다. 전 국민을 대상으로 하는 국민연금법은 1986년 12월에 제정되어 1988년부터 시행되고 있으며, 공무원연금법, 군인연금법, 사립학교교직원연금법은 특수직역 종사자를 위한 연금으로 1960년대와 1970년대에 제정·시행되고 있다. 그리고 이러한 4대 연금보험 외에도 2007년에 저소득노인의 소득보장을 위한 기초노령연금법이 제정되어 2008년 1월부터 시행되고 있다. 건강보험에 관한 법률로는 1963년에 의료보험법이 처음으로 제정되었고, 1976년 12월에 전면 개정되었고, 1997년 12월에 국민의료보험법이 제정되어 지역의료보험과 공·교의료보험이 통합되었다. 그리고 1999에는 국민건강보험법이 제정됨으로써 2000년 이후에는 직장의료보험까지 통합하는 건강보험의 완전통합이 이루어졌다. 고용보험에 관한 법률은 1993년 12월에 고용보험법이 제정되었고, 1995년 7월부터 시행되고 있다. 산재보험에 관한 법률은 1963년에 산업재해보상보험법이 제정되어 1964년부터 시행되고 있다. 고령화사회의 도래에 따라 노인장기요양보험법이 2008년부터 제정 시행되고 있다.

사회보험에 관한 각각의 법률 내용에는 목적, 적용대상, 급여체계, 전달체계, 재정체계 등에 관하여 규정하고 있다. 다음은 우리나라의 5대 사회보험인 국민연금법, 국민건강보험법, 고용보험법, 산업재해보상보험법, 노인장기요양보험법을 중심으로 법의 내용을 살펴본다.

1) 국민연금법

(1) 목적

이 법은 국민의 노령, 장애, 또는 사망에 대하여 연금급여를 실시함으로써 국민의 생활안정과 복지증진에 이바지하는 것을 목적으로 한다.

(2) 적용대상

국민연금의 가입대상은 국내에 거주하는 국민으로서 18세 이상 60세 미만인 자이다. 다만 공무원연금법, 군인연금법, 사립학교교직원연금법을 적용받는 공무원, 사립학교교직원은 제외된다(제6조). 가입자는 사업장가입자, 지역가입자, 임의가입자, 임의계속가입자로 구분한다(제7조). 그 외 가입자 자격취득시기, 자격상실시기, 가입기간의 합산 등 가입자에 관한 사항은 제2장에 규정하였다.

(3) 급여체계

급여의 종류는 노령연금, 장애연금, 유족연금, 반환일시금이며(제19조), 각 급여의 산정 등에 관한 사항을 제4장에서 규정하였다.

(4) 전달체계

국민연금사업을 수행하는 전달체계는 국민연금공단이며, 공단의 업무, 임원, 이사회 등에 관한 사항을 제3장에서 규정하였다.

(5) 재정체계

비용부담과 연금보험료의 징수 등에 관한 사항을 제5장에서 규정하였다. 보건복지부장관은 국민연금사업에 필요한 재원을 원활하게 확보하고 급여에 충당하기 위한 책임준비금으로서 국민연금기금을 설치한다(제101조). 기금의 운용에 관한 다음 각 호의 사항을 심의·의결하기 위하여 보건복지부에 국민연금기금운용위원회를 둔다(제103조).

2) 국민건강보험법

(1) 목적

이 법은 국민의 질병·부상에 대한 예방·진단·치료·재활과 출산·사망 및 건강증진에 대하여 보험급여를 실시함으로써 국민보건 향상과 사회보장 증진에 이바지함을 목적으로 한다(제1조).

(2) 적용대상

국내에 거주하는 국민으로서 의료급여법, 독립유공자예우에 관한 법률, 국가유공자 등 예우 및 지원에 관한 법률에 해당하는 자 외의 자는 2자가 된다(제5조). 건강보험의 가입자 또는 피부양자가 된다(제5조).

피부양자는 다음 각 호에 해당하는 자 중 직장가입자에 의하여 주로 생계를 유지하는 자로서 보수 또는 소득이 없는 자를 말한다(직장가입자의 배우자, 직장가입자의 직계존속배우자의 직계존속을 포함한다, 직장가입자의 직계비속 배우자의 직계비속을 포함한다 및 그 배우자, 직장가입자의 형제·자매).

그리고 가입자는 직장가입자와 지역가입자로 구분한다(제6조). 그 외 가입자의 자격취득의 시기, 자격의 변동, 자격취득의 확인에 관한 사항을 제2장에서 규정하였다.

(3) 급여체계

가입자 및 피부양자의 질병 ·부상·출산 등에 대하여 요양급여를 실시한다(진찰·검사, 약제·치료재료의 지급, 처치·수술 기타의 치료, 예방·재활, 입원, 간호, 이송)(제41조), 그 외 요양급여비용의 산정, 청구와 지급, 요양비, 건강검진, 급여의 제한 등에 관하여 제4장에서 규정하였다.

(4) 전달체계

전달체계는 건강보험의 보험자인 국민건강보험공단이며(제13조), 업무, 임원, 이사회, 재정운영위원회 등에 관한 사항을 제3장에서 규정하였다. 그리고 요양급여비용을 심사하고 요양급여의 적정성을 평가하기 위하여 건강보험심사평가원을 설립한다(제62조). 건강보험심사평가원의 업무, 임원, 진료심사평가위원회 등에 관한 사항을 제5장에 규정하였다.

(5) 재정체계

공단은 건강보험사업에 소요되는 비용에 충당하기 위하여 보험료의 납부의무자로부터 보험료를 징수한다(제69조). 직장가입자의 월별 보험료액은 보수월액 또는 소득월액에 보험료율을 곱하여 얻은 금액으로 한다. 지역가입자의 월별 보험료액은 세대단위로 산정하되, 지역가입자가 속한 세대의 월별 보험료액은 산정한 보험료부과점수에 보험료 부과점수당 금액을 곱한 금액으로 한다.

3) 고용보험법

(1) 목적

이 법은 고용보험의 시행을 통하여 실업의 예방, 고용의 촉진 및 근로자의 직업능력의 개발과 향상을 꾀하고, 국가의 직업지도와 직업소개 기능을 강화하며, 근로자가 실업한 경우에 생활에 필요한 급여를 실시하여 근로자의 생활안정과 구직활동을 촉진함으로써 경제·사회 발전에 이바지하는 것을 목적으로 한다(제1조).

(2) 적용대상

이 법은 근로자를 사용하는 모든 사업 또는 사업장에 적용한다(제8조). 적용제외 근로자는 소정의 근로시간이 대통령령으로 정하는 시간 미만인 자, 국가공무원법과 지방공무원법에 따른 공무원, 사립학교교직원연금법의 적용을 받는 자 등이다(제10조).

(3) 급여체계

실업급여의 종류에서 급여는 구직급여와 취업촉진 수당으로 구분한다(제37조). 그리고 취업촉진 수당의 종류는 조기재취업 수당, 직업능력개발 수당, 광역 구직활동비, 이주비 등이다. 그 외 육아휴직급여(제70조), 출산전후휴가급여(제75조) 등을 규정하였다.

(4) 전달체계

고용보험은 고용노동부장관이 관장한다(제3조). 이 법 및 보험료징수법의 시행에 관한 주요 사항은 고용보험위원회의 심의를 거친다(제7조). 피보험자격의 취득·상실의 확인 등 심사를 위하여 고용보험심사관을 두며(제89조), 재심사를 위하여 고용노동부에 고용보험심사위원회를 둔다(제99조).

(5) 재정체계

고용노동부장관은 보험사업에 필요한 재원에 충당하기 위하여 고용보험기금을 설치한다(제78조). 기금은 보험료와 이 법에 따른 징수금, 적립금, 기금운영 수익금과 그 밖의 수입으로 조성한다.

4) 산업재해보상보험법

(1) 목적

이 법은 산업재해보상보험 사업을 시행하여 근로자의 업무상 재해를 신속하고 공정하게 보상하며, 재해근로자의 재활 및 사회복귀를 촉진하기 위하여 이에 필요한 보험시설을 설치·운영하고, 재해예방과 그밖에 근로자의 복지 증진을 위한 사업을 시행하여 근로자보호에 이바지하는 것을 목적으로 한다(제1조).

(2) 적용대상

이 법은 근로자를 사용하는 모든 사업 또는 사업장에 적용한다. 다만, 위험률·규모 및 장소 등을 고려하여 대통령령으로 정하는 사업에 대하여는 이 법을 적용하지 아니한다(제6조).

(3) 급여체계

보험급여의 종류는 요양급여, 휴업 급여, 장해급여, 간병급여, 유족급여, 상병(傷病)보상연금, 장의비, 직업재활급여 등이다(제36조).

(4) 전달체계

산업재해보상보험 사업은 고용노동부장관이 관장한다(제2조). 고용노동부장관의 위탁을 받아 제1조의 목적을 달성하기 위한 사업을 효율적으로 수행하기 위하여 근로복지공단을 설립한다(제10조). 그리고 보험사업에 관한 중요 사항을 심의하기 위하여 고용노동부에 산업재해보상보험 및 예방심의위원회를 둔다(제8조).

(5) 재정체계

이 법에 따른 보험사업에 드는 비용에 충당하기 위하여 징수하는 보험료나 그 밖의 징수금에 관하여는 고용보험 및 산업재해보상보험의 보험료징수 등에 관한 법률에서 정하는 바에 따른다(제4조). 국가는 회계연도마다 예산의 범위에서 보험사업의 사무 집행에 드는 비용을 일반회계에서 부담하여야 하며, 국가는 회계연도마다 예산의 범위에서 보험사업에 드는 비용의 일부를 지원할 수 있다(제3조).

5) 노인장기요양보험법

(1) 목적

이 법은 고령이나 노인성 질병 등의 사유로 일상생활을 혼자서 수행하기 어려운 노인 등에게 제공하는 신체활동 또는 가사활동 지원 등의 장기요양급여에 관한 사항을 규정하여 노후의 건강증진 및 생활안정을 도모하고 그 가족의 부담을 덜어줌으로써 국민의 삶의 질을 향상하도록 함을 목적으로 한다(제1조).

(2) 적용대상

이 법의 적용대상인 "노인 등"이란 65세 이상의 노인 또는 65세 미만의 자로서 치매·뇌혈관성질환 등 대통령령으로 정하는 노인성 질병을 가진 자를 말한다.

(3) 급여체계

장기요양급여란 제15조 제2항에 따라 6개월 이상 동안 혼자서 일상생활을 수행하기 어렵다고 인정되는 자에게 신체활동·가사활동의 지원 또는 간병 등의 서비스나 이에 갈음하여 지급하는 현금 등을 말한다. 장기요양급여의 종류는 재가급여, 시설급여, 특별현금급여로 규정하였으며(제23조), 재가급여는 방문요양, 방문목욕, 방문간호, 주·야간보호, 단기보호, 기타 재가급여를 포함하고, 특별현금급여는 가족요양비, 특례요양비, 요양병원간병비 등이다.

(4) 전달체계

장기요양급여를 제공하는 기관인 장기요양기관의 지정, 의무 등을 제6장에서 규정하였다. 장기요양기관에 소속되어 노인 등의 신체활동 또는 가사활동 지원 등의 업무를 수행하는 자(제2조)인 장기요양요원의 인권교육, 보호 등을 규정하였다.

(5) 재정체계

장기요양기관은 수급자에게 제23조에 따른 재가급여 또는 시설급여를 제공한 경우 공단에 장기요양급여비용을 청구하여야 한다(제38조). 본인부담으로 재가 및 시설 급여비용은 재가급여는 해당 장기요양급여비용의100분의 15, 시설급여는 해당 장기요양급여비용의 100분의 20을 수급자가 부담한다(제40조). 그리고 공단은 장기요양급여의 비용은 가족요양비, 특례요양비, 요양병원간병비 등을 지급할 수 있다.

4

사회복지서비스 관련법

사회복지서비스는 아동복지, 노인복지, 장애인복지, 한부모가족복지, 정신건강 등 보호가 필요한 인구대상을 위하여 사회복지사 등 전문인력과 자원봉사자의 개입으로 제공되는 상담과 복지서비스를 말한다. 관련된 법률로는 사회복지사업법 외에 아동복지법, 노인복지법, 장애인복지법, 한부모가족지원법, 정신건강복지법 등이 있다.

1) 사회복지사업법

사회복지서비스에 관한 법으로는 사회복지사업법이 그 기본법이며, 1970년에 처음 제정되었고, 최근에 이르기까지 수차례의 개정이 이루어졌다. 사회복지사업법은 사회복지사업에 관한 기본적 사항을 규정하여 사회복지를 필요로 하는 사람에 대하여 인간의 존엄성과 인간다운 생활을 할 권리를 보장하고 사회복지의 전문성을 높이며, 사회복지사업의 공정·투명·적정을 도모하고, 지역사회복지의 체계를 구축하고 사회복지서비스의 질을 높여 사회복지의 증진에 이바지함을 목적으로 한다.

이 법에서 사회복지사업이란 다음 각 목의 법률에 따른 보호·선도(善導) 또는 복지에 관한 사업과 사회복지상담, 직업지원, 무료 숙박, 지역사회복지, 의료복지, 재가복지(在家福祉), 사회복지관 운영, 정신질환자 및 한센병력자의 사회복귀에 관한 사업 등 각종 복지사업과 이와 관련된 자원봉사활동 및 복지시설의 운영 또는 지원을 목적으로 하는 사업을 말한다.

2020년 2월 말 현재, 사회복지사업에 관련된 법률은 다음과 같다.

① 국민기초생활보장법

② 아동복지법

③ 노인복지법

④ 장애인복지법

⑤ 한부모가족지원법

⑥ 영유아보육법

⑦ 성매매방지 및 피해자보호 등에 관한 법률

⑧ 정신보건법

⑨ 성폭력방지 및 피해자보호 등에 관한 법률

⑩ 입양특례법

⑪ 일제하 일본군위안부 피해자에 대한 생활안정지원 및 기념사업 등에 관한 법률

⑫ 사회복지공동모금회법

⑬ 장애인·노인·임산부 등의 편의증진보장에 관한 법률

⑭ 가정폭력방지 및 피해자보호 등에 관한 법률

⑮ 농어촌주민의 보건복지증진을 위한 특별법

⑯ 식품기부 활성화에 관한 법률

⑰ 의료급여법

⑱ 기초연금법

⑲ 긴급복지지원법

⑳ 다문화가족지원법

㉑ 장애인연금법

㉒ 장애인활동지원에 관한 법률

㉓ 노숙인 등의 복지 및 자립지원에 관한 법률

㉔ 보호관찰 등에 관한 법률

㉕ 장애아동복지지원법

㉖ 발달장애인 권리보장 및 지원에 관한 법

㉗ 청소년복지지원법

사회복지사업법과 위의 법률과의 관계에서는 사회복지사업의 내용, 절차 등에 관하여 위의 법률에 특별한 규정이 있는 경우를 제외하고는 사회복지사업법에 의하며, 위의 법률을 개정하는 경우에 사회복지사업법에 부합하도록하여야 한다(제3조). 이와 같이 사회복지서비스 분야에서는 사회복지사업법이 기본법으로서의 성격을 가지며, 위의 법들은 특별법으로서의 성격을 갖는다. 사회복지사업법은 과거에는 사회복지법인과 시설에 대한 규제적 내용을 주로 하여 사회복지서비스의 기본법으로서의 내용이 취약하였으나, 최근에는 사회복지서비스, 재가복지에 관한 기본적인 사항을 담고 있어서 사회복지서비스의 기본법으로서 내용이 강화되었다.

사회복지사업법의 주요 내용으로는 사회복지사업법의 정의(제2조) 외에 사회복지사 자격증의 발급(제11조)과 국가시험(제12조), 사회복지법인(제2장), 사회복지시설(제3장), 재가복지(제3장의2)에 관한 사항을 규정하고 있다.

또한 사회복지서비스에 관련된 입법에는 제2조의 관련 법률 외에도 적용대상별로 특별법이 제정되어 있다. 장애인고용촉진 및 직업재활법은 장애인복지법의 특별법이며, 고용상 연령차별금지 및 고용자고용촉진에 관한 법률은 노인복지법의 특별법이다.

2) 아동복지법

이 법은 1963년에 아동복리법으로 제정되어 시행 중이던 것을 1981년에 아동복지법으로 전면 개정되었으며, 이후 최근까지 수차례 일부 개정되었다.

(1) 목적과 기본이념

아동복지법은 아동이 건전하게 출생하여 행복하고 안전하게 자라나도록 그 복지를 보장함을 목적으로 하고 있다(제1조). 기본이념(제2조)에서는 차별금지, 안정된 가정환경에서 자라날 권리, 아동이익 최우선의 원칙이 규정되었다.

(2) 적용대상

이 법에서 아동이라 함은 18세 미만의 자를 말한다고 정의하고 있으며, 보호대상아동이란 보호자가 없거나 보호자로부터 이탈된 아동, 또는 보호자가 아동을 학대하는 등 그 보호자가 아동을 양육하기에 부적당하거나 양육할 능력이 없는 경우의 아동을 말한다. 그리고 지원대상아동이란 아동이 조화롭고 건강하게 성장하는 데에 필요한 기초적인 조건이 갖추어지지 아니하여 사회적·경제적·정서적 지원이 필요한 아동을 말한다(제3조).

(3) 급여내용

아동보호조치 및 복지서비스의 내용으로는 보호조치(제15조), 친권상실선고의 청구(제18조), 아동의 후견인 선임청구(제19조), 아동에 대한 보호서비스 및 아동학대의 예방 및 방지(제3장), 아동에 대한 지원서비스(제4장), 취약계층아동에 대한 통합서비스 지원(제37조) 등을 규정하였다.

(4) 전달체계

아동복지의 실전주체로서 국가와 지방자치단체의 책무(제4조), 보호자와 모든 국민의 책무(제5조)를 규정하였다. 제10조에서는 아동의 권리증진과 건강한 출생 및 성장을 위하여 종합적인 아동정책을 수립하고 관계 부처의 의견을 조정하며 그 정책의 이행을 감독·평가하기 위하여 국무총리 소속으로 아동정책조정위원회를 두게 하였다. 그 외 아동복지의 전달체계로서는 시·군·구에 아동복지심의위원회(제12조)와 아동위원(제14조)을 두도록 하였다. 아동복지시설의 종류는 다음과 같다. 아동양육시설, 아동일시보호시설, 아동보호치료시설, 공동생활가정, 자립지원시설, 아동상담소, 아동전용시설, 지역아동센터를 둔다(제52조).

인력으로는 다음과 같이 규정한다. 아동위원(제14조)과 아동복지전담공무원(제13조), 아동복지시설종사자(제54조)에 관하여 규정하였다.

(5) 재정체계

재정에 관하여는 다음과 같이 규정한다. 국가와 지방자치단체의 비용보조(제5조)와 아동의 부양의무자로부터의 비용징수(제60조)에 관하여 규정하였다.

3) 노인복지법

노인복지법은 1981년에 제정되고 이후 최근까지 일부 개정되었다.

(1) 목적과 기본이념

이 법은 노인의 질환을 사전예방 또는 조기발견하고 질환상태에 따른 적절한 치료·요양으로 심신의 건강을 유지하고, 노후의 생활안정을 위하여 필요한 조치를 강구함으로써 노인의 보건복지 증진에 기여함을 목적으로 규정하고 있다(제1조). 법의 기본이념으로는 노인은 후손의 양육과 국가 및 사회의 발전에 기여하여 온 자로서 존경받으며 건전하고 안정된 생활을 보장받는다. 노인은 그 능력에 따라 적당한 일에 종사하고 사회적 활동에 참여할 기회를 보장받는다. 노인은 노령에 따르는 심신의 변화를 자각하여 항상 심신의 건강을 유지하고 그 지식과 경험을 활용하여 사회의 발전에 기여하도록 노력하여야 한다고 규정하고 있다(제2조).

(2) 적용대상

경로우대의 대상(제26조), 상담과 시설입소조치의 대상(제28조)을 규정하였다.

(3) 급여내용

노인을 위한 경로연금(제2장)에 관한 내용으로는 지급대상, 지급액, 지급기간 및 지급시기 등(제9조 제22조)이 규정되어 있었으나, 2008년부터 기초노령연금법(2007. 4. 25)의 제정으로 경로연금에 관한 모든 조항이 삭제되었고, 2014년부터는 기초연금법에 의한 기초연금으로 시행되고 있다. 보건·복지조치(제3장)에서는 노인사회참여 지원(제23조), 지역봉사지도원 위촉 및 업무(제24조), 생업지원(제25조), 경로우대(제26조), 건강진단(제27조), 상담·입소 등의 조치(제28조), 치매관리사업(제29조), 노인재활요양사업(제30조)을 규정하였다.

(4) 전달체계

노인복지 증진의 책임주체로서 국가와 지방자치단체는 노인의 보건 및 복지 증진의 책임이 있으며, 이를 위한 시책을 강구하여 추진하여야 한다고 규정하였다(제4조). 노인복지시설의 설치·운영(제4장)에서는 노인복지시설의 종류로서 노인주거복지시설, 노인의료복지시설, 노인여가복지시설, 재가노인복지시설, 노인보호전문기관을 규정하였다.

(5) 재정체계

비용(제5장)에 관한 내용으로는 제45조의 규정에 의하여 국가 또는 지방자치단체가 부담하는 연금지급 비용의 부담 비율은 국가가 100분의 70, 지방자치단체가 100분의 30으로 하며, 다만, 특별시의 경우에는 국가가 100분의 50, 특별시가 100분의 50으로 한다. 그리고 노인일자리전담기관의 설치·운영 또는 위탁에 소요되는 비용, 건강진단 등과 상담·입소 등의 조치에 소요되는 비용, 노인복지시설의 설치·운영에 소요되는 비용은 대통령령이 정하는 바에 의하여 국가 또는 지방자치단체가 부담하도록 하였다.

4) 장애인복지법

1981년에 제정되었던 심신장애자복지법을 1989년에 장애인복지법으로 새로이 제정되었으며, 1999년과 2007년에 전면 개정되었다.

(1) 목적과 기본이념

장애인복지법은 총칙(제1장)의 내용 중 제1조(목적)에서 장애인의 인간다운 삶과 권리보장을 위한 국가와 지방자치단체 등의 책무를 명백히 하고, 장애발생의 예방과 장애인의 의료, 교육, 직업재활, 생활환경 개선 등에 관한 사업을 정하여 장애인복지대책을 종합적으로 추진하며, 장애인의 자립생활, 보호 및 수당지급 등에 관하여 필요한 사항을 정하여 장애인의 생활안정에 기여하는 등 장애인의 복지와 사회활동 참여증진을 통하여 사회통합에 이바지함을 목적으로 한다고 규정하였다(제1조). 장애인의 정의에서 장애인은 신체적·정신적 장애로 오랫동안 일상생활이나 사회생활에서 상당한 제약을 받는 자를 말한다(제2조). 장애인복지의 기본이념은 장애인의 완전한 사회참여와 평등을 통하여 사회통합을 이루는 데 있다(제3조). 또한 장애인의 권리(제조)에서 인간으로서 존엄과 가치존중, 국가·사회구성원으로서 모든 분야의 활동에 참여할 권리, 장애인 관련 정책결정과정에 우선적으로 참여할 권리를 규정하고, 장애인 및 보호자 등에 대한 의견수렴과 참여(제5조), 중증장애인의 보호(제6조), 여성장애인의 권익보호(제7조), 차별금지(제8조)를 규정하였고, 장애인복지의 실천주체로서 국가와 지방자치단체의 책임(제9조), 국민의 책임(제10조)을 규정하고, 장애인정책조정위원회를 국무총리 소속하에 두고(제11조), 지방자치단체에는 지방장애인복지위원회를 두도록 하였으며(제13조), 4월 20일을 장애인의 날로 정하였다(제14조).

기본시책의 강구(제2장)에서는 장애발생 예방, 의료와 재활치료, 사회적응훈련, 교육, 직업, 정보에의 접근, 편의시설, 안전대책 강구, 사회적 인식 개선, 선거권 행사를 위한 편의제공, 주택 보급, 문화환경의 정비, 복지연구 등의 진흥, 경제적 부담의 경감 등에 관하여 규정하였다.

(2) 적용대상

장애수당(제49조), 장애아동수당과 보호수당(제50조), 산후조리도우미 지원(제37조)의 대상은 대통령령으로 정하도록 하였으며, 의료비 지급(제36조), 자녀교육비 지급(제38조), 자립훈련비 지급(제43조)의 대상은 보건복지부령으로 정하도록 하였다.

(3) 급여내용

복지 조치(제3장)에서는 3년마다 장애실태조사 실시, 장애인 등록과 취소, 서비스지원 종합조사, 복지서비스에 관한 장애인지원사업, 사례관리, 정보제공, 장애인복지상담원, 재활상담 등의 조치, 장애유형·장애정도별 재활 및 자립지원서비스 제공, 의료비 지급, 자녀교육비 지급, 장애인사용 자동차 등에 대한 지원, 장애인보조견의 훈련·보급 지원, 자금의 대여, 생업 지원, 자립훈련비 지급, 생산품 구매, 생산품 인증, 고용촉진, 공공시설의 우선 이용, 장애수당, 장애아동수당과 보호수당 등에 관한 내용을 규정하였다.

자립생활의 지원(제4장)에서는 자립생활지원, 중증장애인자립생활지원센터를 통한 서비스, 활동지원급여의 지원(제55조), 장애동료간 상담을 규정하였다.

(4) 전달체계

장애인복지인력으로는 시·군·구에 두는 장애인복지상담원(제33조), 장애인복지전문인력(제7장), 복지시설 및 단체(제5장)에서는 장애인복지시설의 종류로서 장애인거주시설, 장애인지역사회재활시설, 장애인직업재활시설, 장애인의료재활시설을 규정하였다.

(5) 재정체계

국가와 지방자치단체의 비용보조(제81조), 장애인복지실시기관의 비용부담(제47조), 해당 장애인 또는 부양의무자의 비용수납(제80조)에 관하여 규정하였다.

5) 한부모가족지원법

1989년에 모자복지법으로 제정되었으나, 2002년 모·부자복지법, 2008년 한부모가족지원법으로 명칭이 개정·시행되고 있다.

(1) 목적

이 법은 한부모가족이 건강하고 문화적인 생활을 영위할 수 있게 함으로써 한부모가 가족의 생활안정과 복지 증진에 기여함을 목적으로 한다(제1조).

(2) 적용대상

이 법에서의 급여대상인 모 또는 부의 정의는 배우자와 사별 또는 이혼하거나 배우자로부터 유기된 자, 정신 또는 신체의 장애로 인하여 장기간 노동능력을 상실한 배우자를 가진 자, 미혼자(사실혼관계에 있는 자 제외) 등이며, 한부모가족이란 모자가족 또는 부자가족을 말하며, 아동은 18세 미만의 자이다(제4조).

(3) 급여내용

제2장에서 보호대상의 자의 조사 보고, 복지급여의 신청, 복지급여내용, 복지자금대여, 고용의 촉진, 고용지원연계, 시설우선이용, 가족지원서비스, 국민주택의 분양 및 임대 등 복지의 내용과 실시를 규정하고 있다.

(4) 전달체계

한부모가족복지의 전달체계로서 한부모가족복지상담소, 한부모가족복지상담원에 대해 규정하고 있다. 제3장에 규정된 한부모가족복지시설의 종류는 다음과 같다. 모자보호시설, 모자자립시설, 부자보호시설, 부자자립시설, 미혼모자시설, 미혼모자공동생활가정, 모자공동생활가정, 부차공동생활가정, 미혼모공동생활가정, 일시보호시설, 여성복지관, 한부모가족복지상담소가 있다(제19조). 한부모가족복지의 실천주체로서 국가와 지방자치단체는 한부모가족의 복지를 증진할 책임을 지며(제2조), 한부모가족의 모 또는 부와 아동은 그가 가지고 있는 자산과 노동능력 등을 최대한으로 활용하여 자립과 생활향상을 위하여 노력하여야 함을 규정하고 있다(제3조).

(5) 재정체계

복지급여의 내용(제12조)으로는 생계비, 아동교육지원비, 직업훈련비 및 훈련기간 중 생계비, 아동양육비, 기타 대통령령이 정하는 비용이다. 국가 또는 지방자치단체는 대통령령이 정하는 바에 의하여 한부모가족복지사업에 소요되는 비용을 보조할 수 있다.

6) 영유아보육법

1991년에 제정된 이 법을 2004년에 전면 개정되었고, 이후 일부 개정되어 시행되고 있다.

(1) 목적과 보육이념

이 법은 영유아의 심신을 보호하고 건전하게 교육하여 건강한 사회구성원으로 육성함과 아울러 보호자의 경제적·사회적 활동이 원활하게 이루어지도록 함으로써 영유아 및 가정의 복지 증진에 이바지함을 목적으로 한다(제1조). 보육이념은 영유아의 이익을 최우선적으로 고려하는 원칙, 영유아가 안전하고 쾌적한 환경에서 건강하게 성장할 수 있도록 하는 원칙, 어떠한 종류의 차별도 금지하는 원칙을 포함하고 있다(제3조).

(2) 적용대상

용어의 정의에서 "영유아"라 함은 6세 미만의 취학 전 아동을 말하며, "보육"이라 함은 영유아를 건강하고 안전하게 보호양육하고 영유아의 발달특성에 적합한 교육을 제공하는 어린이집 및 가정양육지원에 관한 사회복지서비스를 말한다(제2조).

(3) 급여내용

제4장 어린이집의 운영에 관하여는 운영기준, 보육시간의 구분, 어린이집운영위원회, 부모모니터링단, 취약보육의 우선실시, 시간제보육서비스, 이용대상, 우선 제공, 보육과정, 어린이집생활기록, 어린이집평가에 관한 사항을 규정하였다(제24조~제30조). 제5장 건강·영양 및 안전에서는 건강관리 및 응급조치, 어린이집 안전공제사업 예방접종 여부의 확인, 치료 및 예방조치, 급식관리 등에 관한 내용을 포함하였다.

(4) 전달체계

영유아보육의 실천주체로서 모든 국민, 국가와 지방자치단체는 영유아를 건전하게 보육할 책임을 규정하였다. 보육정책기관으로는 국무총리 소속으로 보육정책조정위원회(제5조), 보건복지부에 중앙보육정책위원회와 시·도와 시·군·구에 지방보육정책위원회의 설치(제6조), 육아종합지원센터(제7조)의 설치에 관한 내용을 규정하였다. 제2장에서는 어린이집의 설치를 규정하였으며, 구체적으로 어린이집의 종류(제10조)와 보육계획의 수립 및 시행(제11조), 국공립어린이집의 설치(제12조), 국공립어린이집 외의 어린이집의 설치(제13조), 직장어린이집의 설치(제14조)를 포함하고 있다. 제3장에서는 보육교직원에 관한 내용으로 보육시설 설치기준과 보육교직원의 배치, 보육교직원의 등급과 자격, 어린이집 설치기준을 규정하고 있다.

(5) 재정체계

비용의 부담에 관하여 국가와 지방자치단체가 영유아에 대한 보육을 무상으로 하는 무상보육을 규정하였고 그 내용 및 범위는 대통령령으로 정하였다(제3조).

그리고 양육수당, 보육서비비스이용권, 제10조에 따른 어린이집의 설치, 보육교사(대체 교사 포함)의 인건비, 초과보육(超過保育)에 드는 비용 등 운영 경비 또는 지방육아종합지원센터의 설치·운영, 보육교직원의 복지증진, 취약보육의 실시 등 보육사업에 드는 비용의 전부 또는 일부 보조(제6조), 그리고 어린이집을 설치한 사업주의 비용부담(제37조), 시·도지사가 정하는 범위 안에서 어린이집 이용자로부터의 보육료 수납(제38조)에 관하여 규정하였다.

7) 정신건강복지법

정신보건법은 1995년에 제정되었으며, 2020년 현재 정신건강증진 및 정신질환자 복지서비스 지원에 관한 법률(약칭: 정신건강복지법)로 개정되어 시행되고 있다.

(1) 목적과 보육이념

이 법은 정신질환의 예방·치료, 정신질환자의 재활·복지·권리보장과 정신건강 친화적인 환경 조성에 필요한 사항을 규정함으로써 국민의 정신건강증진 및 정신질환자의 인간다운 삶을 영위하는 데 이바지함을 목적으로 한다. 기본이념으로는 ① 모든 국민은 정신질환으로부터 보호받을 권리를 가진다. ② 모든 정신질환자는 인간으로서의 존엄과 가치를 보장받고, 최적의 치료를 받을 권리를 가진다. ③ 모든 정신질환자는 정신질환이 있다는 이유로 부당한 차별대우를 받지 아니한다. ④ 미성년자인 정신질환자는 특별히 치료, 보호 및 교육을 받을 권리를 가진다. ⑤ 정신질환자에 대해서는 입원 또는 입소가 최소화되도록 지역 사회 중심의 치료가 우선적으로 고려되어야 하며, 정신건강증진시설에 자신의 의지에 따른 입원 또는 입소가 권장되어야 한다. ⑥ 정신건강증진시설에 입원 등을 하고 있는 모든 사람은 가능한 한 자유로운 환경을 누릴 권리와 다른 사람들과 자유로이 의견교환을 할 수 있는 권리를 가진다. ⑦ 정신질환자는 원칙적으로 자신의 신체와 재산에 관한 사항에 대하여 스스로 판단하고 결정할 권리를 가진다. 특히 주거지, 의료행위에 대한 동의나 거부, 타인과의 교류, 복지서비스의 이용 여부와 복지서비스 종류의 선택 등을 스스로 결정할 수 있도록 자기결정권을 존중받는다. ⑧ 정신질환자는 자신에게 법률적·사실적 영향을 미치는 사안에 대하여 스스로 이해하여 자신의 자유로운 의사를 표현할 수 있도록 필요한 도움을 받을 권리를 가진다. ⑨ 정신질환자는 자신과 관련된 정책의 결정과정에 참여할 권리를 가진다고 규정하였다(제2조). 용어의 정의에서는 정신질환자, 정신건강복지센터, 정신건강증진시설, 정신의료기관, 정신요양시설, 정신재활시설을 규정하였다(제3조).

(2) 적용대상

"정신질환자"라 함을 망상, 환각, 사고(思考)나 기분의 장애 등으로 인하여 독립적으로 이상생활을 영위하는 데 중대한 제약이 있는 사람을 말한다고 규정하였다(제3조).

(3) 급여내용

서비스 내용으로 보호 및 치료(제5장), 퇴원 등의 청구·심사(제6장), 권익보호 및 지원 등(제7장)에 관한 사항을 규정하였다. 보호 및 치료의 내용으로는 자의입원, 동의입원, 특별자치시장·특별자치도지사·시장·군수·구청장에 의한 입원 등, 응급입원에 관한 내용을 규정하였다.

(4) 전달체계

정신건강 증진의 실천주체인 국가와 지방자치단체는 ① 국민의 정신건강을 증진시키고, 정신질환을 예방·치료하며, 정신질환자의 재활 및 장애극복과 사회적응 촉진을 위한 연구·조사와 지도·

상담 등 필요한 조치, ② 정신질환의 예방·치료와 정신질환자의 재활을 위하여 정신건강복지센터와 정신건강증진시설, 사회복지시설, 학교 및 사업장 등을 연계하는 정신건강서비스 전달체계 확립, ③ 정신질환자 등과 그 가족에 대한 권익향상, 인권보호 및 지원 서비스 등에 관한 종합적인 시책을 수립하고 그 추진을 위한 노력, ④ 정신질환자등과 그 가족에 대한 모든 차별 및 편견을 해소하고 차별받은 정신질환자 등과 그 가족의 권리를 구제할 책임이 있으며, 정신질환자 등과 그 가족에 대한 차별 및 편견을 해소하기 위하여 적극적인 조치를 하여야 한다(제4조).

그리고 국민은 정신질환의 예방과 정신건강 증진을 위하여 국가 및 지방자치단체가 실시하는 조사 및 관련 정신건강증진사업에 협력하여야 한다(제5조).

전달체계로서 정신건강증진시설의장에 관한 사항을 규정하고, 보건복지부장관 또는 시·도지사에 의한 설치·운영하는 국공립정신병원(제21조), 사회복지법인 기타 비영리법인이 보건복지부장관의 허가를 받아 설치·운영하는 정신요양시설(제22조), 정신재활시설(제2조)에 관하여 규정하였다.

전문인력에 관하여 정신건강전문요원(제17조)에서 보건복지부장관은 정신건강 분야에 관한 전문지식과 기술을 갖추고 보건복지부령으로 정하는 수련기관에서 수련을 받은 자에게 정신건강전문요원의 자격증을 교부할 수 있으며, 정신건강전문요원은 정신건강임상심리사, 정신건강간호사 및 정신건강사회복지사로 한다고 규정하였다. 정신건강전문요원의 구체적인 업무의 범위와 한계, 자격·등급에 관하여 필요한 사항은 대통령령으로 정하고, 수련과정 및 자격증의 교부절차 등에 관하여 필요한 사항은 보건복지부령으로 정한다고 하였다.

(5) 재정체계

비용의 부담(제80조)에서 국가와 지방자치단체는 진단 및 치료에 소요되는 비용의 전부 또는 일부를 부담할 수 있으며, 비용의 부담에 관하여 필요한 사항은 시행령으로 정하고, 비용의 징수(제81조)에 있어 사회요양시설과 정신재활시설의 설치·운영자는 시설을 이용하는 자로부터 보건복지부장관이 정하여 고시하는 비용징수한도액의 범위 안에서 그에 소요되는 비용을 징수할 수 있으며, 그리고 국가와 지방자치단체의 보조금(제82조)에 관하여 규정하였다.

8) 사회복지조직의 합치 방안

지역사회복지에서 민간영역과 공공영역의 합치 방안은 오늘날 다양한 지역복지정책을 결정할 수 있는 조정기제로 지역사회구성원들이 수평적인 관계 속에서 지역사회복지문제를 해결할 수 있게 하는 방향이 될 수 있다. 따라서 지역사회복지에서 민간영역과 공공영역의 합치는 오늘날 통합적 복지서비스를 실현하기 위한 교환체계의 방향으로 이루어질 수 있어야 할 것이다. 따라서 합치의 방안은 아래와 같은 방안으로 서술하여 보았다.

(1) 수평적 협의와 협력

지역사회복지 강화를 위해서는 공공영역과 민간영역의 협의체계 구축이 가장 중요하다 할 것이다. 하지만 선행되어야 하는 것에는 공공과 민간이 각자의 역할을 충실히 할 수 있는 것이 중요할 것이며, 그러한 과정에서도 수평적 협의와 협력이 필요할 것이다. 즉 지역복지의 수행과정에 있어서 공공영역이 민간영역을 포괄할 수 있는 합집합 개념으로써 이해하기보다는, 각 영역의 자율성, 개별성의 영역을 유지하면서 지역복지문제를 해결하기 위해 함께 결합하는 협력시스템 적용이 필요할 것이다.

(2) 공공영역 중심 합치 방식 전환

공공영역 중심으로만 이루어져왔던 민관협치 방식에 대한 전환이 이루어져야 할 것이다. 공공영역 중심에서 강조되어 왔던 제도 기반 마련, 재원 확충은 지역 내 민관협력 기반을 조성하는 데에 일조한 것이라 보는 견해가 있지만, 이는 민관 협치 필요 충분한 조건이 아니기에 민간영역의 적극적 참여, 협조, 또한 공공과 민간의 시너지 효과를 내기 위한 형식적 합치를 벗어나 민간영역이 다양한 역할을 수행하고 적극적으로 참여하는 방안마련이 필요하다. 이를 위해서라면 공공과 민간의 복지자원 공유, 자발적 민관협력을 위한 알선 복지제공자의 인식전환이 필요할 것이다.

MEMO

06

CHAPTER

사회복지실천의 과정

1 사회복지실천의 정의

사회복지실천(social work pacice)은 개인, 가족, 집단, 조직, 그리고 지역사회가 필요한 사회적 기능을 회복하거나 향상시키며, 이에 적절한 사회조건을 만들이 나가도록 돕는 전문석 활동이다. 사회복지사는 클라이언트의 고통을 감소시키고 불평등을 바로잡으며 복지를 증진시키고자 한다. 또한 시민으로서 클라이언트의 참여능력이 제한을 받거나 감소될 때는 개인이나 조직이나 지역사회의 힘을 동원하여 이를 다루고자 한다. 따라서 사회복지실천은 사회적·경제적·문화적인 과정이나 구조에서 소외된 사람들을 위하여 특별한 관심을 기울인다.

사회복지실천의 목적은 모든 사람들의 삶의 질을 개선시키기 위하여 서로에게 유익한 개인과 사회의 상호작용을 증진시키거나 회복시키는 일이다(NASW, 1995). 즉, 클라이언트의 문제해결을 위한 직접적인 개입활동에 그치는 것이 아니라 개인의 능력과 기회, 그리고 삶의 질이 제도적으로 보장되도록 사회구조의 효과성을 증진시키는 데에도 관심을 기울인다.

핀커스와 미나한은 개인과 가족, 지역사회의 성장과 안녕이 균형적으로 보장될 수 있는 사회복지실천의 목적을 다음과 같이 보다 구체적으로 설명했다(Pincus & Minahan, 1973).

- ▶ 문제해결과 적응능력을 향상시킨다.
- ▶ 자원, 서비스, 그리고 기회를 제공하는 체계와 연결시킨다.
- ▶ 자원이나 서비스 제공 체계들의 기능을 증진시킨다.
- ▶ 사회정책의 개발과 개선에 기여한다.

사회복지실천활동은 사회복지사의 업무를 중심으로 직접실천과 간접실천으로 나눌 수 있다. 직접실천은 클라이언트를 직접 만나 필요한 도움을 주는 실천방법으로서, 클라이언트와의 면담이나 상담활동을 중심으로 이루어진다. 이에 비해 간접실천은 클라이언트와 관련된 주변 체계나 환경에 개입하여 문제를 예방하거나 문제해결에 도움을 주는 자원과 지지를 얻는 실천방법으로서, 사회적 지지체계나 복지서비스의 제공을 활성화하기 위한 활동들이 포함된다.

이와 같은 사회복지실천의 특성을 정리해 보면 다음과 같다(장인협 외, 2009).

▶ 모든 사람들의 삶의 질 개선에 목적을 둔다.

▶ 사회복지실천은 개인, 가족, 집단, 조직 및 지역사회 등 상호 연관성을 지닌 다양한 수준의 인구 집단들을 대상으로 한다.

▶ 사회복지실천의 초점은 인간과 환경의 쌍방에 둔다. 즉, 인간과 환경의 상호 관계의 개입 초점을 중시한다.

▶ 인간의 사회적 기능을 향상시키기 위해서는 그에 적합한 사회적 상황이 필요하며, 환경의 개선 없이는 목표의 달성이 어렵다.

▶ 사회복지실천의 원리적 인식으로서 가치 합리적 방향의 중요성을 강조한다. 인간의 존엄, 개별화 및 자기결정의 가치 등 인도주의 이념을 전제로 하고 있다.

한편, 전통적으로 사회복지실천 현장의 사회복지사들은 실천 대상의 유형에 따라 개별사회복지사, 집단사회복지사, 또는 지역사회조직가 등으로 불렸다. 그러나 일반체계이론과 생태학 이론 등 통합적 접근을 뒷받침할 수 있는 이론들이 소개되고 적용범위를 확장해 가면서, 점차 전통적인 3대 사회복지방법론 관련 용어들은 사용되지 않고 새로운 통합방법론으로서 사회복지실천이라는 용어가 사용되고 있다. 또한 최근에는 사회복지실천이 미시적(micro) 수준에서 중범위(mezzo) 수준, 거시적(mcro) 수준으로 점차 확장되고 있다. 따라서 오늘날의 사회복지사들은 개인, 가족, 집단, 조직, 그리고 지역사회 수준에서 변화매개체로서 실천활동을 수행하며, 훨씬 더 복합적인 역할들을 맡게 되었다.

이와 같은 실천 맥락에서 여러 체계 수준에서 제기되는 문제들에 대처해 나가고자할 때 활용할 수 있는 공통된 원리나 개념을 제공할 수 있는 일반 사회복지실천(generlist social work practice)이 점차 중요시되고 있다. 미국사회복지교육협의회[1]는 모든 학사 및 석사과정에서 일반 사회복지실천을 교육하도록 요구하고 있다(오정수 외, 2020).[2]

2

일반 사회복지실천

일반 사회복지실천은 문제 상황을 '환경 속의 인간'이라는 개념 틀에서 인식하고, 필요한 경우에는 여러 역할들을 맡으면서 여러 다른 수준에서 기꺼이 개입하고자하고 또 개입할 수 있는 실천을 가리킨다. 일반 실천(generalist)은 '광범위한 영역을 포괄할 수 있는 지식과 기술을 가지고 있고, 문제와 그 해결책을 포괄적으로 사정하는 사회복지사'라고 정의된다(Barker, 1999).[3]

앤더슨(Anderson, 1981)은 일반 실천가의 특성을 다음과 같이 정리했다.

▶ 일반 실천가는 대부분 클라이언트가 사회복지체계에 들어와서 처음 만나게 되는 전문가이다.

▶ 사회복지사는 클라이언트의 욕구를 사정하고 스트레스 요소와 문제를 파악할 수 있는 능력이 있어야 한다.

▶ 사회복지사는 클라이언트에게 서비스를 제공하는 데 있어서 다양한 기술과 방법을 사용해야 한다.

---

1) 사회복지 학사 및 석사과정을 인증하는 국가기관
2) 석사과정에서는 이외에도 보통 전문 분야 하나를 선택해야 하는데, 일반적으로 가족치료, 행정, 교정, 임상사회사업 등 전문 분야의 교육과정이 제공되고 있다.
3) 일반 실천과 대비되는 실천으로서, 전문 실천(specialist practice)은 클라이언트의 유형, 개입 수준, 활용방법, 사회복지사의 주요 역할 등이 특정하게 정해져 있는 사회복지실천을 가리킨다(Sheafor & Horejsi, 2006).

일반 사회복지실천은 생각할 수 있는 거의 모든 원조상황을 포함한다고 할 수 있다. 사회복지전문직은 오랜 기간 동안 여러 분야와 여러 방법에 공통되는 일반 실천의 개념을 정립하기 위해 노력해 왔다. 그럼에도 불구하고 예전의 신입 사회복지사들은 개별사회복지, 집단사회복지, 지역사회조직 가운데 하나의 영역이나 아동과 가족 혹은 정책과 행정 가운데 어느 하나의 실천 영역에 대한 훈련만을 집중적으로 받았었다. 그에 비해 오늘날의 일반 실천 사회복지사는 하나의 궤도에만 초점을 맞추는 대신에 다양한 분야에서 다양한 역할을 수행할 수 있는 능력을 갖추어야 할 필요가 있다. 이 과정에서 다음과 같은 여러 다양한 업무들을 수행한다.

- 개별 및 가족상담을 한다.
- 전화상담을 한다.
- 가정방문을 한다.
- 전체 직원회의, 팀회의, 사례회의에 참석한다.
- 수퍼비전을 받는다.
- 지역사회의 욕구사정을 한다.
- 프로그램을 기획한다.
- 기획팀의 회의에 참석한다.
- 기획안과 결재서류를 작성한다.
- 프로그램 강사와 장소를 섭외한다.
- 프로그램을 홍보하고 대상자를 모집·선정한다.
- 예산지출 품의요구서를 작성한다.
- 물품 및 재료를 구입한다.
- 프로그램을 진행, 기록, 평가한다.
- 결과보고서를 기록한다.
- 재원 확보를 위한 사업제안서를 작성하고 신청한다.
- 외부지원사업을 수행하고 회계를 관리한다.
- 관련 기관에 자문을 제공한다.
- 지역사회의 관련 위원회 및 협의체에 참석한다.

- 자원봉사자를 관리한다.
- 자조모임을 지원한다.
- 협력 및 연계기관을 관리한다.
- 지역사회 자원을 동원한다.
- 실습지도를 한다.
- 마을신문 발간을 지원한다.
- 시설관리를 한다.

이와 같이 일반 실천가는 개인, 가족, 집단, 조직, 지역사회 등의 다양한 체계를 대상으로 활동하기 때문에 다양한 어려운 상황들을 다룰 준비가 되어야 한다. 다음의 〈표6-1〉은 일반 실천의 정의에 포함되는 기본 개념들이다.

<표 6-1> 일반 실천의 정의

1. 절충적 지식 기반의 습득
1) 체계이론
2) 생태학적 관점
3) 교과과정 내용 인간행동과 사회환경, 사회복지정책, 실천 및 실천기술, 조사연구, 인간의 다양성, 사회적·경제적 정의 증진, 위험 인구, 실습, 사회복지 가치와 윤리
4) 실천 분야
2. 전문직 가치의 사용
1) 윤리강령
2) 윤리적 딜레마의 해결에 전문적 가치 적용
3. 다양한 범주의 기술 적용
1) 미시
2) 중범위
3) 거시
4. 모든 규모의 체계를 표적
1) 미시
2) 중범위
3) 거시

자료: Kirst-Ashman(2003: 88).

커스트 애쉬먼은 일반 실천이란 어떤 수준의 체계이든지 변화를 위한 표적으로 삼기 위해 다음의 네 가지 주요 과정의 맥락 안에서 절충적 지식기반, 전문직 가치, 그리고 다양한 범주의 기술을 적용하는 실천으로 정의하고 있다(Kirst-Ashman, 2003).

▶ 조직 구조 안에서 수퍼비전을 받으며 효과적으로 일한다.

▶ 광범위한 전문적 역할을 수행한다.

▶ 계획된 변화과정에 비판적 사고 기술을 적용한다.

▶ 클라이언트의 역량강화를 강조한다.

3 사회복지실천의 수준

사회복지전문직은 사람들의 안녕(well-being)을 향상시키기 위해서 개인, 가족, 집단, 조직, 그리고 지역사회를 대상으로 실천활동을 수행해 왔다. 특히, 오늘날의 일반 실천 사회복지사들은 극히 개인적인 문제로 고통받는 개인으로부터 사회 전체에 심각한 영향을 미치는 광범위한 문제에 직면하고 있는 근린 지역사회에 이르기까지 다양한 클라이언트 체계를 대상으로 문제를 규명하고, 해결할 수 있도록 돕기 위해 노력하고 있다. 사회복지실천은 크게 미시적, 중범위, 거시적 세 수준의 실천으로 분류될 수 있다. 미시적 실천은 미시세계인 개인 클라이언트를 대상으로 하는 개입이며, 중범위 실천은 중범위체계인 소집단을 대상으로 이루어진다. 거시적 실천은 거시체계인 조직과 지역사회를 대상으로 하는 개입이다. 한편 가족대상 실천은 친밀한 유대관계를 지닌 소집단인 가족을 대상으로 하기 때문에 미시적 실천과 중범위 실천을 합한 형태가 된다.

개인(미시세계)대상 실천에서 사회복지사는

- 쪽방에서 생활하고 있는 독거노인에게 의료서비스를 지원하고, 적합한 노인요양시설의 선택을 도울 수 있다.
- 보호관찰 중인 청소년의 어머니에게 자녀 양육방법 및 부모자녀관계 개선을 위한 상담서비스를 제공할 수 있다.
- 재가서비스를 받고 있는 말기 대장암 활자가 삶의 마지막 결정들을 하는 것을 돕고, 남은 생애를 가능한 한 편안하게 보낼 수 있도록 지원할 수 있다.

집단(중범위체계)대상 실천에서 사회복지사는

- 지역노인을 위한 여가활동 프로그램을 운영할 수 있다.

- 알코올 의존자 가족을 위한 지지집단을 이끌 수 있다.
- 행동장애 자녀가 있는 빈곤 모자가정을 위해 정신과병원, 아동상담센터, 지역주민센터, 직업훈련기관, 자원봉사단체, 재가서비스, 대안학교 등 여러 기관의 실무자들이 참석하는 사례회의를 주재할 수 있다.

조직과 지역사회(거시체계)대상 실천에서 사회복지사는

- 빈곤가정에 명절 선물을 전달하는 사업을 하고 있는 사회서비스기관들의 협력을 주도할 수 있다.
- 저소득층 영구임대아파트의 난방시설 개선을 위해 정책결정자들과 접촉하고 옹호활동을 할 수 있다.
- 범죄 발생을 감소시키기 위해서 주민들이 협력하여 지역을 지키고 의심스러운 행동을 보호하는 '이웃 지킴이 프로그램'을 시작하도록 우범지역의 주민들을 지원할 수 있다.

이상과 같은 미시적, 중범위, 거시적 수준의 실천 사이에는 통합적인 연결이 존재한다. 일반 실천의 기술은 기시적 수준에서 중범위 수준으로, 그리고 거시적 수준으로 발전하며 형성된다. 집단성원인 개인들과의 관계를 형성하기 위해서는 기본적인 미시적 기술을 먼저 습득하는 것이 필요하다. 마찬가지로 거시적 실천인 조직과 지역사회 수준에서 개인이나 집단과 관계를 형성하고 함께 일하기 위해서는 미시적 기술과 중범위 기술을 우선 숙달할 필요가 있는 것이다.

4

사회복지사의 역할

사회복지사는 일반 실천과 전문실천 활동에서 다양한 실천방법을 사용하여 광범위한 범주의 문제들을 다룬다. 그러므로 다양한 역할들을 잘 알고 숙련된 실천을 할 필요가 있다. 전문직 역할이란 정해진 기능을 수행하는 데 포함되는 행동과 활동들로 구성된다. 사회복지사는 직접 서비스를 제공하고, 체계들을 연결·유지·강화하며, 체계를 개발하고, 조사연구를 하며, 행정 업무를 수행하는 등 다양한 역할을 한다. 이상적인 실천에서 사회복지사는 주어진 상황에서 몇 개의 가능한 초점들과 개입 수준을 분명히 한 후에 가장 적절하고 실행 가능한 실천방법을 선택하고, 그에 따라 가장 효과적인 역할을 선택하게 되는 것이다. 미시적, 중범위, 거시적 수준에서 사회복지사가 수행하는 중요한 역할들을 살펴보면 다음과 같다(Sheafor & Horejsi, 2006; Zastrow, 20; Cummins et al, 2006; Boyle et al., 2006).

1) 교육자

정보를 제공하고 지식과 기술을 가르치는 역할로서, 사회복지사는 클라이언트가 이해할 수 있는 방식으로 관련된 정보를 제공하고, 권고와 제안을 하고, 대안과 가능한 결과를 확인한다. 또한 행동 시범을 보이고, 문제해결 기술을 가르치고, 인식을 명확하게 함으로써 필요한 적응 기술을 가르친다. 이를 위해서 전문지식을 갖추고, 효과적인 의사소통을 할 수 있어야 한다. 새로운 지식과 기술은 삶의 여러 상황에서 발생하는 어려움을 다루고 위기를 예견하고 예방할 수 있도록 도우며, 개인, 가족, 집단, 조직, 지역사회 수준에서 클라이언트 체계를 역량강화할 수 있다. 청소년 자녀의 부모를 위한 부모역할 훈련, 실업자 직업훈련, 알코올 남용자 대상의 알코올 문제 인식교육, 직원의 전문성 향상 교육, 지역사회 정신건강 교육, 다문화 가족을 위한 지역사회서비스 안내교육 등을 제공할 수 있다.

2) 기획자

기관에서 클라이언트를 위한 새로운 서비스를 개발하는 프로그램 기획가로서 일하거나 지역사회에서 사회서비스와 지역사회 자원을 증대시키기 위해 지역사회 기획가로서 활동한다. 때로는 서비스 접근성이 떨어지는 작은 지역사회, 농촌지역, 혹은 신도시 등에서 지역사회 지도자와 함께 기획자의 역할을 맡기도 한다.

사회복지사는 공식적이거나 비공식적으로 영향력 있는 사람들과 함께 지역사회의 욕구를 충족시킬 수 있는 프로그램을 계획한다. 맞벌이가정 아동보호 프로그램, 노인과 장애인을 위한 운송 및 목욕지원서비스, 농번기의 여가활동 프로그램, 낙도 주민을 위한 건강보호 프로그램 등이 포함된다.

3) 사례관리자

다양한 기관, 조직, 시설에서 제공하고 있는 적합한 서비스에 클라이언트를 연결하고 서비스를 활용하도록 조정함으로써 개인과 가족에게 지속적으로 서비스를 제공한다. 또한 다양한 요구를 지닌 클라이언트의 기능을 최적화하기 위해서 공식적·비공식적 자원망을 창조하고 조정한다. 사례관리는 빈곤지역의 아동, 독거노인, 그룹홈의 뇌성마비 환자 등과 같이 취약하거나 심각한 장애가 있는 클라이언트에게 아주 중요한 실천방법이다. 예를 들어서, 중독자재활시설에서 알코올의존과 정신장애 문제를 동시에 가지고 있는 저소득층 클라이언트의 사례관리를 맡고 있는 사회복지사는 클라이언트에게 알코올의존 및 정신장애 치료서비스를 제공하고, 경제적 지원을 위해 행정팀에 입소비용 감면요청을 하거나 기초생활수급을 받을 수 있도록 절차를 밟고, 회복이 진행됨에 따라 재발방지상담, 지역의 A.A. 모임 연계, 주거 안정 지원, 직업훈련 및 취업기술 제공, 가족과 친구의 연결 및 지지 등 공식적이거나 비공식적인 자원을 연결하고 서비스 이용을 지지한다.

4) 상담자/임상가

다양한 임상적 개입방법과 지속적인 지지를 통하여 클라이언트의 기능 개선을 돕는다. 클라이언트가 자신의 감정에 대한 통찰을 얻고, 역기능적인 행동을 수정하며, 문제해결 기술을 습득하도록 계획된 변화나 문제해결 과정을 지원함으로써 사회적 기능수행 능력을 향상시키도록 돕는다. 예를 들어, 가정폭력으로 위탁상담 처분을 받은 행위자와 그 배우자를 대상으로 가정폭력방지 및 부부관계 개선을 위한 개별상담과 부부상담을 제공한다.

5) 아웃리치 실천가

개인의 충족되지 못한 욕구를 확인하고 그들이 원조과정과 사회서비스 체계에 들어오게 하기 위해서 잠재적 클라이언트의 환경으로 직접 들어가서 일하는 역할이다. 예를 들어 가출 청소년쉼터의 아웃리치 사회복지사는 팀을 이루어서 가출청소년들이 많이 모이는 인근지역을 돌아다니거나 아웃리치 버스를 이용한 이동 상담실을 현장에서 운영함으로써 그들의 요구를 사정할 수 있는 대화로 청소년들을 이끌고 필요한 자원과 연결시킨다.

6) 옹호자

개인, 가족, 집단, 조직, 그리고 지역사회가 도움을 필요로 하지만 기존 제도가 서비스 제공에 무관심하거나 부정적이거나 적대적일 때 옹호자 역할이 필요하다. 사회복지사는 필요한 자원, 서비스, 그리고 기회에 대한 모든 사람들의 접근성을 보장하고, 사회적 여건을 향상시키며, 사회정의를 증진시키기 위해 정책과 제도의 변화를 가져오도록 옹호활동을 한다. 클라이언트 집단이나 다른 사회복지사, 그리고 연합을 이룬 전문가 집단들과 함께 하면서 직접 개입이나 역량강화를 통해 클라이언트의 권리를 옹호할 수 있다. 예를 들어, 공공이나 민간의 재원으로 운영되던 소외계층을 위한 사회복지사업이 사업성과가 가시적이었음에도 불구하고 지원 기간 만료를 이유로 중단되려는 경우, 사회복지사는 관련 정보를 수집하여 클라이언트의 필요나 요구가 옳음을 주장하고 서비스를 제공하지 않으려는 정책결정에 도전함으로써 재결정을 이끌어낼 수 있다.

7) 자문가

서비스 제공자가 클라이언트에 대한 지식과 기술을 증진시키고 태도를 수정함으로써 보다 효과적으로 서비스를 전달할 수 있도록 지원하는 역할이다. 예들 들면, 사회복지사는 노인학대 사례판정위원, 보호관찰심의위원, 교정행정자문위원, 행정기관의 정책자문위원, 민간기관의 프로그램 자문위원 등의 활동을 통해 사회복지정책 및 실천 분야의 전문지식을 필요로 하는 특정 이슈에 대한 자문을 제공한다.

8) 조력자

개인, 가족, 집단, 조직, 지역사회를 도와 충족되지 않은 클라이언트 체계의 욕구를 분명하게 파악하고, 직면한 문제를 명확하게 확인하고, 해결 전략을 탐색해 전력을 선택하고 적용하여, 문제를 효과적으로 해결하도록 돕는 역할이다. 개별 클라이언트나 지역사회 성원들과 자원들을 확인하고 모으며, 격려하고 지지하고, 역량강화를 한다. 예를 들면, 정신과병원 퇴원환자가 정신보건센터의 치료 프로그램에 적응하도록 돕거나, 지역사회의 부녀회나 노인회 등 여러 조직이 연합조직을 구성하여 지역 청소년을 위한 흡연예방교육을 시작하도록 격려한다.

9) 조사연구자/프로그램 평가자

사회복지사들은 때로는 자료수집, 자료분석, 결과해석 등 조사연구자의 역할을 수행한다. 사회복지실천에서 조사연구는 지역의 이슈에 관한 문헌연구, 서비스 평가, 욕구조사 등을 포함한다. 목표달성척도를 사용하여 체계적으로 클라이언트의 변화를 점검하거나 평가가 가능한 개입방법을 선택하여 프로그램의 효과성을 평가하고, 사업 평가를 계획하고 수행한다. 예를 들어, 지역사회 노인의 주거환경과 관련된 욕구조사를 하거나, 자원체계에 관한 조사를 하거나, 지역주민 건강서비스가 보험 혜택을 받지 못하는 주민들의 욕구를 얼마나 잘 충족시키고 있는지 조사한다. 또한 지역사회 학교사회사업 프로그램을 운영하면서 성과 및 과정평가를 수행한다.

10) 조정자

조직화된 방식으로 구성요소들을 정리하여 다양한 체계들이 목표 달성을 위해 함께 협력하도록 돕는 역할이다. 예를 들어, 지역사회의 청소년 약물남용예방사업을 수행하기 위해 청소년상담복지센터, 중독관리통합지원센터, 정신보건센터, 학교, 교육청, 보건소, 학부모 단체, 보호관찰소, 경찰서, 청소년 수련원 등이 지역사회협력체계망을 구성해 서비스 제공을 조정하고 협력사업을 실행하여 체계적이며 효율적인 실천을 할 수 있다.

11) 중개자

클라이언트 체계에 필요한 자원을 연결한다. 사회복지사는 클라이언트의 욕구를 확인하고, 다양한 자원을 활용할 동기와 능력을 사정하며, 가장 적합한 자원에 접근할 수 있도록 돕는다. 따라서 다양한 서비스와 활용 가능한 프로그램에 관한 지식이 있어야 하고, 자원접근 절차를 이해하고, 주요 관련 체계와 좋은 관계를 형성하고 있어야 한다. 예를 들면, 가정폭력으로 심각한 위험에 처해 있는 여성을 가정폭력 피해자보호시설에 의뢰하거나, 최근에 HIV 양성진단을 받은 생활이 어려운 클라이언트를 위하여 의료적·경제적·지지적 서비스를 연계한다.

12) 중재자

체계들 간의 분쟁에 개입해서 차이를 조정하고 타협하여 상호 간에 만족할 만한 합의를 얻도록 돕는 역할을 수행한다. 다양한 종류의 중재를 하는 데 있어서 사회복지사는 전문직의 가치를 지향하고 실천기술을 사용하다. 중재자는 어느 한쪽의 편을 들지 않고 중립적 입장에서 양측이 서로 입장을 명확하게 정리하도록 돕고, 양측의 입장 차이에 관한 어떤 오해가 있는지 분명하게 확인하여, 각자 분명한 상황파악을 하도록 돕는 역할을 한다. 예를 들어, 발달장애아를 위한 그룹홈을 운영하고자 하는 기관과 동네에 장애인시설이 생기는 것을 반대하는 이웃주민들 사이에서 합의를 이룰 수 있도록 매개 역할을 한다. 또한 이혼소송 중인 부부, 근린 주민들 간의 갈등, 클라이언트와 서비스 제공자 간의 단절, 노사 갈등, 보호아동의 후견을 둘러싼 갈등 등이 중재 대상에 포함된다.

13) 촉진자

집단이나 지역사회의 변화를 위해 성원들의 참여를 촉진하는 지도자 역할을 한다. 대상체계의 기능과 상호작용을 촉진시키며, 성원 간의 지지, 격려, 협조 및 정보교환을 활성화시키고자 노력한다. 또한 행정가나 팀원으로서 기관이나 조직 내의 관계를 향상시키고, 조직 간의 연계망을 형성하고 강화시키며, 기관업무의 기획과 실행에 필요한 긍정적 변화를 일으킴으로써 클라이언트 체계의 욕구에 부합하는 보다 효과적이며 효율적인 서비스를 제공한다. 예를 들어, 당뇨병 소아환자를 위한 지지집단, 거식증을 가진 젊은 여성들을 위한 치료집단, 가정폭력 피해자의 치료집단, 청소년 사회화집단, 고용지원 프로그램의 스트레스 관리집단, 조직혁신을 위한 과업수행팀 등에서 촉진자의 역할을 수행한다.

14) 행동가

제도의 변화를 추구하며, 흔히 불평등이나 불이익을 경험하고 있는 집단에게 권력이나 자원을 이동시키려는 목표를 추구한다. 행동가들을 사회정의, 비평 형성, 소외와 박탈에 관심을 가지며, 갈등, 대결, 협상을 전략으로 사용한다. 사회환경을 바꾸어서 개인의 욕구를 더 잘 충족시키도록 하는 것을 목적으로 한다. 공격적이고 행동지향적인 방법을 사용함에 있어서 사회복지사는 사실 발견, 지역사회 욕구분석, 조사연구, 정보의 공개와 해설, 동원을 사용하여 대중의 이해 증진을 위해 노력하며, 제안된 사회 프로그램을 지지함으로써 변화를 주도하고 유지한다. 예를 들어, 지역사회의 환경 문제에 관심을 가진 시민들, 연구기관, 교육기관, NGO단체, 종교단체들이 연합을 이루어서 지방자치단체나 중앙부서가 환경문제를 다루도록 변화에 압박을 가할 수 있다.

15) 업무 관리자

클라이언트에게 효율적인 서비스를 제공하고, 고용된 조직에 책임을 지기 위해 업무량을 관리한다. 업무계획을 세우고, 업무량을 관리하며, 시간을 관리하고, 자신과 동료의 기록을 검토하고, 직무수행을 평가함으로써 서비스의 질을 확보한다. 또한 서비스 수급, 보고서 작성, 사례기록, 회계기록 등을 위한 자료를 수집하고, 기관의 규정과 절차에 대한 정보를 파악한다. 사회복지사는 이를 위해 직원회의에 참석하고 의사소통을 촉진시킬 다른 활동들에도 참여한다.

16) 행정가

기관의 정책, 서비스, 프로그램을 기획하고 개발하며 조직하고, 직원을 선발하고 직무를 규정하며 업무를 지시하고 관리·감독한다. 행정가는 또한 기관 구조와 정책, 그리고 절차들 가운데에서 서비스 전달에 부정적인 영향을 미치는 요인들을 정확하게 규명하는 조직분석가의 역할도 수행할 수 있다. 행정가는 기관이 클라이언트에게 보다 효과적으로 반응할 수 있는 방법에 대한 정보를 얻고, 클라이언트의 욕구를 사정하고, 어떤 정책과 절차들이 클라이언트의 관심에 부합하는지 평가하는 전략적인 위치에 있다. 기관장이나 부기관장으로서 사회복지사는 기관 정책과 관련된 의사결정과정에 참여하고 결정된 정책을 수행하고 프로그램을 유지하는 기관의 기능에 대한 책임을 가진다. 또한 사회복지법인의 이사직을 맡고 있는 사회복지사는 기관의 목적을 규정하고, 사업수행계획을 심의하고, 기관 운영에 필요한 예산의 배분을 결정한다(오정수 외, 2020).

<표 6-2> 사회복지사의 역할과 실천 수준

실천 수준	역 할
미시적 수 준	사례옹호자, 사례관리자, 클라이언트 교육자, 임상가/상담자, 조력자, 집단촉진자, 아웃리치 실천가
중범위 수 준	행정가, 기관 스태프 교육훈련자, 중개자, 특정 인구집단 옹호자, 중재자, 집단촉진자, 프로그램 계획자, 조사자/프로그램 평가자
거시적 수 준	행동가, 중개자, 지역사회 옹호자, 지역사회 교육자, 지역사회 촉진자, 지역사회 계획자, 조정자

자료 : Cummins et al.(2006: 15).

5

변화과정

계획된 변화과정은 사회적 기능에 영향을 미치는 특정한 조건, 행동패턴, 혹은 상황을 개선시키거나 변화시키는 전략의 개발과 실행을 가리킨다(Sheafor et al, 2000),

일반 실천가의 활동을 기술하기 위해 문제해결이라는 용어도 종종 사용되고 있는데, 사회복지의 선구자인 펄만에 의해 처음 사용되었다(Perlman, 1957). 많은 사람들이 두 용어의 미묘한 차이에 대해 논쟁을 벌여 왔지만, 본질적으로 문제해결이란 계획된 변화와 동일한 과정을 말한다. 최근의 클라이언트의 강점에 대한 강조는 문제라는 용어가 함축하고 있는 상대적으로 부정적인 의미에 대한 반작용일지도 모른다. 대부분의 사회복지실천이 문제 상황을 다룬다는 사실에도 불구하고, 변화라는 용어가 보다 긍정적인 의미를 함축하고 있기 때문에 일반실천에서는 계획된 변화라는 용어가 보다 자주 사용되고 있다(Hoffman & Sallee, 1993; Landon, 1995).

사회복지사는 클라이언트가 개인적 관계에서의 자원 결핍에서 차별에 이르는 넓은 분의 문제를 다를 수 있도록 돕는다. 예를 들어, 어린 세 자녀의 어머니로서 폭력을 행사하는 남편에게 경제적·정서적으로 의존하고 있는 여성의 문제를 다룰 수 있으며, 의사소통이 안 되어 공공서비스를 신청하는 것이 어렵다고 호소하는 외국인 이주자들을 위해 서비스 접근성을 높이기 위한 정책변화의 필요에 대한 옹호활동을 할 수도 있다. 그러나 이와 같이 실천 대상과 문제가 다르더라도 계획된 변화 노력들은 일반 사회복지실천의 지식과 기술과 가치 토대 위에 계약, 사정, 계획, 실행, 평가, 종결이라는 일련의 동일한 변화단계를 따라 이루어진다.

사회복지사는 목표를 성취하기 위해서 클라이언트와 함께 일하는 과정에서 비판적으로 사고하는 능력을 갖추어야 한다. 계획된 변화과정에서 비판적 사고란 ① 진실이라고 보이거나 이야기되는 것을 주의 깊게 살펴보고, 그에 근거한 의견이나 결론을 말하는 것이며, ② 질문이나 문제나 이슈가 제기될 때, 의견이나 결론을 새롭게 조직화하는 것이다. 비판적 사고과정은 질문하기, 사실을 사정하기, 그리고 결론을 분명히 이야기하기를 포함한다.

깁 등은 사회복지실천에서의 비판적 사고는 일반적으로 다음의 네 차원을 포함한다고 했다(Gibbs et al., 1994).

▶ 실천가는 자신의 클라이언트가 어떤 서비스나 치료를 받고 있는지에 대해 질문을 던져야 한다.

▶ 개입이 어떤 영향을 미치는지 그리고 실제로 효과적인지에 대해 조사해야 한다.

▶ 사실로서 제시된 어떠한 주장이라도 이슈의 양쪽 측면에서 논점을 평가함으로써 주의 깊게 검토해야 한다.

▶ 논점을 분석하기 위해서 사실과의 불일치와 편향에 주목하면서 과학적 추론을 사용해야 한다.

07
CHAPTER

사회복지실천의 이론

1
사회복지실천과 이론

1) 사회복지실천의 정의

(1) 메리 리치몬드의 정의 / 1920년대

개개인, 그리고 개인과 그 사회환경 사이에서 의식적인 조정을 통해 개개인의 인격발달을 이루어 가는 과정으로 개인의 욕구 충족과 인격개발을 목적으로 한 미시적이고 치료적인 과정임을 강조한다.

(2) 전미사회복지사협회(NASW)의 정의 / 1950년대

인간과 사회환경의 부조화로 인해 나타나는 개인과 집단의 문제를 해결하거나 최소화, 예방하여 개인, 집단, 지역사회의 잠재력을 최대화하는 것이 목적인 원조활동으로 개인이나 집단의 문제 예방을 거론하였다.

(3) 전미사회복지사협회(NASW)의 정의 / 1970년대

개인, 집단, 지역사회가 사회적 기능을 향상시킬 수 있는 자신들의 능력을 회복하거나 증진시키고, 목표달성을 위한 사회조건을 스스로 만들어 갈 수 있도록 돕는 전문적 활동으로 사회복지실천이 전문직이라는 것을 강조하였다.

(4) 미국사회복지교육협의회(CSWE)의 정의 / 1990년대

삶의 질을 향상시키고 빈곤과 억압을 감소시키기 위해 공적인 영역과 사적인 영역으로부터 권한을 위임받아 다양한 분야에서 사회적 서비스를 제공하는 전문직으로 삶의 질 향상과 전문성 강조, 거시적 수준으로 확대하였다.

2) 사회복지실천의 관계의 원칙에서 Biesteck 7대원칙(비에스텍의 관계 7대원칙)

Biestek은 케이스워크 관계(casework relationship, 1957)에서 원조를 요청하는 사람들에게서 나타나는 공통적인 감정 및 태도를 기초로 하여 사회복지사와 클라이언트 간의 원조 관계의 기본 원칙 7개를 설정하였다.

(1) 개별화의 원리(individualization)

모든 클라이언트는 각기 개별적이며 독특한 특성을 가짐으로써 개별 클라이언트를 원조하는 내용과 방법 그리고 과정에서 개인적 특성이 반영되어야 한다는 원칙이다. 즉, 모든 개인의 문제는 사안별로 볼 때 유사해 보일 수 있지만 해결을 위한 접근은 개인마다 차이가 있다.

개별화를 존중하기 위한 사회복지사의 역할을 다음과 같다.

- 클라이언트에 대한 편견이나 선입견에서 벗어나야 한다.
- 인간의 발달 과정에 따른 지식을 갖고 적용할 수 있어야 한다.
- 경청하고 관찰할 수 있는 능력을 갖춘다.
- 사회복지사가 클라이언트의 진행속도를 앞서지 말고 보조를 맞추어 나간다.
- 클라이언트의 변화해 가는 감정 상태를 읽어 나갈 수 있는 민감성을 갖춘다.
- 지금-여기에 초점을 두고 클라이언트가 발휘할 수 있는 능력을 활용하도록 한다.
- 클라이언트의 개성과 상황에 따라 융통성 있게 원칙을 적용한다.

(2) 의도적인 감정표현의 원리(purposeful expression of feelings)

내면의 감정을 자유롭게 분출하고 싶어 하는 클라이언트가 안전하고 평안하게 자신의 감정을 드러낼 수 있도록 격려해 주는 것을 의미한다. 하지만 의도적인 감정표현을 도모하기 위해 클라이언트에게 지킬 수 없는 약속을 한다든지, 성급한 초기 해석이나 너무 많은 해석으로 혼란과 불신감을 유발시킨다든지, 클라이언트의 감정표현을 비난하는 것 등은 오히려 장애가 될 수 있다.

다음은 의도적인 감정표현을 돕기 위한 사회복지사의 역할이다.

- 사회복지사는 클라이언트를 면접할 때 충분한 시간적·정신적 여유를 가지고 진행하도록 한다. 사회복지사 자신이 시간에 쫓기고 평안하지 않다면 클라이언트의 감정적 호소에 진정한 경청이 어려워지기 때문이다.

- 클라이언트가 내면에 쌓인 감정을 자유롭고 평안한 분위기 속에서 표출할 수 있는 분위기를 만들어야 한다.
- 클라이언트가 심리적 고통과 긴장으로부터 벗어날 수 있도록 심리적 환기(ventiliation)를 통해 자신의 내면을 정화시킬 수 있도록 한다. 이러한 과정은 클라이언트가 자신에게 직면한 문제 상황에 대해 털어놓음으로써 스스로 정리할 수 있는 시간이 될 수 있다.
- 클라이언트가 호소하는 정서적 내용을 경청해 주는 것 자체가 클라이언트에게 심리적 지지가 될 수 있다. 문제를 해결하기 위한 능력발휘보다 문제에 대한 감정을 다스리는 것이 클라이언트의 진정한 어려움일 수도 있다.

(3) 통제된 정서적 관여의 원리(controlled emotional involvement)

사회복지사가 클라이언트의 감정에 민감성을 가지고 호소하는 바에 대한 충분한 의미를 이해하면서 클라이언트의 감정에 대해 적절한 반응을 하는 것이다. 사회복지사는 클라이언트가 호소하는 어려움에 지나치게 몰입하여 클라이언트보다 더 흥분하거나, 사회복지사가 자신의 과거나 현재에 경험했던 유사한 어려움을 떠올리며 지나치게 반응할 수도 있다. 원조 전문가로서 클라이언트의 감정적 호소에 경청하면서 직면한 현실의 어려움을 해결할 수 있도록 돕기 위해서, 사회복지사는 원조 목적에 맞게 개인의 정서를 조절하고 통제한 상태에서 적절한 반응을 모여야 한다. 그러한 결과로 클라이언트는 자신이 수용된다는 느낌과 자신의 문제에 진지한 관심을 보여 준다는 느낌으로 심리적 평안을 얻을 수 있을 것이다.

통제된 정서적 관여를 위한 사회복지사의 역할은 다음과 같다.

- 사회복지사는 클라이언트가 자기의 감정 및 정서 상태를 말로 직접 표현하지 않더라도 태도에서 묻어나는 클라이언트의 상태를 잘 파악할 수 있는 민감성이 있어야 한다.
- 사회복지사는 클라이언트가 자신의 문제에 관련해 인식하는 감정의 의미를 이해해야한다. 이러한 이해과정은 지속적으로 진행되어야 한다. 따라서 사회복지사는 인간행동발달을 이해할 수 있는 정신의료, 심리학, 교육학, 인문학 등 인간의 심리사회적 성장을 이해하는 데 기초가 되는 지식을 습득해야 한다.

(4) 수용의 원리(acceptance)

인간은 본성적으로 타인에게 인정받고 싶어 하며 수용되길 원한다. 클라이언트 역시 다양한 장단점을 가진 인간으로서 있는 그대로의 모습으로 수용되길 바랄 것이다. 사회복지사가 대상에 대한 수용을 언급할 때에는 대상에 대한 좋고 나쁨을 분별하는 것이 아니라 현실에 존재하는 그대로의 대상을 이정하고 존중한다는 것이다. 따라서 다양한 환경과 입장에 있는 클라이언트는 누군가로부터 수용받고 있다는 경험을 통하여 존재로서의 자신을 드러내는 데 안전함을 느낄 수 있게 된다.

수용에 대한 사회복지사의 역할은 다음과 같다.

- 인간발달 행동양식에 관한 충분한 지식을 갖추고 있는가?
- 사회복지사로서 클라이언트에 대한 특정한 부분을 수용할 수 없다면 그것은 과연 무엇인가?
- 클라이언트에 의해서 사회복지사 자신의 감정이 좌우되는가?
- 벗어날 수 없는 편견과 선입견이 있다면 무엇인가?
- 보장할 수 없으면서 말로만 안심시키는 태도를 취하는 가?
- 수용과 허용의 차이는 무엇인가?
- 사회복지사로서 클라이언트에 대한 존중감이 있는가?

(5) 비심판적 태도의 원리(non-judgmental attitude)

비심판적 태도는 클라이언트 하여금 존재 자체로의 자신을 수용해 주는 것과도 연계된다. 한 개인으로서의 사회복지사 역시 성장과정을 통해 형성된 신념체계와 삶의 패턴이 있게 마련이다. 따라서 타인의 독특한 삶의 문화나 신념체계를 완전히 수용하기는 어렵다. 사회복지사의 윤리강령에 명시된 바와 같이 클라이언트의 종교, 성별, 경제적 지위, 장애 등에 따라 차별하지 않는다는 것 역시 사회복지사 개인으로서의 편견이나 선입견 및 신념에 따라 취할 수 있는 심판적 태도를 삼가라는 의미라고 볼 수도 있다. 사회복지사는 자신의 교육적 배경에서 형성된 인간의 유형화 및 타인과 비교 등으로 인하여 클라이언트의 개별성 및 독특성 등에 대해 심판적 태도를 갖기 쉽다. 허나 그것은 클라이언트와의 관계 형성에 장애가 될 것이다. 물론 클라이언트에 대해 비심판적 태도로 대한다고 하여 클라이언트가 행한 어떤 결과로서 범죄와 같은 만행을 아무런 문제가 없는 것으로 판단하지 말라는 의미는 아니다. 즉, 클라이언트를 둘러싼 문제의 원인과 책임으로부터 전적으로 클라이언트를 자유롭게 하라는 의미가 아니다. 범죄를 행한 클라이언트의 행동의 결과만으로 그를 심판하기보다는 그러한 범죄를 행한 클라이언트의 총체적인 삶을 이해하라는 의미에서 비심판적 태도를 갖추라는 것이다.

(6) 클라이언트의 자기결정의 원리(self-determination)

사회복지실천과정에서 클라이언트 스스로 자신이 나아갈 방향을 결정하려는 의지와 태도를 존중하라는 의미다. 하지만 클라이언트가 자기결정권을 발휘하고자 해도 자신의 능력이 부족하다거나 또는 법적 제한성 및 사회복지기관의 기능과 상충되어 발휘할 수 없는 경우도 발생한다. 예를 들어, 자신의 아이는 자기 마음대로 할 수 있다고 믿어 자녀를 학대하는 클라이언트가 있다고 할 때, 아동보호조치의 의무가 있는 경찰관이나 아동담당 사회복지기관에 종사하는 사회복지사가 알게 될 경우 클라이언트의 자녀에 대한 자기 결정권을 박탈 할 수도 있다. 그러나 사회복지사의 기본적인 역할은 클라이언트의 역량 강화를 활성화시키고 적당한 자원을 연계시켜 최종적으로는 클라이언트가 자기 문제를 스스로 해결할 수 있도록 도와주는 데 있다. 따라서 원조를 목적으로 하는 사회복지사는 클라이언트가 요청하거나 필요로 하는 다양한 정보제공과 조언의 제시는 가능하겠으나 최종 결정은 클라이언트 자신이 할 수 있도록 두는 것이 바람직하겠다.

(7) 비밀보장의 원리(confidentiality)

모든 클라이언트는 자신의 사생활에 대한 비밀을 보장받고 싶어 한다. 비록 원조를 받는 입장에 있다고 해도 이는 마찬가지이다. 따라서 사회복지사는 클라이언트와의 원조관계에서 노출된 정보를 임의로 타인에게 알려서는 안 된다. 하지만 비밀보장에도 비밀보장의 한계라는 예외적인 상황이 있다. 물론 이러한 예외적 상황은 클라이언트 자신이 자신의 이익과 혜택을 고려하여 자신의 상황을 매체 등을 통해 외부로 알리길 원하는 때이거나 사회복지사가 클라이언트의 삶의 질 향상 및 치료 목적으로 슈퍼비전을 받고자 할 때, 사회복지실습과정에서 교육적 목적 등으로 완전한 비밀보장이 불가능할 경우는 예외로 한다.

3) 사회복지실천기술

(1) 사회복지실천기술의 개념

사회복지실천기술은 다음의 4가지 특성을 지닌 일련의 인지적이고 행동적인 행위로 정의하고 있다. (Coumoyer, 2000)

- 사회복지실천의 지식, 가치, 윤리, 의무로부터 나와야 함
- 사회복지사에 필요한 핵심적 자질과 일치해야 함
- 전문적 통합성의 특징을 반영해야 함
- 실천의 단계와 과정의 맥락을 고려할 때 사회복지실천 목적과 일치해야 함

(2) 사회복지실천 용어의 정의

① 이론(theory)

사실과 관찰에 기반을 두어 설명하는 가설, 구성물의 집합체

② 가설(hypotheses)

검증되어야 할 비공식 이론의 형태로 정의(Pinker, 1990)

③ 방법 혹은 실천 오리엔테이션(method or practixe orientation)

과업 중심적, 문제해결적 방법을 포함하고 위기개입, 행동수정 개입과 같은 실천적 접근기술로 행동하는 방식이자 체계적 방법으로 사실과 개념을 갖고 일하는 방식(Pinker, 1990)

④ 모델(model)

관찰된 현상이나 현상 간의 관계유형을 조명하여 정보를 순서 짓거나 단순화시키려는 초보적인 시도로 봄(Howe, 1987)

⑤ 실천접근(practice approach)

실천에 대한 체계적 접근

⑥ 절충주의 접근(an eclectic approach)

문제의 복잡성과 다양성에 대한 반응의 결과

⑦ 관점(perspective)

현상 및 그 현상이 전체로서의 사회와 어떻게 관계를 맺고 있는지에 대한 중요한 생각, 관찰, 순서짓는 방식을 의미하는 것으로 사용(Trevithick, 2000)

⑧ 기술(skills)

주어진 상황 내에서 행동이나 개입과정에서 작용하는 지식, 전문적 능력, 판단, 경험의 정도를 의미

2

사회복지실천을 위한 관점

1) 체계 관점

(1) 정의

체계 관점은 사회적 장과 보다 넓은 환경 안에서 서로 영향을 미치는 요인들인 하위 체계들과 전체 체계를 구성하고 있는 요소들 사이의 복잡한 상호 연결과 상호 관계를 분석하는 준거틀이다. 한 체계에서 일어난 변화는 그 체계의 다른 부분들에도 영향을 미친다(Preston-Shoot & Aqass, 1990).

체계 관점은 클라이언트 생활 상황의 복잡성과 상호 관계성을 사정하기 위해서 클라이언트가 제시한 문제를 총체적으로 보아야 함을 강조한다. 1960년대 이후 사회복지실천은 인간행동을 사정하는 데 기본적으로 체계 관점을 활용했으며, 사회복지사들은 개인, 가족, 집단, 조직, 지역사회를 대상으로 하는 실천에서 체계 관점을 가지도록 훈련받았다. 파슨스(Parsons)는 거대이론(Grand Theory)이라고 불리는 일반사회체계 이론을 개발했으며, 헌(Hearn)은 일반적으로 체계 관점에서 사회복지의 방향성을 제시하고 발전시켰다. 최근에는 체계 관점에 바탕을 둔 여러 실천모델들이 개발되었는데, 가족체계적 접근방법, 일반 실천 사례관리모델 등이 주목을 받고 있다.

(2) 주요 개념

① 체계

한정할 수 있는 경계와 상호작용하는 부분들로 구성된 단위이다.

② 경계

체계를 외부환경으로부터 구분하는 일종의 테두리로서, 체계의 정체성을 규정하고 주위환경과의 내적, 외적 교환을 통제하는 중요한 기능을 한다.

③ 에너지

내부자원이나 외부환경과의 교환을 통해 활동주기를 유지하는 과정이다.

④ 관계

체계 내 요소들 사이의 유형화와 구조화가 요소 그 자체와 마찬가지로 중요하다.

⑤ 엔트로피

체계가 에너지를 유입하기보다 유출하는 상황을 의미하며, 점차적인 사퇴로 끝난다.

⑥ 네겐트로피

체계의 에너지 유출보다 유입이 더 많은 성장 지향적 개념이다.

⑦ 항상성

체계가 안정 상태로 되돌아가려 하는 경향과 균형 상태를 의미한다. 항상적인 균형이란 정체가 아니라 환경 변화에 대한 반응으로 변화하거나 자기조절을 하는 것이다.

⑧ 피드백

전형적으로 개방체계에서 나타나는 특성으로서, 체계는 피드백에 의해 변화의 토대가 되는 정보를 받아들이거나 활용한다.

⑨ 전체성

체계 내의 요소들은 분리된 부분들의 합보다 큰 실재물을 만들어낸다

(3) 적용

- 체계 관점의 적용으로 클라이언트에게 영향을 미치는 다양한 체계들을 파악함으로써 클라이언트의 욕구와 문제에 대한 포괄적인 사정을 할 수 있다.
- 체계 관점은 자원이 제한된 사회복지 현장에서 효율성과 효과성 향상의 요구를 충족시켜준다. 또한 사회적 지지망의 활용을 통한 비용 절감, 조사연구의 타당성 확인, 문화적 민감성, 체계적인 관리보호 접근방법, 역량강화 등의 요인들로 인해 그 중요성이 강조되고 있다(Trevithick, 2005).
- 비록 사회복지사들이 체계 관점을 광범위한 실천 영역에 적용하기 위해 접근방법과 기술을 개발하는 과업들을 훌륭하게 수행해 왔지만, 아직도 여전히 추상적이며 복잡하다는 비평을 받는다.

2) 생태학적 관점

(1) 정의

성태학적 관점은 체계 관점과 밀접한 관제가 있고, 메이어(Meyer)와 저메인(Germain)이 관점의 발달에 주된 기여를 했다. 생태학적 관점은 원인보다는 체계 사이의 교환 결과와 부적응 교환의 수정을 어떻게 도울 것인지에 더 관심을 가진다.

생태학적 관점에서 욕구(need)는 사람과 환경 사이의 관계의 조건이다. 사람과 그들의 환경은 욕구와 자원을 가지고 있으며, 사람과 환경 사이에 일어나는 서로에게 이익이 되는 상호작용은 바람직하다. 이는 사람과 환경 사이에 일어나는 동의 또는 조화로서 '적합'을 의미한다(Johnson & Yanca, 2007). 생태학적 접근은 변화를 계획할 때 모든 관련 체계에 미치는 변화의 영향을 고려한다. 클라이언트의 욕구충족을 지원하기 위해서 이 관점을 사용하는 것은 욕구와 자원 사이의 균형을 지키면서 사람, 환경, 그리고 사람과 환경 사이의 교환에서 변화를 촉진하는 것을 의미한다. 이 관점은 개인, 가족, 집단, 조직 그리고 지역사회가 이용할 수 있는 공식적, 비공식적 지지원을 분석하여 보다 광범위한 사회적 지지망을 활용할 수 있게 한다. 생태학적 개념은 '생활모델'의 이론적 배경이 된다.

(2) 주요 개념

① 미시체계

개인이 자신의 주위에 창조한 환경이다.

② 중범위체계

미시체계들 사이의 상호작용으로 개인발달에 영향을 미치는 환경이다.

③ 외부체계

개인의 발달에 직접적으로 영향을 미치지는 않으나 부모의 수입과 같이 부분적으로 영향을 미치는 환경이다.

④ 거시체계

그 밖의 다른 모든 체계들로서, 문화적·사회적 배경이나 환경이다.

⑤ 사회적지지

중요한 신체적·감정적 건강상 이익이 되는 사회적 지지망이나 체계의 범위와 특성이다.

⑥ 집합적 효율성

사회적 자본의 측정도구로 여겨지며, 실업률과 빈곤이 심각해지면 집합적 효율성을 감소시킬 수 있다.

(3) 적용

- 보다 넓은 환경적 맥락에서 개인을 보고, 사정에 사회회적 관점을 통합시킬 기회를 제공한다.
- 중요하고 의미 있는 관계를 형성하기 위해 클라이언트와 사회복지사가 함께 노력하는 동등하며 권위적이지 않은 관계의 발달을 격려한다.
- 복잡한 가족요인 및 사회적, 문화적, 환경적 요인과 그 상호 연결은 탐색과 해결이 어려워서 개입 지점을 알기 어려울 수 있다.
- 추가지원이 유용하지 않다면, 이 관점을 적용하는 사회복지사는 실패할 수밖에 없을 것이다 (Jack & Gill, 2003).

3) 여성주의 관점

(1) 정의

여성주의 사회복지실천은 여성과 함께 일하는 출발점으로서 성별로 인한 불평등을 없애고자 하며, 개인, 집단, 조직 차원에서 여성이 정의한 여성의 안녕감을 증진시키고자 노력하는 실천 방식이다(Dominelli, 2002a).

여성주의 관점에서 인간존재의 타고난 목적과 목표는 자기실현으로서, 물질의 창출과 그를 가능하게 하는 이념적 조건을 포함하는 집합적인 노력이다. 지배/종속의 체계와 이념, 착취와 억압은 개인의 집합적 자기실현에 해가 된다. 자기실현에 대한 구조적·이념적 장애물이 있다면 여성주의 실천천은 명백하게 정치적이다. 여성은 독특하며 상대적으로 알려지지 않은 역사, 조건, 발달양식, 강점을 가지고 있으므로, 실천가는 이를 발견하고 관심을 기울여야 한다(Johnson & Yanca, 2007).

(2) 여성주의 실천의 초점

여성주의 분석은 여성의 역할과 책임감 그리고 어떻게 억압과 불리한 조건이 클라이언트, 보호자, 실천가로서의 여성에게 영향을 미치는지를 정의하며, 재정의한다. 이 접근은 때로는 여성주의 관점이라고 불리며, 여성으로서 공유하는 여성의 '공통점'들이 '실천의 가시적인 부분'에 통합된다. 여성주의 관점은, 남성은 여성으로서의 경험이 없기 때문에 '성별 관점(gender perspective)'을 개발할 수는 있지만 '여성중심 관점'은 개발할 수 없다고 주장하는데(Hamner & Statham, 1999), 이는 중요하나 복잡하며 논쟁의 여지가 있는 이슈이다.

여성주의 관점은 여성들이 인식증진 과정을 통해 여성의 불평등과 억압 경험을 분석하고, 이 경험들을 정부정책과 가부장 이념에 도전하는 캠페인으로 정치화할 수 있게 했다. 한때는 가족의 사적 영역에 속하며 공적 관심 영역 밖이라고 생각되었던 성학대, 가정폭력, 강간 등의 주요 이슈에 처음으로 주목한 것도 여성주의자들이었다(Hester & PearSon, 1998).

(3) 적용

- 여성주의는 사회복지실천의 내부와 외부에서 여성의 경험들에 대한 심층 분석을 가능하게 하는 풍부한 이론적 준거틀을 제시한다.

- 여성주의는 성학대, 가정폭력, 아동학대 등의 사회복지실천 분야에 깊은 영향을 미쳤다. 또한 수입, 주거, 고용, 교육 기회 등 성별에 따른 불평등이 존재하는 곳에도 영향을 미쳤다.
- 여성주의 관점을 적용하는 것은 쉽지 않다. 클라이언트나 사회복지사로서 여성에게 존재하는 불평등이나 장애와 동일한 불평등과 장애가 여성주의 실천가들에게도 존재한다. 다른 조직들과 마찬가지로 사회복지실천의 위계도 남성지배적인 구도에 놓여 있다(Dominelli, 2002b).
- 일부 여성들과 남성들은 여성주의가 불화를 일으킨다고 보며, 남성과 여성 사이의 상이성이나 불평등과 차별의 이슈를 탐색하는 것을 원하지 않는다(Trevithick, 2005).

4) 강점 관점

(1) 정의

중증 정신장애인의 사례관리에서 시작된 강점 관점은 사람들의 능력, 가치, 흥미, 신념, 자원, 성취, 열망을 강조하며, 생애주기 전반에 걸쳐 원조과정의 사정, 개입, 평가 단계 모두에서 유용하다(Weick et al., 1989). 강점 관점의 사회복지사는 클라이언트가 자신과 환경의 강점과 자원을 확인하도록 돕고, 이를 욕구에 적합한 자원을 창출하는 데 사용한다.

욕구충족 과정에 강점관점을 구체적으로 적용하게 된 중요한 이유로는 서비스 분야의 정책 권화를 들 수 있다. 서비스요금 지불기관이 서비스 제공 기간에 제한을 두게 되면서, 결함과 역기능에 초점을 맞추고 병리를 이해하기 위해 과거를 탐색하는 개입보다는 단기적이며 해결중심적인 개입이 필요하게 된 것이다. 강점 관점은 미래에 초점을 두고 제한된 시간의 틀에 실천과정을 맞추는 데 훨씬 적합한 관점이다. 사회복지사는 환경 속의 인간 생태체계의 새로운 균형을 유지하기 위해 기존 환경의 지지체계를 파악하고 형성할 수 있다(Johnson & Yanca, 2007).

비록 강점 관점이 아직 이론으로까지는 발전하지 못했지만, 많은 사회복지사들의 생각과 행동에 영향을 미치고 있다. 강점기반 접근방법의 원칙 틀로부터 나온 실천방법들로는 가족이야기치료, 해결중심치료, 자산기반 지역사회개발, 적응유연성, 웰빙과 치유 등 다양한 모델들이 있으며, 만성정신장애인, 약물중독자, 노인, 비행청소년과 같은 다양한 클라이언트들을 대상으로 적용되고 있다(Nichols & Schwartz, 2001; Saleebey, 2002).

(2) 주요 개념

강점 관점의 주요 원칙은 다음과 같다(Saleebey, 1997).

- 모든 개인, 집단, 가족, 지역사회는 강점을 가지고 있다.
- 외상과 학대, 질병과 갈등은 해롭지만 도전과 기회의 근원이 될 수도 있다.
- 클라이언트들이 지니고 있는 성장 변화 능력의 최고 수준을 우리는 알 수 없다고 가정하며, 개인과 집단과 지역사회의 열망을 진지하게 고려한다.
- 사회복지사는 클라이언트와 협력함으로써 클라이언트에게 최선의 도움을 줄 수 있다.
- 모든 환경에는 많은 자원이 있다.

① 강점

개인, 가족, 집단, 조직, 지역사회의 문제를 보지 않는 것이 아니라, 개인과 사회의 복지를 성취하고 유지하기 위해 사용되는 클라이언트의 강점을 강조한다.

② 적응유연성

역경이나 스트레스 증가 상황에서의 회복력과 스트레스 이전의 적응 수준으로의 복귀능력이다(Garmezy, 1993).

③ 역량강화

개인, 가족, 집단, 지역사회가 개인적, 대인관계적, 사회·경제적, 정치적 강점을 증진시키고, 환경을 개선할 수 있게 영향력을 개발하도록 돕는 과정이다.

④ 협력자

사회복지사의 역할은 클라이언트가 자신의 문제를 해결하고 목표를 달성하도록 돕는 것이고, 클라이언트의 강점과 자원을 통해 문제를 해결될 것이다. 따라서 실천가는 이 강점을 개발하거나 활용하는 방법을 제공하는 협력자의 역할을 한다(Boyle, 2006).

⑤ 멤버십

자원을 창출하고 역량강화에 기여하는 보호공동체(caring community)의 대화, 멤버십, 상호 관계를 중시하며, 멤버십(또는 소속)을 안녕감의 필수요소로 여긴다.

(3) 적용

- 사회복지사가 클라이언트의 희망과 꿈에 관계하면 클라이언트는 스스로를 더욱 신뢰하게 되며 자신의 희망과 꿈을 이루기 위해서 노력하는 장점이 있다.
- 사회복지사의 협력적 자세는 온정주의, 피해자 비난(victim blame), 클라이언트 관점에 대해 미리 규정하기와 같은 '전문가-열등인 관계'로 인한 부작용을 방지한다(Zastrow, 2000).
- 많은 이론가들은 아직도 생물의료모델이 최고의 모델이라고 믿는다. 그들은 실천가가 클라이언트의 강점에만 주의를 기울일 수는 없으며, 문제를 해결하기 위해서는 클라이언트가 경험하고 있는 문제가 다루어야 한다고 주장한다(Boyle, 2006).[1)]

1) 생리의료모델에서는 클라이언트의 변화에 대한 주된 책임이 실천가에게 있는 데 반해 강점관점에서는 책임이클라이언트에게 있다.

3

사회복지실천 접근방법

1) 정신역동 접근방법

(1) 정의

'행동은 정신 내의 운동 및 상호작용에서 비롯된다'는 가정을 전제로 하기 때문에 '정신역동'이라고 불리며, 심리적 결정론과 무의식의 두 가지 기본 개념이 중심이 된다. 정신역동 접근방법의 뿌리라고 할 수 있는 프로이트(Freud)의 정신분석은 자아심리학, 위기개입, 애착이론, 에릭슨(Erikson)의 '8단계'집단치료, 그리고 생태학적 관점, 가족치료와 같은 접근방법들의 발달에 영향을 미쳤다. 프로이트(Freud) 외에도 클라인(Klain), 위니코트(Winnicott), 보울비(Bowlby) 등이 사회복지실천에 광범위한 영향을 미쳤다.

개인이 아동기에 경험하는 부모나 보호자와의 관계는 이후의 삶에서 다른 사람들과 맺는 관계의 원행(prototype)으로서, 초기 아동기의 경험이 장기적인 패턴을 형성하고, 성인기까지 지속되며 변화가 어려울 수도 있다. 현재의 심각한 정서적 문제는 전형적으로 과거에 해결되지 못한 이슈나 외상의 결과이다. 따라서 현재 문제를 해결하기 위한 과거 경험의 탐색을 아주 중요하게 여긴다.

개입의 초점은 성격구조 내의 갈등을 찾아내고 갈등의 성격을 규명하는 것이다. 개인의 내적 갈등과 대인관계 갈등 모두에 초점을 두며, 현재의 상황과 유아기의 발달경험 간의 관계를 규명하고 현재와 과거의 연관성을 구성하는 데 주력한다. 이 과정에서 클라이언트는 비판적·분석적으로 자기 자신을 검토함으로써 성숙한 인격을 갖게 된다.

정신분석이론의 개념들을 순수한 형태 그대로 실천에 적용하려는 사회복지사는 아마도 거의 없을 것이다. 그럼에도 불구하고 과거지향 접근방법이 일상적 사고의 한 부분이 되었다는 점에서 정신역동 접근방법은 사회복지전문직과 우리 사회의 문화에 일반적으로 상당한 영향을 미쳤다고 하겠다.

(2) 주요 개념

① 무의식

주체가 인식하지 못하는 정신과정

② 방어

위협적이라고 느껴지는 자신의 어떤 측면을 직면하는 것을 피하기 위해 의식적으로나 무의식적으로 사용하는 전략들이다. 사회복지실천에 가장 관련 있는 방어로는 저항, 억압, 퇴행, 분열, 전이, 역전이 등을 들 수 있다(Brearley, 1991).

③ 저항

어떤 사고와 감정이 자신이 확고하게 믿는 다른 신념과 양립할 수 없을 때 일어난다.

④ 억압

서로 겨루고 있는 개념들이 의식되지 않게 하는 과정

⑤ 전이

한 사람이 현재 상황에서 다른 사람이나 대상에게 과거의 감정이나 관계 유형을 이입하거나 전달하는 것으로서, 과거의 감정을 그와 관련 없는 새로운 상황에 이입시켜 관계를 혼란스럽게 할 수 있다(Howe, 1987). 전이는 원조관계를 왜곡시킨다.

⑥ 통찰과 의미

우리 자신을 이해하고, 무의식의 주제를 의식으로 가져오고, 우리가 과거에 해결하지 못한 채 남겨둔 이슈들을 직면하고 훈습하는(working through) 것은 심리적 어려움으로부터의 회복에서 중요하다.

(3) 적용

- 무의식, 전이, 역전이, 애착 그리고 정서발달과 같은 개념들은 인간행동의 이해에 지대한 영향을 미쳤다.
- 인간 본성의 선악 인식과 감정에 대한 중립성은 클라이언트를 판단하는 위험을 피하고 이해를 격려한다.
- 의료모델에 기초하기 때문에 원조 관계가 평등하지 않으며, 환경적 요인은 내적인 심리적 요인보다 덜 중시된다는 평을 듣는다.
- 전형적인 정신역동 접근방법은 분석가 또는 치료자와의 매우 강한 작업관계를 포함하는 상당히 긴 개인탐색과정을 필요로 하는 경향이 있다. 그에 비해 사회복지사는 전형적으로 시간제한적인 개입을 하고, 대부분의 경우 순수하게 치료사의 역할만을 하는 것이 불가능하기 때문에 정신역동 접근방법의 적용이 어렵다(Beckett, 2006).

2) 행동주의 접근방법

(1) 정의

파브로브(Pavlov), 스키너(Skinner), 와트슨(Watson)의 연구를 기반으로 하는 행동주의는 내재하는 갈등이나 원인을 분석하지 않고 행동 그 자체와 행동을 통제하는 환경인 조건부(contingencies)에 초점을 맞춘다. 행동의 주요 학습과정은 자극에 의해 통제되는 반응적 조건화(자극-반응), 결과에 의해 통제되는 조작적 조건화(선행사건-행동-결과), 그리고 자신이 직접 경험하지 않고 학습하는 대리적 조건화의 세 가지로 대표된다.

디스트레스의 감정이나 신경증은 잘못된 조건화에서 비롯된 것이므로, 변화될 필요가 있는 것은 부적응적 행동이다. 사회학습이론은 부적응적 행동이 학습될 수 있는 것과 마찬가지로, 부적응적 행동의 학습상태에서 벗어나 새롭게 적응적 행동을 학습할 수 있다고 강조한다(Bandura, 1977).

행동주의 접근방법은 관찰가능하고, 조사와 측정이 가능하고, 반복가능하며, 객관적인 반응과 행동의 중요성을 강조한다. 이 접근방법은 불안, 공포증, 집착 상태나 강박적 행동 등의 치료에 특히 효과적이라고 여겨진다.

(2) 주요 용어 및 기술

① 강화

결과를 제시하거나 철회함으로써 행동의 발생가능성을 증대시키는 것으로서, 바람직한 행동을 한 후에 용돈을 주거나 청소를 면제해 주는 것

② 처벌

결과를 제시하거나 철회함으로써 행동의 발생가능성을 감소시키는 것으로서, 바람직하지 않은 행동을 한 후에 체벌을 가하거나 용돈을 주지 않는 것

③ 소거

바람직하지 않은 행동에 대해 강화를 하지 않거나 반응을 보이지 않음으로써 행동의 발생가능성을 감소시키는 것

④ 모델링

새로운 행동을 학습하거나 행동을 변화시키기 위해 모델의 행동을 관찰하고 따라하도록 하는 것

⑤ 자기주장훈련

타인의 감정을 상하게 하지 않으면서 자기 자신을 표현할 수 있도록 돕는 교육훈련법

⑥ 체계적 탈감법

불안과 공포를 느끼는 상황을 위계별로 구분해 가장 덜 느끼는 상황에서부터 긴장을 이완하고 둔감하게 반응하도록 연습하면서 서서히 강도를 높여 마침내 어떤 상황에서도 둔감한 반응을 보일 수 있도록 돕는 치료방법

(3) 적용

- 행동주의 기술은 이해하고 학습하고 효과적으로 사용하기가 상대적으로 쉬우며, 다른 개입이나 접근방법과도 함께 사용할 수 있다.

- 이 접근방법의 과학적 기반, 기술들의 체계적 사용, 표적행동에 초점을 맞춘 기초선 자료에 대한 강조 등으로 효과성을 경험적으로 증명할 수 있다.
- 행동주의 접근방법의 용어들이 기계적이며 배려가 없고 치료나 실천 접근방법으로 여겨지지 않을 수 있다.
- 내재하는 원인이 아닌 특정 행동의 수정에 초점을 맞춤으로써 보다 복합적인 상호작용 문제는 다루어지지 않을 수 있다.

3) 인간중심 접근방법

(1) 정의

인간 클라이언트중심 접근방법은 로저스(Rogers)의 연구를 기반으로 하여 발달되었으며, 사회복지실천보다는 상담 분야에서 보다 많이 사용되고 있다(Thorne, 2002). 이 접근 방법은 인간에게는 성장하고 발전하고 변화하려는 자기실현의 타고난 동기가 있다는 인본주의적 신념에 근거하고 있다. 즉 인간은 기본적으로 사회화되고, 앞을 향해 나가고, 합리적이며 현실적인 긍정적 본성을 지니고 있다고 인식한다.

이 접근방법은 희망성, 접근성, 유연성으로 인해서 실천가들 사이에서 가장 인기 있는 접근방법 가운데 하나이다(Marsh & Triseliotis, 1996).

(2) 주요 개념 및 발전 단계

인간의 성장을 위해서는 그들의 사고, 감정, 행동에 대해 조언, 해석, 비판, 대결, 도전하려 하지 않고 일어나고 있는 것을 가능한 한 명확하게 보도록 격려하는 비지시적 자세가 필요하다. 이와 같이 비지시적, 비심판적, 수용적이고 온화하며 배려하는 자세는 촉진적인 상황을 만든다. 로저스는 이를 공감, 무조건적인 긍정적 관심 그리고 일치성이라고 요약했다(Rogers, 1961).

① 공감

배려와 따뜻함. 상대방의 사적인 지각세계로 들어가서 온전히 그 안에 있게 되는 것을 의미한다.

② 무조건적인 긍정적 관심

존중, 비소유적 온화함, 수용, 비심판성. 사회복지사는 개인적으로는 인정하거나 용서하기 어려운 클라이언트의 행동에 대해서도 이 자세를 견지한다.

③ 일치성

진실성, 진정성, 현실적인 인간으로서 인간적으로 행동하기, 그리고 전문직의 역할이나 가면 뒤에 자신을 숨기지 않는 것이다.

로저스(Rogers)는 인간의 변화를 이해하기 위한 "발전(progres) 단계"의 틀을 제시했다. 변화과정은 행동의 변화뿐이 아니라 개인이 자신과 관계하는 방식에 있어서의 근본적인 변화까지 포괄하는 것이며, 변화란 과거와 외부 원인에 대한 비난에서 벗어나서 더 큰 개인적 책임성을 받아들이고 보다 균형 잡힌 관점을 지니는 것이다. 그는 치료적 인성변화의 필요충분조건으로 클라이언트와 치료자 사이의 치료관계를 강조했다. 7단계는 다음과 같다(McLeod, 2003).

① 외부 사건에 대해 의사소통을 한다.

② 자기와 무관한 주제에 대해서는 보다 자유롭게 표현하기 시작한다.

③ 외부 사건에 대한 개인적 반응을 이야기한다.

④ 감정과 개인적 경험을 이야기한다.

⑤ 현재의 감정을 표현한다.

⑥ 내적 준거나 생생한 감정의 흐름을 지각하게 된다.

⑦ 문제의 다양한 측면들을 연결시킬 수 있게 된다.

(3) 적용

- 동등하고 권위적이지 않은 관계를 형성해서, 클라이언트와 사회복지사가 중요하고 의미 있는 관계를 함께 이루어 나가도록 한다.

- 모든 경험들이 가치가 있으며, 사람들은 각자의 시간적 틀 안에서 자기 자신의 방식을 찾도록 격려 받고, 부정적인 시각으로 사건을 보거나 비난하려는 유혹에 저항하게 한다.
- 이 접근방법은 클라이언트의 상당한 동기와 협력을 필요로 하므로 저항적이거나 비자발적이거나 파괴적이고 위험한 사람들을 대상으로 일할 때는 사용하기 어렵다.
- 개인적 변화에 초점을 맞추므로 차별적이거나 억압적인 사회구조를 포함해서 외부 장애물을 변화시키는 중요성을 소홀히 하는 경향이 있다.

4) 인지적 접근방법

(1) 정의

인지적 접근방법에는 엘리스(Ellis)의 합리정서치료(Rational-Emotive Therapy), 벡(Beck)의 인지치료(Cognitive Therapy), 글래써(Glasser)의 현실치료(Reality Therapy) 등이 포함된다. 인지적 접근방법은 인간의 감정과 행동은 무의식적인 힘 혹은 충동에 의한 것이 아니라 주로 사람들이 생각하거나 상상하거나 믿는 인지과정에 기반해 형성되며, 부적응적인 행동은 역기능적 사고나 인지적 왜곡에 의해 발생한다고 가정한다.

인지적 접근방법은 현재의 생각, 감정, 행동에 초점을 맞추며, 개입의 목표는 클라이언트의 생각, 감정, 행동의 총체인 부적응적인 인지적 사고과정을 변화시키는 것이다. 실천가와 클라이언트의 상호작용은 클라이언트로 하여금 실제 상황에서 자신이 생각하고 행동하는 방식을 고찰하게 하고 문제를 해결하는 데 초점을 맞추며, 정확한 사고를 강조한다(Johnson & Yanca, 2007).

(2) 주요 용어 및 기술

인지란 지식을 얻고 보유하고 사용하는 데 관련된 정신활동으로 설명된다. 그러므로 인지치료는 왜곡된 사고나 비현실적 신념의 구체적인 예들과 일반적 양상을 탐색하고 도전하고자 한다. 이러한 과제를 수행하는 데 있어서 비합리적 사고, 감정 그리고 신념을 기술하기 위해서 인지적 불일치, 인지적 역기능, 인지 지도 등과 같은 용어들이 사용된다. 또한 어려움을 겪고 있는 상황에 대해 클라이언트가 다른 방식으로 사고하도록 격려하는 데 초점을 둔다.

대표적인 인지적 접근방법인 합리적정서치료와 인지치료의 특징은 〈표 7-1〉과 같

<표 7-1> 합리정서치료와 인지치료의 비교

구 분	문제의 근원	치료 기술	치료 목표
합리정서 치료	비합리적 신념	독창적: 비합리적 신념을 탐색하고 논박하고 도전함	비합리적 신념과 절대적 요구를 포기하고, 합리적 신념으로 대체
인지치료	인지적 오류로 인한 비현실적이고 왜곡된 지각과 사건 해석	직접적 협력: 클라이언트에게 자기사고를 모니터하고, 결론의 정확성을 검사하고, 왜곡된 사고와 지각을 수정하도록 교육	자기, 타인, 그리고 외부 사건들에 대한 정확하고 현실적인 지각

자료: Hockenbury & Hockenbury(2002).

(3) 적용

- 인지접근방법은 시간 제한적이며(1~20주), 상대적으로 비용이 적게 들고 다양한 감정문제에 적용이 가능하다.
- 접근방법의 특성이 직접적이며, 적극적이고, 초점을 맞추며, 짧은 시일 내에 왜곡된 지각이나 비현실적 신념을 다루는 것이 가능하다. 숙제를 사용하여 클라이언트로 하여금 변화과정에 집중하게 한다.
- 애도, 폭력, 차별과 억압 등의 어려운 사건에 대한 어떤 감정들은 비합리적이 아니라 적합하며 자연스런 반응일 수 있다. 또한 주류문화의 가치에 기반해서 행동변화 전략을 추구할 위험성이 있다.
- 인지 왜곡, 비합리적 신념, 인지적 역기능, 비합리적이고 미성숙한 행동 등의 전문 용어와 공식적 절차가 클라이언트나 실천가 모두에게 어렵다는 인상을 줄 수 있다.

5) 심리사회 접근방법

(1) 정의

심리사회 접근방법은 프로이트(Freud)의 정신분석이론과 실천을 중심축으로 한다. 그러나 이론이 발전하면서 인간을 합리적이며 정신역동적이고, 상호작용을 하며, 신체적 외형을 갖춘 총체로 보고, 그에 따라 생물학적, 심리사회적, 환경적 영향과 체계의 상호 작용에도 관심을 가진다.

이 요구 접근방법의 발전에 가장 큰 기여를 한 홀리스(Hollis, 1977)는 '심리사회 접근방법은 성격의 강점과 환경자원을 전략적으로 동원하여 개인에게 이용 가능한 기회를 증가시키고 보다 효과적인 개인 및 대인관계 기능을 개발하고자 한다'고 주요 요소를 설명한다. 이 정의는 일상의 스트레스에 대처하는 개인의 능력에 관한 내적·외적 요인 모두의 중요성을 강조한다. 심리사회 접근방법은 모든 인간이 연령과 무관하게 성장, 학습, 적응의 능력이 있다고 가정하며, 성장발달을 위한 여건 조성에 초점을 맞춘다.

과거에 심리사회 접근방법은 개별지도나 개별사회사업이라는 용어와 밀접하게 연결되어 왔다. 개별사회사업은 클라이언트와 사회복지사의 관계 형성을 중요시한다. 사회복지사는 클라이언트에게 인간적 관심을 보이며 온화함, 진실성, 공감, 수용에 기반한 협력적인 전문적 관계를 중시하고, 자기결정, 객관적 고찰, 통찰에 가치를 두고 클라이언트의 욕구사정과 개입목표에 맞추어 관계를 사용한다. 성격, 원인론, 정신의학 장애분류 등을 고려한 독창적인 심리사회진단으로 사정하며, 개입목표는 지각, 반응, 의사소통의 변화를 통한 개인의 적응이다.

(2) 주요 용어 및 기술

① 지지

사회복지사가 클라이언트를 수용하고 원조하려는 의사와 클라이언트의 문제해결능력에 대한 확신을 표현하는 것으로, 언어적·비언어적 방법과 실질적 도움 제공을 포함한다.

② 환기

사실과 관련된 감정을 끄집어냄으로써 카타르시스를 경험하도록 원조하는 것

③ 반성적 고찰

인간-상황에 대한 고찰, 클라이언트의 성격 혹은 행동의 유형과 이드, 자아, 초자아의 심리내적 역동에 대한 고찰, 성인기 이전의 생애경험과 이 경험들이 현재 기능에 미치는 영향에 대한 발달적 고찰을 포함한다.

④ 환경적 개입

클라이언트에게 필요한 자원을 제공하고 발굴하며, 클라이언트와 다른 사람들 사이에서 중재하고, 클라이언트를 옹호하는 역할을 수행한다.

(3) 적용

- 장기간의 원조관계를 기꺼이 약속하고 자기 통찰이나 자기인식에 대한 소망과 동기가 있고 언어표현이 가능한 클라이언트에게 도움이 된다(Johnson & Yanca, 2007).
- 치료자-환자 관계에서 건강하지 않은 의존과 힘의 불균형을 초래할 수 있다.
- 사회적 원인과 문화적 영향과 같은 외부 요인이 때로는 무시될 수 있다. 또한 정치적 관점이 종종 없으며, 심리사회 접근방법을 사용하는 실천가들은 생계문제를 다루지 않는다는 비판이 있다(Trevithick, 2005).

6) 위기개입

(1) 정의

위기개입은 캐플란(Caplan), 린드만(Lindemann), 패러드(Parad), 래포포트(Rapoport) 등에 의해 개발되었으며, 시간 제한적(1~6주)이며 초점을 맞추는 접근방법이다. 치매 노인, 사별한 사람, 시한부 환자, 자살기도자 등에게 적용되고, 재난의 여파가 있을 때나 가정폭력 사례에도 사용된다(Chui & Ford, 2000).

위기는 '정상성이나 심리적 평형상태의 와해'로 정의되며, 일시적으로 개인이 '안정된 상태에서 혼란 상태로 얼마동안 빠지는 것이다(Rapoport, 1967), 위기상황에서는 우리의 습관적인 강점과 대처 방식이 도움이 되지 않는다. 상황이 새롭거나, 예상하지 못했거나, 일련의 사전들이 너무나 압도적이어서 적응하지 못하는 것이다. 위기는 긴박한 상황이어야만 하는 것은 아니며, 병원 입원과 같은 생활사건이 위기를 가져올 수도 있다. 그러므로 외부 사건에 대한 개인적 반응을 중요하게 여긴다.

(2) 주요 개념 및 기술

캐플란은 내적 균형상태를 유지하기 위해 사람들 내부에 자기조절체계가 작동한다는 관점에 기반하여 3단계의 위기단계를 제시했다(Caplan, 1964).

① 충격(impact)

균형 상태에 대한 위협을 인식한다.

② 퇴보(recoil)

균형 상태를 되찾으려 하나 그렇게 할 수 없어서 신체적·심리적으로 지치고 좌절하며, 스트레스나 위기의 징조를 보인다.

③ 적응 혹은 붕괴(breakdown)

개인은 보다 높은 기능 수준이나 낮은 기능 수준으로 나아가기 시작한다.

이 접근방법은 위기가 시간 제한적이며 보통 6주 이상 지속되지 않는다는 관점에 기반하고 있다. 정신분석이론 특히 자아심리학의 영향을 받았으며, 사람들이 안정된 상태에서 겪게 되는 혼란으로부터 다시 안정된 상태로 되돌아 갈 수 있는 문제를 다루는 능력은 다음의 3가지 요인에 달려 있음을 강조한다.

- 내면의 심리적 강점과 약점
- 당면하고 있는 문제의 특성
- 제공되는 도움의 질

위기개입의 목표는 사회적 기능의 회복과 대처능력의 향상이다. 개입을 위해 클라이언트의 성격구조, 기본 방어, 습관적 적응적 패턴, 혼란의 특성, 적응반응의 잠재력, 가용자원을 사정한다. 혼란 상태를 최대한 사용하고, 클라이언트의 긴장과 불안을 감소시키고, 희망을 주고, 지지하며 위기

상황을 돕는다. 새로운 문제해결 및 대처 방식을 가르치고 지각을 정정한다. 단기 서비스 제공이 가능하다(Johnson & Yanca, 2007).

(3) 적용

- 다양한 단기간의 위기, 특히 애도와 상실, 우울, 사고나 그 밖의 '버려진 것처럼' 느끼고 대처할 수 없다고 생각하는 상황과 같은 외상 경험들에 적절하고 유용하다.
- 제한된 자원이나 자금이나 시간 때문에 긍정적 변화에 필요한 모든 요소들을 동원하는 것이 가능하지 않을 수 있다. 따라서 특히 법에 의해 규정된 재원을 사용하는 사회복지실천 맥락에서는 근본적인 변화가 일어나지 않는 한 이 접근방법을 실행가능한 선택사항으로 보기 어렵다.

7) 과제중심 접근방법

(1) 정의

과제중심 접근방법은 문제해결방법으로서 주로 체계이론과 학습이론에 지식기반을 두고 있으며(Doel, 2000), 단기개입도 장기개입과 같이 효과적임을 발견한 리드와 샤인(Reid & Shyne, 1969), 그리고 리드와 엡스타인(Reid & Epstein, 1972)의 조사연구를 토대로 개발되었다.

이 접근방법은 단기개입, 구조화된 점근, 클라이언트의 자기결정권 존중, 환경개입, 개입의 책무성 강조 등을 특성으로 한다(김해란, 1996). 사회복지사는 클라이언트와의 긴밀한 협력을 통해서 구체적인 목표, 즉 바라는 결과에 동의하고, 목표 성취를 위해 수행해야 하는 단계와 과제들을 규명한다. 이런 방식으로 과제에 초점을 맞추는 것은 클라이언트가 동기화되었는지, 그리고 특정 과제를 수행하고 완료하고 특정 목표 즉 결과를 달성하는 데 필요한 기술, 지식, 자신감, 자원을 가지고 있는지 탐색하는 최선의 방식이다. 이런 협력적 관계에서 사회복지사는 구체적 기술을 가르치고, 중요한 정보를 제공하고, 기관 연계와 같은 전문직 역할에 적절한 특정 과제를 수행한다.

(2) 실천단계와 기술

과제중심 실천은 클라이언트가 인식하고 이해하고 다루기를 원하는 구체적인 표적문제를 경감시키기 위한 기술이다. 특정한 진행 방식을 가지고 있으며, 체계적인 과정을 통해 가장 좋은 성과를 거둘 수 있기 때문에 단계를 순서대로 밟는 것이 중요하다. 그러나 문제해결이 급한 상황에서는 단계들의 순서에 구애받지 않는 경향이 있으며, 그럼에도 불구하고 실천가는 가능한 한 빨리 정상적인 절차로 돌아가야 한다(Epstein & Brown, 2002).

과제중심 실천단계의 기본 지도는 다음과 같다.

① 시작하기

클라이언트가 기관을 통해 의뢰된다. 클라이언트가 독립적이거나 자발적으로 서비스를 요청한다.

② 1단계

클라이언트의 표적문제를 규명한다(최대 3개).

③ 2단계

계약-표적문제의 우선순위, 목표, 과제, 기간, 일정, 참여자

④ 3단계

실행-문제해결, 과제성취, 문제경감

⑤ 4단계

종결

실천기술은 일반체계이론, 의사소통이론, 역할이론, 정신역동이론, 학습이론 등 다양한 이론들의 기술을 절충적이며 선택적으로 사용한다(Johnson & Yanca, 2007).

(3) 적용

- 목표와 과제가 달성가능하고 신중하게 선택되므로 성공가능성이 높으며, 클라이언트의 능력과 강점을 향상시키는 데 초점을 맞추기 때문에 자신감을 형성한다.
- 과제중심 전략은 비교적 쉽게 배울 수 있다. 또한 적용가능성이 높아서, 표적문제와 구체적인 과제를 탐색하는 체계적 방식을 다른 접근방법의 일부분으로 사용할 수도 있다.
- 협력할 준비가 되어 있지 않은 거부적이거나 비자발적인 클라이언트와 함께 일할 때는 적용하기 어려울 수 있다.

08
CHAPTER

사회복지실천의 기술

1 개인대상 실천기술

1) 실천 특성

개인대상 실천은 사회복지실천 방법론의 핵심을 이루는 중요한 방법론이다. 통합방법론이 대두되기 전에는 소셜 케이스웍(social case work)이라는 영문 명칭을 사용하거나 편의상 케이스웍(case work)이라고 하거나, 개별지도, 개별사회사업 등으로 불려졌다. '소셜'이란 사회적임을 말하고, '케이스'는 문제를 개별적으로 다룬다는 의미를 내포하고 있으며, '웍'은 활동, 사업, 일 등으로 번역될 수 있는 용어로서, 소셜 케이스웍은 "문제를 사회적 측면에서 개별적으로 다루는 활동"이라고 할 수 있다.

개인대상 실천에 대한 고전적 정의로 리치몬드(Richmond, 1922)의 정의를 들 수 있는데, "개별사회사업이란 개인과 사회환경 간의 개별적인 의식적 조정을 통해서 그 사람의 인격발달을 도모하는 제반 과정"이라고 했다. 즉, 개인대상 실천의 특성으로 개별화 환경 속의 인간, 계획적 변화과정, 클라이언트의 성장을 강조했는데, 이 정의는 '무엇을'을 '왜'하는지에 대해 기술하고 정의하고자 한 초기 시도 가운데 하나이다. 제한적이기는 하지만 아직도 명료한 정의이며, 오늘날까지도 인용되고 있는 대표적인 정의라고 할 수 있다.

한편 펄먼(Perlman, 1957)은 "개별사회사업이란 개인이 사회적 기능상의 문제에 보다 효과적으로 대치해 나가도록 돕기 위해 특정한 인간복지기관(human welfare agencies)에서 사용되는 과정이다"라고 정의하면서, 사람(person), 문제(problem), 장소(place), 과정(process) 등 4P로 알려진 네 가지 본질적 요소가 서로 상호작용하는 가운데 개인대상의 사회복지실천이 구체화된다는 것을 설명했다. 이는 전문적 원조를 제공하는 거의 모든 분야의 핵심이 되는 특성을 포함하고 있다고 하겠다.

일반 사회복지실천의 필요성이 중시되고 있는 오늘날 재스트로(zastrow, 2006)는 "개인대상 실천은 사람들을 일대일 관계에서 도움으로써 그들이 지닌 개인적·사회적 문제를 해결하고자 하는 방법"이라고 정의하면서, 사회복지사는 개인을 다루는 변화매개자로서 다양한 역할들을 수행한다고 했다. 이 정의는 개인대상 실천에 있어서 가장 필수적인 역할이 문제해결자인 상담자 및 임상자의 역할이지만 그밖에 변화를 매개하는 다양한 역할들을 동시에 중시하고 있다는 특성을 보여준다.

이상과 같은 정의들을 통해서 개인대상 실천이란 다음의 요소들을 갖춘 사회복지실천의 한 방법이라고 정리할 수 있다.

- 개인의 존엄성과 자기결정을 존중하는 전문적 가치
- 개인과 사회환경과의 상호작용에 주목하는 체계적·생태학적 관점
- 개인의 사회적 부적응 문제해결에서 성장발달의 욕구에 이르는 광범위한 실천 목적
- 개인 클라이언트와의 일대일 전문적 원조관계
- 의식적이며 계획된 변화과정
- 변화매개자로서 다양한 사회복지사의 역할
- 실천조직인 사회복지 및 기타 복지기관

2) 실천 유형

개인대상 실천은 미시체계인 개인 클라이언트를 대상으로 하는 미시적 실천으로서, 공공기관이나 민간기관의 사회복지사들이나 개업실천을 하고 있는 사회복지사들은 많은 업무시간을 개인 클라이언트와 함께 하는 시간으로 보낸다. 개인대상 실천은 매우 다양한 역할들을 필요로 하는데, 그 가운데 상담, 교육, 중개, 옹호 등이 중요 역할이 되고 있다.

상담자의 역할을 하는 사회복지사는 계획된 변화과정을 따르며, 클라이언트 스스로 문제의 해결방법을 찾고 역량강화를 하도록 돕는다. 예를 들어, 교정기관의 사회복지사는 가석방될 재소자와 함께 주거와 직업을 구하기 위한 사회복귀 계획을 세울 수 있다. 중독관리통합지원센터의 사회복지사는 회복 중인 알코올의존 클라이언트의 대인관계에 관한 상담을 한다. 또한 가출청소년 쉼터의 사회복지사는 입소 청소년의 접수 및 사정면담을 실행하고, 우선되는 긴급한 욕구를 충족시킬 개입을 한다.

교육자 역할을 하는 사회복지사는 정보를 제공하고 지식과 기술을 가르친다. 예를 들어, 자녀를 입양한 어머니에게 아동양육기술을 교육한다. 또한 의료사회복지사는 유방암 진단을 받은 클라이언트에게 질병의 진행과 관리에 대한 정보를 제공한다. 보호관찰소의 사회복지사는 가정폭력 행위자에게 법적 절차 및 준수 내용에 대한 정보를 제공한다.

중개자 역할을 하는 사회복지사는 클라이언트가 필요로 하는 자원과 서비스를 연결한다. 예를 들어, 노숙인 아웃리치 실천가는 주거 및 직업 훈련을 제공하는 쉼터에 클라이언트를 의뢰할 수 있다. 한편, 장애인복지관의 사회복지사는 최근에 시각장애인이 된 클라이언트가 주택, 운송, 경제적 지원, 재가서비스, 직업훈련 등을 포함한 자원과 서비스들을 여러 관련 기관으로부터 받을 수 있도록 연계한다.

옹호자 역할을 하는 사회복지사는 클라이언트가 필요로 하는 자원과 서비스를 제공받을 수 있도록 클라이언트의 입장을 직접 대변하고 지지하며 필요한 행동을 제안하는 옹호활동을 한다. 지역사회의 저소득층 장애아동 클라이언트에 대한 추가적 아동지원서비스가 행정적인 이유로 지연되고 있을 때 신속한 지원을 요구하는 대변인의 역할을 수행할 수 있는 것이다(오정수 외, 2020).

3) 실천기술

(1) 개념정의

개인대상 실천에서 사회복지사가 사용하는 가장 기본적인 실천기술은 면담(interviewing) 혹은 상담(counseling) 기술이다. 이와 함께 원조과정에서는 심리치료(psychotherapy)라는 용어가 함께 쓰이고 있다, 세 용어는 상당 부분 개념이 중복되고 있다.

면담은 자료를 수집하고, 문제를 해결하고, 클라이언트에게 정보와 조언을 제공하는 상대적으로 기본적인 원조과정을 가리킨다. 사회복지기관, 학교, 병원, 상담소, 법률 사무소 등의 기관과 그 밖의 다양한 원조기관에서 면담자를 볼 수 있다.

상담은 면담에 비해 보다 집중적이며 개인적인 과정으로서, 일반적으로 사람들이 일상적인 삶의 도전들에 대처하고 성장기회를 개발하도록 돕는 데 관심을 가진다. 비록 면담을 하는 많은 사람들이 어떤 면에서는 상담을 할 수도 있으나, 상담은 사회복지실천, 인간관계, 심리학, 목화상담, 그리고 정신의학 전문직 분야와 관계가 깊다.

면담과 상담은 심리치료와 구분될 수 있는데, 심리치료는 깊이 자리 잡은 성격이나 행동문제에 초점을 맞추는 보다 심층적인 과정이다. 그러나 대부분의 치료자들은 면담자나 상담자의 기능도 수행한다. 상담의 기술과 개념은 심리치료의 성공적인 실행을 위해서 똑같이 중요하다.

(2) 미시적 기술

아이비 등(Ivey & Ivey, 2008)은 효과적인 면담, 상담 및 심리치료를 위한 구체적인 기술들을 확인하여 미시적 기술(microskill)이라고 이름 붙였다. 미시적 기술이란 클라이언트와 보다 의도적으로 상호작용할 수 있도록 돕는 의사소통기술로서 개인대상 실천을 하는 사회복지사가 기본적으로 익혀야 할 면담기술이라고 할 수 있다. 다음의 〈표 8-1〉은 주요한 미시적 기술들의 정의와 사용 의도이다.

<표 8-1> 미시적 기술의 정의와 사용 의도

기 술	정의	기술 사용 의도
언어 따라가기	클라이언트가 한 말의 방향과 주제를 계속 따라가는 것	클라이언트의 말하는 내용을 지속시킨다.
개방질문	포괄적인 질문 "어머니의 어떤 면이 가장 그립습니까?"	최대한 많은 정보를 얻는다.
적절한 폐쇄질문	구체적인 의도적 질문 "어머니께서 돌아가셨을 때 당신은 몇 살이셨습니까?"	한정된 양의 정보를 얻는다.
바꾸어 말하기	클라이언트의 말을 사회복지사 자신의 말과 견해로 적극적으로 재진술하는 것	클라이언트의 말을 이해했음을 보여 준다.
요약	면담 동안 어떤 주제나 화제를 바꾸어 말하여 변화를 주거나 마무리하는 것	이동하고 마무리를 한다.
감정 반영	클라이언트의 감정을 바꾸어 말하는 것 "무척 슬펐겠군요."	클라이언트의 감정을 더 잘 이해한다.
직면	클라이언트의 말, 행동, 생각 사이의 모순을 지적하는 것	클라이언트가 생각과 행동을 자각하도록 돕는다.
초점 맞추기	회기의 주제, 구성, 방향을 일관성 있게 의도적으로 선택하는 것	회기의 방향성에 도움이 된다.

해석	다양한 이론에 근거하여 클라이언트의 관심사에 관한 새로운 준거틀을 제시하는 것 "어머니의 죽음으로 당신은 혼자 남겨져 두려워하고 있군요."	클라이언트가 새로운 통찰을 얻도록 돕는다.
논리적 결과	클라이언트의 행동과 해결책의 결과를 탐색하는 것; 결과는 당연하거나 논리적인 것	클라이언트 결정의 결과를 지적한다.
자기개방	클라이언트를 도울 목적으로 사회복지사에 대한 적절하고 도움이 되는 정보를 주는 것 "아버지가 돌아가셨을 때, 저는 21살이었어요. 나침반이 사라졌고 저는 길을 잃었지요."	클라이언트에게 삶의 보편성을 알게 해준다.
피드백	태도와 행동에 관해 클라이언트에게 정보를 주는 것 "지난 수 당신은 구겨진 옷을 입고 왔었는데, 오늘은 머리도 감고 세탁한 옷을 입고 왔네요."	행동, 사고, 감정에 대해 자각하게 한다.
지시	클라이언트가 취할 행동이나 생각을 상세히 알려 주는 영향을 미치는 말 "다음에 어머니 산소에 갈 때, 당신의 두려움과 외로움을 표현하는 편지를 써 가지고 가면 어떨까요?"	클라이언트의 다양한 발달적 욕구에 필요한 구조를 제공한다.
의미반영	클라이언트의 경험을 더 깊은 수준으로 바꾸어 말하는 것 "죽음은 끝이면서 시작일 수 있지요."	조망을 넓혀준다.

자료: 지승희·이명우 역(2007: 35-39).

(3) 미시적 기술의 숙련과정

미시적 기술의 체계적인 교육훈련을 위해서 몇 년간에 걸친 수백 회의 면담과정에 대한 조사연구와 분석결과를 통책 개발된 방법이 미시적 기술모델이다(Ivey & Ivey, 2008). 모델이 제시하는 위계적 단계를 따라 하나하나의 미시적 기술들을 배우고 연습을 통해 익혀 나감으로써 개인대상의 면담기술을 향상시킬 수 있을 것이다. [그림 8-2]의 '미시적 기술 위계표'는 성공적인 기술과 전략의 단계들을 개관적으로 보여 준다.

면담 기술은 윤리, 다문화 능력, 안녕감의 토대 위에 형성되는데, 첫 번째 미시적 기술은 주의를 기울여 경청하기이다. 경청 기술의 기초를 습득하면, 미시적 기술 피라미드의 보다 윗부분에 위치한 질문하기, 바꾸어 말하기 등의 기술을 익히게 된다. 효과적인 면담과 궁극적인 기술통합은 클라이언트의 이야기를 경청하고 이해하는 능력을 기반으로 이루어진다.

한편, 이와 같은 미시적 기술들을 사용하기 위해서는 잘 구조화된 면담을 조직하는 것이 필요한데 미시적 기술모델은 인간중심 접근방법의 면담 단계를 수정하여 다음과 같은 5단계를 제시했다.[1)]

- 1단계 [회기 시작] : 관계와 구조를 형성한다.
- 2단계 [자료 수집] : 이야기, 관심사, 문제, 이슈, 그리고 클라이언트의 강점에 대해 알아보고, 문제를 정의한다.
- 3단계 [상호목표 설장] : 클라이언트는 무엇이 일어나기를 원하는가? 이 과정에서 당신의 역할은 무엇인가?
- 4단계 [탐색과 창조] : 대안을 이끌어내고, 클라이언트의 부적절한 측면들과 갈등에 직면하고, 클라이언트가 새로운 이야기, 사고 방식, 감정 그리고 행동을 창조하도록 돕는다.
- 5단계 [종결] : 학습을 '일상'에서 일반화하고, 면담을 종결할 계획을 세운다.

이와 같은 면담의 틀을 가지게 되었을 때 익힐 다음 단계의 상급기술은 직면이다. 직면은 면담 및 상담의 첫 번째 직접적 행동기술로서, 발달적 변화과정의 기본으로 여겨진다. 다음으로, 초점 맞추기 기술은 면담에서 가족요인과 환경적·맥락적 요인들의 영향에 주의를 놓치지 않으면서 동시에 클라이언트에게 주의를 기울이며 관여하는 기술이다. 다음 단계인 영향을 주는 기술에는 의미에 대한 반영, 해석/재구성, 지시, 피드백 등이 포함되는데, 클라이언트로 하여금 자신의 생각과 감정을 이전과 다른 방식으로 이야기하고 새로운 방식의 행동을 배우도록 돕는다.

기본적인 경청 기술들을 숙달하고 이어서 다음 단계의 미시적 기술들도 익혔다면, 실천을 위한 대안적인 이론과 모델들을 배우고 선택할 준비가 되었다고 할 수 있다. 서로 다른 접근방법이 사용되고 있는 서로 다른 양식들 안에 동안 익혀온 미시적 기술을 적용할 수 있다. 예를 들어, 미시적 기술모델의 경청하기 기술과 면담 단계를 숙달했다면, 이미 인간중심 접근방법을 학습하기 시작했다고 할 수 있다.

마지막 과정으로서, 널리 사용되고 있는 중요한 이론적 접근방법들을 배우고, 면담 회기를 위한 치료계획을 세우고, 면담을 실행하는 과정을 통해 궁극적으로는 미시적 기술 피라미드의 정점에 위치하고 있는 개인적 스타일과 이론의 결정에 이를 수 있을 것이다(오정수 외, 2020).

---

1) 일반적으로 개인대상 사회복지실천은 인테이크, 사정과 계획, 개입, 평가와 종결의 단계를 따라 진행된다. 이 책의 앞부분 변화과정에서 제시된 계약, 사정, 계획, 실행, 평가, 종결과 동일한 과정이라고 볼 수 있다.

2

가족대상 실천기술

1) 실천 특성

가족대상 실천은 가족체계가 보다 기능적으로 작용할 수 있도록 돕는 대인적 서비스와 정책을 수행하는 실천으로 정의된다(Feldman & Scherz, 1967). 가족대상 실천은 친밀한 특성의 유대에 의해 연결되는 소집단인 가족을 대상으로 하기 때문에 미시적 실천과 중범위 실천을 함께 수행하며, 가족성원 간의 관계 혹은 가족과 외부 환경체계 간의 관계에 초점을 맞춘다.

가족사회복지실천의 일차적 목적은 가족이 모든 성원들의 발달적·감정적 욕구들을 충족시키면서 보다 유능하게 기능하는 것을 배우도록 돕는 것이다(Collins, Jordan & Coleman, 1999). 이를 위해 사회복지사는 실천현장에서 구체적인 지원서비스를 제공한다. 예를 들어서, 청소년 자녀와 부모가 갈등을 일으키게 되었을 때, 사회복지사는 가족으로 하여금 논쟁을 시작하게 하는 것이 무엇인지 규명하고 논쟁을 계속하게 하는 반복적이며 역기능적인 상호작용 패턴을 확인하도록 도울 수 있다. 이러한 사정 과제들이 성취되면 사회복지사는 역기능적 행동을 기능적인 행동으로 바꿀 수 있도록 가족을 대상으로 개입활동을 하게 된다. 또한 사회복지사는 가족이 외부환경에서 부딪치는 위기와 문제를 다루는 것을 도울 수 있다. 예를 들어서, 가장이 실직을 한 경우에 사회복지사는 가족이 새로운 상황에 대치하도록 돕고, 가족을 이용가능한 자원들과 연결하고, 가장이 새로운 직장을 찾을 수 있도록 원조한다.

브라이어 로슨 등(Briar-Lawson et al., 2001)과 싱어 등(Singer et al., 1990)이 제시한 가족복지 실천의 주요 특성을 살펴보면 다음과 같다(성정현 외, 2004 재인용).

- ▶ 가족이 관심의 대상이 된다. 표명된 관심이 가족의 한 부분에만 관련되어 있다 할지라도 전체 가족이 사정, 계획, 개입의 초점이 된다.
- ▶ 가족과 전문가 간의 협력, 파트너십을 중요하게 고려한다. 전문가는 가족과의 관계에서 그들의 기술적 지식과 전문성을 가져오고 가족들은 자신들에 대한 정보와 지식을 제공한다.
- ▶ 가족의 선택을 중시한다. 이는 가족의 소망과 선택에 맞게 가족원조 방법을 조직하는 것을 의미한다. 가족복지실천에서는 가족의 의견을 의사결정시 일차적으로 중시한다.
- ▶ 가족복지실천은 가족의 강점을 중요하게 고려한다. 이는 앞에서 말한 가족과 전문가 간의 협력과도 일치한다. 그리고 가족의 역량강화를 촉진시킬 수 있다.
- ▶ 가족복지실천은 문제를 보이는 가족성원만 대상으로 하는 것이 아니라 가족의 모든 성원들에게 제공되는 서비스로 가족의 욕구가 변화됨에 따라 변경을 허용한다. 이는 가족의 상황, 관심, 자원에 대한 총체적 관심을 필요로 한다.
- ▶ 가족복지실천은 각각의 가족들에게 개별화된 서비스를 제공한다. 이는 모든 가족을 하나의 공식화된 틀에 맞추기보다 각각의 가족에 맞는 서비스를 제공하는 것을 의미한다.
- ▶ 가족복지실천은 민주적 과정과 양성평등을 촉진시킨다. 즉, 가족복지실천은 가족 내에서 혹은 가족 간에 영향력을 평등하게 하는 데 관심을 갖는다. 예를 들어, 여성, 노인, 취약한 가족성원이 동등한 목소리를 내도록 하며 자원 접근면에서도 공평성을 보장한다.

가족복지실천의 특성에도 잘 드러나 있듯이, 가족대상 실천은 가족문제를 해결하기 위한 전체 가족성원들의 관심과 변화노력을 중요하게 여긴다. 이를 위해 사회복지사는 가족성원들을 함께 만날 수 있도록 면담 시간을 가족에 맞추어 정하고, 가정방문을 통해 가족성원들을 함께 만나는 기회를 가지고자 한다. 가족사회복지사가 가족성원들을 함께 만나는 이유는 다양한데, 중요한 이유로는 다음을 들 수 있다(Maguire, 2002).

- 사회복지사는 개별 가족성원의 편견에 치우치지 않고, 가족역동과 상호작용을 직접 관찰하며 이해하는 기회를 갖게 된다.
- 사회복지사는 가족회기에 참여하는 모든 가족성원들의 관점을 보고 들음으로써 균형 있는 개입을 하게 된다.
- 가족성원들이 비교적 사회적으로 수용되는 방식으로 자신들의 차이점을 표현하는 이성적 구조를 제공한다.
- 가족성원들이 단지 말하는 것이 아닌 명백하고 솔직하고 개방적인 의사소통을 시작하게 된다.

그러나 가족대상 실천과정에 모든 가족성원이 항상 함께 참여해야 하는 것은 아니며, 필요에 따라 개별상담, 부부상담, 집단상담 등 다양한 형태의 실천활동이 이루어진다(Kaplan & Girard, 1994).

2) 가족문제 유형

사회복지사는 가족문제의 원인과 유형에 따라, 그리고 개입목표를 달성하는 데 필요한 자원의 활용가능성 등에 따라 다양한 유형의 서비스를 제공하며, 다양한 역할들을 수행한다. 〈표 8-2〉는 가족대상 실천에서 다루어질 수 있는 가족문제의 예시들이다.

<표 8-2> 가족문제 유형

• 빈곤	• 가족성원의 행동문제	• 배우자의 부정행위
• 실직	• 가족성원의 정서문제	• 공허한 결혼생활
• 파산	• 만성 질병	• 이혼
• 파산부양자의 강제 은퇴	• 말기 질병	• 죽음
• 가계관리의 어려움	• 가족성원의 인지능력장애	• 알코올 및 약물 남용
• 아동학대	• 노년기 부모의 치매	• 도박중독
• 아동방임	• 가족성원의 성기능장애	• 비행이나 범죄
• 배우자학대	• 심각한 교통사고 부상	• 범죄의 희생자
• 가족 유기	• 에이즈 관련 질병	• 가족성원의 투옥, 시설수용
• 노인학대	• 배우자의 불임	• 청소년 가출
• 성학대	• 원치 않은 임신	

자료: Zastrow(2000: 77).

오늘날 가족대상 실천에서는 빈곤가족, 실직가족, 한부모가족, 재혼가족, 정신장애인 가족, 치매노인가족, 가정폭력가족, 알코올의존가족 등에 관심이 두어지고 있다.

3) 실천기술

(1) 관계형성기술

사회복지사는 가족에 합류(joining)함으로써 가족을 수용하고 가족에 적응하여 신뢰를 얻어야 한다. 가족과 합류하기 위해서는 무엇보다 가족성원들의 이야기를 경청하는 것이 중요하다. 그러나 가족을 대상으로 실천하는 사회복지사는 가족성원들 사이에서 중립적 태도를 유지하는 것도 중요하다. 이 과정에서 사회복지사는 논쟁이나 방해에 대해 정중하면서도 단호하게 대처해야 한다.

가족대상 실천에서도 개인대상 실천에서와 마찬가지로 경청, 격려, 공감, 반영, 질문 등의 기본적인 미시적 기술들이 활용된다. 그러나 가족대상 실천이 미시적 실천과 중범위 실천을 합한 실천으로서 두 수준의 실천기술을 모두 필요로 한다는 점에서는 두 실천 사이에 상당한 차이가 있다.

(2) 사정기술

사회복지사는 가족의 욕구와 문제를 파악하고 강점과 자원을 활용함으로써 가족의 목표를 달성하도록 지원하기 위해서 가족을 사정한다. 가족 사정은 가족이 제시하는 문제, 생태학적 사정, 세대간 사정, 가족 내부에 대한 사정 등 네 차원에서 이루어진다. 콜린스 등(Collins, Jordan, & Coleman, 1999)은 사정을 위한 면담에서 다루어지는 주제들을 〈표 8-3〉과 같이 제시했다.

<표 8-2> 가족문제 유형

① 가족문제

- 개입이 무엇 때문에 필요한가? 이 가족은 왜 지금 도움이 필요한가? 이 가족이 스스로 기관을 방문했다면 왜 이 기관에 도움을 요청했는가?
- 이 가족은 현재 장·단기적으로 어떤 문제를 경험하는가?
- 문제가 얼마나 심각하고 긴급한가?
- 사회복지사가 개입하는 것에 대한 가족의 태도와 동기는 어떤가? 가족 전체가 포함되는 개입이 요구된다면 가족성원 각각은 가족의 문제를 해결하기 위해 어느 정도 동기화되어 있는가? 가족성원의 사회복지사에 대한 기대는 무엇인가?
- 가족은 그 밖의 어떤 사회체제과 연결되어 있는가? 어떤 문제로 연결되어 있는가? 각 가족 성원은 그 문제가 어떻게 될 것이라고 생각하고 있는가? 신체적·정신적으로 위험에 처한 가족성원이 있는가?
- 문제의 역사적 배경은 무엇인가? 문제를 해결하기 위해 가족은 무엇을 했는가?

② 가족의 내부 기능

- 가족이 자신 있게 처리하는 영역은 어떤 영역인가? 위기상황뿐 아니라 평상시 활용하는 심리적·사회적 차원은 무엇인가?
- 가족성원들은 전체로서의 가족에 관해, 가족성원 간의 관계에 관해 어떻게 이야기하는가? 가족 내 관계의 특성은 무엇인가? 가족성원 간의 상호작용 패턴은 무엇인가? 문제를 유시키는 상호작용 패턴은 무엇인가? 가족이 유지하는 패턴과 주제는 무엇인가?
- 가족구조는 어떤 위계를 동원할 수 있는가? 누가 힘을 갖고 있고 그 힘은 어떻게 사용되는가?
- 문제를 해결하기 위해 동원할 수 있는 가족과 가족성원의 강점과 자원은 무엇인가?
- 이 가족은 어떻게 의사소통하는가? 가족성원은 반복되는 상호작용 패턴을 나타내는가? 의사소통은 직접적이고 개방적이며 솔직한가?
- 사적·공적 역할에서 가족의 기능은 어떠한가?
- 개인과 부모체계와 같은 하위체계와 전체로서의 가족 간 경계는 어떻게 유지되는가?
- 가족 내에서 누가 누구와 밀착되어 있으며 핵심문제는 가족 중 누구와 관련되는가가?

③ 가족생활주기

- 가족의 역사는 어떠한가(가족성원과 함께 가계도 그리기를 할 수 있다)?
- 가족은 가족생활주기의 어느 단계에 있는가? 가족은 가족성원의 발달욕구를 얼마나 적절히 충족시키고 있는가?
- 가족성원들은 자신들의 발달 욕구와 과업을 얼마나 잘 수행하는가?
- 발달주기에서 위기를 해결하는 가족의 독특한 방식은 무엇인가?

④ 주위환경
- 가족과 환경 간 관계의 특성은 무엇인가? 환경적 요소들은 가족의 기능을 성장하도록 하는가, 혹은 방해하는가?
- 가족과 외부환경 간 관계의 범위와 질, 가족에게 미치는 외부요인들의 영향을 포함해 가족과 사회적 환경의 상호작용의 질은 어떠한가?
- 가족은 기본적 욕구를 어떻게 충족하는가? 어떤 욕구가 충족되고 충족되지 못하는가?
- 욕구가 발생할 때 가족은 누구에게 의존하는가? 양과 질적 측면에서 볼 때 가족 외부의 지지체계와의 관계특성은 무엇인가?
- 외부의 지지와 관련해 가족은 얼마나 독립적이고 자립적인가?
- 가족은 친구, 친척, 교사, 동료, 종교인, 의료인들을 포함해 중요한 사람들과 어떻게 관계를 맺고 있는가?
- 가족은 같은 인종의 다른 사람들과의 관계는 어떠한가?
- 가족의 종교적 신념과 가치의 영향은 무엇이며 어떻게 영향을 주고 있는가?
- 가족의 문화유산 측면은 강점으로 작용하는가, 혹은 방해가 되는가?

자료: 김연옥 외(2005: 193-195).

가족을 대상으로 실천하는 사회복지사는 가족을 공간과 시간의 관점에서 이해할 필요가 있는데, 공간적으로 가족을 사정하기 위한 일차적 도구는 생태도(ecomap)이며, 시간적 사정도구는 가계도(genogun)이다.

생태도는 가족과 환경체계들과의 상호작용을 파악하기 위한 도구로써, 가족과 체계들 간의 자원교훈, 에너지의 흐름, 스트레스와 관련된 자료, 중재되어야 할 갈등, 메워야 할 간극, 활성화되어야 할 자원 등을 시각적으로 나타낸다. 생태도는 가족 전체와 환경체계들과의 관계뿐만 아니라 개별성원들과 환경체계들과의 관계도 나타낸다(김혜란·공계순, 2001).[2]

가계도는 가족 역동을 이해하거나 가족이 여러 세대에 걸쳐 발전시켜 온 가족의 역할, 패턴, 관계 등을 가족과 함께 우호적이고 상호적인 방법으로 살펴보기 위한 도구이다. 가계도는 가족성원을 표시하는 상징과 관제를 표현하는 선을 사용해 삼세대 이상의 확대가족에 나타나는 출생, 사망, 결혼, 이혼, 입양 등의 중요한 생활사견과 연령, 학력, 직업, 종교 등 인구사회학적 정보들을 표현한다.

2) 생태도는 사정 및 계획단계뿐 아니라 개입단계 혹은 종결단계에서 변화를 확인하기 위한 도구로 사용되기도 한다.

또한 법적 문제, 신체적 혹은 성적 학대, 약물남용, 가정폭력, 정신장애 등을 나타낸다. 사회복지사는 가족의 구성과 구조, 가족의 생애주기, 세대 간 유형의 반복, 가족성원들의 역할과 기능상 균형 등 네 가지 차원에서 작성한 가계도를 분석한다.

(2) 사정기술

가족대상 실천을 하는 사회복지사는 가족이 위기에 대처하도록 돕고, 가족의 문제해결노력을 원조하거나 기능적인 가족으로 능력을 향상시키기 위해 가족체계에 개입한다. 이 과정에서 사회복지사는 가족이 강점을 활용하고, 성장과 변화의 장애요소를 제거하며, 파괴적인 패턴을 변경하도록 돕는 역할을 한다.

대상이 되는 가족의 문제나 욕구뿐만 아니라 가족체계도 복잡하고 다양하기 때문에 개입단계에서는 다양한 실천기술 및 기법을 적절하게 활용하는 것이 중요하다. 콜린스 등(Collins, Jorden, & Coleman, 1999)에 의하면 원조 방법은 가족이 일상생활을 재구조화하도록 돕고, 가족성원들이 보다 직접적이고 효과적으로 의사소통하도록 가르치며, 가족이 새로운 행동을 연습할 때 피드백과 지지를 제공해주는 것을 포함한다. 사회복지사는 적합한 사회적 행동의 모델이 되고, 긍정적으로 의사소통하는 법을 가르쳐주며, 가족의 상호작용 패턴으로 지속적으로 사용해온 행동조건을 알게 해준다(Kilpatrick & Holland, 1995).

또한 가족치료는 중요한 가족대상 실천방법으로서 여러 접근방법들의 기술들을 절충적으로 사용할 수 있다. 가족대상 실천에서 활용되는 주요 가족치료 접근방법으로는 정신역동이론을 기반으로 가족의 정서적 반응패턴과 삼각관계에 초점을 맞추어 불안 감소와 자아분화 수준의 향상을 목표로 하는 보웬(Bowen)의 가족체계치료, 체계이론에 근거해 가족체계의 전체성, 가족위계구조의 영향, 가족하위체계의 상호 의존적 기능을 강조하며, 가족의 구조적 변화를 목표로 하는 구조적 가족치료, 의사소통이론에 기초해 지금-여기의 즉시적 경험과 감정표현을 강조하며 개인적 자각, 자기표현 및 자기실현을 목표로 하는 경험적 가족치료, 가족이 제시한 문제의 해결책에 초점을 맞추고 창조적인 전략적 기법들을 사용하는 전략적 가족치료, 그리고 가족의 강점과 문제해결 능력에 초점을 둔 단기치료로서 성취가능한 해결책 구축을 목표로 하는 해결중심 가족치료 등이 있다.

종결단계에서 사회복지사는 개입을 통한 가족의 변화를 확인하고 실천과정에서 성취한 것들을 유지할 수 있도록 준비시킨다. 종결은 예상치 못한 가운데 갑자기 이루어질 수도 있으나 이성적으로는 초기단계의 계약 시점부터 예상되고 계획되어야 한다. 종결을 다루는 방식은 가족이 원조과정에서 이룬 변화를 유지하는 데 영향을 미칠 수 있다. 만족스러운 종결을 경험한 가족은 필요한 경우에 다시 도움을 청할 수 있다는 신뢰감을 지닌 채 원조관계를 떠나게 된다(오정수 외, 2020).

3

집단대상 실천기술

1) 실천 특성

집단대상 실천은 대부분의 사회복지기관에서 널리 사용하고 있는 실천방법으로서, 의도적인 집단경험을 통해 사회적 기능을 향상시키며, 당면 문제에 보다 효과적으로 대처해 나갈 수 있도록 돕는 기능을 한다(Konopka, 1963). 다양한 집단활동을 중심으로 이루어지는 집단대상 실천은 전통적인 방법론의 하나인 집단지도(group work) 또는 집단사회사업(social group work)으로부터 비롯된다. 집단사회사업이라는 용어는 1930년대에 개별사회사업과 구분되는 사회복지실천방법을 가리키기 위해 사용하기 시작했다.

사회복지사는 다양한 기관에서 여러 인구층을 대상으로 집단을 계획하고 운영한다. 바커(Burker, 2005)는 집단사회복지를 '유사한 관심사나 공통의 문제를 공유하는 적은 수의 사람들이 정기적으로 모여서 특정 목표를 성취하기 위해 행하는 계획된 활동이다'라고 정의했다. 따라서 사회복지사는 어떤 유형의 집단을 이끌어가든 ① 계획된 목적에 효과적으로 기여할 수 있는 집단을 만들어야 하며, ② 개인 및 집단역동을 정확하게 사정해야 하고, ③ 집단 목표달성에 영향을 미치는 과정을 수정하기 위해 효과적으로 개입해야 한다(Hepworth et al., 2006).

집단은 성원들의 변화를 위한 강력한 기제를 제공할 수 있다. 예를 들어, 가정폭력 피해여성을 위한 치료집단에서는 경험을 보편화하고 일체감을 경험하며, 서로에게 의미있는 타인이 됨으로써 고립과 소외감을 깨고, 자신의 감정을 자유롭게 표현하고 불안과 공포감을 감소시키는 변화의 힘이 보여진다. 또한 타인을 돕는 이타심과 만족감을 경험하고, 자신의 삶에 대한 통제력을 얻기 위해 도전하며, 대처기술을 학습하고 이용 가능한 대안과 자원을 찾으며, 응집력과 상호 관계를 통해 치유를 경험하고, 희망을 고취하고 격려하는 역할모델을 제공하는 집단의 능력이 발휘된다.

최근에는 집단대상 사회복지실천의 정체성 확립을 위해서 다양한 집단실천모델의 요소들을 통합해 주류모델(Mainstream Model)을 제시하고자 하는 많은 노력들이 기울여져 왔다. 그 가운데 미들맨과 우드(Middleman & Wood, 1990)는 주류모델이 다음과 같은 특성을 지녀야 한다고 제시했다.

- 사회복지사는 집단성원들이 상호 부조체계를 발달시키도록 돕는다.
- 사회복지사는 강력한 변화역동으로서 집단과정을 이해하고 가치를 두고 존중한다.
- 사회복지사는 집단성원들이 집단의 내부와 외부에서 자율적인 기능을 할 수 있도록 역량강화를 돕는다.
- 사회복지사는 집단성원들이 종료 시에 집단인식(groupness)을 재경험하도록 돕는다.

이와 같은 집단대상 실천을 타전문직의 집단치료와 비교해 보면 다음과 같은 차이점을 들 수 있다(Papell & Rothman, 1980).

- 병리나 질병보다 강점과 능력을 강조한다.
- 집단성원을 위해서나 집단성원에게 행하기보다 집단성원과 함께 행한다.
- 지도자의 역할로서 관찰자와 분석가보다는 치료자, 조력자, 촉진자, 교사 등 유동적이며 적극적으로 참여하는 역할을 강조한다.
- 개인의 행동보다는 집단 및 집단 자율성을 강조한다.
- '개인 혹은 환경'보다는 '상황 속의 개인'을 강조한다.
- 어려움에 처한 중산층을 위한 서비스보다는 취약 인구층을 위한 서비스를 강조한다.

2) 집단 유형

집단대상 실천은 중범위 수준의 개입으로서 다른 수준의 실천과 마찬가지로 여러 문제나 목표나 사람들을 대상으로 할 수 있다. 사회복지실천에서 집단은 일차적으로 치료집단과 과업집단의 두 유형으로 구분할 수 있다. 치료집단(treatment group)이란 집단성원의 교육, 성장, 행동변화 또는 사회화에 대한 욕구를 충족시키기 위해 구성된 집단이며, 과업집단(task group)이란 의무사항의 이행, 조직 또는 집단의 과업성취를 위해 구성된 집단을 의미한다(Toseland & Rivas, 2001).

(1) 치료집단

치료집단은 개인적 문제를 해결하고, 원하지 않는 행동을 변화시키며, 스트레스에 대처하고, 질적인 삶을 개선하도록 집단성원들을 돕는다. 이를 위해 집단성원들의 개인적 자질을 향상시키고, 서로를 지지하는 데 초점을 맞춘다. 〈표 8-4〉는 치료집단의 5가지 주요 유형에 대한 정의와 예시이다.

<표 8-4> 사회복지의 치료집단

집단 유형	정 의	예 시
치유 집단	심각한 심리적정서적 문제를 지닌 성원들의 행동변화를 돕는 집단	우울, 성적인 어려움, 불임 및 정신신체장애치료집단
지지 집단	성원들의 공동의 이슈와 문제를 나누며 지속적으로 만나면서, 스트레스에 대처하고 서로에게 제언을 하며, 격려하고, 정보를 전하고 정서적인 지지를 하는 집단[3]	AIDS 환자, 회복 중인 알코올 의존자, 성학대 생존자, 후외상성장애를 경험한 퇴역군인
교육 집단	참가자들에게 일정 유형의 정보를 제공하는 집단	부모역할훈련, 청소년 성교육, 구직집단, 요양시설의 노인들을 위한 처방약에 대한 교육
성장 집단	자기인식을 확대시키고, 잠재력을 증가시키고, 건강과 안녕을 최대화하고자 목적하는 집단	이성에 대한 탐색집단, 청소년 가치명료화집단, 동성애자의 자긍심중심 집단
사회화 집단	참가자들이 그들의 사회환경에 보다 적합할 수 있도록 대인관계행동, 의사소통 그리고 사회기술을 개선시키도록 돕는 집단	도시 근린지역의 청년 활동집단, 수줍음이 많은 십대의 대인관계기술을 향상시키기 위한 학교사회복지 집단, 파티나 여행과 같은 다양한 활동들을 후원하는 한부모 집단

자료: Kirst-Ashman(2003: 114).

3) 지지집단과 치유집단은 두 가지 측면에서 차이가 있다. 첫째, 지지집단은 성원들이 서로 지지하고 돕는 것을 강조한다. 이와는 대조적으로 치유집단에서는 심각한 개인적 문제를 해결하도록 성원들을 지원하는 지도자인 사회복지사의 전문적 치유활동에 중점이 두어진다. 둘째, 지지집단은 심리적 어려움을 경감시키는 대신에 지속적인 대처와 지지를 강조한다는 점에서 치유집단과 다르다.

(2) 과업집단

과업집단은 문제를 해결하고, 아이디어를 개발하며, 계획을 수립하고, 목표를 성취하기 위해서 집단 역학의 원칙들을 적용하는 집단이다. 거시적 사회환경에서의 과업집단은 개인, 가족, 집단, 조직, 지역사회의 욕구를 충족시키기 위해서 구성된다. 예를 들어서, 어떤 사회복지기관의 과업집단은 기관의 자원을 구하는 새터민의 욕구를 충족시킬 전략을 개발하는 데 초점을 맞추며, 개인과 가족 모두를 표적으로 한다. 또 다른 과업집단은 범죄 예방을 위한 이웃 지킴이 프로그램을 실행하고 있는 지역사회서비스 인적자원들과 지역사회 집단의 대표자들로 구성되며, 다양한 이웃 집단들과 전체 지역사회를 위해서 활동한다. 또 다른 조직의 과업집단은 기관의 정책 매뉴얼을 검토하고 변화를 제안하기 위해서 여러 부서의 대표자들로 구성되며, 조직을 위해서 일한다.

과업집단과 치료집단의 주된 차이점은 과업집단은 집단의 외부 환경에서 바람직한 목표를 성취하거나 변화를 실행하는 것을 목표로 하며, 치료 집단은 집단 내부 환경에 있는 집단성원들의 행동이나 태도 변화를 목표로 한다는 것이다(Fatout & Rose, 1995).

〈표 8-5〉는 과업집단의 6가지 주요 유형에 대한 정의와 예시이다.[4)]

---

4) 팀과 치료회의는 클라이언트의 욕구를 충족시키기 위해 구성된 집단이며, 행정집단, 협의체, 위원회, 사회행동집단은 보통 조직의 욕구를 다루기 위한 집단이다.

<표 8-5> 사회복지의 과업집단

집단유형	정 의	예 시
팀	둘 이상의 사람들이 모여서 계획된 목적을 성취하기 위해 협력하고 상호 의존하며 작업하는 집단	보훈병원의 임시주거 지원부서, 물질남용상담실, 외과에서 일하는 사회복지사들이 함께 모여 심각한 신장장애가 있는 알코올의존 노숙 퇴역군인을 위해 일하는 팀
치료회의	클라이언트 체계를 위해 서비스 계획을 수립하고 점검하고 조정하기 위해 만나는 집단	심각한 행동 및 정서 문제가 있는 아동을 위한 거주치료시설에서 입소 클라이언트의 진전 상태에 대해 논의하고 향후 치료를 위한 의견을 나누기 위해 모인 전문가 집단(사회복지사, 심리사, 정신과 의사, 의사, 교사, 상담자 등)
행정집단	사회서비스기관의 행정담당자들이 정기적으로 만나서 조직 운영을 위한 이슈에 대해 논의하고 계획을 개발하는 집단	조직의 사명, 목적, 정책을 정하고 조직의 활동을 감독하도록 권한을 위임받은 이사회
협의체	다양한 기관의 대표들이나 한 기관 내 여러 부서의 대표들이 만나서 상호관심사인 이슈에 대해 논의하는 집단	성폭력위기센터의 교육과 치료 이슈를 논의하기 위해 지역사회 전역의 기관들에서 회의에 참가할 대표로 지명한 전문가들의 집단
위원회	어떤 사안에 대해 숙고하고, 조사하고, 행동을 취하고, 보고하기 위해 모인 집단	요양시설에서 제공되는 식사의 질에 대해 조사하고 평가하고 건의하기 위해 뽑힌 직원 대표들의 집단
사회행동 집단	거시적인 사회적 환경이나 물리적 환경을 수정하거나 개선하기 위해서 계획된 변화 노력을 기울이고자 형성된 집단	위험한 횡단보도에 신호등을 설치하기 위해서 입법자들에게 편지쓰기 캠페인을 벌이는 데 힘을 모으는 기관 실무자와 클라이언트의 집단

자료: Kirst-Ashman(2003: 116).

3) 실천기술

(1) 실천과정

집단을 계획하고 실천하는 과정은 개인대상 실천과정과 유사하다. 재스트로(Zastrow, 2006)는 집단대상 실천의 맥락에서 인테이크, 집단성원 선정, 사정과 계획, 집단발달과 개입, 평가와 종결의 실천과정을 제시했다.

① 인테이크

인테이크 동안에 잠재적 성원들의 현재 관심사와 욕구가 확인되고, 이들이 집단활동을 통해 이익을 얻을 수 있는지에 대한 판단이 이루어진다. 종종 집단의 시험적 목적에 대한 집단지도자와 성원들 사이에 합의가 이루어진다. 이 단계는 계약단계라고 언급되기도 한다.

② 집단성원 선정

집단으로부터 이익을 얻을 수 있는 개인들이 집단성원으로 선택된다. 집단을 구성하는 데는 기술적 요인(연령, 성별, 교육 수준 등)과 행동적 욕구(행동상의 속성) 모두에 주의를 기울여야 한다. 이러한 요인들에 있어서 동질성을 찾을 것인가 다양성을 찾을 것인가에 대해 결정할 필요가 있다.

③ 사정과 계획

보다 심도 있는 사정과 활동을 위한 목표와 계획의 진술이 이 단계에서 이루어진다. 집단들 대부분의 역동적인 본질이 목표와 개입계획의 지속적인 적응을 필요로 하기 때문에, 실제로 이 단계는 집단이 종료했을 때 비로소 완료된다. 목표는 반드시 달성가능하며 시간 제한적이어야 하고, 지도자는 모든 목표들이 뒤에 행해지는 평가가 가능하도록 분명하게 진술되었는지 확실하게 해야 한다.

④ 집단발달과 개입

집단의 발달적 문제의 다양한 유형을 기술하고 이해하면서, 지도자들은 집단성원들의 반응에 대해 보다 효과적으로 예상하고 반응할 수 있다. 많은 집단발달 모델들 가운데 가란드, 존스, 콜로드니 모델은 가장 널리 사용되는 집단발달모델 가운데 하나이다(Garland, Jones, & Kolodny, 1965). 이 모델은 치유집단, 사회화집단, 성장집단에 특히 적용가능성이 높으며, 교육집단, 과업집단, 자조집단에도 적용이 가능한데 다음과 같은 발달단계를 제시하고 있다.

- 1단계 [친밀 전]: 접근과 회피 행동
  공손한 거리감과 양가감정의 특징을 보인다.
- 2단계 [힘과 통제]: 전환기
  집단성원들이 지도자를 시험하고, 자신들의 서열이나 지위를 정하고, 하위집단을 형성한다. 또한 어떤 집단성원을 따돌리거나 심지어는 집단에서 내보내는 일이 일어나기도 한다.
- 3단계 [친밀]: 가족 준거틀 발달
  집단성원들이 집단을 수용하고 마치 가족처럼 여기는 관계가 형성된다.
- 4단계 [분화]: 집단 정체성과 내적 준거틀 발달
  개인차가 허용되는데, 이는 집단의 수용, 강하고 지지적인 응집력, 그리고 보살핌을 인식하는 데서 기인된다.
- 5단계 [결별]: 떠남
  집단성원들이 그동안 일어난 일들을 반추하고 정리한다.

경험이 적은 집단지도자들은 단계 이동이 순조롭게 진행될 것을 기대하고 그렇지 못할 때는 실망한다. 그러므로 많은 초보 실천가들은 자연스런 성장과정을 따라 발달하도록 두는 대신에 조급하게 집단에 단계이동을 강요하는 경향이 있다. 경험이 쌓일수록 그런 노력이 쓸모없음을 알게 되는데, 각각의 집단은 자기만의 속도로 발달해 나가며 결국에는 동일한 목적지에 도착하게 되는 것이다. 어떤 단계를 건너뛴 집단이나 발달에 방해를 받은 집단은 종종 미해결 과제를 완료하기 위해 이전의 단계로 되돌아가기도 한다(오정수 외, 2020).

⑤ 평가와 종결

평가는 지속적인 과정이어야 한다. 집단의 종결 결정은 집단이나 개인의 목표달성, 사전에 결정된 시한의 도래, 원하는 목적 달성 실패, 집단지도자의 재배치, 집단 운영재원의 부족 등으로 인해 이루어질 수 있다. 집단종결은 종종 다른 중요한 관계가 끝날 때와 동일한 반응을 일으킨다. 집단지도자는 거절 받은 느낌을 포함해서 혹시 경험할 수 있는 부정적 감정들을 인식해야 하며 집단성원들이 최소한도의 어려움을 경험하며 집단을 종료할 수 있도록 도와야 한다.

이상과 같은 집단대상 실천에서 수행해야 하는 과업을 정리해 보면 다음과 같다(Maguire, 2002).

① 집단성원 선정하기

② 집단의 물리적 환경 조성하기

③ 집단성원들이 집단의 구조와 정보를 알 수 있도록 준비시키기

④ 집단의 분위기를 정하고 집단규범과 관련된 본을 보이기

⑤ 융통성 있는 목적과 목표 정하기

⑥ 충분하고 개방적인 상호작용을 하도록 하기

⑦ '지금-여기'에 초점 맞추기

⑧ 직면하기

⑨ 피드백과 분석 제공하기

⑩ 주제, 관심사를 갖고 회기를 시작하고, 통찰 강화와 다음 이슈 제시로 종결하기

⑪ 치료적 요소 장려하기

(2) 중범위 기술

집단대상 실천에서는 다음과 같은 중범위 기술들을 기본적으로 갖추는 것이 필요하다(Beckett, 2006).

- 집단과정을 인식하는 능력
- 과제에 적절한 방식으로 집단을 구성하는 기술
- 집단지도자/촉진자로서 지나치게 지시적인 것과 필요한 경우에도 구조를 제공하지 못하는 것 사이에서 적절한 균형을 맞추는 기술
- 갈등을 다루는 능력과 자기주장기술
- 집단상황에서 디스트레스를 다루는 능력
- 시작과 종결을 다루는 능력

그러나 집단대상 실천을 효과적으로 행하기 위해서서는 중범위 기술뿐 아니라 기본적인 미시적 기술들 역시 적절하게 사용할 수 있어야 한다. 집단대상 실천을 하는 사회복지사의 기술은 면담기술인 집단과정 촉진기술, 사정기술인 자료수집 및 평가 기술, 그리고 개입기술인 행동기술의 세 가지 기술범주로 크게 분류된다. 〈표 8-6〉은 기술범주에 따른 구체적인 집단대상 실천기술의 목록이다.

<표 8-6> 집단사회복지사의 기술범주

집단과정 촉진기술	자료수집 및 평가기술	행동기술
집단성원의 참여 촉진	사고, 감정,행동의 확인 및 기술	지지
주의집중	정보의 요청, 질문 및 탐색	재구조화, 재정의
표현기술	정보의 요약과 세분화	집단성원 간의 의사소통 연계
반응기술	사고, 감정, 행동의 통합	지시
집단의사소통의 초점 유지	정보 분석	조언, 제안 또는 교육
집단과정의 명료화		자원 제공
내용의 명료화		모델링, 역할연습, 시연, 지도
집단 상호작용의 지도		직면
		갈등해결결

자료: Toseland & Rivas(1995: 109).

4

지역사회대상 실천기술

1) 실천 특성

지역사회대상 실천이란 지역사회집단, 조직과 제도, 그리고 지역사회성원 간의 관계 및 상호작용의 행동패턴을 변화시키는 실천기술의 적용이라고 할 수 있으며, 조직과 지역사회에서의 사회변화를 위한 전문적이고 직접적인 개입을 의미하는 거시적 실천활동의 일부라고 할 수 있다(Hardcastle et al, 1997). 역사적으로 사회복지전문직에서는 거시적 실천을 언급하기 위해 지역사회조직(community organization)이라는 용어를 사용해 왔다.

지역사회라는 용어의 개념정의는 학자들의 관점에 따라 매우 다양하며, 여러 다른 맥락에서 사용되고 있다. 여러 정의들을 살펴보면, 지역사회라는 개념의 특성은 다음과 같이 요약될 수 있다(오정수·류진석, 2009).

- 지역사회의 개념은 역사적으로 그 의미가 변천해 왔다.
- 지역사회의 개념은 지리적 의미와 기능적 의미를 함축하고 있다.
- 급속하게 변화하는 21세기 정보화 사회에서 전통적 의미의 지역사회와는 다른 새로운 형태의 지역사회가 나타나고 있다.
- 공동의 관심과 이해관계를 강조하는 기능적 의미의 지역사회는 공동체라는 성격을 갖고 그 의의가 부각되었다.
- 지역사회나 공동체 개념은 성원의 동질적 정체성에 기초한 강한 정서적 유대를 갖고 있어서 인간의 감정이나 행동으로 표출될 수 있다. 이러한 정서적 유대는 지역사회복지의 실천적인 측면에는 역량강화를 통해 지역사회를 긍정적인 방향으로 변화시키는 역량으로 작용할 수 있다.

사회복지전문직은 사회적으로 취약한 계층이나 사람들에게 관심을 가지며, 사회정의의 실현을 추구한다. 이러한 의미에서 거시적 실천이 필요하며, 지역사회복지의 이념을 실현하기 위해 거시적 실천가들은 다음의 목표를 성취하고자 노력한다(오정수·류진석, 2009).

- 지역사회의 능력 향상과 사회통합
- 지역사회문제의 해결
- 서비스와 프로그램의 제공을 통한 지역사회주민의 욕구충족

지역사회대상 실천가는 다양한 사회적 이슈에 개입한다. 예를 들면, 시민권, 복지정책 개혁, 빈곤층의 욕구, 교육 및 보건 이슈, 주택, 여가서비스 개선, 인종 관련 문제, 미성년자 고용문제, 도시재개발 프로그램, 약물남용청소년과 가출청소년을 위한 프로그램 개발, 노숙인을 위한 서비스 개발, HIV 양성자나 AIDS 환자를 위한 서비스개발 등이 있다.

지역사회대상 실천을 적극적으로 행하는 기관과 단체로는 지역사회복지관, 재가복지 봉사센터, 지역자활센터, 지역사회복지협의회, 사회복지기관협의체, 근린지역협의체, 사회복지공동모금회, 지역사회복지운동단체 등이 있다.

거시적 실천가로서 사회복지사는 지역사회의 환경과 주민들의 삶의 향상을 위한 변화매개자이다. 지역사회복지의 목표를 달성하기 위해 거시적 실천이 필요하지만, 거시적 실천이 미시적 실천과 관련 없이 독자적으로 이루어지는 것은 아니다. 미시적 실천가는 클라이언트의 욕구나 문제를 가장 먼저 확인하는 체계라는 점에서, 미시적 실천은 거시적 실천의 기초가 된다.

2) 실천 방법

지역사회대상 실천은 각 지역사회마다 상이한 전통과 사회, 정치, 경제 발전과정과 관련해 발전해 왔다. 로스만은 효과적으로 지역사회를 변화시키기 위한 접근방법을 지역사회개발(community developement), 사회계획(social planning), 사회행동(social action)의 세 가지 실천모델로 분류했다(Rothman, 1995). 지역사회대상의 실제 실천활동에는 전통적인 새 모델의 특징적 요소들이 복합적으로 사용되는 경우가 많다.

(1) 지역사회개발

지역사회개발은 지역사회의 문제해결이나 욕구충족을 위한 지역사회의 능력개발과 사회통합이라는 과정목표를 통해 지역사회를 새롭게 변화시키는 데 초점을 두고 있으며, 주민들의 자조(self-help) 정신을 강조하는 모델이다. 따라서 지역사회개발은 문제 파악 및 해결과정에 가능한 한 다양한 많은 지역사회 주민들을 민주적인 방법으로 참여시켜 목표를 설정하고, 주민들이 문제를 스스로 해결할 수 있는 능력을 강화시켜 주는 데 역점을 둔다. 이 모델은 주로 교육적인 방법을 통해 주민들 가운데 지도자를 양성하고 그 지도력을 개발해 지역사회문제에 주민들이 협력적으로 일할 수 있는 분위기를 조성하는 것을 강조한다. 사회복지사는 조력자, 조정자, 문제해결기술 훈련자의 역할을 담당하게 된다. 지역사회개발은 개인의 존엄성, 참여, 자유로운 선택을 강조하기 때문에 사회복지실천의 가치에 잘 부합된다.

(2) 사회계획

사회계획은 공식적인 계획과 정책 준거틀에 대한 설계가 핵심이며, 계획이나 정책 집행의 효과성과 효율성을 강조하기 때문에 과업목적에 초점이 두어진다. 이 모델은 '비행, 주거, 정신건강문제'와 같은 실질적인 사회문제에 대한 기술적인 문제해결과정을 중시한다. 사회회복지사는 실천가나 자문으로서 지역사회의 선정된 지도자들과 함께 특정 문제를 해결하기 위해서 실천과정을 주도해 나간다. 지역사회의 일반 주민들은 문제해결과정에 거의 참여하지 않으며, 수혜자의 역할에서 재화와 서비스를 제공받는다.

오늘날의 사회계획은 고도의 자료분석 기법들을 활용하며, 실천가는 자료를 수집, 분석하여 전망하고 그에 입각한 프로그램의 계획과 평가를 담당한다.

(3) 사회행동

사회행동은 지역사회의 억압받고 소외된 주민들이 사회정의와 정치적 공평성의 입장에서 힘의 불균형을 바로잡고 사회, 정치, 경제적으로 보다 나은 처우를 받을 수 있도록 돕는 활동이다. 일반적으로 사회행동에는 조직적 대항, 입법 로비활동, 대중조직의 개발, 정치적 캠페인 등을 포함하여 사회정책과 법률적 영향을 미치는 광의의 과업들이 포함된다.

이 모델은 지역사회를 변화시키기 위해 지역사회의 권력과 자원을 재분배하고 사회적 약자의 의사결정 접근성을 강화시키는 데 주력한다. 예를 들어, 사회행동은 노숙인과 같은 특정 인구집단을 돕기 위해서나, 인공차별과 같은 사회문제를 해결하기 위해서나, 장애아동의 사회서비스 접근을 막는 행정절차와 같은 불공평을 수정하기 위해서나, 혹은 사람들의 안녕감을 향상시키기 위해서 지역사회의 기존 제도나 상태에 대한 근본적인 변화를 추구한다.

사회복지사는 조직가의 역할을 맡아 직접 행동을 취할 수 있도록 조직화하고 사회적 약자를 지치하고 옹호하는 활동을 수행하며, 문제를 해결하기 위한 수단으로 항의나 시위, 협상 등을 이용하기도 한다. 사회행동모델은 기본적으로 과업 달성을 중시하기 때문에, 적절한 의사결정구조의 활용이나 관계형성과 같은 과정목표는 무시되기도 한다.

3) 실천기술

(1) 실천과정

니콜스는 지역사회대상 실천의 계획된 변화과정을 다음과 같은 구체적 단계로 분류했다 (Nichols, 1985).

- 1단계 : 욕구나 해결이 필요한 지역사회문제를 확인하는 단계
- 2단계 : 변화가능성을 분석하는 단계
- 3단계 : 목적과 목표를 정하는 단계
- 4단계 : 목표달성 노력을 구체화하고 효과적이며 효율적인 방안을 구성하는 단계
- 5단계 : 변화에 필요한 자원을 계획하는 단계
- 6단계 : 변화 노력을 실행하는 단계
- 7단계 : 변화를 위한 활동을 점검하는 단계
- 8단계 : 변화 노력을 평가하는 단계
- 9단계 : 변화 상황을 재사정하고 안정화하는 단계

(2) 실천 원칙

지역사회대상 실천은 다음의 원칙을 따른다(장인협 외, 2009).

① 자주성의 원칙

지역사회의 목적설정이나 활동에 대한 지역주민의 자주적인 참가와 협동이 사업성취의 기반이 된다.

② 과정 지향의 원칙

지역의 구체적인 과업의 달성도 중요하지만 과업 성취에 이르는 모든 과정이 중요하다. 과정을 통해서 지역사회의 단결과 협력태도가 이룩될 수 있는 계기가 주어지기 때문이다.

③ 조정의 원칙

지역사회의 문제나 갈등을 일으킬 수 있는 주민 간의 마찰이나 대립 상황도 주민 간의 상호작용 방법에 따라 조정이 가능할 수 있다.

④ 합의의 원칙

지역사회의 문제해결이나 목표달성을 위해 전 주민의 의견 일치를 목적으로 삼는 전략을 활용한다.

⑤ 역량강화의 원칙

역량강화자로서의 사회복지사의 역할을 중시한다.

(2) 거시적 기술

지역사회대상 실천은 지역사회개발, 사회계획, 사회행동 등의 전통적인 방법뿐 아니라, 클라이언트의 의뢰, 지역사회자원의 사정, 클라이언트의 자원체계 개발, 클라이언트의 욕구충족을 위한 정책결정자에 대한 옹호활동 등 거시적 실천활동 및 직접적인 서비스 제공과도 관련이 있다(Hardcastle et al., 1997). 따라서 일반 실천 사회복지사뿐만 아니라 전문사회복지사 또는 임상사회복지사도 지역사회대상 실천과 관련된 지식과 기술을 갖출 필요가 있다.

① 협상

협상(negotiating)은 일정 유형의 동의나 이해를 구하는 것을 목표로 한다. 거시적 실천에서는 간접실천과 관련이 있으며, 기관 및 다른 조직, 혹은 주요 자원과 지위를 점하고 있는 관련자들과 협상을 하게 된다. 사회복지사는 자원이 부족하거나 전문적 책임성에 대한 요구가 과하거나 지역사회복지기관에 근무할 때 협상 기술을 사용하는 경우가 상대적으로 많아진다. 자원동원에 소요되는 시간과 노력은 상당하며, 협력적, 경쟁적, 혹은 전투적인 전략 등이 사용된다. 전투적 기술은 자원제공의 불평등이나 불공평을 다룰 때 특히 중요하며, 캠페인은 일종의 정치적 협상이라고 볼 수 있다.

협상에 성공하기 위해서는 사실적 정보를 잘 준비하고 제시하며, 협상에서의 주요 인물들이 어디에 소속되어 있는지를 세심하게 생각해 보고, 동일한 협상이 여러 측면에서 이루어지도록 하기 위해 상대적으로 큰 비중을 둘 곳을 파악해야 하며, 문제에 관심이 없는 사람들에게 협상 결정이 가지다 줄 이득을 조명해 주는 것이 중요하다. 동시에 다른 사람의 관점을 존중하고, 그들의 마음을 바꿀 수 있다고 믿고, 관련 당사자들에 대한 성실함을 견지하면서 변화를 시도하는 것이 중요하다. 유연함, 단호함 및 설득 기술은 성공적인 협상가의 표시이다(Trevithick, 2000).

② 연계망 구축

연계망(network)이란 특별한 의미를 지닌 연계체계 혹은 유형으로서, 다음과 같이 구분된다(Seed, 1990).

- 공식적 연계망 : 계획된 공식적인 지지집단
- 비공식적 혹은 자연적 연계망 : 다른 사람들을 돕는 가족성원, 친구 및 이웃 등의 자연적 보호자들로 구성된 사람들

연계망 구축기술은 다음의 전략들을 포함한다(Coulshed & Orme, 1998).

- 연계망 치료에서는 '변화매개자'의 역할을 할 수 있도록 연계망을 동원함으로써 위기에 처한 가족을 돕는 실천기술을 사용한다(예 : 아동보호사업에서 사용되는 가족집단회합).
- 문제해결 연계망 모임에서는 누가 무엇을 하고 있는지를 분명하게 하기 위해 종종 공식적·비공식적 보호자들을 함께 만난다.
- 연계망 구성이란 새로운 연계망을 형성하고, 기존의 연계망을 유지하거나 변화시키는 방법이다.

사회복지실천에서 연계망 구축의 중요성은 특정 지역사회나 지리적인 근린지역 내 사람들에게 존재하는 연계를 강화시키는 데 있다. 이러한 지지는 사람들이 고립될 위험이 있는 경우에 특히 중요하다. 그러나 연계망은 사회적 지지망의 보충으로 보아야 하며, 국가가 제공해야 하는 공공서비스나 기존의 주요 민간서비스의 의무를 대치하는 것이 되어서는 안 된다.

③ 협력

협력(collaboration)은 특정한 공동 목적을 달성하기 위해 관련 기관들 간의 협력 관계를 하는 기술로서, 연계, 조정, 통합 등의 용어가 사용되기도 한다. 협력의 수준은 일회적이거나 필요시 정보를 공유하는 단순 협조 체계적이며 공식적인 협력, 지역사회 차원에서 여러 기관들이 참여하는 지속적이며 구조적인 협력 등으로 다양하다.

최근 들어와 지역주민의 총체적인 욕구에 민감할 수 있도록 서비스 공급주체 간에 정보와 인적, 물적 자원을 공유하고, 교환하고 클라이언트를 의뢰하는 전달체계의 혁신에 대한 요구가 높아져서 사회복지 관련 기관 간의 협력관계를 형성하는 것이 매우 중요해졌다. 특히 지역사회의 욕구와 문제를 해결하고자 하는 노력에는 지역사회 내 다양한 조직을 활용하고 이들의 협력을 성공적으로 이끌어내는 것이 중요하다(김혜란 외, 2006).

④ 옹호

옹호는 사회복지실천에서 중심기술이며, 자신의 이익을 주장할 수 없는 사람들의 이익을 대변해 주는 것이다. 특정집단의 사람들에게 불이익을 주는 권력의 차이를 인정하는 것이 중심이 되는데, 권력 차이가 사회의 완전한 성원으로서 참여할 권리와 같이 특정 자원이나 기회에 접근할 수 없게 만들기 때문이다. 옹호는 클라이언트들의 목소리와 이익이 태도나 정책, 실천 및 서비스 전달에 영향을 미칠 수 있도록 반영되고 응답되도록 보장하는 데 목적이 있다. 옹호의 주요 개념은 대표(representation)로서, 다음의 활동들을 포함한다(Trevithick, 2000).

- 클라이언트가 자신을 대표할 수 있도록 지지하기
- 클라이언트의 견해와 욕구를 주장하기
- 다른 사람에 대한 클라이언트의 견해, 욕구, 관심사 및 이익을 해석해 주거나 대표하기

- 다양한 과업을 수행하기 위해 경청과 협상기술, 감정이입, 자기주장기술, 분명하게 초점을 가지기와 같은 적절한 기술을 개발하기

옹호활동을 통해 정치적인 과정에 영향력을 행사하여 정책결정과정이 클라이언트 집단의 욕구에 반응하게 할 수 있으며, 권력구조나 정치적 구조에 압력을 행사하는 사회행동도 포함된다. 다음은 사회복지사가 옹호활동에 사용할 수 있는 기술의 예이다(Hepworth, Looney & Larsen, 2004).

- 공통적인 문제가 있는 클라이언트 집단을 조직하기
- 관련 기관 간의 협의체 구성하기
- 조례나 법안 개정을 위해서 정부 관료나 입법자들과 접촉하기
- 법적인 소송을 제기하기
- 전문가의 증언을 제공하기
- 지역사회의 정책결정자들을 교육하기
- 자원개발

자원개발은 지역사회 내의 가용 복지재원의 총량을 확대할 뿐만 아니라 지역사회주민들의 사회복지에 대한 자발적인 참여 촉진과 공동체 의식의 함양에도 기여한다. 자원은 크게 인적 자원과 물적 자원으로 구분되는데, 인적 자원은 대표적으로 자원봉사인력이 될 수 있으며, 물적 자원은 가시적인 자원으로서 협의에서는 현금과 현물을 가리키고 광의에서는 생태학적 환경 및 사람이 만들어낸 제도나 시설 등도 포함한다(김혜란 외, 2006).

인적 자원인 자원봉사자의 활동을 활성화하기 위해서는 자원봉사자의 발굴, 훈련, 배치, 감독 관리에 필요한 과학적이고 전문적인 기술 지식을 갖추어야 한다. 한편, 물적 자원의 개발방법인 모금활동은 개별기관이 개인이나 기업을 대상으로 하거나 사회복지공동모금회나 사랑의 리퀘스트 등 공동모금활동을 할 수 있다. 모금방법으로는 개인기부자를 통해 모금하는 대중모금, 기업후원금, 재단지원금, 그밖에 종교법인이나 기관, 사회복지법인, 학교법인 등의 지원금을 활용할 수 있다(오정수 외, 2020).

09
CHAPTER

사회보험

1

정부개입의 적용

국가와 시민사회를 보는 시각은 서로 다를 수 있으나 사회정책을 보는 시각은 해겔적인 시각이 지배적이다. 하지만, 정부 개입의 작용 방식은 개입 주체나 대상 또는 그 환경, 개입형태 등의 복잡성과 관련이 있으며, 의도된 효과도 이러한 여러 측면의 특성에 따라 다르게 나타나게 된다. 이러한 특성들을 이론화하고자 하는 노력 중 하나가 국가의 개입을 유형화하려는 노력이며, 여기서 제시하고자 하는 것은 카우프만(Kaufmann)이라는 학자의 사회정책적 개입형태에 따른 구분이다.

카우프만(2005)에 의하면, 국가의 사회정책에 대한 개입은 법적, 경제적, 환경적 및 교육적 개입형태로 구분된다(표 9-1 참조). 법적인 개입형태는 사회적 약자인 개인에게 법적인 권리를 부여함으로써 법적 지위를 향상시키는 제도로서 대표적인 예는 근로기준법에 근거한 적절한 근로시간이나 퇴직금 등에 대한 권리, 노동법에서의 단결권, 단체교섭권, 쟁의권 등을 들 수 있다. 또한 근로자나 국민에게 사회보험에 가입할 의무를 부여하는 대신 그 가입으로 인해 취득하는 사회보험급여의 수급권도 법적인 개입형태로 볼 수 있다. 그러나 수급권을 바탕으로 급여를 받는 것 자체는 법적인 개입형태가 아니라 다음에 설명하는 경제적 개입형태에 속한다. 만약 중앙정부나 지방자치단체 또는 공공기관에서 개인에게 권리를 보장해 주지 않을 경우 이에 대해 이의를 제기하거나 소송을 제기하는 것도 법률적 개입형태의 제도 중 하나이다. 법률적 개입형태는 법치국가에서 국가의 모든 행위가 법률이나 규정에 의하여 이루어지는 것과는 다른 의미이다. 이러한 권리부여는 사회정책의 발달에서 큰 의미를 갖는다. 간략하게 그 의미를 살펴보자.

영국의 저명한 사회정책학자인 마샬(T. H. Marshall)은 역사의 발달을 인간권리의 발달로 해석하면서 근대 이후 카우 시민권(civil right)과 정치권(political right)을 기반으로 사회권(social right)

이 형성되었다는 시민권론(citizenship theory)을 주장하였다. 이에 따르면 시민권은 중세의 신분제적 질서와 비경제적 속박을 타파하고 인간의 존엄성에 기반한 천부 인권으로서 이동의 자유, 표현의 자유, 결사의 자유, 직업선택의 자유 등 현대의 헌법에서 자유권적 기본권으로 표현되는 권리들을 포함한다. 이 시민권은 추상적 평균인을 상정하여 법 앞의 평등을 실현하고자 하였다.

시민권이 주어지고 난 후 의회에서 자신들을 통치할 대표를 직접 선출하는 권리, 즉 정치권이 실현되기 시작했는데, 중세 후기에는 신분제나 재산에 따라 투표권이 부여되었지만 19세기 중반 이후에는 남성에 대해서 보통선거권이 주어지기 시작하였다. 선거권과 피선거권(공무담임권)의 부여로 인하여 기존 정치권력의 기득권에 대항하면서 자신들의 이해관계를 관철시키기 위한 노동자 정당의 설립 및 세력 강화가 이루어지게 되었다.

노동자 정당(사회민주당 또는 노동당)의 득표율이 높아지면서 노동자들의 이해관계를 대변하는 정책, 특히 노동시간이나 사고예방 등 노동자 보호와 관련되는 입법에 대한 요구가 더욱 강하게 제기되었으며, 이것이 노동법이나 사회보험법의 입법으로 이어지게 된다. 세계 최초로 사회보험을 도입한 독일에서는 노동자 대표(노동조합)이나 사회민주당은 협의의 노동자 보호를 요구한 반면, 비스마르크는 정치적 및 경제적 고려에 의해 사회보험을 도입하였는데 수십 년이 지난 후에야 비로소 이 제도가 노동자의 이해관계에 적합한 정책으로 인정받게 되었다. 사회권의 가장 대표적인 권리는 특히 국가가 모든 국민에 대해 생존권을 보장하여 정해진 생계비를 벌지 못하는 모든 사람에 대해 이유를 묻지 않고 생계비를 지급해 주는, 즉 생존권의 최후 그물망이 되는 공공부조 수급권이라 볼 수 있다. 사회권의 도입 이전에 국가나 지방자치단체는 개별 국민에 대해 시혜의 성격으로 생계비를 지급하고, 시혜를 주는 대신 다른 기본권을 박탈하는 방식을 취하였다. 즉 국가에서 생계비로 터무니없이 낮은 금액을 책정하거나 주지 않아도 이에 대해 이의를 제기하거나 소송을 제기할 수 없었을 뿐 아니라, 시혜를 받을 경우 거주이전의 자유가 제한되거나 선거권이 박탈되기도 하였다. 영국에서는 1918년 이후에야 비로소 공공부조 수급자에 대한 이러한 제한들이 사라졌다. 이러한 사회권의 발달은 제1차 세계대전 이후에 비로소 서유럽 전역에서 보편적으로 나타나기 시작하였다.

카우프만이 구분한 사회정책적 개입형태의 두 번째는 경제적 개입형태이다. 경제적 개입형태는 시장에서 발생한 1차 소득이 부족할 경우 생존권의 보장 또는 근로 당시의 소득 수준 유지를 위해 2차 소득인 사회보장소득을 지급하는 제도를 말하는데, 그 방식은 앞서 언급한 바와 같이 부양, 보험, 부조 등이 있다.[1] 이를 충당하기 위해 조세나 보험료를 징수하는데, 조세 징수 시에 피부양가족에 대한 인적 공제를 통해 소득활동자에게 조세를 감면하는 경우, 이러한 제도들도 경제적 개입형태에 속한다. 조세 중 직접세는 누진세율이 적용되기 때문에 일반적으로 소득재분배 효과가 높다고 인정된다.

조세제도에서 특기할 사항은 조세를 생활보장의 기능과 근로의욕의 강화를 위한 기능으로 사용하는 부(否)의 소득세(negative income tax) 방식이다. 부의 소득세는 소득이 일정 수준(예를 들면 생계비)에 미달할 경우 세율에 따라 세무서에서 오히려 일정 금액을 지급하는 제도를 말한다. 이는 미국에서 저소득의 근로능력자에 대하여 근로의욕을 강화하기 위해 도입되었는데, 한편으로는 간편한 생계보조비 지급 방식에 의해 세무관서에서 지급하기 때문에 행정비가 적게 든다는 장점이 있지만, 근로능력자와 근로무능력자를 구분하는 제도라는 점, 즉 급여를 받을만한 사람(노인과 장애인)과 급여를 받기 위해 무언가를 해야 하는 사람(근로능력자)에 대한 제도를 구분한다는 점과 실제 생계비와 부의 소득세 금액의 차이 등이 단점으로 지적되기도 한다. 우리나라에서도 2008년부터 미국식의 소득세 공제제도(EITC)가 근로장려세제의 근로장려금이라는 명칭으로 도입되었다. 또한 자녀장려금도 부의 소득세의 한 종류이다.

세 번째의 개입형태인 환경적 개입형태는 도시계획이나 공간계획에 의해 개인적 사회서비스의 제공을 위한 기본시설을 설립·유지하는 것을 말한다. 개인적 서비스는 공간적인 제약을 받는 시설을 중심으로 제공되기 때문에 집근가능성이 쉬운 위치에 시설이 존재해야 서비스를 이용할 수 있다.

1) 1차 소득은 시장소득으로서 금융소득, 부동산 등을 기초로 하는 재산소득, 자영자의 사업소득과 근로자의 근로소득 등 시장에서의 경제활동을 통하여 벌어들인 소득을 통칭한다. 2차 소득은 시장에서의 소득이 아니라 국가나 지방자치단체 또는 공공기관에서 조세나 보험료를 징수하여 개인이나 가구에게 지급하는 공적 이전, 즉 사회보장제도의 소득대체급여을 의미하며 가족이나 친지가 지원하는 민간 이전소득을 포함할 수 있다. 현물이나 현물을 보상하는 현금의 경우 OECD에서는 소득개념에 포함시키지 않으나, 포함여부에 대해서는 현물의 종류나 연구자에 따라 견해가 다를 수 있다.

예를 들어, 서비스 수요가 많은 아동이나 청년, 노인이나 장애인 등 사회복지서비스의 대상자들은 이동이 불편할 가능성이 높기 때문에 너무 멀지 않은 편리한 위치에 있어야 할 필요가 있다. 이를 위해 국가나 지방자치단체는 이러한 시설을 도시계획에 의해 적절한 공간에 분산 배치하고자 하는데, 문제는 지역이기주의에 의해 그 조정이 쉽지 않다는 것이다. 장애인시설이나 노인시설 등은 혐오시설로 구분되어 설립 예정된 위치 인근 거주자들이 설립을 반대하는 경우가 대부분이며, 이를 통해 해당 시설이 설치되지 못하게 하거나 본인들에게 필요한 서비스를 공급하도록 과도한 요구를 하는 경우도 발생한다. 반대로 지역주민들에게 유리한 시설에 대해서는 기초자치단체(시·군·구)마다 필요하지 않더라도 기초단체장들은 득표를 위해 자신의 지역에 시설을 유치하고자 하여 시설이 과잉으로 설립되어 예산이 낭비되는 경우도 흔하다. 환경적 개입형태는 점차 그 중요성이 증가하고 있는데, 지방자치단체가 다양한 아이디어를 서비스 제공으로 연결하는 경우가 많아짐에 따라 정형화하기 힘들지만 시설에 기반한 서비스의 종류도 다양해지며, 이러한 서비스가 사회서비스로 인정받지 못하더라도 사회정책의 영역으로 분류될 가능성은 높아지고 있다. 예를 들면 시민공원의 설립은 비록 개인적 사회서비스의 영역은 아니지만 환경적 개입형태이며, 사회 정책 분야로 분류될 수도 있다.

네 번째 개입형태인 교육적 개입형태는 앞의 환경적 개입형태에서 나타난 기본시설에서 제공되는 정보제공이나 상담, 교육 등을 의미한다. 전문가와 수혜자 또는 대상자라는 관계에서 제공되는 이러한 개인 간의 사회서비스들은 서비스 제공자의 전문성이 서비스의 질을 좌우하지만, 그 질의 통제나 평가가 어려우며, 합리화를 통한 생산성 증가의 가능성이 낮다는 것이 특징이다.

개인 간의 사회복지서비스의 경우 의사만큼의 전문성을 인정받지는 못하지만 치료(therapy)의 개념을 포함하는 서비스 제공은 부분적으로 이런 서비스 수요에 대한 결정을 포함하기도 하며, 치료의 개념이 아닌 서비스를 제공하는 분야라도 사회복지사 개인의 전문성에 따라 수혜자가 제공받는 서비스의 질이 좌우된다. 정부가 서비스의 질 관리를 위해 개입하는 방식은 전문가 양성을 위한 교육과정을 정형화하여 어느 수준 이상의 지식이나 실습을 거쳐야 그 자격을 부여하거나 향상훈련을 받도록 하는 것이 대표적이다. 기관에 기반하여 제공되는 서비스 자체뿐 아니라 사회복지사 자격증 관련 사항이나 사회복지기관의 사회복지사 고용의무 그리고 자조집단의 활동 등도 교육적 개입형태로 구분된다(오정수 외, 2020).

<표 9-1> 카우프만의 사회정책적 개입형태

차원 \ 개입형태	법적	경제적	환경적	교육적
1. 적용방법	법적(관계의) 보호를 통해 사회관계의 법적인 토대에 작용	1차 소득의 개인 간 재분배에 의해 가계의 가처분소득 구조에 작용	공간 활용과 기본시설의 설립을 계획하여 공간적인 참여가능성을 확대하는 데 작용	개인에 대해 사회문화적인 능력을 향상시키고 학습과정에 내용적으로 영향을 미침
2. 정형적 제도	보호, 참가, 신청, 이의제기에 대한 권리부여와 참여의무, 처리규정, 소송가능성, 감독기관	조세와 보험료, 이전 급여, 감·면세	도시발전계획, 사회발전계획, 주택건설, 복지 및 상담시설에 대한 지원	전문화, 교과목, 교육, 상담, 재활, 정보 등 제공. 자조행위에 대한 지원
3. 사회정책적으로 의도된 결과	사회적으로 취약한 개인의 참여가능성과 관련하여 법적 지위 강화	불충분한 1차 소득을 가진 사람에게 가처분 소득을 증가시킴	생활상황에 영향을 미치는 환경에 대한 참여기회와 질의 개선	정당한 참여기회와 관련하여 개인의 행위능력을 제고시킴
4. 전달자	반드시 국가	국가 또는 준국가기관, 부분적으로는 자치 행정기관	국가기관과 시민단체의 공동작용	국가, 시민단체, 집합적 자조단체
5. 실형상의 주된 문제	법에 대한 이해, 규범의 동일성	재원	조직간 조정, 이용	효과를 위한 조건으로서 개인간의 의사소통
6. 규칙의 일반화 가능성	높음	높음	낮음	낮음
7. 공공 비율	낮음	높음	높음 (분배에 의존적)	가변적
8. 행정석	중앙-분산 약간 어려움	중앙 쉬움	중앙-분산 약간 어려움	분산 어려움
9. 수용성	이익과 능력에 의존적	목적에 부합할 때 쉬움	선택적, 가변적	통제불가, 논쟁적적

자료: Kaufmann(2005: 111).

사회정책의 제도를 분석할 경우 일반적으로 가장 많이 쓰이는 분석틀은 길버트와 테렐(Gilbert & Terrell, 2007)이 제시한 정책 차원인데, 수해대상(수급자격), 급여, 전달체계, 지원조달 등이다. 이외에 사회정책적 가치, 즉 형평성, 평등, 적절성 등 가치가 어떻게 제도화되었는가에 대한 분석이 있을 수 있다.

2

공통사항

1) 부양, 보험과 부조의 구분

사회보장 방식은 부양(non-contributory benefit), 보험(contributory benefit), 부조(means-tested benefit) 등이 있다.

부양 방식이란 국가가 조세를 통해 충당한 재원으로 사회적 기여나 욕구가 있다고 인정되는 대상에게 자산조사 없이 현금이나 서비스를 제공해 주는 것을 말한다. 서구에서는 노령수당, 장애인수당이나 아동수당 등 인구학적 특성에 따라 지급되는 범주적 급여에 대해 이 방식을 적용하는 국가가 있다. 우리나라에서는 좁은 의미의 사회정책 분야에서 부양방식의 현금급여가 없었지만, 2019년 아동수당제도를 부양방식으로 변경함으로써 일반 국민에 대해 처음 도입되었다. 이전에도 의사상자보호제도나 원호제도 중 일부는 부양 방식으로 제공되었다. 부양방식의 서비스(현물 포함)는 예를 들어 아동보육, 장애인활동지원서비스나 학생에 대한 무료급식을 예로 들 수 있다.

보험 방식이란 위험의 분산을 목적으로 위험률에 따라 일정금액의 보험료를 납부하고, 법규(약관)에 미리 정해진 사고가 발생할 경우 정해진 보험금이 지급되도록 하는 것이다. 영리나 비영리 주체가 회사나 조합을 만들어 개인이 자유롭게 가입하게 하는 민간보험과 달리 사회보험은 국가나 공공기관이 직접 보험을 운영하며, 약관이 아니라 법률에 의해 보험료나 급여가 정해지며, 가입이 강제된다는 특징이 있다. 영국에서는 사회보험의 현금 부분을, 미국에서는 연금 부분을 국가에서 직접 운영하기 때문에 보험료도 사회보장세라는 명목으로 국세청에서 징수한다. 또한 사회보험의 주된 목적에는 근로자나 저소득자 또는 전 국민에 대한 소득이나 의료의 보장 자체뿐 아니라 사회통합을 위한 소득재분배도 포함된다.

사회보험에서 보장을 받는 사고는 대부분의 국가에서 유사한데, 소득과 관련해서는 산업재해에 의한 부상, 장해, 사망 시의 급여, 의료보험에서 상병 시 지급되는 급여, 실업보험에서 실업 또는 훈련 등 적극적 노동시장 프로그램 참여시 지급되는 급여 등이 있다. 보험 방식으로 서비스가 제공되는 보험은 의료보험과 산재보험에서 진료나 입원시 제공되는 서비스, 실업보험에서 직업훈련이나 취업알선과 관련되는 서비스, 산재보험이나 장기요양보험에서 수발이 필요한 대상자들에게 제공되는 간병서비스 등이 있다. 우리나라에는 국민건강보험, 국민연금보험, 고용보험, 산업재해보상보험 등과 2008년 7월부터 시행된 노인장기요양보험이 있다.

부조 방식이란 보험과 같이 별도로 재원을 징수하지 않고 국가나 지방정부의 일반회계에서 부담하여 욕구가 있는 가구 또는 개인에게 소득(자산)조사를 통해 자력 또는 부양의무자의 도움으로 충족이 불가능함을 확인한 후에 급여를 지급하는 방식이다. 소득이 일정 수준 하에 있다는 일반적인 조건에 부합할 경우 지급되는 일반부조와 연령이나 장해정도, 가구구성의 특수성 등을 고려하는 특수부조(범주적 급여)로 구분할 수 있다. 우리나라에서는 국민기초생활보장제도를 일반부조로, 기초연금이나 장애인연금, 장애인수당 등은 특수부조로 볼 수 있다. 이러한 소득보장을 목적으로 하는 부조제도와 별도로 소득과 욕구를 확인하여 부조 방식으로 서비스를 제공하는 제도로는 의료부조제도나 장애인이나 노인을 대상으로 이용시설이나 생활시설에서 무료로 필요한 서비스를 제공하는 제도를 들 수 있다(오정수 외, 2020).

〈표 9-2〉를 통해 다시 부양, 보험과 부조제도의 차이에 대해 살펴보자.

<표 9-2> 사회보장의 3원칙

구 분	보 험	부 조	부 양(부상 또는 수당)
주된 대상자	근로자, 사용자, 자영자(소득능력자) 임의가입자	소득무능력자 혹은 소득이 불충분한 자	소득능력과 관계없음
수급요건	보험료 납부, 보험사고 발생	불충분한 소득의 발견 또는 욕구의 발견	국가나 사회에 대한 기여 또는 공인된 욕구
수급절차	사고 발생의 확인	자산 조사	비경제적 기여나 욕구 확인
수급단위	개인(예외적으로 피부양자)	가구(특수부조의 경우 개인)	개인(예외적으로 가족)
급여 수준	이전 소득과 연계 또는 정액급여(높음)	최저생계비를 위한 보충급여(낮음)	일반적으로 정액(낮음)
재정부담	노, 사, (정)	국가 혹은 지방자치단체	일반적으로 국가
전달체계(행정)	국가 또는 공공기관	국가 또는 지방자치단체	국가 또는 지방자치단체
낙인 여부	중립적(긍정적)	부정적	중립적(긍정적)
대표적인 제도	산재, 의료, 연금, 실업보험	국민기초생활보장, 의료급여, 장애인연금장애수당, 기초연금	아동수당, 보육, 학생에 대한 무료급식, 장애인활동지원

자료: 정연택(2007a: 180)을 수정.

일반적으로 보험은 소득능력자를 대상으로 하지만, 부조는 소득무능력자 또는 소득이 불충분한 자를 대상으로 하며, 부양은 소득능력과 관계없다. 수급요건은 보험의 경우 보험료를 납부하고 보험사고, 즉 질병, 상해, 노령, 실업, 장해, 사망 등이 발생해야 한다. 부조는 자산조사를 통해 경제적 욕구를 확인하여야 하며, 부양은 사회적 기여나 공인된 욕구가 확인되어야 한다. 수급단위는 부조의 경우 가구이지만, 보험과 부양은 일반적으로 개인이다. 예외적으로 국민건강보험과 같이 피부양자에게도 지급되는 보험도 존재한다(국민연금이나 산재보험에서도 유족이나 가족에게 지급되는 급여가 있다). 재정부담은 보험의 경우 노사나 자영자 본인 또는 국가가 부담하지만, 부조나 부양에서는 국가 또는/그리고 지방자치 단체가 부담한다. 급여에 대한 행정적 전달체계는 보험의 경우 중앙정부나 공공기관이, 부조나 부양은 국가나 지방자치단체가 된다. 수급절차는 보험의 경우 사고발생이 확인되어야 급여가 지급되며, 부양의 경우 사회적 기여나 공인된 욕구가 확인되어야 하지만, 부조의 경우 소득(재산 포함)이 확인되어야 한다. 이 때문에 자산조사의 경우 경제무능력자라는 낙인이 부과되기 쉬운 반면, 보험이나 부양 낙인에 중립적이거나 긍정적 낙인을 제공한다고 볼 수 있다.

(1) 공공부조의 개념과 원칙

"공공부조란 국가의 책임 하에 법령에 입각하여 공비로서 생활이 곤궁한 자에게 최저한의 생활을 보장해 주는 제도를 말한다. 공공부조의 재원은 국민의 세금과 그 밖의 국가 및 지방공공단체의 수입으로 조달되며, 급여수급의 자격은 '생활곤궁'이란 사실에 의거하여 정해지고 급여의 기간은 특별히 고정되지는 않는다"

공공부조의 원칙은 6가지 측면으로 나누어 살펴볼 수 있다. 첫째, 국가책임의 원칙이다. 이는 경제적으로 어려운 국민들이 인간다운 삶을 살아갈 수 있도록 국가가 책임을 진다는 것을 의미한다. 둘째, 최저생활보장의 원칙이다. 여기서 최저생활이란 "건강하고 문화적인 생활수준을 유지할 수 있는 최저한도의 생활로서 최저생계비로 계측된다" 셋째, 평등보장의 원칙이다. "공공부조제도에 의하여 주어지는 보호의 평등은 개인이나 세대에 대하여 일률적이고 기계적이고 평등한 정의로서의 의미라기보다는 오히려 각각의 최저한의 생활보장선에서 의미 있는 생활조건의 차이를 인식하며, 이를 고려한 보호의 결과로서 보장되는 최저생활수준이 실질적으로 동일하게 보호가 이루어지는 것을 의미한다" 공공부조에서 평등의 원칙은 무차별로 적용된다. 즉 개인의 경제적 빈곤의 원인을 따지지 않고 어려운 상황이라는 객관적 요건을 충족하면 차별 없이 평등하게 지급한다. 넷째, 사회적 형평의 원칙이다. 이는 국가와 지방자치단체가 경제적으로 어려운 국민을 지원할 때 사회적 형평성에 입각해야 한다는 것을 의미한다. 사회적 형평성은 수평적 형평과 수직적 형평으로 구분된다. 수평적 형편이란 비슷한 형편에 있는 사람들을 같이 대우해주는 것을 뜻하며, 수직적 형평은 서로 다른 형편에 있는 사람들을 서로 다르게 대우하는 것을 뜻한다. 다섯째, 보충성의 원칙이다. 공공부조는 최후의 의존수단으로서 역할을 한다. 마지막으로 자립자활조장의 원칙이다. 공공부조는 기본적으로 모든 국민들이 다른 사람에게 의존하지 않고 스스로 독립된 삶을 살아갈 수 있도록 조장하는 것을 원칙으로 한다.

(2) 공공부조의 종류

우리나라에서 시행되고 있는 대표적인 공공부조 정책으로는 국민기초생활보장제도, 의료급여제도, 기초연금제도 등이 있다. 국민기초생활보장제도는 생계에 어려움을 국민들을 선별하여 급여를 제공하는 제도로서 2000년부터 시행되었다. 의료급여제도는 "생활이 어려운 자에게 의료급여를 실시함으로써 국민보건의 향상과 사회복지의 증진을 목적으로 한다. 의료급여제도는 소득이 없거나 일정한 소득이 있어도 생계유지가 곤란한 저소득층을 대상으로 국민보건행정과 사회복지증진에 기여하는 의료부조제도로서 공공부조제도의 일환으로 실시된다" 기초연금제도는 생활이 어려운 노인들을 위해 급여를 제공하는 제도이다. 우리나라에서는 2014년 기초노령연금 제도를 폐지하고 노인 가운데 소득과 재산이 하위 70%에 해당하는 이들에게 연금을 지급하는 형태로 전환하여 실시하고 있다.

2) 사회보험의 개념 및 종류

(1) 사회보험의 개념과 특징

사회보험이란 "노령, 질병, 장애, 사망 등과 같은 사회적 위험이나 사고에 의한 소득의 중단이나 감소에 대비해 근로시기에 정기적인 보험료를 기여하고, 사유가 발생한 후 급여를 지급받음으로써 정상적인 사회생활을 영위할 수 있도록 하는 사회보장제도"이다. 사회보험은 빈곤의 예방 기능을 담당한다. 또한 소득재분배 기능을 함으로써 사회연대의식을 고취하는 데 기여할 수 있다. 국민들은 사회보험을 통해 자신에게 닥칠 경제적 위험에 대비할 수 있기 때문에 이는 국민의 최저생활을 보장한다는 점에서도 의의가 있다. 국민연금과 같이 대규모 재원을 운영하는 연금은 금융투자의 수단으로 활용됨으로써 경제발전에도 기여할 수 있다.

이와 같은 사회보험의 특징은 7가지 측면으로 나누어 살펴볼 수 있다. 첫째, 사회보험은 강제성을 띤다. 둘째, 사회보험은 최저수준의 수입을 보장한다. 셋째, 사회보험은 개인적 적정성보다는 사회적 공평성을 추구한다. 사회적 공평성이란 "모든 기여자들에게 골고루 혜택이 돌아가도록 한다는 것이고, 개인적 적정성이란 개개인이 기여한 만큼 이에 맞추어 혜택을 준다는 것이다" 넷째, 사회보험의 급부는 소득과 연관되어 있다. 다섯째, 사회보험 수급자는 요건을 충족할 경우 급여를 지급받을 권리가 있다. 여섯째, 사회보험은 수익자가 부담하는 형태로 재원을 조달한다. 마지막으로 사회보험의 급여는 추정된 욕구에 따라 결정된다.

(2) 사회보험의 종류

현재 우리나라에서 실시되고 있는 사회보험제도로는 국민연금, 건강보험, 고용보험, 산업재해보상보험, 노인장기요양보험 등이 있다. 국민연금이란 "노령·폐질 또는 사망에 대하여 연금급여를 실시함으로써 국민의 생활안정과 복지증진에 기여함을 목적으로 한 사회보험이다" 과거 우리사회에서 노인에 대한 부양책임은 가족에게 있었다. 하지만 국민들의 평균수명이 빠른 속도로 높아지고 있으며 가족 형태 역시 소규모화되고 있는 상황에서 노년의 삶에 대한 국가의 책임이 강화되고 있다. 건강보험은 "국민의 질병·부상에 대한 예방·진단·치료·재활과 출산·사망 및 건강증진에 대하여 보험급여를 실시함으로써 국민보건 향상과 사회보장 증진에 이바지함을 목적으로 한다" 국민건강보험은 법률에 의해 강제가입 되며 보험료 징수 역시 강제된다. 가입자의 소득수준 및 부담능력을 고려하여 보험료를 차등으로 부담하지만 보험급여는 균등하게 수혜 받는 특징을 지닌다. 고용보험이란 "실직근로자에게 실업급여를 제공하는 전통적 의미의 실업보험 사업 외에 산업구조조정의 촉진 및 실업예방, 고용촉진 등을 위한 고용안정사업, 근로자의 생애직업능력개발을 위한 직업능력개발사업을 상호 연계하여 실시하는 사회보장제도"이다. 산업재해보상보험은 근로자가 업무상 질병, 부상, 신체장애, 사망 등이 발생하였을 때 이를 공정하고 신속하게 보상해줌으로써 재해근로자와 가족의 생활안정을 도모하는 데 목적이 있다. 노인장기요양보험이란 "노인성 질환 등으로 인하여 6개월 이상 혼자서 일상생활을 수행하기 어려운 노인들에게 신체활동 또는 가사지원 등의 장기요양급여를 사회적 연대원리에 의해 제공하는 사회보험제도로서, 수급자에게 배설, 목욕, 식사, 취사, 조리, 세탁, 청소, 간호, 진료의 보조 또는 요양상의 상담 등 다양한 방식으로 장기요양급여를 제공"한다(서보준 외(2018), 사회복지개론, 지식공동체).

3) 공공부조와 사회보험의 차이점 비교

공공부조와 사회보험은 주체, 대상, 이념, 수급권리, 소득재분배, 재원, 급여제공요건, 종류, 자사조사 필요성, 대응시기 등 10가지 기준에 의해 그 차이점을 비교하여 살펴볼 수 있다.

<표 9-3> 공공부조와 사회보험의 구성 비교

구 분	공공부조	사회보험
주 체	국가 및 지방자치단체	국가
대 상	저소득층	모든 국민
이 념	선별주의(선택주의)	보편주의
수급권리	법적 권리성이 추상적임	법적 권리성이 강하고 구체적임
소득재분배	수직적 재분배 가능이 큼	수평적 재분배 기능이 크고, 수직적 재분배 기능이 있음
재 원	일반 조세	근로자의 기여금과 사용자의 부담금
급여 제공요건	무차별선택주의	기여금 비례 혹은 가입연합 비례
종 류	국민기초생활보장제도, 의료급여제도, 기초연금제도	국민연금, 건강보험, 산재보험, 고용보험, 노인장기요양보험 등
자산조사 필요성	필수조건	불필요
대응시기	사회적 위험이 발생한 이후 대응	발생 가능한 사회적 위험에 사전 대응

자료 : 옥필훈 저(2018), 사회복지개론, 공동체.

3

국민건강보험

건강보험에는 아직 소득대체 급여로서 상병수당이라는 원래적 의미의 현금급여(소득대체급여)가 존재하지 않는다. 다만 편의상 현금이라는 지급되는 것을 건강보험공단에서는 현금급여로 구분하고 있다. 현재 국민건강보험의 현금급여는 실제로는 현물로 제공되어야 하는 것에 대하여 현금에는 그 비용을 지불하는 것, 예를 들어 요양비 등이 존재하는데, 사회보장의 전문용어로는 상환(reimbursement)의 성격을 갖는 급여이다.

국민건강보험의 현물급여는 진찰·검사, 약제·치료재료의 지급, 처치·수술 및 기타의 치료, 예방·재활, 입원, 간호, 이송 등을 포함하는 요양급여와 건강검진으로 구분된다. 건강검진은 성 및 연령별로 정기적으로 시행하는 일반건강점진, 암검진, 영유아건강검진, 학교 밖 청소년 건강검진 등으로 구분하여 광범위하게 시행되고 있다. 요양급여의 범위는 '국민건강보험 요양급여의 기준에 관한 규칙'이라는 보건복지부령과 고시로 정해진다.

환자의 실제 부담은 급여항목이라 하더라도 진료비나 약제비의 일정 비율 또는 일정 100%를 더한 금액이 된다. 점차 급여항목이 증가하는 금액에 추가적으로 비급여 항목 추세이지만 아직도 총 진료비의 약 40%를 차지하고 있다.

공단의 분류에 의한 현금급여에는 요양비, 출산비, 장애인 보장구 급여비, 장제비 등이 있다. 요양비는 요양기관에서 제외된 의료가관에서 요양을 받았을 경우나 특정 질병에 대해 정해진 악가의 일정 비율에 상당하는 금액을 지급하는 것이고, 출산비도 요양기관 이외의 기관에서 출산한 경우 일정 금액을 지급하며, 장애인 보장구 급여비는 등록한 장애인이나 피부양자가 보장구를 구입할 경우 구입금액 중 일정액을 지급하는 것이다.

한편 급여는 아니지만 본인부담금 환급금제도가 있는데, 이는 건강보험심사평가원에서 의료기관에서 청구한 요양급여비를 심사한 결과 과다하게 청구된 금액을 삭감하여 의료기관에 지급하고, 환자에게 부담시킨 금액을 가입자에게 되돌려주는 제도이다. 여기서 진료비 심사란 급여의 지급 여부 및 그 가격을 확인할 뿐 아니라 지급된 의료서비스가 적정한가도 판단하게 된다(이 업무는 국민건강보험 심사평가원에서 담당한다). 이는 사실상 의사나 병원의 의료행위를 제한할 수 있으며, 이 때문에 환자의 서비스에 대한 욕구를 충족시키지 못할 수도 있다. 그 판단기준은 건강보험에서 보상해주는 정해진 서비스나 급여가 되는 것이다. 예를 들어 질병이 빨리 진행되는 환자임에도 불구하고 보다 값싼 여러 검사를 거쳐 보다 값비싼 검사의 필요성이 확인되어야 건강보험에서서 보상을 줄 경우 의사는 본인의 판단에 따라 검사를 건너뛰지 못하고 정해진 검사를 거쳐야 하는 것이다.

의료서비스 제공자에 대한 보상을 수가라 하는데, 현행 국민건강보험법에서 수가는 공단이사장과 의료계를 대표하는 자(예를 들면 의사협회장이나 병원협회장) 간에 계약으로 정하도록 규정하고 있다. 여기서 서비스별 상대가치점수의 단가를 정하게 된다. 의료수가제도는 일반적으로 행위별 수가제, 사안별 수가제, 인두제, 총액 수가제 등으로 나누어지는데, 행위별 수가제는 서비스 공급자(의사)의 진료 행위 하나하나에 대해 보상하는 방식이며, 사안별 수가제는 질병군(출산이나 맹장염 등 질병)에 대하여 포괄적인 보상을 정하는 방식이며, 인두제는 일반적으로 1차 진료기관에 등록된 환자수에 따라 보상하는 방식, 그리고 총액 수가제는 의료공급자(의사협회와 약사협회 등)와 수요자(의료보험자) 간에 한 기간 내 지급될 수가 총액의 범위를 정하는 방식이다. 현재 한국에서는 행위별 수가제와 포괄(DRG; 질병군별) 수가제가 사용되고 있다.

국민건강보험은 현재 우리나라에서 가장 지출이 많은 사회보험 분야이다. 국민건강보험이 제대로 작동하기 위해서는 의료 공급 인프라가 갖추어져야 하는데, 1차, 2차 및 3차 진료기관의 특성에 따른 의료서비스 전달이 제대로 작동하지 않고 있으며, 농촌과 도시의 의료 공급의 격차가 심하며, 내과나 외과 등 핵심 진료과목에 대한 보상이 적어 의사의 공급이 부족한 반면 비급여항목이 많은 안과나 피부미용과 또는 성형외과 등으로 우수 인력이 몰려 의료 인력의 수급에 문제가 있는 등 의료 공급상의 문제점이 존재한다. 앞에서 부분적으로 언급한 바와 같이 높은 본인부담분이나 생명수당의 미지급으로 인하여 저소득층의 환자가 제때 병원을 방문하지 못하는 가능성이 있거나 보험료 체납으로 인하여 의료보장을 받지 못하는 문제도 발생하고 있다(오정수 외, 2020).

4

국민연금보험

연금보험은 산업화로 인하여 직장과 거주지가 분리됨으로써 더 이상 자녀에 의한 부양기능이 가능하지 않고, 기대수명의 연장으로 인하여 노인의 비율이 증가하면서 그 필요성이 제기되었다. 젊을 때 보험료를 납부하고, 은퇴 후 납부한 보험료에 대한 반대급부로 노령연금이 지급되도록 하였으며, 독일의 경우 70세였던 은퇴연령에 도달하기 전 근로능력 상실로 인해 근로활동이 불가능한 경우에 대하여 장애급여가 지급되도록 하였다. 이후 오랜 시간이 경과한 그 후 비로소 근로자 본인 사망 시 피부양가족에 대하여 유족급여를 지급하는 제도가 도입되었다.

우리나라에서는 1972년 국민복지연금법이 입법되었으나 유류파동에 의한 경제위기를 이유로 시행되지 않고 사문화되었다가 1983년 국민연금법이 시행되면서 10인 이상 사업장에 종사하는 근로자가 가입했으며, 1995년에는 농어촌지역, 1998년부터 도시지역의 자영자도 지역가입자로 가입하게 되었다. 이로써 국민연금의 가입대상은 18세 이상 60세 미만의 국민 중 다른 공적연금(공무원, 군인, 교직원 등)에 가입하지 않은 사람이 되었다.

직장가입자의 배우자 등 조건이 맞는 경우 가입할 수 있는 임의가입제도도 존재한다. 지역가입자 중 소득이 없는 경우 '납부예외' 제도가 있는데, 이는 원래 국민연금에 가입하여 연금보험료를 납부해야 할 가입자가 사업 중단이나 휴직 등의 사유로 연금보험료를 납부할 수 없는 경우에 신청에 의하여 해당 기간 동안 연금보험료 납부를 면제함으로써 그 부담을 경감시켜 주는 제도이다. 이 제도는 소득파악이 힘듦으로 인해 악용되는 경우도 있어 노령시 보장을 받지 못하는 결과를 초래할 수 있어 가급적 제한적으로 사용되어야 한다.

국면연금은 장기급여를 원칙으로 하여 노령연금, 유족연금, 장해연금 등이 지급되는데, 연금을 지급받기 위한 최저 기간(노령연금은 10년)을 충족하지 못할 때에는 납부한 보험료와 이자로 계산되는 반환일시금을, 유족연금의 수급자격을 갖춘 유족이 없는 경우 반환일시금에 상당하는 금액(최대 표준보수월액의 4배)을 사망일시금으로 지급하고 있다. 특기할 것은 2008년부터 가입기간 추가산입제도가 시행되어 2자녀 이상 출산 시(출산크레딧) 자녀 수에 따라 12개월에서 50개월까지 평균소득월액으로 가입한 것으로 가입기간을 추가로 인정하고(정부 30% 부담), 군복무에 대해서는(군복무크레딧) 평균소득월액의 1/2로 6개월을 가입한 것으로 추가 인정하며, 실업에 대해서는(실업크레딧) 실직전 3개월간 평균소득의 50%(최대 70만 원)를 인정소득으로 하여 최대 12개월까지 월보험료의 25%를 본인이 부담하고, 나머지 75%는 정부(고용보험, 국민연금, 정부)에서 부담하여 가입기간을 추가하고 있다.

연금액은 '기본연금액×연금종별 지급율 및 제한율+ 부양가족연금액'으로 산정되는데, 부양가족연금은 연금수급권을 취득할 당시 피부양되고 있던 배우자, 18세 미만 또는 장해 2급 이상의 자녀, 60세 이상 또는 장해 2급 이상의 부모가 있는 경우에 지급된다.

기본연금액은 지금까지 두 번의 연금개혁을 통해 계산하는 방식, 즉 산식이 변해왔는데, 연금의 경우 수급권(기대되는 권리) 보장을 위해 개혁 이전 기간에 납입된 보험료에 대해서는 가입자에게 유리한 기존 방식의 산식으로 연금을 계산하고, 개혁 이후 납입된 보험료에 대해서는 개혁에 의해 축소된 방식의 산식으로 연금을 계산하여 각각 총 가입 기간 중에 차지하는 비중을 곱하고 있다.

<표 9-4> 노령연금의 종류

구분	수급요건	급여수준
노령연금 (감액)	가입기간 10년 이상 20년 미만으로 60세에 도달한 자(65세 미만으로 소득이 없는 경우에 한함) 가입기간 20년 이상의 경우 기본연금액 100%+부양가족연금액	가입기간 10년의 경우 기본연금액의 50% 부양가족연금액 가입기간 1년 증가시마다 기본연금액의 5%를 증액
노령연금 (재직 시)	노령연금수급권자가 65세 이전에 소득이 있는 업무에 종사하는 경우(소득있는 업무에 종사하지 않으면 완전노령이나 감액노령연금으로 전환)	가입기간 10년, 60세인 경우 기본연금액의 50%×50% 연령 1세 증가시마다 기본연금액의 10%를 증액 가입기간 1년 증가시마다 기본연금액의 5%를 증액 부양가족연금액은 지급되지 않음
조기 노령연금	가입기간 10년 이상, 연령 55세 이상인 자가 소득 있는 업무에 종사하지 아니하고, 60세 도달 전에 청구한 경우(65세 이전에 소득 있는 업무에 종사하면 감액된 연급지급)	가입기간 10년, 55세인 경우 기본연금액의 50%×70% 부양가족연금액 가입기간 1년 증가 시마다 기본연금액의 5%를 증액 수급개시 연령 1세 증가 시마다 기본연금액의 6%를 증액
연기연금	연금수급권을 취득한 이후 65세까지(상향되고 있음) 기간동안(최대 5년) 연금액의 전부 또는 일부 지급의 연기를 신청할 경우	연기 1년당 연금금액의 7.2% 인상
분할연금	가입기간 중 혼인기간이 5년 이상 노령연금 수급권자의 배우자가 60세 이상이 된 경우	배우자이었던 자의 노령연금액 (부양가족연금액 제외) 중 혼인기간에 해당하는 연금액의 1/2

자료 : 국민연금공단(http://www.nps.or.kr)

유족연금은 가입자나 가입기간이 10년 이상이었던 자, 노령연금 수급권자, 장해 2급 이상인 장해연금 수급권자, 10년 미만 가입자의 경우 가입 중 발생한 상해로 인해 초진일 또는 지격상실일로부터 1년 이내의 초진일로부터 2년 이내에 사망할 경우 지급되며, 10년 미만, 10년 이상 20년 미만, 20년 이상 등 가입기간에 따라 기본연금액의 40, 50, 60%가 지급된다. 유족연금을 받을 수 있는 유족의 범위는 배우자, 25세 미만 또는 장애 등급 2급 이상의 자녀, 60세 이상 또는 장애등급 2급 이상의 손자녀, 60세 이상 또는 장애등급 2급 이상의 조부모(배우자의 조부모 포함)인데, 이는 연금을 지급받을 수 있는 순위이다. 앞서 언급한 바와 같이 연금수급권자가 없을 경우 유족연금의 순위대로(이때에는 형제자매와 피부양되던 4촌도 포함됨) 최종소득 또는 가입 중 평균소득 중 높은 소득의 네 배에 해당하는 금액이 유족에게 지급된다(표 9-5 참조).

<표 9-5> 유족연금의 수급요건과 급여 수준

수급요건	급여수준	
	가입기간	연금액
・다음의 자가 사망한 때 -노령연금수급권자 -가입기간 10년 이상인 가입자(였던 자)	10년 미만	기본연금액 40% + 부양가족연금액
-장애등급 2급 이상의 장애연금 수급권자 -연금보험료를 낸 기간이 가입대상 기간의 1/3이상인 가입자(였던 자)	10년 이상 20년 미만	기본연금액 50% + 부양가족연금액
-사망일 5년 전부터 사망일까지의 기간 중 3년 이상 연금보험료를 낸 가입자(였던 자) -사망한 때	20년 이상상	기본연금액 60% + 부양가족연금액

자료: 국민연금공단(http://www.nps.or.kr)

국민연금에서는 서로 다른 종류의 급여에 대한 수급권이 있는 경우 하나의 급여만 선택하도록 되어 있었으나 2007년 법개정에 의해 이 규정을 완화하였다. 즉 하나의 급여를 선택하되 선택되지 않은 급여가 유족연금이나 반환일시금일 경우 본인이 선택한 급여에 추가적으로 유족연금의 30%의 금액이나 반환일시금 대신 사망일시금에 해당하는 금액을 지급하고 있다(장애연금의 경우 본인의 연금보험료 납부로 인한 반환일시금은 지급하지 않음).

일반적으로 연금보험의 재정충당 방식은 부과 방식과 적립 방식으로 나뉘는데, 부과 방식은 한 회계기간 내에 지출될 금액을 예상하여 이를 충당할 정도의 보험료를 징수하는 방식이고, 적립 방식은 징수한 보험료를 적립하여 그 운용수익과 보험료를 합하여 급여 지출에 충당하는 방식이다. 우리나라의 국민연금제도는 적립 방식으로 시작하였지만, 2차 대규모 연금개혁이 이루어지기 전인 2006년 당시에는 2050년대에 적립금이 모두 소멸될 것으로 예상되었다. 1987년 도입된 국민연금제도가 도입 10년 후인 1998년 대규모의 개혁을 겪었고 2007년 개혁 이후에도 국민연금제도의 적립금 고갈이 예측되는 이유는 노인인구의 급속한 증가, 이자율 등 수익률의 감소, 출산율 저하로 인하여 장기적으로 근로인구의 감소 그리고 정치적으로 결정된 낮은 보험료율과 높은 급여산식을 들 수 있다.[2] 적립금 고갈 문제는 아직도 완전히 해결된 것은 아니다. 현재 연금제도 개혁에 대한 논의가 진행되고 있는데 급여수준 인상 여부와 관계 없이 보험료율의 인상은 불가피하게 보인다.

국민연금의 대표적인 문제점은 자영자의 소득이 정확히 파악되지 않아 소득재분배가 되도록 설계된 급여산식에 따라 오히려 정직하게 보험료를 납부하는 피보험자가 손해를 볼 수 있으며, 지역가입자의 상당수가 납부예외자로 인정받아 보험료를 납부하지 않고 있어 노후보장을 받지 못할 가능성이 크다는 것이다. 2007년 연금산식을 연금급여가 낮은 방향으로 개정하여 근로소득이 낮은 경우 연금급여의 수준이 낮아 생계비 충당에 어려움이 발생한다는 점도 문제이며, 반면 2007년 조정된 급여산신에 의해서도 좀 더 늦은 시기에 적립금 고갈이 발생하게 된다는 것도 문제이다. 즉 급여와 적립금 간의 관계 조정이 어렵다는 것이 해결하기 힘든 문제이다(오정수 외, 2020).

2) 보험료와 연금급여의 관계를 어떻게 할 것인가에 대해서 확정급여 방식과 확정기여 방식이 있다. 확정급여 방식은 연금의 산식을 미리 정하고, 지출을 충당하기 위해 보험료율을 결정, 보험료를 징수하는 방식이고, 확정기여 방식은 보험료를 미리 정하고, 급여액은 보험료를 투자한 수익에 의해 결정된다. 한국과 같이 적립 방식과 확정급여 방식의 결합이 가능한가에 대해서 의문이 존재하는 데, 일반적으로는 적립 방식과 확정기여 방식이 결합되거나 부과 방식과 확정급여 방식이 결합되기 때문이다.

5

산업재해보상보험

산재보험법에 적용이 되기 전에 산재를 당하는 경우 근로자는 민법에 의해 손해배상을 받을 수 있었으나 그 경우 사업주의 과실에 대하여 근로자가 증명해야 하였다. 그러나 근로자의 과실 증명이 쉽지 않아 보상을 받지 못하거나, 사업주가 보상하고자 하여도 보상능력이 없어 보상을 받지 못하는 경우가 다수 발생하였다. 이에 따라 무과실 책임주의나 책임보험이라는 방식으로 근로자를 보호하고자 하였으나 이 두 방식으로도 산재보상을 받지 못하는 근로자가 많았기 때문에 사회보험인 산재보험이 도입되었다.[3] 무과실책임주의는 사고의 증명의무를 근로자가 아니라 사업주가 지는 원칙인데, 사업주가 보상의도를 가지더라도 보상능력이 없는 경우도 있어 보상을 받지 못하는 피해 근로자가 존재하였고 또한 사업주가 책임보험에 의무적으로 가입하게 하여도 민간보험회사인 책임보험자는 사고다발 사업장의 보험가입을 회피하거나 까다로운 절차를 거쳐 사고에 대한 보상금을 지급하였고, 보험료를 지불하기 싫어하는 사업주는 보험가입의무에도 불구하고 가입하지 않는 결과를 가져와 산재보상에 대한 근로자의 불만이 계속되었다.

산재보험은 이러한 불만에 대해 무과실 책임주의와 의무가입 그리고 공공기관인 보험자라는 특징들을 결합하여 산재보상이 원활하게 가능하도록 제도화된 것이다.

3) 사업주 책임보험이란 민법상의 손해배상 의무를 감당하게 하기 위해서 보험가입을 의무화하지만, 가입할 보험기관은 지정되지 않고 민간보험 중 하나에 가입할 수 있게 하는 경우이다. 책임보험의 대표적인 예는 자동차 보험이다.

산재보험은 사업장에서 발생하는 재해, 작업장 외부에서 업무수행 중 발생하는 사고(업무상 출장 등), 직업병 그리고 국가에 따라서는 통근재해(교통사고)의 발생 시에도 소득을 보장해 주기 위한 것이며, 급여의 종류에는 현금급여와 현물(서비스)급여가 있다. 현금급여는 단기급여와 장기급여로 나누어지는데, 단기급여는 단기적 장해, 즉 요양으로 인하여 근로를 하지 못할 경우 일반적으로 1~2년 정도의 기간 동안 임금 손실을 보상해 주기 위하여 지급된다. 장기급여에는 장해가 발생할 경우의 장해급여와 사망 시 유족에 대해 지급하는 유족급여 등이 있다. 장기급여는 연금으로 지급되는 것이 원칙이나 동일한 사안에 대해 일시금 제도가 있는 국가도 있다. 물론 일시금은 장기급여가 아니다. 현물급여는 산업재해나 직업병으로 인하여 요양이 필요한 경우와 재활을 위한 기기나 설비 또는 서비스를 필요로 할 경우에 제공된다. 간병이 필요할 경우 제공되는 간병급여는 현재 우리나라에서는 현금으로 지급되지만 원칙적으로는 서비스가 우선적으로 제공되어야 하며, 그렇지 못할 경우 서비스 구매 비용 충당을 위해 현금으로 지급된다. 보험료는 보통 사업주가 전액 부담한다.

우리나라의 산재보험제도를 살펴보자. 먼저 그 특징을 살펴보면 산재보험은 사업주책임보험의 성격을 띠고 있는데, 그 이유는 산재보험법의 입법이 근로기준법의 산재보상에 대한 규정을 근거로 이루어졌으며, 현행 산재보험법에서 근로자를 피보험자로 명확히 규정하고 있지 않으며, 사업주의 산재 사고에 대한 신고 의무가 산재보험법이 아닌 산업안전보건법에 명시되어 있기 때문이다. 즉 현행법에 의하면 산업재해가 발생하더라도 사업주가 산재보험으로 처리하지 않아도 되며 근로자는 보상만 받으면 되도록 설계되어 있는 것이다.

산재보험은 산업재해와 직업병을 대상으로 하는데, 업무와의 상당 인과관계가 산업재해 판정의 기초가 되고 있다. 2018년 이후 출퇴근 재해도 산재보험의 대상위험이 되고 있다. 산재보험의 급여는 3일 간의 대기기간 후에 지급되며(사고 후 최초 사흘에 대해서는 요양비와 임금 모두를 사업주가 부담해야 함), 급여의 종류에는 현금과 현물급여가 있다(표 9-6 참조). 먼저 현금급여를 보면 요양으로 인하여 근로를 할 수 없을 경우 한시적으로 평균임금의 70/100에 해당하는 휴업급여가 지급된다(65세 이상 고령자에게는 65/100 그 비율을 인하, 근로자 평균임금의 1/2 이하의 소득자에게는 80/100 내지 90/100로 인상, 해당 금액이 최저임금보다 적으면 최저임금 금액으로 인상). 부분휴업급여제도도 있는데, 요양을 필요로 하더라도 근로를 할 수 있어 파트타임 근무를 할 경우 평균임금에서 실제 근무에 의해 지급받은 임금을 뺀 금액의 90/100에 해당하는 금액이 지급된다. 2년 이상의 장기 요양차가 입원진료를 받을 경우 폐절자로 관정하의 요양급여와 병행하여 휴업급여 대신 1급에서 3급에 해당하는 장해급여의 금액을 상병보상연금으로 지급한다(65세 이상의 경우 93%만 지급). 이는 우리나라의 휴업급여는 기간의 제한 없이 요양 중인 경우 지급되도록 규정되기 있기 때문에 중증 장애자가 입원할 경우 장해급여 대신 휴업급여를 받을 때 생기는 급여 감소를 방지하기 위한 것이다(오정수 외, 2020).

<표 9-6> 산재보험의 급여종류와 내용

급여의 종류	금액 또는 서비스	비교
[현물급여] ·요양급여	·진찰, 약제, 진료재료, 처지, 수술, 입원, 개호, 이송 및 기타 사항 ·보인부담금이 없으나 일부 항목에 대하여는 급여가 지급되지 않음 ·간병료	급여 공통사항(3일 초과일에 대해 지급) ·업무상 사고: 산재발생시 사업주 관리하 업무수행 시, 사고와 근로자의 사상 간 인과관계, 고의, 자해행위, 범죄행위에 의하지 않을 때 ·업무상 질병: 신체의 손상과 질병 간 시간적 기능적 관련성이 의학적으로 인정될 때 ·출퇴근 재해
·간병급여	·상시와 수시로 구분	·장애등급 1급과 2급만 대상:
·직업재활급여	·직업훈련비와 직업훈련수당 지급, 이외 자립점포 임대지원	·사업주에 대해서는 직장복귀지원금, 직장적응훈련비, 재활훈련비 등 지급
·기타재활급여	·재활상담, 후유증상진료제도, 사회적응훈련	
·장의비	·평균임금의 120일 분, 최고·최저 규정	
[현금급여] ·휴업급여	·3일 초과일에 대해 평균임금의 70/100 (61세 이상 노인 비율 인하 저소득자 80~90 또는 최저임금의 100)	부분휴업급여는 (평균임금-임금)×90/100

·상병보상연금 ·장해급여 ·유족급여	·폐질등급(3)에 따라 평균임금의 329~257일분 지급(고령자 급여비율 인하) ·장해등급(14)에 따라 연금(90.1~ 37.8%)과 보상일시금(1300일 분)지급, 연금액=평균임금×365×47 (1+5n)/ 100, n은 부양가족수, 최고 4명까지	·요양 개시 후 2년이 경과된 날 이후 치료되지 않거나 폐질의 정도가 심할 때 * 공통사항 ·임금변동순응률제도 ·최저·최고 보상기준제도 ·통산근로개수
·장해특별급여 ·유족특별급여	·(특별급여 공통) 평균임금 30일분에서 부양가족에 따라 본인 생활비를 공제한 금액에 취업가능기간에 따른 계수를 곱한 금액에서 보상일시금을 공제한 금액	·보험가입자의 고의 또는 과실로 발생할 경우 손해배상청구에 가능
·근로복지사업	·요양 또는 처치, 재활에 관한 시설 사업 ·장학사업 등 ·근로자 복지 증진을 위한 시설 설치, 운영	
·산재예방사업	·산업재해예방기금에 출연	

노령연금과 같이 장기급여의 성격을 띠는 급여로는 장해급여(일시금으로도 가능)와 유족급여(일시금으로도 지급가능) 등이 있다. 장해급여는 14개의 등급으로 구분되는 장해등급표에 의거하여 8급에서 14급은 일시금으로, 4급에서 7급은 연금과 일시금 중 택일할 수 있으며, 1급에서 3급은 연금으로 지급된다. 원래 장해급여는 장기급여의 성격을 갖지만 장해정도가 낮을 경우 일시금으로 지급한다. 그러나 우리나라에서 7급 장해의 경우 근로능력 상실률이 50% 정도로 높기 때문에 중증의 장애로 해석할 수도 있어 일시금 지급이 바람직하지 않다. 연금액은 1급의 경우 평균임금의 90.1%이며, 7급은 37.8%이다.

유족급여는 연금과 일시금으로 나눌 수 있는데, 연금의 경우 평균임금의 47%를 기준으로 1인당 5%가 증가하는데, 상한은 67%이다. 유족연금 수급자격이 있는 유족의 범위는 배우자, 부모 또는 조부모로서 각각 60세 이상인 자, 자녀로서 25세 미만인 자, 형제자매로서 19세 미만이거나 60세 이상인 자, 그리고 위에 해당하지 않는 자녀, 부모, 손자녀, 조부모 또는 형제자매로서 장애정도가 심한 자 등이다. 유족 일시금은 유족연금대상자가 없거나 이민 등을 이유로 연금을 지급하기 곤란한 경우에 지급되는데 그 금액은 평균임금의 1,300일분이다.

이외에 사업주의 고의나 과실로 인해 재해가 발생한 경우 위의 산재급여에 추가적으로 유족특별급여나 장해특별급여 등 특별급여를 민사상 손해배상액 대신 지급하도록 하는 규정이 있는데, 그 비용은 보험료와 별도로 사업주가 전액 부담하도록 되어 있다(오정수 외, 2020).

6

고용보험

누구나 실업은 근로자에게 가장 커다란 위험요인이 될 수 있음에도 불구하고, 위험의 상호의존이라는, 보험기법으로는 보호하기 힘든 성격을 지니고 있기 때문에 실업보험의 도입은 다른 사회보험에 비해 가장 늦게 이루어졌다. 즉 산재나 노령, 질병 등 위험의 경우 어느 정도 예측이 가능하고 위험이 상호 독립적으로 발생하기 때문에 보험재정의 측면에서 안정적일 수도 있으나, 실업은 경기나 경제구조 등의 이유로 예측이 불가능하게 그리고 동시적으로 발생하기 때문에 보험재정의 측면에서 안정적이지 못하기 때문이다.

실업보험의 다른 특징은 자발적 실업 등 도덕적 해이의 가능성이 많다는 것이다. 이로 인해 일정기간 보험료를 납부하고 실업이라는 보험사고가 발생하더라도 다른 요건, 즉 근로능력과 근로의사라는 추가적인 요건이 충족되어야 급여가 지급된다. 따라서 실업확인 등의 업무를 위해 실업보험 운영기관은 취업알선기관과의 협업이 불가피한데, 이로 인해 국가에 따라 적극적 노동시장정책과 실업보험 운영기관이 동일한 경우도 있고 양자가 구분되는 경우도 있다. 한편, 실업보험에 추가적으로 일반회계에 의해 재정이 충당되는 실업부조제도를 운영하는 국가도 다수 존재한다.

우리나라의 경우 취업알선기관과 고용보험운영기관이 동일하다. 취업알선서비스는 고용보험사업과는 별개이지만, 고용보험을 도입하기 위한 기초적 여건이 된다.

고용보험제도에 대한 설명 전에 우선 노동시장정책에 대하여 살펴보자. 노동시장정책은 광의와 협의로 나누어 볼 수 있는데, 광의의 경우 노동시장 질서정책, 완전고용정책, 노동시장 조정정책으로 구분된다(Lampert, 1994; 정연택, 1995).

노동시장 질서정책은 임금이나 근로시간 등 노동시장의 수요와 공급에 영향을 미치는 요인을 결정하는 방식을 정책화함으로써 노동시장의 질서를 유지하려는 정책으로 우리나라의 경우 노동조합 및 노사관계조정법, 근로기준법, 최저임금법 등이 대표적인 법률이다. 노동조합 및 노사관계조정법은 단결권과 단체협약권 및 쟁의권에 대한 규정을 하고 있으며, 노동시장에서 노사간 자율적 교섭에 의해 임금이나 근로시간 등의 근로조건이 결정되는 과정을 규제함으로써 노동력의 수요와 공급에 간접적으로 영향을 미친다.

근로기준법과 최저임금법은 근로조건이 되는 근로시간 및 해고, 복지 관련 사항들과 임금의 최저기준을 규정함으로써 노동력의 공급과 수요에 직접적으로 영향을 미친다. 완전고용정책은 조세정책, 재정정책, 금리정책 등 거시경제정책을 고용의 양적 확대 및 질적 향상을 위해 사용할 경우 해당한다. 예를 들어, 물가상승의 위험을 무릅쓰고 재정적자를 통해 경기부양책을 사용하여 고용을 확대하고자 할 경우 '완전고용정책'이라 불린다. 1930년대 대공황 당시 뉴딜정책으로 사용된 이후 1960년대까지 사용되었으나 70년대 중반 이후 잘 사용되지 않고 있다.

노동시장 조정정책은 노동시장의 수요와 공급에 직접적으로 영향을 미치는 정책으로 한국의 경우 직업훈련이나 고용안정사업(사회적일자리 사업 포함)등 임금보조금 사업, 실업급여 등과 취업알선이 해당한다. 한국에서는 고용보험의 외부에서 일자리를 만드는 '재정지원 일자리 사업'도 여기 포함된다고 볼 수 있다. 광의의 노동시장정책은 고용정책과 유사한 개념으로 볼 수 있다.

우리나라의 고용보험사업은 설계 때부터 실업에 대한 소득보장이자 소극적 노동시장 정책인 실업급여사업 외에, 사업주가 어려운 경제여건에도 불구하고 해고하지 않고 일자리를 유지하는 경우 지급되는 임금의 일부를 지원하거나, 취업이 힘든 취약계층을 취업시키는 경우 이들을 고용한 사업주에게 임금보조금을 기원하는 고용안정사업 그리고 근로자에게 직업훈련을 시킬 경우 사업주에게 또는 근로자가 스스로 직업훈련을 받을 경우 근로자에게 지원하는 직업능력개발사업 등 적극적 노동시장 정책 사업을 포함하고 있다. 2006년부터 고용안정사업과 직업능력개발사업의 회계를 통합하여 운영하고 있으나, 사업은 실업급여사업, 고용안정사업 그리고 직업능력개발사업으로 분류하는 것이 타당하며, 다만 실업급여사업에는 육아휴직 및 산전후 휴가급여로 구성된 모성보호 사업이 포함된다.

구직급여의 연장급여는 두 종류가 시행되고 있는데, 지방노동관서장의 지시로 훈련할 경우 훈련연장급여(구직급여액의 100%)가 최대 2년 동안, 취업이 곤란하고 생활이 어려운 경우 개별연장급여(구직급여액의 70%)가 60일의 범위 내에서 지급되고 있다. 실업급증 등 고용사정이 악화될 경우 고용노동부장관이 일정 기한을 정하고 기한에 실업급여의 수급이 종료된 자에게 60일의 범위 내에서 특별연장급여를 지급할 수 있지만 현재 시행되지 않고 있다(표 9-7 참조).

<표 9-7> 구직급여의 연장급여 종류, 요건 및 지급액

종 류	요 건	지급액
훈련연장급여	실업급여 수급자로서 지방노동관서의 직업훈련 지시에 따라 훈련을 수강하는 자	실업급여액의 100% (2년 범위 내)
개별연장급여	취직이 특히 곤란하고 생활이 어려운 수급자로서 임금 수준, 재산상황, 부양가족, 훈련수강 여부 등을 고려하여 생계지원이 필요한 자	실업급여액의 70% (60일 범위 내)
특별연장급여여	실업급증 등으로 재취업이 특히 어렵다고 인정되는 경우 고용노동부장관이 일정한 기간을 정하고 동기간 내에 실업급여의 수급이 종료된 자	실업급여액의 70% (60일 범위 내)

자료 : 고용노동부 홈페이지(http://www.molab.go.kr/oneclick/work16/sub02_03.jsp)

취업촉진수당은 조기재취업수당, 직업능력개발수당, 광역구직 활동비, 이주비 등으로 구분된다.

조기재취업수당은 실업급여 수급자가 실업급여의 수급일을 1/2이상 남기고 12개월 이상 계속하여 고용된 경우 미지급일수의 1/2을 일시에 지급하는 제도이다.

직업능력개발수당은 실직기간 중 지방노동관서의 소개로 직업능력개발훈련을 받는 경우 지급되는 교통비와 식대를, 광역구직활동비는 지방노동관서의 소개로 거주지에서 50km 이상 떨어진 지역에서 구직활동을 할 경우 지급되는 교통비와 숙박료를, 이주비는 취업 또는 직업능력개발훈련을 받기 위해 주거를 이전할 경우 지급되는 이사경비를 의미한다(표 9-8 참조).

<표 9-8> 취업촉진수당의 종류, 요건 및 금액

종 류	요 건	지급액
조기재취업수당	실업급여의 소정급여일수를 1/2이상 남기고 12개월 이상 재취업 한 경우	각각 남은 일수의 1/2에 구직급여일액을 곱하여 산정
직업능력개발수당	실업기간 중 지방노동관서 소개에 의한 직업능력개발훈련을 받은 경우	훈련기간 중의 교통비 식대 등- 5,000원(1일)
교통비, 숙박비 등의 광역구직활동비	지방노동관서의 소개에 따라 거주지로부터 50km가 넘는 지역에서 재취업 활동을 하는 경우	
이동거리와 가족 수에 따른 이사비용	취업 또는 직업능력개발훈련을 받기 위해 종전 거주지로부터 50km 이상 떨어진 곳으로 이사한 경우	

자료 : 고용노동부 홈페이지(http://www.molab.go.kr/oneclick/work16/sub02_03.jsp)

고용안정사업은 크게 고용유지지원금, 고용창출장려금, 고용안정장려금, 직장어린이집지원금(인건비와 운영비비) 등으로 나누어지며, 사업주에게 주로 임금보조금(또는 기타 경비)을 지급하는 것이다.

고용보험제도의 문제점으로는 실업급여사업의 경우 대상 근로자 전체가 아니라 상당수가 가입하지 않아 실업 시 보장을 받지 못하는 근로자가 다수 존재한다는 점이며, 고용안정사업의 경우 실효성이 없는 사업들, 즉 대체효과나 사중효과가 발생하는 사업이 많다는 점, 직업능력개발사업의 경우 소규모 사업장의 활용률이 낮은 편이며 실제 훈련효과도 평가하기 힘들다는 점 등이 지적될 수 있다(노동부, 2006: 426; 노동부, 2007 참조).[5]

5) 사중효과는 지원이 없어도 그고용을 유지하거나 취약계층을 고용하였을 사업주에게 보조금을 지급하여 추가적인 고용효과 없이 지원이 낭비되는 경우를, 대체(전치)효과는 지원이 되지 않는 근로자 대신 지원이 되는 근로자로 대체하여 고용하였을 경우를 말한다. 양자 모두 추가적인 고용효과는 없다. 이외에 구축효과도 존재하는데, 고용에 대한 보조금을 지급함으로써 시장에서의 고용을 구축(제거)하는 효과가 발생할 경우를 말한다. 일자리가 민간비용에서 공공비용으로 충당됨을 의미한다.

7

노인장기요양보험

노인장기요양보험은 지금까지 일부 소수의 저소득 노인에 대해서만 수발 관련 서비스를 제공하던 국가가 일반 노인에 대해서도 서비스를 제공하기 위하여 도입된 것이다. 이 제도에 대해 대상자, 급여, 전달체계, 재원 등의 순서로 살펴보자.

<표 9-9> 노인장기요양보험제도와 기존 노인복지서비스 체계와의 차이

구 분	노인장기요양보험제도	기존 노인복지서비스체계
서비스 대상	·보편적 제도 ·장기요양이 필요한 65세 이상 노인 및 치매노인 등 노인성 질환을 가진 64세 이하의 국민	·특정 대상 한정(선택적) ·국민기초생활보장수급자를 포함한 저소득자 위주
서비스 선택	·수급자 및 부양가족의 선택에 의한 서비스 제공	·지방자치단체장의 판단(공급자 위주)
서비스	·시설급여 ·재가급여(방문요양, 방문목욕, 방문간호, 주·야간보호, 단기보호 등) ·특별현금급여(가족요양비, 특례요양비 등)	·시설 재가서비스를 제공하나, 서비스 질에 대한 관리 미흡
시설에 대한 지원 방식	·시설급여 및 재가급여 제공자는 비용을 수가 산정 방식을 적용하여 국민건강보험공단에 청구 ·건보공단은 청구된 장기요양급여 및 비용 등의 적정여부 심사 후 지급	·지방자치단체를 통하여 시설 입수인원 또는 연간 운영비용을 기준으로 정액 지급(사후 정산)

자료 : 고용노동부 홈페이지(http://www.molab.go.kr/oneclick/work16/sub02_03.jsp)

대상자는 65세 이상 노인이나 65세 미만으로 치매, 중풍(뇌혈관성 질환) 등 노인성 질환을 가진 자로서 장기요양보험 가입자나 피부양자 그리고 의료급여법에 의한 수급권자이다. 이들은 신청에 의해 전문가의 조사가 이루어지고 이후 지역 단위 수급판정위원회의 판정에 따라 서비스 수급자격을 인정받게 된다. 건강보험과 다른 점은 건강보험의 경우 병원이나 의원 방문 자체가 수급자격을 결정하는 주요 요인이 되지만 노인장기요양보험은 그 필요성을 등급판정위원회에서 인정받아야 한다는 것이다. 대상자가 6개월 이상 동안 혼자서 일상생활을 수행하기 어렵다고 인정하는 경우, 즉 방문조사에 의해 65개 항목에 대한 설문조사를 통해 확인되는 장기요양급여 신청자의 심신상태를 근거로 장기요양이 필요한 정도가 판정되는데, 현재 5등급과 인지지원등급으로 되어, 이에 따라 장기요양급여가 제공된다.

장기요양신청과 수급자격 결정과정을 살펴보자. 장기요양 인정신청을 하면 공단의 직원이 방문조사를 실시하고 이를 근거로 등급판정위원회에서 판정을 하면, 장기요양인정서와 표준장기요양이용계획서를 신청자에게 송부하고 판정자는 장기요양급여 이용계약을 맺고 급여를 제공받게 된다. 시설급여는 1, 2급 판정자와 3, 4급 판정자 중 특별한 사유가 있는 요간병인이 이용할 수 있으며, 재가급여는 1~4등급 판정자는 모든 서비스를 이용할 수 있고, 5급 판정자는 일부 서비스만 이용할 수 있다.

장기요양보험의 급여는 크게 재가급여와 시설급여 그리고 특별현금급여로 구분된다. 재가급여에는 방문요양(장기요양요원이 수급자의 가정 등을 방문하여 신체활동 및 가사활동 등을 지원), 인지활동형 방문요양(5등급 수급자에게 인지자극활동 등 제공), 방문목욕(장기요양요원이 목욕설비를 갖춘 장비를 이용하여 수급자의 가정 등을 방문하어 목욕을 제공), 방문간호(장기요양요원인 간호사 등이 의사, 한의사 또는 치과의사의 지시서에 따라 수급자의 가정 등을 방문하여 간호, 진료의 보조, 요양에 관한 상담 또는 구강위생 등을 제공), 주·야간보호(수급자를 하루 중 일정한 시간 동안 장기요양기관에 보호하여 신체활동 지원 및 심시 기능의 유지·향상을 위한 교육·훈련 등을 제공), 단기보호(수급자를 일정 기간 동안 장기요양기관에 보호하여 신체활동 지원 및 심신 기능의 유지·향상을 위한 교육·훈련 등을 제공), 기타 재가급여(수급자의 일상생활·신체활동 지원에 필요한 용구 제공) 등으로 세분된다.

시설급여는 장기요양기관이 운영하는 노인요양시설이나 노인요양공동생활가정(노인전문병원 제외) 등에 장기간 동안 입소시켜 신체활동 지원 및 심신 기능의 유지·향상을 위한 교육·훈련 등을 제공한다.

특별현금급여는 가족요양비(도서·벽지 등 장기요양기관이 현저히 부족한 지역 거주자, 천재지변이나 그 밖에 이와 유사한 사유로 인하여 장기요양기관이 제공하는 장기요양급여를 이용하기가 어렵다고 보건복지부 장관이 인정하는 자, 신체·정신 또는 성격 등의 사유로 인하여 가족 등으로부터 장기요양을 받아야 하는 자에게 지급)와 특례요양비(장기요양기관이 아닌 노인요양시설 등의 기관 또는 시설에서 재가급여 또는 시설급여에 상당한 장기요양급여를 받은 경우 비용의 일부를 당해 수급자에게 지급), 그리고 요양병원간병비(수급자가 노인전문병원 또는 요양병원에 입원한 때 장기요양에 사용되는 비용의 일부를 지급)로 구분된다.

노인장기요양보험의 행정기관은 국민건강보험공단이 되며, 실제 서비스 제공자는 시·군·구청장에 의해 지정을 받은 장기요양기관 또는 시, 군, 구청장에게 신고한 재가장기요양기관이며, 실제 서비스를 제공하는 사람은 이들 기관에 소속되어 노인의 신체활동 또는 가사활동 지원 등의 업무를 수행하는 요양보호사(사회복지사, 간호사, 간호조무사 등 국가자격증 소지자와 실무자 등)이다. 요양보호사제도는 장기요양보험 제도와 함께 도입된 것이다.

노인장기요양보험의 재정은 국민건강보험을 모범으로 하여 보험료와 정부의 보조금으로 충장되는데, 보험료는 건강보험료에 일정 비율을 곱하여 산정된다(2019년 현재 건강보험료율 6.46%에 8.51%를 곱한 금액, 즉 소득의 약 0.55%, 노사가 부담하며 지역가입자는 전액 본인부담). 국가는 매년 당해연도 장기요양보험료 예상수입액의 100분의 20에 상당하는 금액을 공단에 지원한다. 또한 국가와 지방자치단체는 의료수급권자의 장기요양급여비용, 의사소견서 발급비용, 방문간호지시서 발급비용 중 공단이 부담하여야 할 비용과 관리운영비의 전액을 분담한다.

노인장기요양보험에도 본인부담금이 있는데, 제가급여에 대해서는 당해 정기요양급여비용의 100분의 15, 시설급여에 대해서는 당해 장기요양급여비용의 100분의 20을 본인이 부담하여야 한다. 다만 국민기초생활보장법에 의한 수급자는 전액 면제하며, 이외의 의료급여수급권자나 저소득자에 대해서는 본인부담금을 50% 경감한다.

노인장기요양제도에 대한 비판으로는 동일하게 장기요양을 필요로 하더라도 노인성질환을 앓지 않는 아동이나 장애인 등에 대해서는 해택이 주어지지 않으며, 수급대상자 선정기준이 높게 설정되어 혜택을 받지 못하지만 보호가 필요한 사람이 많으며, 만약 진정으로 필요한 노인에게 모두 서비스를 제공할 경우 서비스 제공기관이 부족하다는 것 등이다. 예를 들어 2010년 후반 현재 일본의 경우 65세 이상 노인 중 18% 이상이 요양보험의 해택을 받지만 한국의 경우 약 7% 정도에 머물고 있다(오정수 외, 2020).

MEMO

10

CHAPTER

공공부조

공공부조제도인 국민기초생활보장, 긴급급여, 의료급여 등 일반부조제도와 기초연금을 포함하여 장애인이나 한부모가족 등 인구학적 구분에 의하여 제공되는 특수 부조제도를 살펴본 후 2018년부터 새로이 도입된 아동수당제도는 보험방식도 부조방식도 아닌 부양방식의 보장형태이다.

1

국민기초생활보장 및 긴급급여

우리나라에서는 일제시대인 1944년 시행된 조선구호령의 규정이 해방후 군정시기나 정부수립 이후에도 명칭과 약간의 내용만 변형·시행되다가 1961년 생활보호법이 입법됨으로써 비로소 법체계를 제대로 갖추게 되었다. 이 법에 의해서도 주로 생계급여가 제공되었으며, 1978년 이후 의료보호와 교육보호가 추가되었다. 1982년 전면개정 후 대략 현재와 유사한 급여체계를 갖추게 되었다. 생활보호법은 1990년대 여러 주요 개정을 거쳤지만, 조선구호령 이후 계속되어 온 가장 중요한 결함인 인구학적 구분에 의한 대상자 선정 문제는 1999년 국민기초생활보장법의 입법에 의해 비로소 해결되었다. 인구학적 구분이란 18세 미만 아동, 65세 이상 노인, 임산부, 장애인 등 근로능력이 없다고 판단되는 사람만 대상자로 선정하고 그 외의 사람들은 예외적인 경우에만 대상자가 될 수 있다는 것이다.

국민기초생활보장법은 그 외에도 이전의 법과 여러 가지 측면에서 다른데, 간략하게 살펴보자. 첫째, 입법과정에서 정부나 국회의 주도에 의해서가 아니라 당시 외환위기를 배경으로 등장한 대규모 실직 및 빈곤 상태로 인하여 시민사회단체들의 요구가 주도적으로 작용했다는 것이다. 둘째, 수급자격에서 소득인정액이 일정 이하인 자는 모두 대상으로 함으로써 인구사회학적인 구분을 폐지하고 근로능력이 있는 사람도 대상으로 포함시켰다는 것이다. 그러나 근로능력이 있는 경우 '조건부수급자'라는 명칭에 의해 근로를 의무화하는 장치를 도입하였다. 셋째, 급여 측면에서는 주거급여가 새로이 만들어지게 되었으며, 넷째, 생계급여는 보충급여제 형태로 변경되었다. 보충급여란 국가나 지방자치단체가 최저생계비를 마련해 주되, 본인의 소득이나 재산이 있는 경우 이를 공제한 금액을 '보충적'으로 지원한다는 개념이며, 이전에는 가구원 수나 연령에 의해 정액급여나 차등급여제가 실시되었다.[1] 다섯째, 국가 지원의 '보충성'을 강조하여 먼저 본인의 재산을 사용하도록 재산을 소득화하거나 부양의무자의 의무를 강제하는 방식이 유지 내지 강화되었다.

국민기초생활보장제도에는 몇 가지의 주요원칙이 있는데, 최저생활보장의 원칙(생활이 어려운 자에게 생계·주거·의료·교육·자활 등 필요한 급여를 행하여 최저생활을 보장), 보충성의 원칙(수급자가 먼저 본인의 소득, 재산, 근로능력 등을 활용하여 최대한 노력할 것을 전제로 함), 보충급여의 원칙(급여 수준을 생계·주거·의료·교육 급여액과 수급자의 소득인정액을 포함한 총금액이 최저생계비, 즉 중위소득의 일정 비율 이상이 되도록 지원), 자립지원의 원칙(보장기관은 근로능력이 있는 수급자에게 자활사업에 참여할 것을 조건으로 생계급여를 지급), 개별성의 원칙(급여 수준을 정함에 있어서 수급권자의 개별적 특수 상황을 최대한 반영), 가족부양 우선의 원칙(급여신청자가 부양의무자에 의하여 부양될 수 있는 경우에는 기초생활 보장급여에 우선하여 부양의무자에 의한 보호가 먼저 행해져야 함), 타급여 우선의 원칙(급여 신청자가 다른 법령에 의하여 보호를 받을 수 있는 경우에는 기초생활보장급여에 우선하여 다른 법령에 의한 보호가 먼저 행해져야 함) 등의 원칙이 적용된다.

<표 10-1> 2019년 기준중위소득, 개별 급여에 대한 선정기준 및 최저보장수준

(단위: 천/월)

	1인 가구	2인 가구	3인 가구	4인 가구	5인 가구	6인 가구
기준 중위소득	1,707	2,906	3,706	4,613	5,467	6,320
생계급여(최저보장수준)	512	871	1,128	1,384	1,649	1,896
의료급여	682	1,162	1,504	1,845	2,186	2,528
주거급여	751	1,278	1,654	2,029	2,405	2,781
교육급여	853	1,453	1,880	2,306	2,733	3,160

자료 : 보건복지부(2019 a), 국민기초생활보장사업안내.

1) '보충적'이란 개념은 이와 달리 자신의 근로능력, 재산이나 소득, 가족의 재산이나 소득을 우선적으로 투입한 후 국가가 나중에 보장한다는 의미가 있다.

재산의 소득환산액=(재산의 종류별 가액-공제액-부채)×재산의 종류별 소득환산율

소득인정액은 소득평가액과 재산의 소득환산액을 더하여 산출된다. 즉 구체적으로 소득인정액=소득평가액(실제소득-가구특성별지출비용-근로소득공제)+재산의 소득환산액[(재산액-기본재산액-부채)×소득환산율]이 된다.

이때 생계급여와 의료급여 대상자의 부양의무자의 소득과 재산도 조사되는데, 부양의무자는 1촌 이내의 직계혈족과 그 배우자이다. 부양의무자의 실제소득에서 차감이나 제외항목을 차감하여 부양능력 판정소득액이 결정되며, 부양능력 없음, 미약, 있음으로 구분된다. 즉 부양능력이 있는 부양의무자는 소득이나 재산이 일정 기준을 넘어야 하는데, 이 기준은 점차 상승하고 있다.

급여의 종류에는 생계급여, 주거급여, 자활급여, 교육급여, 해산급여, 장제급여, 의료급여 등이 있다. 먼저 생계급여는 소득인정액이 선정기준 이하인 수급자에게 지급된다.

생계급여액=생계급여 최저보장수준(대상자 선정기준)-소득인정액

긴급 생계급여제도도 있는데, 주소득원의 사망, 질병, 부상, 사고, 사업부도·파산 등으로 갑자기 생계유지가 어려운 경우, 부 또는 모의 가출, 행방불명 등으로 갑자기 생계유지가 어려운 경우, 천재지변이나 화재 등으로 재산·소득상의 손실이 발생하여 갑자기 생계유지가 어려운 경우, 거주지 외의 지역에서 거주하고 있으나 소득이 없어 생계유지가 어려운 경우, 기타 시장·군수·구청장이 긴급생계급여가 필요하다고 인정하는 경우 등에 지급한다.

주거급여는 임차가구에 대한 임차급여와 자가가구에 대한 수선유지급여로 구분된다. 임차급여는 가구원수별 및 지역별(서울, 경기인천, 광역시와 세종시, 그 외 지역 등 4등급) 기준 임대료를 상한으로 수급자가 실제 지불하는 임차료(실제 임차료)와 기준 임대료 중 적은 금액을 기준으로 정해진다. 수급자의 소득 인정액이 생계급여 선정기준보다 적거나 같은 경우에는 기준 임대료(또는 실제 임차료) 전액을 지급하고, 소득 인정액이 생계 급여 선정기준 보다 높은 경우에는 기준 임대료(또는 실제 임차료)에서 자기 부담분(가구의 소득인정액-생계급여 선정기준)×30%]을 공제하여 지급한다.

자활사업은 자활사례관리, 자활근로사업, 자활기업 지원사업, 자활장려금 사업 등 자활사업 프로그램과 희망키움통장Ⅰ, 희망키움통장Ⅱ, 내일키움통장, 청년희망키움통장 등으로 구성되는 자산형성 지원사업으로 구분된다. 이외에 이전의 희망리본 사업이나 고용부에 위탁된 취업성공패키지 참여 등 취업지원 그리고 창업지원도 자활사업에 포함된다.

<표 10-2> 자산형성 지원사업의 세부내용

구 분	희망키움통장 I	희망키움통장 II	내일키움통장	청년희망키움통장
가입 대상	일하는 생·의료 수급가구	일하는 주거·교육 수급가구 및 차상위 계층 가구	자활근로사업 참여자	일하는 생계급여수급 청년 (15~39세*) * 19.4월 이후 시행 예정
본인 저축	월 5 또는 10만 원	월 10만 원	월 5 또는 10만 원	본인 저축 없음 * 근로소득공제금 10만 원 적립
정부 지원	가구소득에 비례한 일정 비율 (평균 334,000원, 최대 627,000원)	본인 저축액에 1:1 매칭	본인 저축액에 1:1 매칭	본인 소득에 비례한 일정 비율 (평균 295,000원, 최대 496,000원)
기타 지원	없음	없음	자활사업단 매출액에서 1:1 or 1:0.5 매칭 +사업단 수익금에서 최대 15만 원	없음
3년 평균 적립액 (10만원 저축 시)	1,562만 원 (최대 2,600만 원)+이자 *본인저축 360만 원 포함	720만 원+이자 *본인 저축 360만 원 포함	1,512만 원 (최대 1,620만 원)+이자 *본인 저축 360만 원 포함	1,422만 원 (최대 2,145만 원)+이자 *근로소득공제금 360만 원 포함
지원 조건	3년 이내 생계·의료 탈수급	자립역량교육 이수 및 사례관리	3년 이내 탈수급 또는 일반노동시장 취·창업 등	3년 이내 생계급여 탈수급

자료: 보건복지부(2019c) 자활사업안내 II

국민기초생활보장법을 수행하는 기관은 보장기관이라 청해지는 시·도지사와 시·군·구청장 그리고 교육급여의 경우 시·도 교육감 등 지방자치단체이며, 시군구의 통합조사관리 업무담당자와 자활담당공무원, 읍면동 사회복지전담공무원외에 통합사례관리사, 자립지원직업상담사, 고용부의 고용센터 담당자, 지역자활센터와 사회복지 유관기관 등이 협력하고 있다.

원칙적으로 복지부(시·군·구)에서는 근로능력이 적은 자를 대상으로 사회적응, 지역봉사, 자활근로, 자활사업단, 자활기업, 창업지원 등을 시행하며, 고용노동부에서는 근로능력이 있는 자를 대상으로 취업성공패키지라는 명칭으로 직업적응훈련, 직업알선, 취업촉진훈련 등을 시행하고 있다. 자활급여 지원체계를 보다 자세히 살펴보면 지역자활센터(자활의욕고취 교육, 자활 정보제공 및 취업알선, 자활공동체 설립 및 지원, 자활을 위한 광역자활센터 및 한국자활복지개발원(중앙자활센터에서 2019년 명칭 변경 : 각종 사업 수행), 자활사업의 개발, 조사, 연구, 홍보와 지역자활센터 등 자활사업실시기관 종사자에 대한 교육, 자활사업의 기술, 경영지도 그리고 자활정보센터 운영)와 자활기관협의체(자활사업의 효율적 추진을 위해 시·군·구청장이 구성·운영하는 상시 협의기구로 보장기관, 직업안정기관, 자활사업 실시기관 등 지역 내 민간자원을 총체적으로 활용) 등으로 구성되어 있다. 국민기초생활보장을 위한 재정은 중앙정부와 지방정부가 분담하는데, 법에 정해진 비용부담자와 비용부담의 비율은 다음과 같다(국민기초생활보장법 제43조).

1. 국가 또는 시·도가 직접 행하는 보장업무에 소요되는 비용은 국가 또는 당해 시·도가 부담한다.
2. 시설 수용에 따른 급여의 실시비용은 국가 또는 당해 시·도가 부담한다.
3. 시·군·구가 행하는 보장업무에 소요되는 비용 중 인건비, 사무비, 생활보장위원회 운영비는 당해 시·군·구가 부담한다.
4. 시·군·구가 행하는 보장업무에 드는 비용 중 급여비나 기타 보장비용은 시·군·구의 재정여건, 사회보장비 지출 등을 고려하여 국가, 시·도 및 시·군·구가 다음과 같이 차등하여 분담한다.
   가. 국가는 시·군·구 보장비용의 총액 중 100분의 40 이상 100분의 90 이하를 부담한다.
   나. 시·도는 시·군·구 보장비용의 총액에서 가목의 국가부담분을 차감한 금액 중 100분의 30 이상 100분의 70 이하를, 시·군·구는 시·군·구 보장비용의 총액 중에서 국가와 시·도가 부담하는 금액을 뺀 금액을 부담한다. 다만, 특별자치도는 시·군·구 보장비용의 총액 중에서 국가가 부담하는 금액을 뺀 금액을 부담한다.

실제 운영에서 중앙국가는 서울의 경우, 50%를 나머지 시·도의 경우70%~80%를 보조금으로 지급한다(보조금 관리에 관한 법률 시행령 별표 1 참조).

긴급지원제도는 2005년 입법된 긴급복지지원법을 기초로 한다. 긴급지원제도는 긴급하게 보호를 필요로 하는 가구에 대하여 단기적으로 신속하게 지원하기 위한 제도로서 소득과 재산은 지원 후에 조사하여 지원의 적정성을 판단하게 된다. 단기적이란 1개월 또는 1회 지원을 원칙으로 하되 심사 후 연장지원이 가능하고 필요할 경우 3개월까지(주거지원은 9개월) 또는 의료나 교육의 경우 1회 추가지원이 가능하다는 의미이다.

<표 10-3> 긴급지원제도의 지원내용과 최대횟수

<table>
<tr><th colspan="3">종류</th><th>지원내용</th><th>지원금액</th><th>최대횟수</th></tr>
<tr><td rowspan="6">금전현물지원</td><td rowspan="4">위기상황주급여</td><td>생계</td><td>식료품비, 의복비 등 1개월 생계유지비</td><td>1,194,9천원(4인 기준)</td><td>6회</td></tr>
<tr><td>의료</td><td>각종 검사, 치료 등 의료서비스(300만원 이내: 본인부담금과 비급여 항목)</td><td>300만원 이내</td><td>2회</td></tr>
<tr><td>주거</td><td>국가, 지자체 소유 임시거소 제공 또는 타인소유 임시거소 제공(사용비용 지원)</td><td>643.2천원 이내
(대도시 4인 기준)</td><td>12회</td></tr>
<tr><td>복지시설 이용</td><td>복지시설 입소 또는 이용서비스 제공(시설운영자에게 비용 지급)</td><td>1,450.5천원 이내(4인 기준)</td><td>6회</td></tr>
<tr><td rowspan="2">부가급여</td><td>교육</td><td>초, 중, 고등학생 중 수업료 등이 필요하다고 인정되는 사람에게 학비 지원</td><td>초 221.6천원, 중 352.7천원, 고 432,2천원 및 수업료, 입학금</td><td>2회(4회)</td></tr>
<tr><td>그 밖의 지원</td><td colspan="2">위기사유 발생으로 생계유지가 곤란한 자에게 동절기 (10월~3월) 연료비: 98천원/월, 해산비(60만원), 장제비(75만원), 전기요금(50만원 이내): 각 1회</td><td>1회(연료비 6회)</td></tr>
<tr><td colspan="3">민간기관 단체 연계비원 등</td><td colspan="2">사회복지공동모금회, 다한적십자사 등 민간의 긴급지원프로그램으로 연계 상담 및 기타 지원</td><td>횟수제한 없음</td></tr>
</table>

자료 : 보건복지부(2019d) 긴급지원사업안내: 5

2

의료급여

의료급여제도란 저소득자들이 의료혜택을 받게 하기 위해서 국가와 지방자치단체에서 비용을 부담하는 제도이다. 우리나라처럼 별개의 법령을 가질 수도 있지만 일반부조 관련법에서 급여로 명시하여 제공하는 국가나 국면 전체에 대한 의료서비스로 제공하는 국가도 있다.

우리나라의 의료급여제도는 1977년 의료보호법의 도입으로 제도가 시행되기 시작하였는데, 2001년 의료급여법으로 전면 개정하여 국민건강보험법처럼 예방 및 재활 급여를 확대하고 국민기초생활보장 대상자뿐 아니라 국가에서 필요하다고 인정하는 자에게도 급여를 지급하고 있다.

의료급여의 대상자는 1종과 2종으로 구분되는데, 1종 대상자는 국민기초생활보장법에 의한 수급권자 중 근로무능력 세대나 난치병 질환자, 중증질환(암환자, 중증화상환자) 등록자, 시설수급권자 등이며, 행려환자, 그리고 타법에 의한 적용자, 즉 이재민, 의상자와 의사자의 유족, 입양된 18세 미만의 아동, 국가유공자, 국가무형문화재의 보유자, 북한이탈주민, 광주민주화운동 관련자와 노숙인 등이 해당한다.

2종 대상자는 국민기초생활보장법에 의한 수급권자 중 1종 수급자에 해당하지 않는 가구이다. 이 대상자 구분은 본인부담금에서 차이가 있기 때문이다. 본인 부담금은 〈표 10-4〉와 같다.

<표 10-4> 수급권자가 의료기관 등을 이용한 경우 본인이 부담해야 하는 금액

구 분		1차(의원)	2차 (병원, 종합병원)	3차 (상급종합병원)	약 국	PET 등
1종	입원	없음	없음	없음	-	없음
	외래	1,000원	1,500원	2,000원	500원	5%

2종	입원	10%	10%	10%	-	10%
	외래	15%	15%	15%	500원	15%

자료 : 보건복지부(2019e) 의료급여사업안내

2007년 7월 이전에는 외래진료도 무료로 이용하였던 방식에서 과잉 수진율 등을 이유로 전향성 황유지비를 자원하여 본인부담금을 충당하도록 하는 방식으로 변경된 것이다. 아동이나 임산부, 희귀병질환자는 본인부담금 규정으로부터 예외로 인정된다. 건강생활유지비는 1종 의료급여 대상자 전체에게 매월 6천 원씩 지원된다.

의료급여의 급여도 건강보험의 현물급여와 동일한데, 진찰, 검사, 처치, 수술, 약제 또는 치료재료의 지급, 예방, 재활, 입원, 간호, 이송과 그 밖의 의료목적의 달성을 위한 조치 등이다. 의료급여 수가는 보건복지부장관이 고시하도록 되어 있으며, 국민전강보험에 준하지만 일부 질환이나 서비스 정신과 질환, 혈액투석, 식대 등에서 차이가 있다. 급여일(입원일수, 투약일수, 투약 없이 외래로 의료급여를 받는 경우의 급여일수)은 365일로 제한되지만, 일부 보건복지부장관이 고시한 질환자에게는 승인 후 90일까지 연장가능하다. 희귀난치성질환이나 11개 고시질환에 대해서는 환자가 선택의료급여기관제를 이용할 경우 추가 90일(최대 545일)까지, 그리고 더 진료가 필요할 경우 신청을 통해 조건부승인을 받아 연장이 가능하도록 하고 있다.

선택의료급여기관제는 여러 병원에서 과다한 진료를 받는 것을 막기 위해 도입되었는데, 하나의 병원을 지정하고 그 병의원을 주로 이용하도록 하는 제도이다. 특히 요양일수가 455일을 넘는 희귀병이나 특정 만성병 질환자들은 의무적으로 선택의료급여기관을 정하여야 하고, 1종 수급자들이 선택의료급여기관을 지정하고 거기서 진료를 받을 경우 본인부담금을 면제해 주고 있다. 앞서 언급한 바와 같이 1종 수급권자의 본인부담금제도와 선택의료급여기관제는 과잉 중복 진료와 약물중복 투약으로 인해 2000년대 중반 도입 당시 매년 20% 이상 의료부조 지출이 증가하였기 때문에 지출을 억제하고자 도입된 것이다(오정수 외, 2020).

<표 10-5> 정부와 지방자치단체 간의 의료급여 부담 비율

(단위: %)

구 분	서울특별시		광역시		도		
	시	자치구	시	자치구	도	시	군
지방비	50	없 음	20	없 음	14~16	6	4
국 비	50		80		80		
합 계	100		100		100		

자료 : 보건복지부(2019e), 의료급여사업안내.

현행 의료급여제도의 문제점을 생각해 보자. 지방자치단체의 재정이 어려워서 진료비를 제때 보상하지 않거나 수가가 낮아 병원이나 의원에서 의료급여 환자를 기피하는 경우가 아직도 존재하며, 이 때문에 낙인의 문제도 존재하는 것으로 보인다. 또한 건강보험의 급여에 의료급여가 맞추어져 있어 건강보험급여에 포함되지 않지만 환자로서 받아야 하는 의료서비스가 존재하는데, 저소득자들은 엄두를 내기 힘들거나 채무로 귀결되는 경우도 있다.

3

현금을 지급하는 특수부조제도

공공부조 중에서 최저생계비에 미달하는 모든 사람들을 대상으로 하는 국민기초생활 보장제도는 일반부조라 칭하며, 이와 달리 기초연금, 장애인연금이나 수당 등 지원, 한부모가족 지원 등은 특정 인구학적 특성을 가진 사람만을 대상으로 한다는 점에서 특수부조 또는 범주적 급여라 칭한다. 기초연금의 경우 특수부조라 하더라도 대상자나 지출 규모가 상당히 크기 때문에 자세히 살펴본다.

1) 기초연금제도

노인인구의 빈곤에 대처하기 위하여 2008년 1월 이후 기초노령연금법에 근거하여 노인에게 기초노령연금을 지급하였고 2014년 7월부터 기초연금제도가 시행되고 있다.

이전에는 경로연금이라는 명칭으로 1998년 7월 1일 현재 기준 65세 이상인 저소득 노인을 대상으로 월 3만 5천원에서 5만 원까지 지급하는 제도가 있었다. 그 배경은 노인의 상대빈곤율이 40% 이상, 절대빈곤율이 20% 정도에 이르러 연금제도를 통해 보장을 받지 못하는 노인에 대한 보호가 시급하다고 판단되었기 때문이다.

기초연금의 수급대상자는 65세 이상 전체 노인 중 소득과 재산이 일정 수준 이하인 노인이며, 보건복지부에서는 70%를 목표로 하고 있다. 2019년 현재 선정 기준액(소득인정액)은 혼자 사는 경우 소득이 137만 원 이하, 부부인 경우 219.2만 원이다. 소득인정액은 월 소득평가액과 재산의 소득환산액을 더하여 계산되는데, 소득평가액은 근로소득에서 94만 원을 공제한 금액의 70%만을 계산하고 기타소득(사업소득, 공적이전소득, 무료임차소득, 재산소득) 등을 더하고, 재산의 소득환산액은 (일반

재산-기본공제액)+(금융재산 2000만 원-부채)×재산의 소득환산율 0.04/12개월+(자동차와 회원권 가액)으로 계산된다. 기본공제액은 대도시 1억 3천5백만 원, 중소도시 8천5백만 원, 농어촌 7천2백5십만 원이다. 따라서 국민기초생활보장급여의 소득평가액이나 재산의 소득환산 시에 비해 훨씬 더 공제금액이 크다. 몇 가지 예외적인 경우를 제외하고는 공무원, 사립학교교직원, 군인, 별정우체국 직원 등 직역연금 수급자와 그 배우자는 수급대상에서 제외된다. 기초연금 급여는 매년 조정된 기준연금액을 기준으로, 국민연금 수급여부 및 수급역, 소득재분배 급여액(A급여액)에 의해 개인별 '기초연금액'을 산정한 후, 부부 동시 수급여부, 소득역전 여부를 고려하여 최종 '기초연금 급여액'을 결정하게 된다.

직역연금 수급자 중 기존 기초노령연금 수급자들, 직역연금특례자에게는 부가연금액으로 기초연금액이 산정되는데, 부가연금액은 기준연금액의 50%이다(보건복지부, 2019f).

기초연금의 행정은 읍·면사무소나 동 주민센터에서 담당하고 있으며, 국민연금공단 지사에서도 신청서를 접수하고 있다.

재원은 국가와 지방자치단체가 조달하는 데 국가는 노인인구 비율과 재정자립도에 따라 구체적인 비율을 달리한다. 구체적인 비율은 〈표 10-6〉과 같다. 자치단체 간, 즉 광역단체와 기초단체 간의 부담 비율은 조례로 정하도록 되어 있다.

<표 10-6> 국가부담 연금비용의 비율

구 분		지방자치단체의 노인인구 비율		
		100분의 14미만	100분의 14이상 100분의 20 미만	100분의 20이상
재정자주도	100분의 90이상	100분의 40	100분의 50	100분의 60
	100분의 80이상 100분의 90미만	100분의 50	100분의 60	100분의 70
	100분의 80미만	100분의 70	100분의 80	100분의 90

자료: 기초연금법 시행령 별표 2.

2) 장애인, 한부모 가족 등에 대한 부조

여기서는 장애인에 대한 부조성 급여인 장애인연금과 장애수당, 장애아동수당과 한부모가정에 대한 복지급여의 하나인 아동양육비에 대해 살펴본다.

장애연금은 장애인연금법에 근거하여 중증장애인에 대한 생계비를 지원하기 위한 것이며, 장애수당, 장애아동수당 및 보호수당 등은 장애인복지법에 근거하여 경증장애인에 대하여 경제적 수준을 고려하여 장애인의 소득 또는 추가적 비용을 보전하기 위한 것이다.

<표 10-7> 대상자별 부가급여액(장애인연금)

구 분	65세 미만	65세 이상상
기초생활수급자(일반재가/생계, 의료수급)	8만원	33만원
보장시설수급자(일반/생계, 의료수급)	0원	0원
보장시설수급자(급여특례/생계, 의료수급)	0원	7만원
차상위계층(일반/주거, 교육수급)	7만원	7만원
차상위계층(급여특례/주거, 교육수급)		14만원
차상위초과(일반)	2만원	4만원

자료: 보건복지수(2019g), 장애인연금사업안내

장애수당과 장애아동수당은 장애로 인한 추가적 비용보전이 필요한 자에게 지급되는데, 장애인연금과 달리 별도의 장애 심사를 필요로 하지 않는다.

장애수당은 18세 이상의 장애인으로 등록한 3~6급의 장애등급을 가진 경증 장애인 중 국민기초생활보장법에 따른 수급자 및 차상위계층을 대상으로 한다

장애인아동수당은 18세 미만의 장애인(초중등교육법에 의한 학교에 재학 중인 20세 이하 포함)인 국민기초생활보장의 수급자나 차상위계층을 대상으로 지급되는데, 기초생활보호제도의 급여수급이나 중증 경증 여부에 따라 급여가 지급되며, 그 금액은 〈표 10-8〉과 같다.

<표 10-8> 수급자별 장애정도별 장애아동수당 지급액

구 분	생계 또는 의료급여 수급자	주거 또는 교육급여 수급자	차상위계층	보장시설 수급자(생계 또는 의료)
중증장애인	월 20만원	월 15만원	월 15만원	월 7만원
경증장애인	월 10만원	원 10만원	월 10만원	월 2만원

자료: 보건복지부(2019g), 장애인연금사업안내

중앙정부는 장애인연금, 장애수당, 장애아동수당 등 사업에 대한 비용 보조에서 서울에 대해서는 50%, 타 지방정부에 대해서는 70%를 지급한다(보조금관리에 관한 법률 시행령 별표 1).

한부모가족지원법에 근거하여 지급되는 복지급여는 국민기초생활보장 대상자에게는 지급되지 않으며, 배우자와 사별 또는 이혼하거나 배우자로부터 유기된 자, 정신이나 신체의 장애로 장기간 노동능력을 상실한 배우자를 가진 자, 미혼자(사실혼 관계에 있는 자 제외) 등의 자 중에 18세 미만의 아동(취학중인 경우 22세 미만)을 양육하는 자로, 정해진 소득 기준에 미달하는 가구에 지급된다.

급여 종류로는 아동양육비와 추가 아동양육비, 생활보조금 등이 있는데, 아동양육비는 만 18세 미만 아동에 대해 월 20만 원을 지원하며, 추가 아동양육비는 조손가족 및 모 또는 부의 연령이 만 25세 이상인 미혼 한부모가족의 만 5세 이하 아동에 대해 지급한다.

한부모가족지원법에 의한 중앙정부와 지방정부의 부담 비율은 다음 〈표 10-9〉와 같다.

<표 10-9> 한부모가족 복지지원사업의 비용부담 비율

(단위: %)

구 분	국 가	지방자치단체
특별시의 경우	50	50
광역시 및 도의 경우	80	20

자료: 한무조가족지원법 시행령 별표 1.

이러한 특수부조들은 앞서 언급한 바와 같이 재정은 중앙정부와 지방정부가 공동으로 부담하거나 지방정부가 전액 부담하며, 행정은 시·군·구와 읍·면·동사무소의 사회복지전담공무원이 담당하고 있다(오정수 외, 2020).

4

아동수당

아동수당을 별도의 절에서 다루는 것은 보험이나 부조 방식이 아닌 부양방식의 급여이기 때문이다. '부양'은 조세를 재원으로 하여 특정 인구학적 특성을 가지는 대상에게 자산 조사나 보험료 납부의 조건 없이 지급하는 방식을 의미하며 영어로는 non-contributory benefit이다. 또한 지금까지 살펴본 현금급여는 단순히 현금으로 지급한다는 의미가 아니라 생계비의 전부 또는 일부를 지급하는 것으로 현금으로 지급하지만 현물에 대한 상환으로 지급하는 것은 현금급여로 분류되지 않는다. 예를 들어 부양방식이라 볼 수 있는 양육수당은 비록 수당의 명칭으로 연령별로 10~20만 원이 자산조사없이 지급되지만, 그 성격을 엄밀하게 판단하면 보육료나 유아학비 또는 아이돌봄서비스 등을 지원받지 않고 가정에서 양육되는 경우에 한해 지원되기 때문에 현금급여가 아니라 현물급여로 구분하는 것이 타당하다.

아동수당제도는 2018년 9월에 도입되어 만 6세 미만의 일부 아동(소득, 재산 기준 하위 90%)에게만 지급되다가 2019년 1월부터는 만 6세 미만 모든 아동, 9월부터는 만 7세 미만 모든 아동으로 확대되었다. 급여액은 1명당 매월 10만 원이다. 구체적인 수급자격은 대한민국 국적으로서 주민등록번호가 부여된 모든 아동이며, 보호자에게 지급된다. 보호자란 아동의 친권자·후견인 또는 그 밖의 사람으로서 아동을 사실상 보호·양육하고 있는 사람을 말한다. 재정부담은 중앙에서 광역자치단체에 대해 서울은 50%, 이외 지방은 70%를 지원하며, 사회복지비 지수 25 이상, 재정자주도 80 미만인 지자체는 10% 인상하고, 사회복지비 지수 20 미만, 재정자주도 85 이상인 지자체는 국고보조율을 10% 인하한다. 지방자치단체간 부담비율은 협의에 의하며, 행정은 시, 군, 구와 읍면동 사무소에서 담당한다(보건복지부, 2019h).

MEMO

11
CHAPTER

인간의 생애주기와 사회복지실현

1 인간의 생애주기와 사회복지실천

인간은 전 생애에 걸쳐서 역동적인 변화를 경험하는 데 이러한 인간의 역동적 변화가 바로 인간발달이다. 인간발달을 이루는 주 요소는 일생동안 발생하는 생물학적 성장, 심리적 발달, 그리고 사회문화적 경험이다. 인간발달은 지속적인 역동적 변화의 과정이지만 전 생애를 살펴보면 삶의 기간에 따라 서로 다른 신체적, 인지적, 정서적, 사회적 발달의 특성이 드러난다. 이러한 특성을 근거로 변화의 과정을 구분한 것이 인간발달 단계이다. 발달단계는 발달상 어떤 과업의 성취와 특정한 측면의 발달이 강조되는 삶의 기간을 의미한다. 여기서 발달과업이란 인간의 환경에 대한 지배를 증가시키는 기술과 능력으로 신체적·인지적·정서적·사회적 측면의 기술과 능력의 획득을 일컫는다. 발달과업과 관련해 사회는 연령에 맞는 발달이나 행동에 대한 기대를 가진다. 한편, 발달 단계별 과업은 출산율, 평균수명의 연장 등과 같은 인구학적 변화, 만혼이나 이혼율 증가 등의 결혼양식의 변화, 여성의 사회·경제적 참여 증가와 같은 사회적 변화의 영향을 받을 수 있고 이를 반영하게 된다.

발달단계에 따라 특별한 기대와 과업이 부여되지만 예측할 수 있는 전환이나 예상하지 못한 위기나 생활주기마다 발생하고 이것이 과업을 성취하는 데 영향을 미치게 된다. 누구나 사회적 기능에 있어서 과도기적인 혹은 일시적인 어려움을 겪을 수 있다. 생활주기에 따라 사람들은 과도한 입시경쟁, 결혼 혹은 이혼, 자녀 출산과 양육, 취업난, 실직, 파산, 부모의 죽음, 퇴직 등과 같은 도전을 경험할 수 있다.

이와 같은 생활상의 변화에 적응해야 하거나 위기에 대처해야 하는 사람들이 주로 사회복지서비스를 필요로 하게 된다. 예를 들면, 기혼여성의 자녀출산이 한두 명으로 축소되고 여성취업이 보편화되면서 청년기 혹은 장년기 여성의 자녀양육 과업을 지원하는 보육서비스나 방과후 프로그램의 중요성이 커지게 된다. 청년기에 발병한 만성 조현병 환자는 청년기와 장년기의 결혼, 자녀양육, 직업적 역할수행 등의 발달과업을 성취하는 데 여러 가지 어려움을 겪기 쉬운데 정신장애인을 대상으로 하는 사회재활 및 직업재활 프로그램 이용으로 큰 도움을 받을 수 있다. 또한 여성의 사회참여가 많아지고 많은 기혼여성들이 취업을 선택하면서 아동이나 노인인구에 대한 약화된 가족의 보호 기능을 대체하는 사회적 보호체계가 확대되고 있다.

발달과업 수행을 개인 및 가족 차원에서 도와주는 사적 지지체계가 잘 구축되어 있지 못한 사람들은 개인적 자원을 보충해주는 사회복지서비스의 도움을 받아 과업을 성취한다. 중증 장애와 같이 특별한 취약성이 있거나 개인적 자원이 없는 사람들은 발달과 정상의 문제를 해결하기 위해 사회복지서비스의 도움이 절실하게 필요하다. 사회복지서비스는 인간발달을 증진시키며 특정 생활주기에서 발생하는 문제를 해결하는 것을 돕는 목적을 갖고 있다. 사회복지실천에서 발달단계에 입각한 접근은 매우 유용하다. 특정 단계의 발달적 특징을 이해함으로써 단계에 속한 사람의 욕구와 이를 충족시킬 자원을 파악하고 연계할 수 있기 때문이다. 예를 들어, 아동기는 양육자인 부모에게 절대적으로 의존되어 있는 시기로 어떤 양육환경 속에서 자라고 있는지에 따라 아동의 현재 삶의 질이 결정되고 이후의 인간발달이 큰 영향을 받게 된다. 맞벌이가정이나 한부모가정 아동의 건강한 발육 및 보호를 받고자 하는 욕구는 이를 지원해주는 지역사회 내 보육서비스의 제공을 통해 충족될 수 있다.

에스핑 앤더슨과 그 동료들은 생애과정 구조틀(life course framework)의 적용이 다음과 같은 것을 가능하게 한다고 제시하였다(유태균 외 역, 2006).

- 생애주기의 어떤 특정 단계에서의 복지는 대부분 이전 시기에 발생한 사건과 직접 관련이 있기 때문에 각 부분을 하나로 연결할 수 있다. 예를 들어, 노후의 빈곤은 대개 노동시기에 겪은 고용의 어려움이나 배우자의 죽음으로 초래된다. 불안정한 고용은 교육성취도와 매우 높은 상관을 보이며 교육성취도는 다시 아동기의 여러 조건과 밀접한 관련이 있다.
- 생애과정 관점을 통해서 일시적 어려움과 영속적 어려움을 올바르게 구분할 수 있다.
- 생애과정 구조틀은 불확실한 미래를 엿볼 수 있게 한다. 현 시점에서 특정 연령대의 청소년들에 대해 잘 알고 있다면 미래의 부모, 근로자, 복지수혜자에 관한 많은 것을 예측할 수 있다.

발달단계별 혹은 생애주기 접근의 유용성에 동의하면서 본 장에서는 인간의 전 생애 발달단계를 아동기(0~12세), 청소년기(13~24세), 성인기(25~65세 미만), 노년기(65세 이상) 등 네 단계로 구분해 각 생애주기 발달단계별 특성과 과업, 발달과정상의 문제해결을 돕는 사회복지실천을 살펴본다.

2

아동기의 생애주기 특성 및 과업과 사회복지실천

1) 아동기의 생애주기 발달특성 및 과업

아동복지법에서는 아동의 연령을 만 18세 미만으로 규정하고 있지만 일반적으로 아동기는 출생 후부터 초등학교 시기까지인 만 12세 사이의 연령범주를 일컫는다. 아동기 발달은 흔히 출생부터 만 2세까지의 유아기, 3~4세의 유희기, 5~6세의 전기아동기, 그리고 7~12세의 후기아동기로 세분화하여 그 특성 및 과업이 논의된다.

(1) 유아기

유아기의 신체적 발달은 생후 1년 이내에 체중이 출생 시보다 3배가 증가할 정도로 매우 빠르다. 한편 유아의 인지적 발달은 보고, 듣고, 만지는 감각운동적 과정으로 이루어진다. 유전이 뇌의 기본적인 구조와 기능을 결정하고 인지적 발달에 중요한 영향을 미치지만 감각적 자극을 적절하게 주는 환경적 요소도 유아기의 인지적 발달에 큰 영향을 미친다. 어린 유아는 양육자에게 전적으로 의존되어 있으므로 이 시기의 적절한 발달을 위해서 양육자는 적절한 감각적 자극을 주고 책임 있는 보호를 제공해야 한다. 유아기에 적절한 감각적 자극이 결핍되거나 무책임한 보호가 일정 기간 지속되면 다음 단계의 발달이 지연되거나 저해된다. 유아기 동안 인지적 발달에서 가장 중요한 성취는 대상영속성의 획득이다. 유아들은 대상이 영속성을 갖는다는 것을 깨닫게 되면서 그 과정 속에서 인과관계 및 목적적 행동에 관한 기초적 이해가 가능해진다.

대상의 영상을 마음속에 지속할 수 있게 되면서 유아의 심리사회적 발달이 촉진된다. 어린 아이는 자신이 인과관계에서 원인이 될 수 있다는 것을 알게 되면 다른 사람들의 감정에 반응한다. 유아기에 형성되는 애착은 유아가 자기를 돌보아주는 사람에게 갖는 신뢰하는 정서적 관계이다. 애착이 정서적 발달의 토대이며 이후 기능의 예측인자이기 때문에 아동발달학자들은 애착을 유아기 발달의 가장 중요한 이슈 중의 하나로 본다(Ainsworth, 1972; Bowlby, 1982; Cicchetti, Toth, & Lynch, 1995; Stroufe, 1979). 어릴 때 형성된 애착이 아동기와 청년기를 거쳐 성인기까지 지속될 수 있다는 논리적 근거는 볼비가 제안한 애착의 내적 작동모델에 근거한다(장휘숙, 2007). 내적 작동모델은 양육자에 대한 정서경험을 기초로 어린 아동이 형성한 자기와 타인에 대한 정신적 표상을 일컫는다.

유아기의 대부분 발달상 문제는 조기개입으로 해결되거나 혹은 그대로 두어도 장기적으로는 문제가 완화되는 발달지연이다. 어린 아동의 발달상 문제를 정확하게 사정평가하는 것이 어려운 이유는 많은 신체적·인지적 장애가 유전적일지라도 동시에 환경적 요인과 관련이 있고, 무엇보다도 대부분의 장애 원인이 밝혀지지 않고 있기 때문이다. 특히 학대, 방임, 가정폭력 등 환경적인 요인을 고려하지 않은 채 어린 아동만 개별적으로 사정평가해서는 잘못된 진단을 내릴 수 있어 환경적 요소에 대한 포괄적인 고려가 중요하다.

유아기 발달에 전반적으로 위험한 요소는 빈곤이다. 빈곤한 가정의 유아는 영양부족과 부적절한 건강관리로 고통을 받는다. 적시에 예방접종을 받지 못하고 사소한 질환들이 치료되지 않은 채 방치되다보면 심각한 건강문제가 유아에게 발생할 수 있다.

(2) 유희기

유희기의 발달특성은 활동성이 매우 강하고 자아의식이 생기기 때문에 유아기보다 자율적이고 독립적이다. 어린 아이들은 근육이 발달하면서 자기의지대로 자신의 신체적 움직임을 확대하려고 시도한다. 초기에는 자신의 독립성을 탐색하기 위해 다소 원초적인 방식으로 고집부리고 주장하지만 자율성이 발달함에 따라 자신의 독자성을 표현하는 데 좀 더 세련된다. 어린 아동들은 자기 스스로 하는 데 관심이 높은데 스스로 하는 것이 긍정적 결과를 낳으면 자율성이 성장하게 된다. 이 시기에 부모들이 과잉보호하고 의존심을 조장하면 어린 아동은 자신의 능력에 대한 회의를 갖기 쉽고 자율성 발달이 저해된다. 유아기와 유회기에 걸쳐 아이들은 자신이 누구인지에 대한 감각이 발달하며, 자신의 감정을 다스리는 것을 배우기 시작하고, 부모를 비롯한 중요한 타인들과의 관계 형성을 배우기 시작한다(Dubois & Miley, 2011).

유희기에 아동은 사물을 상징적으로 조작하는 상상능력이 발달하는 데 사물을 직접 만지거나 보고 있지 않아도 마음속으로 그 이미지를 만들 수 있다. 예를 들어, 아이들은 집에서 기르는 강아지가 잠자고 있는 흉내나 부모들의 행동을 흉내 내는 소꿉놀이 같은 친숙한 활동을 반복하거나 경찰차, 사이렌 소리, 범인 등이 등장하는 보다 복잡한 상징과 상상이 동원되는 경찰관 놀이를 한다. 또한 아이들은 전적으로 개인적인 의미를 갖는 인물이나 혹은 상황을 만들고 설정하는 상상을 한다. 이 시기에 아이들의 놀이는 단순히 오락이 아니며, 아이들은 놀이를 통해 역할들을 이해하기 시작한다. 또 놀이는 아이들이 자신의 내적·외적 세계를 이해하고 테스트하기 위한 수단이 된다. 이 시기에 아동은 언어발달도 두드러지는 데 어휘력을 증가시키는 것은 주로 모방에 의존한다.

유희기에는 자아통제가 발달한다. 자아통제란 요구에 일치시키는 능력, 행동을 수정할 수 있는 능력, 행동을 늦추는 능력, 자시 없이도 사회적으로 바람직한 방식으로 행동하는 능력 등을 일컫는다. 초기의 자아통제는 대소변훈련에서 비롯된다. 대소변훈련은 개인의 자율성과 사회적 요구 간의 최초의 갈등으로 이 갈등의 해결이 자아통제 능력의 발달을 낳는다. 부모가 배설과 관련된 아이의 성공에 상을 주면서 실수를 부끄럽게 여기지 않도록 하면 자아통제가 잘 발달한다. 충동을 조정하고 통제하는 능력이 향상되는 것은 충동의 만족이 지연되는 것을 견디는 능력이 형성되기 때문이다. 유희기에 자아통제가 형성되는 다른 측면은 아이들이 자신의 환경과 주변에서 일어나는 사건들을 스스로 통제할 수 있다고 느끼는 감정과 관련이 있다. 아이들은 일상생활이나 활동 속에서 적극적으로 의사표명을 하거나 협력하는 경험을 통해 환경에 대한 지배감이 커진다.

유희기 발달에서도 전반적인 위험요소는 빈곤이다. 빈곤아동은 자주 식구가 너무 많은 주거여건 속에 있으므로 놀이시간이 적고, 장난감도 적으며, 놀기에 안전한 장소도 부족하고, 부모와 함께하는 시간도 적기 때문에 놀이기회가 제한된다. 대부분의 학습과 발달이 이를 통해 발생하므로 빈곤아동들은 건강한 발달이 제한되기 쉽다. 아동빈곤은 열악한 생애기회에 연관되는데 미국의 연구에서 아동빈곤은 저학력, 범죄행위, 다양한 심리적 병리와 연관되고 30% 미만이 성인기에 낮은 소득으로 연결되는 것으로 보고된 바 있다(유태균 외 역, 2006).

(3) 전기아동기

전기아동기의 신체적 발달은 지속적이며 운동기능도 보다 정교해진다. 이 시기 아이들은 호기심 덩어리이다. 예를 들어, 노인들은 왜 주름살이 많은지, 옆집 아저씨는 왜 낮에 주로 집에 있는지, 새로 태어난 친구 동생은 어떻게 오게 되었는지 등에 대해 질문을 한다. 따라서 이 시기에 현실검증, 상상력, 성인행동 모방이 활발하게 이루어진다. 게다가 이 시기에 언어능력이 폭발적으로 향상된다. 아이가 보이는 호기심과 관련해 중요한 것은 어른들이 질문에 대한 정확한 답을 주는지 여부가 아니라 질문을 어떻게 받아주는지가 더 중요하다. 부모는 아이의 호기심을 수용해주고 알고 싶어 하는 아이의 욕구를 억누르지 않아야 한다. 어린 아동들은 사물과 사건을 표상하는 개념들을 형성하지만 그 개념이 한정되고 있다. 개별적 특성만을 고려해 생각을 하기 때문에 전체 상황 중에서 한 차원에 주의를 기울이면서 다른 차원은 무시하는 그런 식으로 사고를 한다. 또 사고에 자아중심성이 특징적으로 나타나는데 타인의 관점을 고려하지 않은 채 자신의 관점에서 세상을 지각한다.

이 시기 아동은 사회적 규칙을 내면화하면서 초보적 수준의 도덕발달인 타율적 도덕성이 발달한다. 타율적 도덕성은 어른들의 신체적 힘에 대한 두려움과 어른의 권위에 대한 복종에서 시작된다. 타율적인 도덕성에서는 규칙을 신성하고 불변적인 것으로 이해하며 행동의 옳고 그름을 규칙에 의거하여 판단한다. 학습이론에 의하면 초보적 수준의 도덕발달은 상과 벌에 대한 반응으로부터 성취된다(이인정·최해경, 2007). 스스로 자신에게 상과 벌을 적용하기 시작하면서 도덕적 기준이 내면화된다.

전기아동기에는 주도성의 발달이 중요하다. 아동은 스스로 활동을 선택하고 결정하는 경험을 통해 주도할 수 있다는 자신감을 갖게 된다. 새로운 사회적 영향력도 등장하게 된다. 어린이집이나 유치원은 가족 이외의 외부로부터의 평가, 성공과 실패의 기회, 또래집단과의 경험을 제공한다.

가정폭력이나 부모의 이혼 등과 같은 가정의 불안정성으로 인한 아동의 피해는 매우 크다. 어린 아동은 큰 아이들보다 가정폭력에 더 취약한데 언어로 감정과 생각을 표현하는 능력이 제한되어 있기 때문이다. 어린 아동의 발달특성인 자아중심성으로 인해 아이들은 가정폭력이 자기 때문이라고 자책하기 쉽다. 학대 혹은 방임된 어린 아동은 흔히 위축되어 있고, 지쳐 있으며, 잘 움직이지 않고, 그 나이에 맞는 호기심이 없다. 그리고 다른 사람들에게 과도하게 기대고, 자신의 욕구를 제쳐놓고 부모의 욕구에 지나치게 관심을 쏟는다. 또한 신체적 접촉에 조심스럽고, 지나치게 자기통제적이다. 이혼한 부모는 자신과 가족의 삶에 대한 불안과 걱정이 많기 때문에 어린 아동에게 덜 자극과 지지를 주고 정서적으로 불안정한 가정분위기를 조성할 수 있다. 이혼 자체보다 이혼에 대한 부모의 반응이 아동에게 부정적인 영향을 미친다. 어린 아동은 나이든 아동보다 이혼을 이해하는 데 어려움이 있으므로 정서적 측면에서 더 취약하다. 아동은 자아중심성 때문에 이혼이 자기 때문인 것으로 자주 느끼며 양육권을 갖지 않은 부모가 떠나는 것이 자신을 거부하는 것으로 경험한다. 어릴 때 부모가 이혼한 사람들에 대한 종단적 연구결과 이혼가정의 자녀들은 이성과의 사랑, 성적 친밀성, 결혼생활, 부모역할에서 보다 더 어려움을 겪는 것으로 보고된 바 있다(Wallerstein & Lewis, 2004).

(4) 후기아동기

후기아동기는 발달에 있어서 상대적으로 두드러진 사건이 없는 평이한 시기로 오랫동안 간주되었으나 에릭슨, 피아제 등의 기여로 이 시기동안의 지적 성장, 능력, 근면함이 강조되기 시작하면서 점점 흥미롭고 도전이 많은 시기로 인정받고 있다.

후기아동기는 사춘기 이전에서 사춘기로 이동하는 단계로 점진적이고 지속적인 신체발달을 한다. 신체적 변화는 개인차가 있다. 어른들은 신체변화가 빠른 아동에게 인지적, 정서적, 사회적 발달 측면에서 더 높은 기대를 갖는다. 반면 신체적으로 미성숙한 아동에게는 나이에 맞는 책임을 부여하지 않거나 덜 기대한다. 신체적 발달은 아동의 또래관계에도 영향을 미친다. 아동은 끊임없이 자신을 다른 아이와 비교하기 때문에 어른들이 신체적 발달이 사람마다 다르고 모든 발달이 정상적이라는 확신을 주는 것이 중요하다. 아동의 비만, 저체중, 장신, 단신 등은 자주 또래로부터 배제되거나 놀림을 받게 만든다. 부모와 교사는 아이들이 차이와 장애에 대해 수용적 태도를 갖도록 사회화시키는 노력이 필요하다.

이 시기에는 구체적 조작기로 일컬어지는 새로운 형태의 사고과정이 등장한다. 보존, 유목화, 조합 같은 개념적 능력이 생기면서 아동은 실제 경험을 통하지 않고서도 사고과정을 통해서 많은 활동을 대상에게 수행할 수 있게 된다. 학교교육을 통해 아동은 개념적 사고, 복잡한 대상체계를 분류하는 능력, 문제해결 능력이 발달하고 언어능력이 크게 진전된다. 책을 읽는 능력에 커다란 향상이 있으며 이를 통해 정보와 상상력이 확대된다.

초등학교에 들어가면서 아이들은 사회적 영향력을 더 크게 받으며 지적, 정서적, 사회적 측면에서 균형 있게 성장한다. 이 시기는 기회와 도전이 많은 시기이기도 하다. 부모의 이혼이나 실직과 같은 가정 내 문제로 인해 일부 아동은 혼란, 불안, 고립을 겪을 수 있고 성적 불량이나 또래친구들로부터 따돌림을 당하는 등 학교에서의 부적응 문제가 있을 수 있다. 가정에서 비롯된 스트레스가 심각할 때 이해심 많은 교사나 지지해주는 친구가 있는 학교가 안식처가 되기도 한다. 후기아동기는 사회적 관계의 범위가 전단계들보다 확대되면서 욕구가 좌절되거나 갈등을 경험할 가능성이 높아진다. 학교에서는 성인기의 사회·경제적 지위를 앞당겨 경험할 수 있는 일련의 경험이 가능하다.

학교환경은 신체적, 인지적, 정서적, 사회적 과업 성취를 하는 데 중요한 자원으로 기능한다. 학교에서 만나게 되는 교사와 또래친구들이 아동의 인성, 꿈, 포부에 영향을 미치게 된다. 학교에서의 성공은 자존감 발달에 매우 중요하다. 학교생활에 잘 적응하지 못하는 아동이나 가정과 학교생활이 조화가 이루지 못하는 아동은 불안이 심해진다. 이 불안이 잘 처리되지 못하면 등교거부증 혹은 학교공포증 같은 문제가 발생할 수 있다.

학교와 또래친구 관계는 학령기 아동의 자아개념 형성에 중요한 영향을 미친다. 학교에서의 경험은 자신감, 자부심, 정체감, 자기지시를 발달하게 하는 기회를 제공한다(Germain, 1988). 아동들에게 학업성적은 자신과 다른 아동을 비교하는 중요한 기준으로 자아개념 형성에 지대한 영향을 미친다. 학교에서 성적이 뛰어난 아동은 자신감이 발달한다. 반면 성적이 뒤처지는 아동은 열등감을 갖게 되고 자신이 무가치한 존재라고 여기기 쉽다. 자신감은 아동기의 긍정적인 자부심 발달에 결정적이다. 또래친구 관계는 초등학교 아동들에게 중요한 경험이다. 아동은 또래집단의 규범과 압력에 민감하며, 동성의 친구와 친밀한 우정을 나누는 경험을 한다. 그러면서 아동은 다른 사람과 협력하고, 함께 노는 것을 배우며, 갈등을 해결하는 경험을 쌓으면서 사회적 기술이 향상된다. 아동이 또래와 어울리는 능력은 어른이 되었을 때의 정신건강을 미리 나타내는 지표이다.

후기아동기의 가장 핵심적인 발달은 유능감의 획득이다. 아동들은 개인적 완수와 성취를 인식하고 중요시하는 데 가정과 학교에서 실패보다 성공을 많이 경험하면 유능감이 발달한다. 가족과 지역사회가 아동이 유능감을 더욱 향상시킬 수 있도록 도울 수 있다. 사회적 비교과정은 아동의 열등감을 과도하게 자극할 수 있다. 다른 사람과 끊임없이 혹은 공정하지 못하게 비교되는 과정 속에서 아동은 위축하거나 포기해 버릴 수 있다. 사회적으로 지지적인 환경 속에 있다면 아동은 더 발달된 사고로 자신을 이끌어줄 수 있는 또래와 어른들을 만나게 된다.

2) 아동기와 사회복지실천

인간의 욕구는 아동기에 특히 크며, 모든 면에서 다른 사람에게 의존할 수밖에 없는 아동 초기에는 더욱 극심하다(정명숙 역, 2007). 쿠퍼(Cooper, 1985)는 아동기에 충족되어야 하는 욕구를 기본적 신체보호, 애정, 안전, 타고난 잠재력에 대한 자극, 지도와 통제, 책임감, 독립심의 욕구로 제시하였다.

아동기와 관련해 사회복지사는 종종 아동이 정상적으로 발달하고 있는지 평가하는 역할을 해야 한다. 신체적, 심리적, 사회적 측면에서 정상적인 발달의 범주를 기준으로 아동이 적절하게 발달하고 있는지 혹은 전문가의 원조가 필요한지를 판단한다. 사회복지사는 아동발달에 대한 지식 혹은 정보를 부모 혹은 관련된 사람들에게 제공하고 교육하는 역할을 흔히 수행한다. 신체건강과 정신건강에 있어서 유전적 혹은 생물학적 요소의 역할, 심리사회적 혹은 문화적 요인에 기인한 아동의 문제나 상황 등에 대해 교육하거나 정보를 제공하는 것이다.

선천적으로 불완전한 신체적 장애나 인지적 장애를 갖고 태어난 유아의 경우 조기진단 및 치료와 관련된 정보제공 및 지역사회서비스 연계가 장애아와 그 가족에게 도움이 된다. 장애로 인해 특별한 욕구를 가진 유아들이 조기치료 및 교육을 받을 수 있는 기회를 제공하거나 부모들이 장애유아를 보살피는 문제와 관련 적절한 지역사회자원을 찾을 수 있도록 돕는 서비스가 제공될 수 있다. 장애아 출산 및 양육으로 인한 가족 스트레스에 대한 개입도 장애유아의 양육환경 증진을 위해 필요한 서비스이다. 일부 부모들은 장애를 가진 유아를 거부하거나 회피하는 태도를 보이며, 심한 경우 절망하거나 우울증을 앓기도 한다. 또한 장애아는 부부유대에 긴장을 가져올 수도 있고 장애자녀에게 집중된 관심과 걱정은 다른 자녀들에게도 부정적 영향을 미치기 쉽다. 부모상담이나 부모교육을 통해 장애유아와 애착을 형성하는 데 도움이 되는 양육기술, 장애형제로 인해 영향을 받기 쉬운 비장애자녀에 대한 관심과 이해를 증진시키는 교육 및 훈련을 시도할 수 있다. 유아의 발달에 촉진적인 환경을 조성할 수 있는 다양한 부모대상의 교육 및 훈련 프로그램의 실시가 가능하다. 또 부모들의 자조집단 결성 및 참여를 돕는 지지적 서비스가 제공될 수 있다.

학령전의 발달검사는 소아질환, 지적장애, 발달장애, 행동장애, 학습장애에 대한 정밀 검사의 필요성 여부를 선별하여 준다. 사회복지사는 이러한 장애를 가진 아이들의 부모들에게 특수교육, 언어치료에 관한 정보 및 자조집단 등 지역사회 내 자원을 연결시키는 역할을 한다. 즉, 부모의 양육

기술을 향상시키고 아이들에게 조기치료 및 교육 기회를 주는 정보와 교육을 제공한다. 학령전 아동들과 관련된 사회복지서비스로는 이 시기에 발견되기 쉬운 발달장애인 자폐증의 예방 및 치료적 개입을 위해 부모대상의 교육 및 상담이 제공될 수 있다. 정서·행동 문제를 가진 아동들에 대한 조기개입이 중요한데 어릴 때 문제를 보인 아이들이 성장후 문제가 있는 경우가 많기 때문이다. 어린 아동들의 경우 언어적 치료개입이 어려우므로 놀이, 미술 등을 도구로 활용한다. 아울러 일반아동의 건강한 발달을 위한 양육기술훈련을 목적으로 하는 부모교육도 실시될 수 있다.

아동의 신체적 학대와 방임, 성학대, 유기 문제 또한 사회복지서비스를 필요로 하는 중요한 이슈이다. 아동학대 문제와 관련해 사회복지사는 아동의 신체적·행동적 측면에서 발견되는 학대의 증거들과 부모의 특성, 가족 상황들을 검토하여 학대 또는 방임에 대한 사정평가를 한다. 아동학대는 가족의 문제를 대변하며 가족 전체에 대한 자원의 제공이나 서비스를 필요로 하는 경우가 많다.

학령기 아동들과 관련된 사회복지실천활동을 다양하다. 아동이 친구가 없을 때 사회복지사는 다양한 개입전략을 시도할 수 있다. 사회화 집단은 역할놀이, 사회기술훈련, 토론 등을 통해 긍정적인 자부심, 사회적 자신감, 친사회적 행동을 발달시키는 데 효과가 있다. 또한 집단 프로그램은 아동들의 우정과 관련된 이슈들을 해결할 수 있는 중요한 도구가 된다. 예를 들어, 독서치료요법을 쓰는 치료집단에서 집단따돌림을 당하고 있는 아동은 유사한 문제를 가진 아이에 관한 이야기를 읽고 토론하는 데서 도움을 받을 수 있다.

우리나라의 아동복지는 초기의 요보호아동 중심의 시설보호, 해외입양 위주에서 점차 일반 아동을 위한 보육서비스, 아동상담과 보호서비스 등이 더해졌고, 학대아동보호, 가정위탁보호, 방과후 보호 등을 위한 다양한 전달체계가 수립되어 다양한 욕구를 충족시킬 수 있게 되었다.

현대사회의 아동문제는 아동 자신이 갖고 있는 신체적·정신적 장애로 인한 문제 외에도 가족이나 사회환경이 야기하거나 악화시키는 문제들이 큰 비중을 차지한다. 아동 자신의 문제로서는 장애아동, 학업중퇴아동, 학교폭력 피해 및 가해아동문제, 가출, 비행문제 등이 있다. 아동 자신이 갖고 있는 문제라 하나 이 문제들도 가족이나 사회환경과의 상호작용이 미치는 영향이 크다. 많은 경우 가족은 아동문제를 유발하는 직접적 원인이 되는데 학대받는 아동의 문제나 가출아동의 문제가 대표적이다. 사회환경도 아동문제에 직·간접적인 영향을 미친다. TV를 비롯한 영상매체의 폭력성과 선정성, 음란물이 넘쳐나는 사회환경이 학교폭력, 집단 성폭력 등이 급격하게 증가하는 데 영향을 미치고 있다. 성인인증제도, 유해사이트 차단 프로그램 의무화 등의 사회적 대응책은 실효성이 없어 음란물 유통의 위험수위 조절을 거의 못하고 있는 실정이다.

아동복지의 대상이 장애나 어려움을 가진 아동은 물론 모든 일반아동을 포함한다고 하지만 우선적인 관심대상은 최적의 발달에 곤란을 겪는 아동이 된다. 이러한 맥락에서 카두신(Kadushin, 1981)은 다음과 같이 정의하고 있다. "아동복지는 부모가 아동양육의 책임을 충족시킬 수 없거나 또는 그 지역사회가 아동과 가족이 요구하는 보호와 자원을 제공할 수 없을 때, 아동이나 청소년에 대하여 제공되는 사회적 서비스와 관련되어 있다. 따라서 아동복지서비스는 부모들이 그 역할수행에 어려움을 겪고 있는 기능들을 지지, 보조, 혹은 대리하거나 현존의 사회제도를 수정하거나 새로운 제도를 조직함으로써 아동과 그 가족의 조건을 향상시키는 것을 목표로 한다" 이와 같이 협의의 아동복지 개념은 빈곤, 신체 및 정신장애, 학대 등 특수한 장애를 가진 아동을 대상으로 하는 전문가의 조직적 활동을 의미한다.

아동복지서비스의 분류는 여러 가지 기준에 근거할 수 있는데 카두신은 가정의 역할을 중심으로 가정에 대해 서비스가 어떤 기능을 지니는가에 따라 구분하는 3S로 불리는 서비스 분류를 제시하였다(Kadushin, 1981). 즉, 상담, 미혼모대상 서비스와 같은 부모역할을 지지하는 서비스(supportive service), 보육서비스, 가사서비스 등 부모역할을 보완하는 서비스(supplementary service), 가정위탁보호, 입양, 시설보호 등 부모역할을 대리하는 서비스(substitute service)로 구분하였다.

아동복지서비스 가운데 본서에서는 보육서비스, 방과후 보호서비스, 아동학대 예방 및 상담, 가정위탁보호, 입양, 시설보호 등을 중심으로 살펴본다.

기혼여성의 사회참여 및 취업이 확대되면서 보육수요가 급증하고 있다. 보육서비스는 보호뿐 아니라 교육기능을 강화한 포괄적 서비스를 의미한다. 최근의 보육수요는 다양화, 질높은 보육에 대한 욕구 등을 충족시키는 보육서비스의 양적·질적 확충을 요구하고 있다. 즉, 시설의 보육시설, 방과전·후 보육시설, 영아전문 보육시설 등 다양한 수요자 욕구를 충족시켜줄 수 있는 양적 확충과 함께 수준 높은 프로그램의 적극적 개발을 통한 질적 확충을 요구한다.

영구임대아파트 단지를 비롯한 빈곤지역은 다수의 아동들이 방과후 방치되어 있기 쉬워 지역아동센터를 비롯한 지역사회기관들이 방과후 보호 프로그램을 실시하고 있다. 방과후 보호서비스는 야간보호, 주말보호로까지 확대되고 있다. 방과후 보호서비스는 숙제와 식사제공이라는 단순한 지원에 그치지 않고 건강, 심리 및 정서, 학습, 대인관계, 사회성 증진을 위한 활동 및 문화체험을 포괄하고 있다.

아동학대에 대한 개입은 일차, 이차, 삼차 개입의 세 가지 수준으로 구분된다(정명숙 역, 2007). 일차 개입은 위기 발생 이전의 개입에 초점이 있다. 잠재적 학대가능성이 있는 가족뿐 아니라 지역사회에서 아동을 양육하고 있는 부모들이 대상이 된다. 이차 개입은 아동학대 위험이 높은 가족을 파악하고 이 가족들에 개입의 초점을 둔다. 나이가 어리고 미성숙하며 의존욕구가 있는 부모, 원치 않는 아이가 있는 가족, 질병이나 장애가 있는 아이가 있는 가족 등이 주로 대상이 된다. 삼차 개입은 아동학대가 발생한 가족에 대한 개입으로 가족치료, 아동관리기술 등의 개입을 한다.

우리나라는 아동복지법의 개정에 따라 국가적 차원에서 아동학대를 예방하고 피해아동을 보호하기 위한 서비스가 제공되고 있으며, 2018년 현재 중앙아동보호전문기관과 61개소의 지역 아동보호전문기관이 운영되고 있다. 아동보호전문기관의 주요 업무는 학대아동의 발견, 보호, 치료, 치료기관에의 의뢰, 가해자상담, 가해자 및 학대행위를 하는 것으로 의심되는 자와 가정에 대한 조사, 피해아동가정의 사후관리, 학대예방 및 방지를 위한 교육 및 홍보, 지역사회자원개발 등이 있다. 우리나라 경우 일시보호서비스, 가해부모 및 피해아동에 대한 상담서비스 등이 제공되고 있으나 학대행위자에 대한 교육 및 치료서비스 제공이 보다 적극적으로 시도되어야 하므로 가해자에 대한 교육 및 치료의 강제 의무화가 필요하다. 제도적 차원에서 긍정적 변화로 2012년 아동보호전문기관의 친권상실 선고 청구제도 마련, 신고의무자군 확대 등의 내용이 포함된 아동복지법 개정이 이루어졌고, 2014년 신고의무자 신고불이행에 대한 과태료 상향 등을 포함한 아동학대범죄의 처벌 등에 관한 특례법 신설과 아동학대 관련 범죄자에 대한 취업제한 등을 포함한 아동복지법 개정이 이루어졌다. 또한 2019년 아동학대 관련 범죄자의 취업제한에 대한 헌법재판소의 위헌결정을 반영하여 해당 범죄자의 아동관련기관에의 취업이 최장 10년의 범위 내로 제한되었으며, 아동복지 관련 사업의 아동권리보장원의 설치 등의 내용이 포함된 아동복지법 개정이 이루어졌다.

가정위탁보호란 부모의 별거, 이혼, 실직, 질병, 복역, 학대 등 심각한 문제로 친부모의 양육을 받을 수 없는 아동을 일시적으로 친부모 역할을 대리해 줄 수 있는 가정에 의양육을 받을 위탁하여 양육하는 아동복지서비스이다. 가정위탁보호의 유형은 우리나라 아동복지법의 규정에 의하면 친조부모·외조부모 등 아동양육의무자에 의한 대리위탁양육가정, 친조부모·외조부모 등과 같은 아동양육의무자를 제외한 친인척 위탁양육가정, 일반인에 의한 위탁양육가정으로 구분된다. 대리위탁일양육과 친인척위탁양육이 대부분을 차지하고 일반위탁은 소수에 불과하다(중앙가정위탁지원센터, 2008). 조부모 및 친인척에 의한 가정위탁보호가 90%가 넘는 현실은 가족주의 전통이 강한 우리 사회의 특성을 반영해 주고 있다. 기초수급자로 지정되어 있지 못한 일부 위탁아동의 경우는 위탁가정에 대한 양육보조금이 매우 낮은 수준이라 위탁가정의 양육 관련 경제적 부담이 매우 커서 가정위탁보호서비스의 활성화에 저해요인이 되고 있다. 경제적 곤란 외에도 조부모에 의한 대리위탁양육이 과반수가 훨씬 넘는데 위탁보호자인 조부모의 신체적 건강문제 등으로 인해 손자녀 양육의 어려움이매우 클 것으로 추정된다.

입양서비스는 태어난 가정에서 양육하기가 곤란한 기아 또는 결손, 결함가정의 아동이 건전한 가정에 입양되어 신체적으로나 정신적, 사회적으로 건전하게 성장할 수 있도록 하기 위한 서비스이다. 아직까지 우리나라는 혈연중심의 가족주의가 강한 문화이므로 입양이 활성화되지는 못하고 있는 실정이다. 긍정적인 측면의 변화라면 과거에는 입양이 아동의 복지나 이익을 우선하기보다 가정의 무자녀 문제를 해결하기 위한 부모 위주의 입양이 대부분이었으나 점차 입양동기에 아동을 배려하고 존중하는 의식의 전환이 일어나고 있다. 최근 공개입양의 활성화를 목적으로 하는 공개입양부모모임 등을 통해 입양가족의 모습들이 매스컴에 자주 등장하고 보도되면서 입양에 대한 사회적 인식이 변화되고 있는(권지성, 2005) 점이 입양동기를 변화시키는 데 적지 않은 기여를 하고 있다. 국내입양 활성화를 위해 입양아동 양육수당, 의료보호, 교육비지원, 장애아동입양가정 양육보조비 및 의료비 지원 등 전보다 정부지원이 확대되긴 하였으나 아직까지 국내입양이 활발하지 못한 실정이다. 국내입양 관련 체계적 관리와 지원체계를 위해 중앙입양원이 입양특례법 제26조에 따라 2009년 설립되었는데 아동의 권익을 보장하고 입양에 대한 사회적 책임을 완수하기 위하여 입양 관련 업무지원·조정 기능을 수행하는 것을 목적으로 하고 있다. 중앙입양원의 주요 업무는 입양아동·조정 기능을 수행하는 것을 목적으로 하고 있다. 중앙입양원의 주요 업무는 입양아동·가족정보 및 친가족 찾기에 필요한 통합데이터베이스 운영, 입양아동의 데이터베이스 구축 및 연계, 국내외 입양정책 및 서비스에 관한 조사·연구, 입양 관련 국제협력 업무 등이 포함된다.

시설보호는 거주시설에서 아동을 보호하는 것을 일컫는다. 우리나라의 아동시설보호는 요보호

아동 중에서 기초생활보장 대상이 되는 아동이나 기아 혹은 미아, 가출아동, 학대피해아동을 거주 시설에서 보호하고 있다.

3

청소년기의 생애주기 특성 및 과업과 사회복지실천

1) 청소년기의 생애주기 및 과업

청소년기가 아동기에서 성인기로 전환하는 과도기이기 때문에 청소년은 주변인 혹은 중간인으로도 불린다. 성인 역할을 위한 준비 기간과 부모에 의존하는 기간이 길어져 청소년기의 전체 기간은 과거에 비해 크게 연장되었다. 청소년기본법에서는 청소년을 9세 이상 24세 이하로 규정하고 있으며 청소년보호법에서는 만 19세 미만을 청소년으로, 민법에서는 만 19세 미만을 미성년으로, 소년법에서는 만 19세 미만을 소년으로 규정하고 있고, 대중매체에서는 13~18세를 흔히 청소년의 범주로 말한다. 이를 감안하여 본 장에서는 13~18세를 전기청소년기로, 19~24세를 후기청소년기로 나누어 살펴본다.

(1) 전기청소년기

전기청소년기는 변화를 둘러싼 도전이 많은 시기이다. 그래서 이 시기를 청소년과 부모 모두에게 매우 위험하고 힘겨운 시기라고 단순화시키는 경향이 있다. 청소년기 발달의 동요이론을 주장하는 사람들은 청소년기를 감정적인 동요가 심한 질풍노도의 시기로 전제하지만 많은 실증적 연구들은 동요는 십대시절을 겪는 한 방식이지 일반적인 방식이 아니라고 본다. 피터슨은 질풍노도를 청소년기의 불가피한 현상으로 여기는 연구자는 없으며 심리적 문제를 가진 일부 청소년들에게 나타나는 치료를 요하는 부적응 문제가 있을 뿐이라고 하였다(Petersen, 1993). 다른 연구들도 대부분의 청소년들은 단지 침대정리나 복장, 머리모양, 음악에 대한 기호, 귀가시간 같은 사소한 문제에서 부모와 갈등을 경험할 뿐이라고 보고하였다(Adams & Laursen, 2001; Steinberg & Silk, 2002).

전기청소년기의 신체적 변화의 특징은 급속한 성장과 생식능력의 획득이다. 신체적 성숙에는 개인차가 있는데 성숙이 늦은 청소년들은 심리적 부담과 함께 부정적인 자아상을 경험하기 쉽다. 반면 일찍 성숙한 청소년은 더 많은 책임이 주어지고 늦게 성숙하는 청소년보다 다양한 활동에 적극적으로 참여하면서 보다 긍정적인 자아상을 형성하기 쉽다. 청소년기의 특징인 균형이 잡히지 않은 급격한 신체적 성장이 일부 청소년들에게 자기 신체에 대해 자신감을 잃거나 열등감을 느끼게 해 대인관계에 부정적인 영향을 미치기도 한다. 여자청소년들은 신체성장 과정에서 나타나는 체중 증가를 과도하게 염려하는 나머지 지나친 다이어트로 인한 섭식장애 문제가 발생하기도 한다.

성적 성숙과 사회적 기대의 결과로 이성관계는 청소년들에게 중요한 관심사이다. 이 시기에 성적인 갈등은 강렬하며 성적 실험이 많이 이루어진다. 야동으로 일컬어지는 음란물들이 넘쳐나는 사회적 영향으로 인해 어린 청소년들의 성적 일탈은 종종 위험수위에 도달하게 된다. 우리나라 청소년의 음란물 접촉경험은 90.1%에 달하는 데 접촉 시기는 중학교 6%, 초등학교 27.3%로 보고되고 있다(박현이·이명화·박수선, 2005). 같은 연구조사에서 나타난 성폭력 피해경험은 41.9%에 이르고 있으나 의논상대를 살펴보면 친구 57%, 아무에게도 알리지 않음이 27.3%인 반면, 부모는 7%, 교사 1.2%, 상담소 0.2%에 불과하다.

이전의 발달단계와 다르게 전기청소년기의 사고는 지각과 경험보다 논리적 원리의 지배를 받는다. 청소년기에 내성과 자의식이 증진되기 때문이다. 자기관찰인 내성이 자기 자신을 깊이 들여다보게 하고 자의식이 자기 자신을 의식하게 하기 때문에 청소년들은 다른 사람들이 자신을 어떻게 생각하는지에 관심을 갖게 된다. 따라서 청소년은 자신의 사고를 비판적으로 검토할 수 있고, 한 변수가 다른 변수에 미치는 영향에 대해 가설을 세울 수 있는 능력이 생기며, 여러 가지 변수들을 동시에 생각할 수도 있다. 이 시기에는 모든 가능성을 마음속에서 그리고 미래에 대해 계획을 세우는 추상적 사고능력이 발달한다. 청소년기의 사고발달은 다양한 환경적 요소에 의해 촉진되어 그 결과 전단계들에서의 자아중심적 사고의 감소를 가져오나 청소년기 특유의 자아중심성도 있다. 엘킨드(Elkind, 1967)는 상상의 청중과 개인적 우화로 이를 설명하였다. 상상의 청중이란 자신에게 사람들의 관심이 집중된다는 과도한 자의식을 일컫는다. 상상의 청중을 지나치게 의식하는 청소년은 다른 사람들이 알지 못하는 자신의 작은 실수에 대해 오랫동안 고민하고 주위사람들의 가벼운 비난에도 강한 분노를 느낀다. 개인적 우화는 자신의 경험이 아주 독특하기 때문에 다른 사람은 이를 이해하기 어렵다는 자아중심적인 신념을 말한다. 청소년들은 흔히 자신이 경험하는 외로움을 부모나 다른 성인들이 결코 이해할 수 없을 것으로 믿으면서 우울해한다. 전기청소년기의 자아중심성은 보다 정교한 추상적 사고능력이 발달하고 사회적 경험이 축적되면서 감소하게 된다.

일반적으로 전기청소년기는 정서적 기복이 심한 시기이다. 이 시기의 정서적 기복은 성적 성숙과 관련이 있다. 또한 부모나 형제, 그리고 친구 등 가까운 사람들과 공유할 수 없는 감정의 경험을 통해 고립감을 느끼기도 한다(이인정·최해경, 2007). 청소년기에 강렬한 수치심, 죄의식, 우울, 분노, 수줍음 등은 문제가 될 수 있다. 정서적 기복이 심한 시기이므로 정신장애 문제가 발생할 가능성이 높다. 청소년기의 주요 과제 중 하나는 자신의 감정에 보다 관대해지는 것이다(Newman & Newman, 2018).

전기청소년기에는 집단에의 소속을 통해 자신의 정체감을 파악하려는 경향이 강하다. 급격한 신체적 변화를 경험하는 전기청소년기에는 자신의 신체상과 또래집단의 인정을 받는 데 관심이 집중된다. 사춘기의 또래집단은 중요한 의미를 갖는다. 또래집단으로부터 인정받고 싶은 욕구가 매우 강해 심리적으로 집단의 성원이 되고 싶어 하고 속한 집단에 의해 자신을 정의하고자 한다. 또래집단의 경험은 성인의 집단활동의 전초적 경험이라 볼 수 있는 데 나름대로의 지휘 경험을 하고, 타협을 학습하며, 협동기술이 발달한다. 또래집단의 영향력은 동조하지 않는 구성원에 대해 거부하고 조롱하는 식으로 파괴적일 수도 있다. 또래집단으로부터 거부나 조롱은 큰 위험으로 작용하므로 이를 면하기 위해 청소년들은 음주나 흡연, 일탈적 성행동을 할 수 있다.

전기청소년기는 자유를 제한하는 통제 혹은 의존적 유대로부터 탈출하고 싶은 충동이 강렬하므로 끊임없이 한계를 시험하는 시기이다. 이 시기를 심리적 이유기로 표현하는 것은 부모의 보호로부터 벗어나 독립적으로 행동하고자 하기 때문이다. 청소년비행은 대개 전기청소년기에 시작되며, 이에 적절히 대처하지 못하면 비행과 범죄가 지속된다.

(2) 후기청소년기

후기청소년기는 개인적인 정체감을 확립하기 위한 노력을 집중하는 시기이다. 이 시기가 지나면 결혼, 직업의 선택과 같은 보다 영속적인 선택을 해야 하므로 후기청소년기는 중요한 결정에 앞서서 준비하는 개인적 정체감을 확립하는 시기이다. 이 시기의 발달상 갈등은 자신이 누구인지, 어디로 가고 있는지, 어떻게 도달할 것인지를 명료화하려는 것이다. 이러한 갈등은 신체적적 변화와 사회적적 변화를 통합하는 과정으로 볼 수 있다. 자아정체감은 자신의 특성에 관한 각 개인의 정의라고 할 수 있다.

자아정체감의 형성은 이전 발달단계들에서의 경험에도 기반을 두지만 본격적 발달은 후기청소년기에 이루어진다. 청소년이 안정된 자아정체감을 성취하기 위해서는 신체적 성숙, 성적 성숙, 추상적 사고능력, 정서적 안정성, 자율성의 발달이 적절하게 이루어져야 한다. 동시에 다양한 역할경험을 통해 자신의 특성과 타인과의 차이를 발견하고 이해하는 과정이 필요하다. 청소년은 자신이 하는 다양한 역할, 예를 들어 외동자녀, 학생, 학생화회 대표, 가톨릭신자, 축구클럽 대표 등을 검토하고 이 역학들을 자아에 대한 인식, 정체감 속에 통합한다. 이 역할들을 통합할 수 없고 갈등을 일으키는 역할들을 해결하는 데 있어서 어려움을 겪는 사람은 자신의 정체감에 관해 혼란스럽고 불확실하게 느낀다.

자아정체감을 형성한 사람은 신념, 가치관, 정치적 견해, 직업 등에서 스스로 의사결정을 할 수 있다. 자아정체감이 형성되기까지 자신의 신념, 가치관 등에 대한 고통스러운 의문 제기가 선행되며 일종의 위기를 경험한다. 심리사회적 위기를 경험하면서 청소년은 정체감을 유예시키기도 한다. 유예는 미래의 정체감에 대한 가능성을 내포하는 여러 가지 역할들에 대해 실험하는 것이다. 후기청소년기에는 특정 역할에 대한 전념을 요구하는 사회적 의무가 아직 없으므로 많은 역할을 시도해볼 기회가 있다. 일부 청소년들은 유예기간 동안 장기간의 배낭여행이나 해외봉사 참여를 한다.

후기청소년기에 성적 정체감은 확고해진다. 성정체감은 네 가지 단계별 경험에 근거해 확고해진다(이인정·최해경, 2007). 첫째, 아동기에 친밀한 동성 친구와의 경험을 통해 적절한 성역할 행동에 대한 규범을 알게 된다. 둘째, 청소년기 초기에 일어나는 신체적 변화를 자신의 성역할에 대한 정체감에 통합하게 된다. 셋째, 청소년기의 호르몬 변화가 생식능력과 더불어 성적 충동을 갖게 한다. 넷째, 후기청소년기를 통과하면서 성인 남자와 여자에게 주어지는 성역할 행동에 대한 사회적 기대를 접하게 된다. 자신의 성에 대한 정체감과 성역할에 대한 개념은 이전 발달단계에서부터 발달하였으나 청소년기에는 성에 대한 새로운 관심과 더불어 성적 충동을 자아에 통합하게 되는 것이 중요한 변화이다.

후기청소년기는 직업선택에 대한 준비를 하는 시기이기도 하다. 많은 수가 대학에 다니면서 전공공부 외에 자격증 취득, 공개채용 시험 준비 등을 한다. 직업을 선택하는 과정은 개인적 능력, 관심,

부모의 기대와 같은 개인적 요소들이 중요한 결정요인이 된다. 또한 성역할에 대한 정체감이 직업에 대한 자신의 능력을 평가하는 데 영향을 미칠 수 있다. 이와 같이 전공이나 직업선택에 성별로 유형화된 구분이 존재하나 양성평등 의식의 확산과 함께 점차 완화되고 있다. 가족요인도 직업선택에 큰 영향을 미친다. 가업을 이어받아야 한다든가 부모와의 동일시로 부모와 동일하거나 관련된 직업을 선택하는 것이다. 한편, 직업세계는 급격하게 변화하고 있다. 최근의 추세는 직업적 성취와 성공을 거두기 위해 모험을 하기보다 신체적 위험이 없고 직업수명이 긴 안전하고 안정된 직업을 선호하는 경향이 있다. 직업선택에 따라 성인기의 생활이 크게 좌우되기 때문에 많은 청소년들이 직업선택이 중요하다는 것을 잘 알고 만족스러운 직업을 갖기 위한 준비를 한다.

한편 일부 청소년은 자신의 개인적 신념이나 목적을 고려하지 않은 채 외부에서 자기에게 기대하는 역할로 들어가 버리는데, 이를 정체감 유실 현상이라고 한다(Marcia, 1980). 정체감 유실은 위기를 경험하지 않으며, 직업이나 가치선택에 의사결정을 하지 않을 뿐 아니라 관심도 없는 상태이다. 정체감 혼란은 자신에 대한 어떤 견해도 확고하게 받아들이지 못하는 상태를 의미하는 데 자신이 해당되는 여러 가지 역할을 통합하지 못한다. 대립되는 가치제계에 직면해 있거나 중요한 결정을 내릴 수 있는 자기의 능력에 대한 자신감이 결여되어 있기 때문에 정체감 혼란은 자기의 역할에 대해 불안, 적의, 무관심을 야기한다.

2) 청소년기와 사회복지실천

사회복지현장에서는 오랫동안 청소년복지를 아동복지에 포함되는 것으로 간주해 왔기 때문에 청소년기와 사회복지실천을 논의하는 데 다소 혼란과 중복이 수반될 수 있다. 아동복지법에서 아동의 연령을 만 18세 미만으로 규정하고 있고, 청소년기본법에서는 청소년을 9세 이상 24세 이하로 규정하고 있어 대상연령에서 중복되고 아동과 청소년의 욕구와 문제점도 공통점이 적지 않기 때문이다. 그러나 어린 아동과 차별화된 청소년의 욕구나 문제를 중심으로 제공되는 사회복지 프로그램과 서비스가 실재하고 있으므로 본 장에서는 청소년기와 직접적으로 관련된 사회복지실천을 살펴본다.

청소년을 대상으로 한 사회복지실천은 청소년상담, 청소년 수련활동을 비롯한 청소년 활동지원, 비행청소년 예방 및 치료서비스, 학교사회복지서비스 등이 있다.

청소년상담은 문제행동의 예방이나 치료를 강조하는 의료모델에서 인간의 잠재력 개발 및 발달 촉진을 강조하는 발달모델로 전환되면서 상담의 대상이 모든 청소년으로 확대되었다. 청소년기본법 제정으로 청소년상담의 제도적 장치가 마련되면서 청소년의 진로문제, 교우문제, 이성관계, 대인관계 등에 대한 해결에 도움을 주고 인격의 성장과 발달을 돕는 상담이 강조되고 있다. 자아정체감의 성취가 청소년기와 이후의 발달에 결정적인 역할을 하므로 청소년으로 하여금 과거의 경험을 미래의 희망과 적절하게 연결시켜 만족스러운 방향으로 통합시키는 청소년 상담자의 역할이 중요하다. 지역사회에서 청소년상담은 청소년상담복지센터에서 주로 제공된다.

청소년 수련활동은 청소년이 생활권 또는 자연 속에서 심신을 단련하고 자질을 배양하며 다양한 취미를 개발하고 정서를 함양할 뿐 아니라 사회봉사활동을 통해 배움을 실천하는 체험활동을 일컫는다. 수련활동 외에 청소년활동지원은 청소년활동 프로그램 공모지원을 통해 청소년의 잠재역량을 돕고, 청소년문화활동을 통해서는 문화적 감수성을 증진하며 청소년의 삶의 질을 향상시킨다.

비행청소년 예방 및 치료서비스는 청소년쉼터를 중심으로 제공된다. 일시쉼터인 드롭인센터, 단기쉼터, 중장기쉼터 등 다양한 유형으로 차별화된 지원서비스가 제공된다(여성가족부, 2014).

학교사회복지서비스는 학교-가정-지역사회 연계를 반영하는 접근을 강조하는데 청소년비행이나 학교부적응 문제에 초점을 둔다. 교육복지우선지원사업 형태로 혹은 지역 내의 사회복지관에서 인근 학교와 연계해 부적응 문제를 갖고 있는 학생들을 대상으로 학교사회복지서비스가 실시되고 있다.

4

성인기의 생애주기 및 과업과 사회복지실천

청소년기까지가 준비하는 시기였다면 이후의 생애는 준비해온 것을 실현하는 시기이다. 성인기는 생물학적 차원의 성장이 정점에 달한 성장단계로 발달이 주로 사회문화적 요소에 의해 주도된다. 성인기 생애주기를 청년기와 장년기로 구분하여 발달특성과 과업을 살펴본다.

1) 청년기

청년기는 신체적·인지적으로 정점에 도달하는 시기이다. 또한 자아정체감의 안정으로 자신에 대해 확신을 갖고 주어진 상황 속에서 어떻게 행동할지 알고 긍정적 관심과 공감을 토대로 대인관계를 확대할 수 있다. 굴드(Gould, 1978)에 의하면, 청년기의 발달은 어린아이 같은 환상과 그릇된 가정들을 버리고 자기신뢰와 자기수용을 선택하는 과정이다. 자기신뢰는 자신의 삶에 대한 책임감으로 이를 위해 자신의 생활기술이 발달되어야 하고 비판적, 분석적, 논리적, 목표지향적인 사고를 해야 한다. 자기수용은 자신의 한계를 인식하며 노력해서 능력의 개발에 정진함으로써 성장을 추구하는 것이다.

청년기에 경험하는 가장 큰 변화는 직업을 갖고 결혼하는 것이다. 청년기는 직업, 결혼, 가정생활 등 많은 중요한 결정이 이루어지는 시기로 사람들은 자신이 원하는 것이 무엇인지 치열하게 고민한다. 그러나 일부 사람들은 그 선택에 대한 결정을 부모나 다른 사람들이 하게 하고 본인은 무책임한 입장을 취하기도 한다.

청년기 이후 일은 삶의 핵심을 차지하는 중요한 의미를 지닌다. 일을 통해 자아를 추구하고 꿈과 인생의 가치와 목표를 실현시키려고 하기 때문에 일의 세계에는 많은 도전과 스트레스, 환희, 좌절과 실망이 있으며, 때로는 삶의 다른 면까지 파괴해 버리는 형이 있다(김애순, 2002). 직업적 역할을 수행하고 이에 만족하는 정도는 개인적 특성 및 직업특성에 따라 차이가 있다.

청년기는 이성과 친밀한 관계를 형성하는 시기로 청소년기까지는 자아와 자아의 향상에 관심이 있었지만 이제는 자아를 다른 사람과 융합시키고 다른 사람과 진정한 친밀한 관계를 수립하는 것이 관심사가 된다. 결혼은 청년기에 친밀감과 성숙한 사회적 관계를 성취하는 데 중심이 된다. 결혼을 결정하는 데 관련 있는 두 요소는 첫째, 정체감이 확립되면서 다른 사람을 사랑하고 보살피는 능력이 발휘되기 시작하므로 참된 친밀한 관계를 형성할 수 있다는 것과 둘째, 결혼적령기에 대한 사회적 기대에 부응하는 것이다(Newman & Newman, 2018). 결혼을 성인기 삶의 질을 좌우하는 중요한 결정요소로 간주하면서 결혼의 양면성에 대한 경고도 등장한다. 김애순(2002)은 결혼이 "양날을 가진 칼"로 좋은 결혼생활은 행복감을 주고 정신건강을 증진시키지만, 불행한 결혼생활은 정신적 모독, 신체적 폭력, 우울증을 야기하고 신체·정신건강을 파괴하기도 한다고 표현하였다.

양육의 욕구를 충족시켜주는 자녀의 존재는 만족을 주는 한편, 새로운 적응을 필요로 하는 급격한 변화를 수반한다. 전적으로 의존적인 존재인 어린 자녀를 성숙하게 수용할 수 있어야 하므로 부모가 되는 것은 스트레스를 일으키는 중요한 변화이다. 자녀출산 이후에는 이러한 변화에 적절하게 대처할 수 있는 부부간의 역할과 책임에 대한 조정을 포함한 전면적 재조정이 필요하다. 아이를 키우는 것은 기술, 즉 학습된 능력이다. 과거에는 자녀양육 기술을 대가족이나 확대가족 내의 연장자들로부터 습득하고 시행착오에 의해 학습하였으나 핵가족화된 지금은 가정 밖에서 체계적이고 전문적인 양육 관련 정보를 구한다.

2) 장년기

장년기는 종종 상반된 모습으로 그려진다. 일각에서는 장년기를 생물학적 능력은 감퇴되나 친밀한 관계, 시기로 본다. 대부분의 직장과 지역사회에서의 만족스러운 기여를 통해 에너지가 넘치는 직업에 있어서도 지위와 책임을 갖게 되며, 여러 측면에서 경험을 축적하는 시기이므로 장년기는 인생의 전성기로 간주된다. 물론 사람에 따라서는 개인적 실패, 결혼생활에서의 갈등, 인생에서의 다양한 비극들과 씨름하면서 불행하고 우울한 시기로 여길 수 있다. 다른 한편에서는 장년기를 정상에서 내려갈 준비를 하는 시기로 본다. 생물학적 쇠퇴가 시작될 뿐 아니라 자신의 과거에 대한 재평가를 하는 것과 같은 심리적 요소가 중년의 위기를 초래할 수 있기 때문이다. 점차 쇠퇴해가고 자기도취와 공허가 지배적이며 남은 시간이 많지 않다는 조바심이 생기기도 한다.

레빈슨과 그 동료들은 다수의 장년기 남성들이 정서적 갈등이나 실망감을 포함하는 위기를 경험하는 것으로 보고하면서 정서적 측면에서 전환점으로서 중년의 위기를 논의하였다(Levinson, 1986). 이 시기에 자아의 방향이 외적, 물질적 차원에서 내적·정신적 차원으로 관심의 초점이 바뀌는 변화를 겪는 사람들이 많기 때문이다. 반면 최근의 연구들은 중년기 위기보다는 과도기모델을 주장한다(Rosenberg, Rosenberg, & Farrell, 1999; Whitboume, 2005). 중년기에 다양한 사건이나 변화를 경험하지만 대부분 중요한 인생변화에 대해 예상하고 있기 때문에 특별한 위기를 경험하지는 않는다는 것이다. 반면 중년기 위기보다 과도기모델을 주장하는 연구들(Rosenberg, Rosenberg, & Farrell, 1999; Whitboume, 2005)은 중년기에 다양한 사건이나 변화를 경험하지만 대부분 중요한 인생 변화에 대해 예상하고 있기 때문에 특별한 위기를 경험하지는 않는다고 보고한다.

장년기의 발달적 특성은 자신의 밖으로 나아가는 점이다. 사람들은 자기 인생에 대한 철학적 재검증을 하면서 직업 혹은 공동체 속에서의 자신을 다시 정립하게 된다(McGoldrick & Carter, 1999). 또한 장년기 말기에 이르면 사랑, 의미, 재미, 영적 교류, 삶의 긍정적이고 창조적 측면을 주시해야 한다는 제안도 있다(Sheehy, 1995).

장년기에 직업적 경력을 적정하게 관리하는 것은 개인적 성취와 사회적 통합과 관련되는 중요한 과제이다. 직업세계가 전문화되고 경쟁이 심화되면서 장년기에 직업유지의 불안정성은 높은 편이다. 정리해고, 조기퇴직 등으로 장년기에 직업전환을 경험하는 사람들이 늘어나는 것이다. 한편, 직업환경이 비구조적이고 자유로워지면서 일과 은퇴의 경계가 모호해져 나이가 들면서 서서히 단계적으로 일을 축소해 가거나 나이에 구애받지 않고 중년에도 새로운 경력을 시작할 가능성이 커질 수도 있다(김애순, 2002).

만족스러운 결혼관계는 성인기의 행복과 삶의 만족에 결정적 영향을 미친다. 건강한 결혼관계를 유지하기 위한 조건은 첫째, 개인적 성장과 부부로서의 성장에 헌신해야 하고, 둘째, 효과적인 커뮤니케이션 체계를 개발해야 하며, 셋째, 갈등을 창의적으로 활용해야 한다(Newman & Newman, 2018), 결혼생활에서의 만족감은 자녀들의 성장, 직장에서의 생산성 등 삶의 다른 영역에 영향을 미치게 된다(Carstensen et al, 1996).

자녀를 낳고 기르는 것이 성인기의 의무가 아닌 선택사항으로 바뀌는 추세라는 주장도 일각에서는 있지만 대부분의 사람들에게 자녀양육은 여전히 문화적으로 중요한 발달과업이다. 자녀양육은 부모에게 많은 스트레스를 야기하지만 자녀들의 성장과정에서 새로운 문제들에 대결하는 가운데 부모의 인격발달을 촉진하기도 한다. 장년기 후반 즈음 자녀들이 취업이나 결혼으로 부모 곁을 떠나는 시기가 되면 부모들의 역할변화가 요구된다. 즉, 자녀양육활동이 감소함에 따라 부부관계가 변하게 되고 자녀양육에 쏟았던 에너지를 사용할 새로운 목표나 과업이 필요해진다.

한편, 최근에는 성인자녀들이 독립을 못하고 부모에게 경제적으로 의존하는 경우가 많아지고 있다. 성인자녀가 성인기로의 전이를 정상적으로 이행하지 못하고 부모에게 의존하고 있을 경우, 부모는 스스로 자식을 잘못 키웠다는 실패감을 경험한다(한경혜·윤순덕, 2001). 부모역할뿐만 아니라 자녀로서의 역할이 장년기에는 중요해진다. 평균수명이 길어지고 연령증가에 따른 만성질환 이환율이 증가하기 때문에 장년기에는 노부모 부양 혹은 수발과 관련된 책임과 의무가 증가하게 된다. 대부분의 노인들이 경제적, 정서적, 사회적 지원을 가족에게 의존하고 있는 우리 현실에서는 부양부담이 중년자녀와 노부모의 삶의 질을 동시에 낮추는 경우가 허다하다(김애순, 2002).

3) 성인기와 사회복지실천

청년기와 관련된 사회복지실천활동은 직업선택 및 직장에서의 적응을 돕는 개인상담 및 집단상담을 들 수 있다. 또 친밀감의 성취에 어려움이 있는 부부의 이혼예방 및 이혼 후 적응을 돕는 상담, 자녀양육 관련 부모교육 등이 있다. 가족 관련 기관에서 일하는 사회복지사는 부모교육을 비롯한 원조활동에서 자녀양육 관련 정보와 기술을 전달하는 역할을 수행한다.

평생직장 개념이 사라진 시대를 살고 있는 현 세대 장년들 가운데 많은 수가 실직 혹은 직업스트레스와 관련된 문제를 갖고 있는데 이를 돕기 위해서는 제도적 접근뿐 아니라 대인서비스가 필요하다. 장년기에 필요한 사회복지서비스는 개인의 생활 변천 뿐 아니라 가족의 욕구를 반영해야 한다. 가족과 관련된 문제로 장년기는 자녀부양과 함께 연로한 부모부양의 의무로 인해 샌드위치 세대가 되기 쉽다. 노부모부양과 관련해 사회복지서비스는 부양가족을 지역사회자원에 연결시키고, 필요한 서비스에 관한 정보를 제공하며, 상담 및 정서적 서비스를 제공하고, 노인과 가족 사이를 중재한다.

은퇴와 관련된 준비도 장년기의 중요한 욕구가 될 수 있다. 은퇴에 대해 미리 준비한 사람들이 적응하기가 더 쉽지만 대부분 적절한 준비를 하지 못한 체 은퇴를 맞는 것이 우리 현실이다. 은퇴 준비는 집단 프로그램을 많이 이용하는 데 집단성원들로 하여금 자신의 계획을 설명하게 하고, 예상하는 문제들을 이야기하도록 하며, 성원들의 능력을 확인하고, 우선순위와 목적을 정하도록 하는 집단활동을 중심으로 이루어진다(Monk, 1900).

5

노년기의 생애주기 및 과업과 사회복지실천

1) 노년기[1]의 생애주기 및 과업

건강하고 활력을 유지하는 많은 사람들에게 노년기는 새로운 가능성을 가지는 좋은 나이가 되고 있다. 라스렛은 인생을 4단계로 나누어 의존, 사회화, 미성숙과 교육의 시기를 제1기, 독립, 성숙, 책임, 소득창출과 저축의 시기를 제2로, 자기 성취의 시기를 제3기로, 최종적 의존, 노쇠와 사망의 시기를 제4기로 나누고 있다(Laslett, 1900). 은퇴 이후의 노년기는 라스렛의 구분에 의하면 신체적·정신적 건강 상태를 유지하면서 활동할 수 있는 제3기와 건강 약화와 노쇠 현상으로 다시 의존 상태로 돌아가야 하는 제4기가 해당된다.[2] 노년기는 자기성취의 시기와 의존이 연속되는 기간이고 자기성취와 의존은 노년기의 가장 핵심적 해결과제라고 할 수 있다. 자기성취는 바로 여가활동의 문제이고 의존은 돌봄의 문제가 된다.

일반적으로 노년기에는 인지적으로 쇠퇴한다. 노년기의 인지적 저하는 생물학적 요인뿐만 아니라 환경적 요인의 영향도 있다. 노인들의 주위환경이 새로운 사고나 체계적 사고를 강화하고 격려하지 않기 때문이다. 특히 지식의 수명이 과거에 비해 크게 단축되어 끊임없는 재충전이 필요하지만 노년기에는 이러한 빠른 변화속도에 대처하는 것이 다른 연령대에 비교해 상대적으로 어렵다.

---

1) 노년학자들은 흔히 노년기를 두 범주로 나누어 노년기 전기와 노년기 후기로 구분하지만 연령이 아니라 활동과 건강상태가 노년기의 삶을 좌우하기 때문에 본 절에서는 구분하지 않고 그 특성 및 과업을 논의할 것이다.

2) 노년기를 신체적 및 정신적으로 건강한 상태에서 자기성취를 목표로 하는 제3기와 질병/허약/노쇠/장애로 다시 의존적인 생활을 할 수밖에 없고 그 의존의 욕구를 잘 해결하는 것을 목표로 하는 제4기로 구분하는 것은 의미 있는 구분이고 인생의 발달과업을 제시하고 이에 대한 해결을 촉구하는 이론적 관점이라 할 수 있다.

노년기는 신체적 질병, 배우자의 죽음, 경제사정의 악화, 사회와 가족들로부터의 고립, 일상생활에 대한 자기통제의 불능, 과거에 대한 회한 등으로 우울증이 발생하기 쉽다. 그러나 우울정도는 개인의 적응능력 수준에 따라 차이가 있으며 전혀 우울증을 보이지 않는 노인들도 많다.

노년기에는 역할변화에 대한 적응이 중요하다. 노년기의 역할상실과 획득은 배우자의 사망, 직업으로부터의 은퇴, 자녀의 결혼과 손자녀 출생 등에 의해 일어난다. 배우자 상실로 인한 미망인의 역할은 가정 내에서뿐만 아니라 사회적으로 배우자가 없는 채 기능하는 것을 배워야 한다. 배우자가 없는 상황에서도 쾌활함을 유지하고 일상의 문제를 해결하며 자신의 가치에 대해 강한 신념을 가질 수 있어야 한다. 퇴직자 역할은 예측된 사건이므로 사전준비를 잘 할수록 적응이 순조롭다. 퇴직이 갑작스러울수록, 자아개념이 직업적 역할에 깊이 뿌리박고 있을수록 적응에 어려움을 겪는다. 조부모로서의 역할은 예전과 달리 뚜렷한 역할이 없지만 자녀의 이혼이나 사망으로 자녀가족에 심각한 문제가 있는 경우 조손가정이 되어 손자녀의 부모역할을 하는 경우가 적지 않다.

노년기의 발달적 특성은 신체정신적 쇠퇴, 의존성, 고독과 소외, 무가치감, 절망감, 죽음에 대한 두려움, 사별과 애도 등 주로 상실과 관련된다. 이 시기에는 부정적인 삶의 사건들이 다른 발달단계에 비해 많이 분생하기 쉽다. 기능손상으로 인한 건강의 상실, 퇴직 후 소득감소로 인한 빈곤, 배우자나 친지의 죽음 등의 요소들이 서로 상호작용을 할 수도 있다. 반면 대처에 필요한 자원이나 능력은 현지하게 감소하므로 특별한 관심이 필요하다. 신체건강이 양호한 노인들의 문제는 사회적 역할의 축소에 따른 자부심의 저하, 고독과 소외, 은퇴로 인한 소득감소 등이다. 신체건강이 쇠퇴된 노인들의 가장 중요한 문제는 장기요양보호 욕구의 충족이다.

노년기의 주요 과업은 자신의 삶을 돌아보면서 내가 어떤 사람이고, 무엇을 이루었는지 수용하는 것이다. 결혼, 자녀양육, 직업 등 장년기까지의 주요과제들에서 성공과 실태의 증거가 뚜렷하므로 자신의 성취한계를 깨닫고 어느 정도 실망을 경험하는 것이 불가피하나 궁극적으로는 자신의 삶을 수용해야 하는 것이 중요하다. 자아통합은 인생의 긍정적 면을 보는 것을 말한다. 인생회고는 단순한 과거 회상이 아니라 과거를 되돌아보고 재음미함으로써 인생경험을 재조직해보는 과정을 일컫는다. 인생회고를 통한 자아통합은 본인이 자기 삶의 긍정적인 면과 부정적인 면을 얼마나 수용하는지에 달려 있다고 볼 수 있다.

2) 노년기와 사회복지실천

고령사회에서 초고령사회로 다가가고 있는 우리 사회에서 노인을 대상으로 하는 사회복지실천활동은 급격하게 확대되고 있다.

노인상담은 노화와 관련된 스트레스 요인을 성공적으로 처리하지 못하고 있거나 부부문제, 재혼 및 이성교제 문제, 자녀와의 갈등 등으로 고민하는 노인들에게 실행된다.

노인상담은 노인이 직면한 심리사회적 문제를 직접 다루는 치료적기능 뿐만 아니라 노인문제 해결을 위한 다른 서비스나 원조의 매개체로서의 기능도 지니고 있다. 노인가족도 자주 상담의 대상이 된다. 노인가족이 겪는 문제는 가족 내에서 일어날 수도 있지만 가족외부 체계에서 문제가 일어나기도 한다. 노인가족 상담을 하는 사회복지사는 가족이 공식적 서비스 조직의 도움을 받는 것에 적응하도록 돕는 역할을 주로 한다.

평균수명의 연장에 따라 건강 평균수명과 의존 평균수명이 모두 연장되고 있어 노년기는 건강한 노인들을위한 여가활동과 의존적인 노인들을 위한 돌봄서비스의 중요성이 더해지고 있다. 건강한 노인들을 위한 여가서비스는 노인복지관, 경로당, 노인교실 등에서 주로 제공된다. 의존적인 지역사회 거주 노인들을 대상으로 하는 돌봄서비스는 재가서비스이다. 독립적 생활의 유지가 재가서비스의 주목적이다. 재가서비스에는 주·야간보호서비스, 단기보호서비스, 방문요양서비스, 방문목욕서비스, 방문간호서비스, 무료급식서비스, 지지집단서비스 등이 포함된다. 주·야간보호는 신체적이거나 인지적으로 장애를 가진 노인을 대상으로 낮 동안 혹은 야간에 보호를 제공하는 프로그램이다. 주·야간보호는 신체적 재활 외에 노인에게 사회적 접촉과 경험을 제공하며 가족들에게는 휴식 기회를 주고 부담을 완화시키는 효과를 낼 수 있다. 단기보호서비스는 수발자의 수고를 일시적으로 덜어주기 위해 병약한 노인을 일시적으로 요양시설에 위탁보호하는 것이다. 신체활동 및 가사활동 등을 지원하는 방문요양서비스는 신체적 수발과 청소, 세탁, 시장보기, 식사 준비 등 일상적인 일을 도와준다. 방문목욕은 함께 집안의 목욕설비를 갖춘 장비를 이용해 서비스 대상자의 가정을 방문해 목욕서비스를 제공한다. 방문간호서비스는 방문간호사가 만성질환 노인환자를 정기적으로 방문하여 간호서비스를 제공한다. 무료급식은 주로 노인종합복지관 혹은 종합사회복지관 등에서 제공하고 영양의 균형을 고려한 점심이다. 거동이 불편한 노인을 위한 가정배식으로 도시락으로 혹은 저녁식사를 집으로 배달해 준다. 신체적·정신적으로 자립해서 생활할 수 없는 가족이 없는 노인이나 가족의 원조가 있더라도 자립해 생활할 수 없는 노인에게는 시설보호서비스가 제공된다.

현 세대 노인들은 역사상 전례 없는 긴 노년기를 보내는 삶을 살고 있다. 긴 노년기가 건강한 노년의 연장이 아니라 유병장수일 때 노인들은 다양한 도전을 받게 된다. 노화에 따른 신체적·정신적 건강의 쇠퇴, 자유로운 환경통제의 곤란 등은 노인으로 하여금 다른 사람의 도움을 필요로 하게 만다는 의존성을 낳는다. 노년기의 의존성으로 인해 흔히 발생하는 사회문제가 노인학대이다. 노인학대는 주로 성인자녀에 의해 가해지고 있다.

부양거부나 유기는 동거부양을 전통으로 하는 우리 사회의 독특한 학대유형으로 간주된다. 우리나라 민법은 자녀의 부모부양 의무를 규정하고 있다. 가족법상 부양은 구체적으로는 경제적인 부양을 말하는 데 부양의무는 부양을 받을 사람이 자력 또는 근로에 의해 생계를 유지할 수 없는 경우 직계혈족 및 배우자에게 부여되며 부양의무자에게 부양능력이 있어야 한다. 동법에 의하면 노인이 스스로 생계를 유지하지 못하는 요부양상태가 되면 부양의무자에 대해 부양을 청구할 수 있어 가정법원에 소송을 제기할 수 있다.

로버트 버틀러는 1975년 퓰리처상 수상작인 저서 『미국에서 늙는다는 것-왜 생존하는가?』에서 연령차별주의(Ageism)라는 신조어를 사용했다. 이 용어는 늙었다는 이유만으로 노인들에게 고정관념의 틀을 씌우거나 차별하는 조직적인 행태를 의미한다(Butler, 1975). 연령차별주의는 노인에게 사회적 기회와 자원을 박탈하는 구조, 제도와 이데올로기로 인하여 노인들이 사회적으로 배제되고 소외당한다는 가정이다. 강희설(2004)은 노인들이 경험하는 노인차별을 '노인이라고 깔봐서 상대도 하지 않는다'는 무시, '노인이라고 업신여겨 푸대접한다'는 천대, '마땅히 받아야 할 대우를 외면당한다'는 배은, '사회·경제활동을 제한받는다'는 통제, 사회적인 교류나 관계가 끊어진다는 단절로 분석하였다. 노인에 대한 고정관념 중 하나는 노인집단을 동질적인 집단으로 보는 것이다. 한 예로 노인은 취약하며 지원을 받을 자격이 있는 존재라는, 즉 동정받을 만한 존재라는 고정관념에 기초한 동정적 연령차별주의가 바로 그것이다. 반면 이에 대한 반작용으로 등장한 새로운 고정관념은 희생양의 논리로 위장한 연령차별주의로 노인이 궁핍한 집단이 아니라 젊은 사람들이 사회보장세를 지불하기 위해 일해야 하는 반면 노인은 여행, 골프, 브리지게임을 하면서 한가한 시간을 보낼 수 있는 엘리트 집단으로 본다는 것이다(조성남, 2000). 두 가지 고정관념 모두 어느 일면으로는 타당하다. 현 세대 노인들은 취약한 노인에, 베이비붐 세대인 차세대 노인은 혜택받는 노인 이미지에 해당한다.

미국 여성운동의 대모인 프리단(Friedan)이 1993년에 출간한 『노년의 샘(The Fountain od Age)』은 연령차별주의에 도전하는 여권주의적 시각으로 저술되었는데 미국사회의 노인, 특히 여성노인에 대한 차별문제에 초점을 두었다. 저자는 문제중심적인 시각으로 노년기의 질병, 부양부담 등에 초점을 맞추고 있는 기존의 노년학 연구에 회의적인 입장을 갖고 청춘의 샘 못지않은 노년의 샘을 찾아 나선 신여성노인의 다양한 모습을 강조하였다. 프리단은 아직도 살아있고, 선택의 여지가 남아있으며 변신의 무한한 가능성이 놓여있는 미래를 만들어갈 수 있는 노년기를 새로운 모험의 시기로 보았다(Friedan, 1993).

우리나라에서도 노년기의 의미를 생애사적 관점과 사회문화적 관점에서 살펴본 연구가 있다(정진웅, 2006). 이 연구는 평생 어렵게 모은 재산 전부를 사회에 환원하는 할머니들을 연구대상으로 하고 있다. 대표적인 할머니 기부자인 김밥할머니로 알려진 이복순 할머니를 비롯해 기부자 할머니들은 대부분 무학에 평생 근검절약해 먹을 것, 입을 것을 아끼며 살아온 노인들이다. 할머니 기부자의 기부금 평균 액수는 10억 정도이고 기부는 주로 자신이 거주하는 지역의 지명도 있는 대학에 하였다. 과반수 정도가 아이를 못 낳아 이혼을 당하는 등 자식이 없는 할머니이고, 못 배운 한이 기부 배경에 있다. 문화적 분석의 시각에서 보면 할머니들이 기부한 재산은 특별한 생애사적 가치를 지닌 돈인데 피와 땀으로 모은 돈으로 쉽게 쓸 수 없는 돈이다. 기부하는 시점은 죽음을 염두에 두어야 하는, 예를 들어 암수술을 눈앞에 두었다든지 하는 시점이었고 적어도 60대 중반을 넘는 나이에 이루어졌다. 연구자는 할머니 기부지의 기부행위를 노년기의 일종의 과업이라 할 수 있는 자신의 삶의 방식과 가치에 대한 존재의 증명으로서 성격을 지닌 것으로 해석하였다. 기부행위가 차별과 업신여김의 삶이 결코 헛되지 않음에 대한 증명이라는 것이다. 할머니 기부자들은 기부를 통해 사회적 위상이 달라졌는데 자신의 삶의 방식의 가치를 공적으로 인정받을 수 있었으며 사회적 모성을 획득할 수 있었다(오정수 외, 2020).

MEMO

12
CHAPTER

노인인구와 사회복지

1

고령화 및 가족 관련 변화

1) 유럽국가의 활기찬 노후(active ageing)정책의 수립배경

(1) 2012년도 유럽국가의 활기찬 노후 및 세대간 결속(solidarity between generation) 제정 배경

지난 2002년 4월에 마드리드(스페인)에서 유엔 국제 고령화행동계획(The Unitied Nation's International Plan of Action on Ageing; MIPPA)이 채택된 바 있다. 그리고 동년 9월에 모든 EU 국가들은 베를린에서 모임을 가졌으며, 여기에서 유럽의 MIPPA 지역실행전략을 지지하였다. 이러한 일련의 행동계획의 채택과 그 실행전략은 '모든 EU회원국가들은 활기찬 노후(active ageing)를 국가적 경제 및 사회정책, 모든 연령을 대상으로 하는 사회 내에서 고령자들의 권리와 욕구를 통합하는 것'으로 결의하게 하였으며, 이를 촉진시키게 하였다.

이러한 정책적 협약이 이루어진 이후 10주년을 맞이하여 EU는 2012년을 "활기찬 노후와 세대간 유대를 위한 유럽의 해(European year; EY2012)"로 선언하기로 결정하였다. 즉, EY2012는 우수한 정책을 확인하고 확산시키며, 더 중요한 것은 활기찬 노후의 증진 및 세대간 협력과 결속을 지원하기 위하여 이와 관련된 모든 분야에서 유망한 정책입안자와 이해당사자들의 의식을 고취시킬 수 있는 체계를 제공할 것이다.

특별한 경우, EY2012는 욕구와 같이 인구고령화로 인하여 발생되는 각종 과제를 다루는데, 이를 대별하면, ① 조기은퇴를 방지하고 장기간 근로현장에서 일을 할 수 있도록 도와줄 수 있는 방안, ② 지역사회 내에서 활동적 참여를 고취시키고, 국가적 차원에서 적극적 시민권을 통해 노인들 사이의 사회적 배제를 방지할 수 있는 방안, ③ 초고령자의 의존성을 사전적으로 예방하는 방안으로 구분할 수 있다.

따라서 EY2012에서 다루고 있는 주요 주제는 첫째, 고용부분에서의 활기찬 노후, 둘째, 적극적 시민권, 자원봉사, 돌봄을 통한 지역사회 내에서의 활기찬 노후, 셋째, 건강한 노화와 독립적인 삶을 통한 가정 내에서의 활기찬 노후, 그리고 마지막으로 세대간 협력과 결속의 강조이다.

EY2012 연합은 '모든 연령을 위한 사회'라는 공통된 비전을 공유하는 20개 이상의 European 조직과 함께 하고 있고, 유럽의 해는 인구변화를 다루기 위한 중요한 기회가 될 것이며, 고령화 사회가 직면한 현재의 경제적, 사회적 과제들을 혁신적으로 해결하기 위한 사항들을 고려하는 중요한 행사가 될 것이라고 믿고 있다. 건강한 육체와 정신건강, 노동시장과 지역사회에서의 활동적인 참여를 위해 노인들에게 권한을 부여하고 요청함으로써 모든 세대가 공정하고 지속가능한 방법으로 인구변화에 더 잘 대처하도록 우리사회를 지원하여야 할 것이다.

EU의 목적은 특별한 조치를 취하기 위한 약속을 지키기 위하여 모든 관련된 전문가들을 동원하고, 이번 기간 동안에 이후 10년 내에 실제적으로 성취될 수 있고 나타날 성과를 준비하는데 특별한 목적을 두고 있다.

EY2012를 시작하면서 European Commission은 제3회 세대간 결속의 해(European Day of Solidarity between Generations)를 기념하기 위해 2011년 4월 29일에 EY2012 웹사이트를 개설하였다. 이 웹사이트는 모든 위원들이 함께 구축하였으며, 모든 연령을 위한 사회를 만들기 위한 활기찬 노후를 향상시키기 위해 다방면의 이해관계자들(정책제안자, 비즈니스 영역, 지역사회공무원, 연구자 등)에 의해서 계획되었다.

2) 2012년도 유럽국가의 활기찬 노후 및 세대간 결속(solidarity between generation)의 의미

전술한 바 있듯이, 활기찬 노후(active ageing)란, "노화와 함께 삶의 질도 함께 높이려는 목적으로 건강, 참여 및 안전을 위한 기회를 최적화하는 과정인데, 삶의 안녕(wellbeing)은 욕구, 능력을 고려하여 그들의 삶과 사회적 참여를 통하여 사람들이 자신의 잠재력을 깨닫도록 하고, 도움을 필요로 할 때 적절한 보호와 안전과 돌봄을 제공하는 것"으로 정의한 바 있다. 이는 노인들이 차별 없이 사회의 한 분야에서 활동할 수 있도록 이들의 육체적·정신적 건강상태를 향상시킬 수 있는 다양한 기회를 만들어야 한다는 것을 의미하고 있다. 노인들이 독립적인 삶과 양질의 삶을 즐길 수 있도록 하는 것은 두 가지 모두 중요하다고 하겠다.

그리고 또 하나의 슬로건인 세대간 결속(Intergenerational solidarity)은 모든 연령의 사람들이 그들의 욕구 및 능력과 긴밀히 연결되도록 역할이 주어지는 사회, 그리고 지역사회의 경제로부터 이익을 얻을 수 있고, 사회적 발전을 세대간 대등하게 향유할 있는 사회를 위해 다른 연령그룹 사이에서의 상호간 지지와 협동을 말한다.

이와 같은 유럽의 해 캠페인에 참여하는 이유에 대해서 설명하면, 노인은 전체 EU인구의 상당수를 차지하게 되었으며, 점차적으로 그 비중이 커지고 있다. 급속한 인구고령화는 근본적으로 우리 사회의 변화를 주도하고 있는데, 불행하게도 노동력의 연령구조, 사회보장제도의 지속가능성, 그리고 건강 및 장기요양서비스의 조직과 재정에서 나타난 문제들로 인하여 고령화는 종종 문제시되어 왔다.

이러한 인구고령화에 대한 부정적인 이미지는 타당하다고 볼 수는 없으며, 이미 상당한 경험을 축적한 노인들에 의해 재정립되어야 한다. 자원봉사와 같은 그들의 방대한 사회적 공헌이 너무나도 자주 간과되고 있기 때문에 이러한 사회적 공헌을 좀 더 잘 인식하여야 하며, 더 높게 그 가치가 평가될 필요가 있다는 것이다. 만약, 모든 연령을 위한 사회를 만들어가기 위해서는 이러한 태도의 변화는 반드시 필요하다. 또한, 노인들이 일을 지속적으로 유지하고, 지역사회에 잘 융합될 수 있도록 하는데 저해되는 각종 장애물이 제거될 필요가 있다. EU에서는 노인들의 참여를 저해하는 요소를 재검토하고, 모든 세대의 이익을 위해 사회와 직장에서 노인들의 참여를 조성할 긍정적인 변화를 만들기 위해 각종 정책과 실천사항을 검토할 필요가 있다는 전제가 내포되어 있다.

3) 2012년도 유럽국가의 활기찬 노후 및 세대간 결속(solidarity between generation)의 방법

(1) 고용부문

2012년 이후 유럽의 노동인구는 감소하기 시작할 것으로 예상하고 있지만, 그 반면에 60세 이상 인구는 1년에 약 2백만 명씩 증가할 것으로 보고 있다. 노인인구는 다양한 인종적 배경에 따라 점점 더 다양화될 것이고, 60세 이상의 대다수의 사람들은 정년이후에도 계속적으로 일하기를 원하거나 또는 그러한 욕구가 있다는 것이다. 그래서 EY2012는 노인들이 노동시장에서 고령자들이 선택한 만큼 장기간 노동을 계속적으로 할 수 있도록 하게 하기 위해 새롭고 혁신적인 구조와 접근방법에 대한 중요한 기회를 제공하고 있다.

고용정책은 젊은 근로자와 고령 근로자 모두 장기간 일할 수 있는 방법을 찾아야 하는데, 고령 근로자의 가치 있는 노동시장 기술과 경험은 세대간의 기술이전의 증가 등을 통하여 보존될 필요가 있다는 것이다 예를 들면, 세대간 노하우와 기술의 공유를 위한 멘토링과 같은 제도가 요구되고, 또한 이는 동시에 젊은 근로자들로 하여금 졸업 후 사회생활의 적응에서 양질의 업무과정을 수행할 수 있도록 하는데 중요하다는 것이다. 추가적으로 평생교육과 모든 연령의 근로자를 위한 훈련과 관련된 일은 좀 더 고령친화적인 직장을 만들기 위한 기회를 제공할 수 있다.

또한, 고용정책은 여성노인들이 직면한 차별과 장애의 문제를 다루어야하는데, 비공식케어의 제공을 담당하는 이들은 대부분이 여성들이라는 특별한 상황에 따라 여성들의 비공식적 돌봄이 가족을 위한 의무라는 의미로 받아들이는 것에 대해 직시하고, 가족성원들을 돌보고, 아이들을 양육하면서 노동시장에서 제외되는 동안의 급여와 연금의 권리와 같은 공정하고 적절한 보상의 보장을 주장할 필요가 있다는 것이다.

이 부문에 대한 EU의 권고내용은 먼저, '국가와 지역 정책 입안자는 직장에서 활기찬 노후와 세대간 결속을 지지하기 위해 무엇을 할 수 있는가?'에 대한 정책수립이다. 이는 무엇보다도 고령 근로자를 위한 고용증진대책이다. 즉, 50세 이상의 고령 근로자를 위한 더 나은 시설, 점진적 은퇴선택, 시간제 근무 또는 유연 근로시간제를 통한 고용부터 은퇴까지 이행이 가능한 제도의 지원, 비고용된 고령자들의 근로능력 향상을 위한 사회적 투자(특히, 신체 또는 정신건강 취약집단에 대한 지원), 근로상황의 향상과 특히 신체노동자와 야간근로자를 포함한 신체적으로 힘든 일을 하는 이들과 같은 취약한 근로자를 위한 강력한 정책, 장기근속을 희망하는 이들을 지지하기 위한 적절한 연금규정과 노동법 등이다.

그리고, 일과 삶의 균형을 위한 정책으로는 비공식케어 제공자를 위한 더 나은 지원, 점진적 은퇴를 가능하게 하고, 일부터 은퇴까지의 이동이 쉽도록 하기 위한 자원봉사 또는 지역사회 업무와 같은 계획 장려, 사회적 보호를 위한 적절한 권리 제공(즉, 건강보험, 연금, 고용지원, 비공식적 자격의 인정, 비공식 케어자를 위한 위탁케어의 권리), 반복되는 성차별을 해결하기 위한 여성, 남성, 사회 사이에서의 돌봄에 대한 책임의식 공유 등이다.

연령차별과 다양한 차별의 방지대책으로는 차별 없는 고용을 위한 법적 기초의 마련, 고령근로자의 사회적 공헌과 생산성에 대한 사회적 인식의 변화를 위한 캠페인, 소수민족집단의 배경으로부터 얻게 되는 고령이민자들이 직면한 다양한 차별 방지와 노동시장에서 고령근로자들의 통합을 가능하게 하는 경제적, 사회적, 문화적, 정책적 구조의 질적인 변화의 요구, 물리적 상황에 따른 고령여성근로자에 대한 성적 영향력의 이슈를 언급하고 성별 임금차이와 그에 따른 연금액의 차이를 줄이기 위한 연금제도의 변화 등을 들 수 있다. 또한, 정보와 의사소통 기술의 잠재력을 이용하여야 하는데, 이는 장애인을 포함한 고령자를 위한 고용과 훈련을 시행함으로써 정보와 의사소통 기술의 가능성을 증진할 수 있을 것이다.

두 번째는 '유럽 정책 입안자는 사업장에서 활기찬 노후와 세대간 결속을 위해 무엇을 할 수 있는가?'에 대한 대책이다. 부양가족을 위한 비공식케어를 제공하는 근로자를 지원하기 위해 수발휴가의 채택 등을 포함하여 일관되고 논리적인 법적휴가를 제공하는 것이다. 또한, 성별에 따라 고통받는 고령 근로자들을 위한 구체적인 고용목표에 대한 동의와 유럽내 사회적 파트너에 의한 활기찬 노후와 세대간 결속을 위한 지원을 목표로 하는 계획 지원 등이다.

세 번째는 'NGO는 사업장에서 활기찬 노후와 세대간 결속을 위해 무엇을 할 수 있는가?'에 대한 대책이다. 연령차별, 다양한 차별, 그리고 고령 근로자들이 직면한 성적 불평등을 방지하기 위한 조치를 취하기 위해, 그리고 작업장에서의 활기찬 노후를 증진시키기 위해 노동조합과의 관계를 성립하여야 한다. 그들의 삶의 경험을 통해 획득한 기술을 더 잘 이해하도록 고령자를 돕기 위하여, 그리고 자원봉사활동이나 또는 고용상태의 다른 영역에서 이러한 기술을 사용하는 방법을 더 잘 알 수 있도록 하기 위하여, 비공식적이고 비정규적인 교육을 통한 정보의 안내및 상담을 제공하여야 한다. 세대간 협동에서 혁신적으로 가장 잘 된 실천내용들을 조직화하는 프로젝트의 개발도 요구되고 있다.

네 번째, '연구소와 대학에서는 사업장에서 활기찬 노후와 세대간 결속을 위해 무엇을 할 수 있는가?'에 대한 대책이다. 고령근로자, 특히 고령의 여성이 고용상태에서 여전히 직면하고 있는 장애상황에 대한 연구와 최근 소개된 고용정책에서 고령 여성과 남성의 고용비율의 영향력을 평가하는 것이다. 여기에는 비정규적이고 비공식적인 교육의 양 및 유형과 고령자 참여와 그들이 좀 더 공적인 훈련과 교육 기회에 접근하는 특별한 이슈에 대한 연구도 포함되어 있다.

다섯 번째, '고용주는 사업장에서 활기찬 노후와 세대간 결속을 위해 무엇을 할 수 있는가?'에 대한 대책이다. 이에는 연령차별에 대항하고 여성 고령자가 직면한 다양한 차별을 방지하는 사업장 정책의 시행, 장애와 소수민족, 이주노인의 모집과 직군의 개발, 여성노인의 빈곤을 예방하기 위해 남성과 여성 등 모든 노동자를 위한 공평한 급여의 집행 등이 포함되어 있다. 그리고 모든 연령층에서의 접근이 가능하고 때때로 경력직을 대상으로 한 재교육 프로그램을 포함하여 그들의 삶의 현역생활(working life) 동안 직원들의 근로능력을 보호하기 위한 직업과 관련된 예방건강검진을 실시하는 등 작업장에서의 건강과 안전을 보장하고, 고령 노동인구를 위한 긍정적인 접근과 고령 노동력이 가져오는 자원의 사용과 보존의 가치를 향상시키는 것이다. 또한, 평생교육을 위한 기회 제공을 통한 기술개발의 향상, 손자녀 돌봄을 포함하여 가족 돌봄의 책임과 일을 조화롭게 하기 위해 고령 근로자들이 직면한 문제의 수용, 세대간 교환을 위한 직장 프로그램의 시작, 유연근무시간과 유연한 퇴직 패턴의 허용, 50세 이상 집단에서 남성과 여성의 특별한 욕구를 만족시킬 수 있고 은퇴와 관련하여 조언을 할 수 있는 대표의 임명, 가족 책임을 고려한 훈련을 통하여 고령 여성의 접근을 가능하게 하고, 가족 내 돌봄 의무에 남성의 관련성을 증대시키는 것 등도 포함되어 있다.

여섯째, '노동조합은 사업장에서 활기찬 노후와 세대간 결속을 위해 무엇을 할 수 있는가?'에 대한 대책이다. 즉, 고용자 단체와 함께 고령화된 노동인구를 위한 고용계획의 절차를 효율적인 정보와 절차조정을 통하여 개발하고, 모든 형태의 차별 방지, 활기찬 노후, 사업장과 그 외에서의 세대간의 협동 증진을 위한 조치를 NGO와 함께 할 수 있도록 관계를 성립하는 것들이다

(2) 지역사회 참여부문

고령자들은 지속적으로 증가하는 거대한 경제적, 사회적 자원을 가지고 있다. 향후 EY2012는 공공의 정부당국과 민간 사회에 의견교환의 기회를 제공할 것이고, 그들이 거주하는 지역사회를 위해 노인들이 제공하는 거대한 잠재력이 보다 더 잘 전달되기 위한 공동의 약속이 될 것으로 보고 있다. 여기에서 제공하는 정책과 자원(인간적, 경제적)은 지역사회 내에서 노인들이 적극적 참여를 할 수 있도록 하기 위해 필수적이다. 이는 고령자들이 단순히 바쁘게 산다는 의미뿐만 아니라 은퇴 후에도 삶의 의미와 목적을 찾을 수 있도록 도움을 주는데, 이것은 고독감, 질병과 의존적인 삶을 유발할 수 있는 사회적 배제를 예방하기 위한 효율적인 수단이 될 수 있다.

그리고, 접근 가능한 건물 환경은 사회적 포괄성 증가와 노인들이 직접 찾을 수 있는 자율성을 제공하는 것과 같이 모든 연령을 위한 사회 그리고 활동적 사회적 삶을 이끄는 광범위한 활동의 참여의 핵심이 되고 있다. 그러한 활동들의 참여는 세대가 함께 참여하는 것을 도울 수 있으며, 그들 사이에 사회적 화합과 결속을 강화할 수 있다. 이는 또한 모든 연령집단에 걸쳐 사회참여를 가능하게 하고 있다.

이 부문에서의 권고내용을 보면, 첫째, '국가와 지역정책입안자는 지역사회에서 활기찬 노후의 증진을 통하여 세대간 결속을 증진하기 위해 무엇을 할 수 있는가?'에 대한 대책이다. 이를 위해서는 사회적 배제의 방지가 요구되고 있다. 즉, 모임장소, 활동과 이동 서비스와 같은 고령자를 위한 사회적 포괄(social inclusion) 증진을 위한 지역사회 서비스를 개발하는 것이다. 또한, 노인들이 그들의 지역사회 내에서 이용할 수 있는 기회에 대해 명확하고 쉽게 이해할 수 있는 정보를 제공하고, 고립된 의존적 노인, 소수민족의 노인, 이주민 지역사회와 같이 특별히 접근이 어려운 집단들을 위한 배려, 세대를 포괄하는 활동과 노인들이 전문적인 돌봄자와 함께 일을 하면서 그들의 친구에게 도움을 제공할 수 있는 케어 영역의 자원봉사와 같이 자원봉사활동의 넓은 범위와 관련하여 노인들이 할 수 있는 활동의 증진, 사회적 서비스 제공과 충분한 보장과 서비스에 도달하기 위해 노인들이 가능한 교통접근성을 위한 통합적이고 다학제적인 접근, 노인에 의한 온라인 커뮤니티의 제작 및 사용 지원 등도 포함하고 있다.

한편, 대화 촉진을 위해서는 지역사회와 국가적 차원에서의 의사결정과정에서 노인들의 참여를 독려하는 참여구조의 개발 및 강화, 특히 의사결정지위에서 대표자가 불충분한 여성 고령자를 고려하는 것이고, 디자인, 사회적 보호정책의 실행과 평가 과정에서의 노인들의 개입을 증가시키는 것이다. 그리고 세대간 결속의 조성을 위해서는 학교 또는 다른 상황에서의 튜터링 또는 멘토 프로그램, 세대통합주택 등 다른 세대의 사람들과 함께 하는 주제에 대한 국가재정의 인센티브를 제공하고, 모든 연령그룹을 위해 자원봉사 활동의 개발 독려와 이러한 활동 시 노인들을 방해하는 법적 또는 행정관리적인 장애물을 제거하는 것이다.

접근성의 향상을 위해서는 노인을 포함하여 사회의 모든 성원들이 참여할 수 있는 고령친화환경(집, 교통, 건물환경)을 조성하고, 모든 연령층들의 삶의 질과 개인적 웰빙을 촉진시키기 위한 필수적 서비스의 보편적 접근을 보장하는 것이다. 빈곤방지를 위해서는 노인의 사회적 배제를 방지하고 빈곤을 대비한 보호를 위한 적절한 최소연금을 보장하는 것이다. 또한, 좀 더 유연한 연금법의 채택을 통해 점진적 은퇴로 일하면서 받는 근로임금과 연금소득을 결합시키는 것이고, 고용에서의 성적평등 강조와 여성을 위한 공평한 은퇴소득을 보장하며, 여성이 아동을 키우는 기간도 연금비용에 포함하는 것이다. 근로빈곤층의 보호를 위해서는 사회적 지위 차이와 인종 간에 존재하는 지속적인 건강 불평등을방지하는 것인데, 이에는 고령자 빈곤의 높은 위험성, 특히 초고령 여성노인, 의존적 노인, 소수민족과 이주민 그리고 자영업 또는 비공식적 경제에서 일하는 이들이 포함되어 있다.

두 번째, '유럽 정책 입안자는 지역사회에서 활기찬 노후의 증진을 통하여 세대간 결속을 증진하기 위해 무엇을 할 수 있는가?'에 대한 대책이다. 이에는 모든 EU 회원국가에서 적절하고 지속적인 연금을 보장하고, 고령 남성과 여성을 위한 적절한 건강보험을 실시하는 것이며, 일반적 접근가능성 기준 적용을 위한 모든 공공과 개인이 요구하는 법적인 체계 구축과 사회적으로 모든 이들의 욕구를 포괄하기 위한 "모두를 위한 디자인" 승인을 증진시키는 것이다. 이미 WHO-Europe과 UN-ECE는 2012년에 MIPPA의 10주년을 기념하는 활기찬 노후와 전연령을 위한 사회(Society for all age)구축에 대한 MOU를 체결하였고, 2011년 유럽의 자원봉사의 해(European Year on Volunteering)를 진행하였으며, 다가오는 EY2012를 위하여 노인 자원봉사자를 지원할 예정이다.

셋째, 'NGO는 지역사회에서 활기찬 노후의 증진을 통하여 세대간 결속을 증진하기 위해 무엇을 할 수 있는가?'에 대한 대책이다. 이를 위해서는 지역사회에서 노인들이 이용할 수 있는 기회에 대해 분명하고 이해하기 쉬운 정보를 제공하며, 노인들을 위한 활동을 조직하는 것이다. 즉, 세대간 활동과 프로그램 조직에서는 노인들이 전자기술(e-technology)을 이용할 수 있는 기회의 제공과 이용을 권장하고, ICT도구의 사용 방법을 노인들에게 알려주기 등이다. 또한, 계획과 정책의 수립에 있어 이주노인, 소수민족과 종교인과 같이 취약한 그룹과 사회적 취약자, 의존적 노인, 장애인을 포함한 통합적 접근을 지니는 것이다.

넷째, '연구자 및 대학들은 지역사회에서 활기찬 노후의 증진을 통하여 세대간 결속을 증진하기 위해 무엇을 할 수 있는가?'에 대한 대책이다. 이를 위해서는 노인 자원봉사와 비공식적 케어제공자의 경제적 공헌에 대한 다학제적 연구, 노인을 위한 접근 가능한 상품과 서비스의 사회경제적 이익에 대한 모니터링, 장애와 정신건강문제를 포함하여 주된 사용자 개입과 노인의 권한부여, 세대간 협력을 위한 장애요인 분석 등이 필요하다.

다섯째, '기업은 지역사회에서 활동적 노년의 증진을 통하여 세대간 결속을 증진하기 위해 무엇을 할 수 있는가?'에 대한 대책이다. 이는 모두를 위한 디자인이라는 개념에 기초한 서비스와 생산품을 개발할 때 고령 소비자의 욕구를 고려하고, 고령 사용자들의 더 나은 평가와 욕구 충족을 위해 NGO와 협력을 위한 네트워크 구조를 구축하는 것이다. 또한, 지역사회 노인 조직의 지원과 은퇴 후 활기찬 노후의 준비를 지원하고, 근로자들 사이에서 그들의 활기차고 건강한 노년을 증진하기 위한 기여와 근로자의 가치와 동기를 상승시키는 자원봉사를 독려하는 방법에 대해 더 많은 연구를 수행하는 것이다

(3) 자립적인 삶의 증진부문

심혈관질환, 당뇨병, 정신건강문제와 같은 노년기 질병원인의 대부분은 사전적으로 예방할 수 있다. 비록 이러한 상태는 인생 전반에 걸쳐 축적된 위험 요소들의 결과물일지라도 건강의 개선은 노년기에도 이루어질 수 있다는 것이다. 여기에서 만성질환을 방지하기 위해서는 일생동안 건강을 증진하고 사회적, 경제적, 환경적 요인들과 관련된 건강불평등을 예방하는 것이다. 이러한 내용을 충족하기 위해서는 공권력(European, 국가, 지방정부), 서비스 제공자, NGO, 노인단체, 시민개인을 포함하여 협동적인 대응책 요구가 공유되어야 한다. EY2012는 건강한 노화를 위한 다양한 이익집단들에게 강력한 협력의 기회를 제공할 것으로 보고 있다.

건강한 노화는 단순히 생명연장을 말하는 것이 아니라, 가능한 장기간 건강한 상태로 나이가 드는 것을 보장하는 것이다. 유럽연합의 건강수명(the Healthy Life Year's(HLY) expectancy)을 보면, 현재의 법적은퇴 연령은 건강수명만큼 관대하지 않게 보이며 종종 더 낮은 경우가 있다.

EU 국가들은 건강증진과 활기찬 노후를 위한 충분한 노력을 기울이는 것을 당연하다고 생각하고 있다. EU는 2020년까지 2년마다 건강수명지표를 증가시킬 수 있는 위탁제안서를 바라고 있고, 또한 더 나은 일상적인 삶을 위해, 그리고 노인들이 노쇠하고 의존적이 되더라도 지속적으로 사회참여를 할 수 있도록 하기 위해 노인들이 이용할 수 있는 필요한 수단을 향상시킬 필요가 있다. 이는 노인들의 가능한 독립적이고 이들의 기능적 능력을 최대화하는 것인데, 이는 그들의 삶의 질 증진을 위해 필수적이며, 전체적인 사회의 이득이 될 것이다. 또한, 삶의 과정 전반에 걸쳐 건강증진을 이행하는 것은 모든 이들이 건강한 노화를 달성하기 위한 부분이기 때문이다. 이것의 의미는 사회, 경

제, 주택, 계획, 이동과모든 이들의 독립적 삶을 지원하는 다른 관련된 정책의 다양한 접근인 건강과 노인을 포함하여 모든 이들이 사회에서 활동적으로 일상적인 삶을 영위하는 것이 가능한 환경을 조성하는 것으로 긍정적이고 통합적인 접근을 증진시키는 것이다.

이를 위한 권고내용을 살펴보면, 첫째, '국가적 그리고 지역 수준의 정책입안자들은 독립적 삶의 증진을 통하여 활기찬 노후와 세대간 결속 증진을 위해 무엇을 할 수 있는가?'에 대한 대책이다. 먼저, 건강한 생활습관을 위한 투자를 들 수 있다. 이는 정신건강, 장애 및 질병 예방과 만성질환의 치료 및 케어를 포함한 건강증진에 초점을 맞춘 건강정책의 개발, 어린이부터 노인까지 모든 연령그룹을 위한 건강언어프로그램의 진행, 신제적, 정신적, 사회적 활동과 건강한 식습관 유지와 같은 다른 건강증진 활동에 참여하는 고용 중인 노인들에 대한 집중적 개입에 대한 투자 등이 포함되어 있다. 그리고 건강불평등의 방지를 위해서는 신체와 정신 건강을 위한 건강 조언, 예방서비스, 양질의 치료, 장기요양 서비스의 보편적이고 평등한 접근성의 제공, 문화적 및 종교적으로 적절한 건강서비스의 제공 등이 요구된다.

노인의 권리와 존엄성의 보호 증진을 위해서는 가정 또는 시설보호에서 존엄한 삶을 살 필요성에 대해 지원을 받도록 보장하고, 신체적, 정신적, 경제적 등 노인학대의 모든 형태를 예방하며, 시설보호, 지역사회보호, 단기보호, 재가보호의 다양하고 유연한 형태를 제공하는 것이다. 또한, 모든 돌봄자를 위한 좋은 근로상태의 개선, 그리고 급여와 연금권리면에서 그들의 노동을 위한 공평하고 적절한 보상을 누릴 수 있도록 보장하는 것이다. 그리고 독립적인 생활을 증진시키기 위해서는 도시개발, 가정, 교통과 공공생활 편의시설을 포함한 다른 서비스들이 노인을 위해 물리적으로 접근이 가능하고 안전한가에 대한 보장이 필요하고, 집에서 노인을 적절히 케어하기 위한 지원을 준비하는 것이다

둘째, '유럽의 정책입안자들은 독립적 삶의 증진을 통하여 활기찬 노후와 세대간 결속 증진을 위해 무엇을 할 수 있는가?'에 대한 대책이다. 이에는 주제에 맞는 지역을 포괄하는 유럽위원회의 다른 영역에 의한 더 좋은 협동정책을 개발하고, 이해 관계자 그룹과 자문과정을 통해 좋은 방안의 교환을 지원하며, 건강하고 독립적인 노화를 위한 '정보와 의사소통 기술(ICT)'투자의 지원, 건강증진과 예방을 위한 더 좋은 프로그램의 제공도 포함하고 있다.

셋째, '기업은 독립적 삶의 증진을 통하여 활기찬 노후와 세대간 결속증진을 위해 무엇을 할 수

있는가?'에 대한 대책이다. 이에는 EU 시장에서 이용할 수 있는 모든 서비스와 생산품들은 노인의 욕구를 바탕으로 하는데, EU에서는 이미 50대 이상이 인구의 1/3 이상이며 이들이 소비자 구매력의 절반 이상이라는 점을 유념하여 고령친화환경을 창조하기 위한 혁신적인 해결안을 개발하고 있으며, 여성과 남성노인을 위한 의료용품의 적절한 테스트와 디자인을 보장하고, 노인 남성과 여성을 대상으로 한 약품에 대한 테스트와 임상실험을 개발하고 있다.

넷째, '서비스 제공자는 독립적 삶의 증진을 통하여 활기찬 노후와 세대간 결속 증진을 위해 무엇을 할 수 있는가?'에 대한 대책이다. 이에는 건강과 사회적 케어에서 강화된 협동에 따른 건강한 노화 증진을 위한 통합적 접근을 시행하고, 가정, 사회적 관계망 등에서 안전성 평가를 위해 노인을 직접적으로 활용하는 특별한 선별 프로그램을 투자하며, 고령클라이언트의 정신 상태상에 집중할 수 있는 사회복지사를 교육시키는 것이다. 그리고 돌봄서비스 사용자의 참여와 권리를 보장하고, 전문적인 교육과 훈련에서 트레이너와 코치로서 이용자들도 포함시키는 것이다.

다섯째, '연구자들과 대학에서는 독립적 삶의 증진을 통하여 활기찬 노후와 세대간 결속 증진을 위해 무엇을 할 수 있는가?'에 대한 대책이다. 이에는 노인의 건강 욕구를 만족시키기 위한 노년학자와 노인병 전문의의 훈련, 생활지원기술의 사용을 포함하여 오랫동안 가정에서 독립적으로 생활하는 노인들을 지원하기 위한 간호 커리큘럼 강의 모듈의 통합, 서비스 제공의 새로운 방법의 연구, 전문적인 훈련, 코칭, 감독과 모니터링과 연구에 사용자들을 포함시키는 것이다.

여섯째, 'NGO는 독립적 삶의 증진을 통하여 활기찬 노후와 세대간 결속 증진을 위해 무엇을 할 수 있는가?'에 대한 대책이다. 이에는 웰빙(wellbeing) 향상을 목적으로 한 자원봉사서비스와 의존적 노인의 사회적 포괄을 증대시키는 것이고, 건강한 노화에 대한 정보의 제공을 통하여 건강한 생활습관을 증진시키며, 세대간 협력 조성과 지역사회의 삶 및 건강한 생활 독려를 위한 프로젝트를 조직하는 것이다.

3) 고령자의 고용률과 노인빈곤율과의 관계

먼저, 주요 EU국가 노인의 빈곤위험률을 살펴보면, 스위스의 빈곤위험률이 27.4%로 가장 높았으며, 다음으로는 스페인이 21.7%, 영국21.4%의 순으로 나타나고 있다. 여기에서 빈곤위험률이 낮은 국가들은 네덜란드(5.9%), 프랑스(9.7%)로 나타나고 있다. 스위스는 65세 이상의 전체적 고용률과 시간제 고용률이 타 국가에 비해 높게 나타났으나, 빈곤위험률도 높은 특성을 가지고 있다. 그 반면 고용률이 낮은 프랑스의 경우 빈곤위험률도 낮게 나타나고 있다. 그런데, 스위스 다음으로 빈곤위험률이 높은 스페인은 고용률이 낮고 빈곤위험률이 높은 경향을 보였다.

호주, 독일, 스웨덴의 고령화에 대응정책을 정리해보면 다음과 같다. 호주의 경우 점진적인 고령화와 비교적 안정적인 수준을 유지하고 있는 출산력과 활발한 이민정책을 기반으로 하여 고령사회에 대한 정책수행 인프라 구축과 다각적인 대응전략을 펴고 있다.

호주의 자유주의 복지국가로서의 특징은 노후소득보장체도에 분명하게 들어나고 있다. 자산조사에 의하여 저소득층 노인에게 노령연금을 제공하고 있으며, 제2층은 사적인 강제 퇴직연금으로 운영함으로써 국가의 개입을 최소화하고 있다.

반면 장기요양서비스는 일반조세에 기반하여 운영되고 있다. 그러나 최근 노인인구의 증가에 따른 보호서비스 비용의 증대에 대한 우려가 높아짐에 따라 서비스 이용자의 자기 부담을 증대시키고 서비스 제공체계를 효율화하려는 움직임이 강하게 나타나고 있다. 그럼에도 불구하고 서비스 이용에 있어서 대상자의 욕구에 대응하는 맞춤형 서비스를 제공하기 위한 다학제적 접근과 연속적 보호체계구축(Continumm of Care)과 지역사회보호우선의 기조는 강하게 유지되고 있다.

또한 경제활동의 경우 단선적인 은퇴에서 점진적인 은퇴로 변해가고 있으며 고령인력의 활용제고와 은퇴시점의 연기를 유인하는 방향으로 노후소득보장제도를 구축해가고 있다. 한편 호주 전체가 활발한 시민사회참여 경험을 갖고 있는 국가이기 때문에 노인들 또한 자원봉사 활동, 시민참여활동이나 여가활동을 활발히 하고 있는 것으로 나타났다. 이러한 정책적 대응의 결과로, 재정지출 규모에 비하여 전체 인구의 삶의 수준과 주관적인 만족도는 높은 것으로 나타났지만 노인의 경우 상대적으로 소득 영역에서 약점을 노출하고 있다. 즉 노인의 소득대체율은 69.7%로 독일이나 스웨덴에 비하여 낮으며 노인빈곤율 또한 독일이나 스웨덴보다 월등히 높은 수준이고, 전체 연령의 빈곤율의 2배 이상의 규모에 달하고 있다. 또한 타 국가에 비하여 시설보호율이 높은데 이는 일정 기간 동안 시설보호가 급증하였던 것에 기인하는 것으로 지속적으로 재가서비스를 강화하는 정책방향을 지향하고 있으므로 향후 완화될 것으로 기대된다. 독일의 경우 이미 초고령사회에 진입하고 있고 출산력 수준이 낮아 급격한 고령화가 향후도 지속될 것으로 전망되고 있어 고령화에 대한 대응이 매우 적극적으로 이루어져야 하는 국가이다. 낮은 출산력 수준은 보수적인 성역할규범이 지배적이었기 때문이며, 통일 후 경제적인 압박 등으로 인하여 출산률 수준이 계속 낮은 수준을 유지하고 있다. 경제적인 활력은 유지하고 있으나 재정적 지속성은 다소 불안정하고 국민의 행복도가 상대적으로 낮은 국가로 평가되고 있다(김용하 외,2011). 노후소득의 대체율이 91.5%로 높으며 노인빈곤율도 전체 인구에 비하여 낮은 수준을 보이고 있다. 그러나 재정적 지속가능성을 제고하기 위한 다양한 제도개선 결과 최근 빈곤문제가 심화되고 있는 것으로 나타나 정책적 관심을 요하고 있다.

한편 고령자의 경제활동참가율은 상대적으로 낮은 국가로 개선이 필요한 상황이다. 이러한 맥락에서 급격한 고령화에 따른 노동력 부족 문제에 매우 적극적으로 대응하고 있어 여성퇴직연령 상향조정, 조기연금접근 제한, 수령액 개선, 기타 조기퇴직프로그램 접근 등 다양한 퇴직연장 장려책을 펴고 있다. 고령화에 따른 장기요양보호를 사회적 위험으로 규정하고 세계에서 제일 처음으로 노인장기요양보험을 도입하였다는 데서 독일이 갖고 있는 복지국가로서의 특징이 분명히 들어난다. 다수의 노인의 경우 경제적인 문제가 해결될 경우 여유를 즐기며 여러 가지 활동을 하고 있으며, 이에는 독일에서의 종교단체를 중심으로 한 기부와 봉사활동이라는 기반이 긍정적으로 작동하고 있다.

스웨덴은 매우 점진적으로 고령화를 경험해온 국가로 출산력 수준이 인구대체수준보다 많이 낮지 않은 등 향후도 인구고령화가 급격하지는 않을 것으로 전망된다. 북유럽형 사민주의 복지국가로서의 특성으로 인하여 조세중심의 높은 복지지출을 하고 있으며 고부담-고복지와 경제성장의 선순환구조가 정착되어 있다. 그 결과 국민행복도나 복지충족도 등이 상위권이다.

노후소득보장제도는 최저소득보장을 수반한 명목확정기여방식을 갖고 있어 공적 요소를 통하여 최저 수준과 적절한 노후소득을 동시에 보장하려 노력하고 있다. 건강과 장기요양과 관련해서도 일반조세를 통하여 서비스를 제공하고 있다.

성평등을 국가의 목표로 설정하고 있고 그 결과 성평등지수가 가장 높은 국가이며 OECD 행복지수도 높은 성과를 갖고 있고 노인의 빈곤율도 6.2%로 호주나 독일에 비하여 월등히 낮다. 그러나 인구 전체의 빈곤율인 5.3%보다는 높은 수준으로 스웨덴에서 노인이 타 연령보다 더 높은 복지수준을 누리고 있다고는 볼 수는 없다.

한편, 고령연령층의 고용률이 호주나 독일에 비하여 매우 높아 노동시장에서의 연령차별이 매우 완화된 국가로 보여지며 다양한 사회참여활동도 이루어지고 있고, 특히 고령자의 이익을 옹호하기 위한 다양한 민간단체의 활동이 활성화되어 있다 노후소득의 적절성과 관련된 마지막 지표인 가족지원 실태를 보면 호주의 경우 노인 중 16.2%가 성인자녀와 동거하고 있어 독일이나 스웨덴과 같은 서구국가에 비하여 높은 수준이다. 또한 생존자녀는 현재 3.0명에서 2040년에는 2.0명으로 감소할 것으로 전망되고 있다. 독일은 노인 중 성인자녀와 동거하고 있는 비율이 8.4%이며 생존자녀수가 2.1명이지만 2040년에는 급감하여 1.4명이 될 것으로 추계되었다. 스웨덴은 노인 중 성인자녀와 동거하고 있는 비율이 4.1%로 매우 낮지만 생존자녀수에는 큰 변화가 없을 것으로 전망되었다. 반면 한국은 노인 중 성인자녀와 동거하고 있는 비율이 37.2%로 매우 높지만 생존자녀수가 향후 3.6명에서 1.8명으로 급감할 것으로 전망되었다. 이는 공적 소득부장의 미비함을 보완해주던 사적 이전이 그 역할을 하지 못할 것임을 보여주는 것으로 공적 노후소득보장체계의 개선이 매우 시급함을 다시 한 번 확인시켜주고 있다.

호주는 비교적 고령화에 대응능력이 높은 국가로 노인빈곤 문제 해결이 요구되며, 건강관련 비용의 증대에 적극 대처해가야 할 것이다. 독일은 소득의 적절성 수준은 높지만 재정안정성에 문제가 있어 급여수준을 조정해가야 할 것이며, 동시에 출산력의 저하등과 같은 고령화 속도를 저하시킬 수 있는 정책적 개입이 요구된다. 마지막으로 스웨덴은 노후소득의 적절성은 상위에 속하지만 재정적 지속가능성은 상대적으로 낮아 재정안정화를 위한 조정 작업이 요구된다. 위에서 살펴본 미래 전망은 현재의 정책구조를 유지한다고 가정하고 있으며, 주로 재정적인 지속가능성에 초점을 두고 이루어진 것이다. 따라서 각 국가가 현재의 문제진단에 기초하여 어느 정도로 적극적인 대응을 해가는 가에 따라서 각 국가의 미래는 앞서 제시된 미래 전망과 동일할 수도 달라질 수도 있는 것이다. 또한 본 전망은 사회문화적인 측면에서의 고령화 대응 준비도에 대한 검토는 실시하지 않았다는 한계를 갖고 있다. 각 국가가 고령화 및 고령자에 대하여 갖고 있는 태도와 인식 등에 의하여 고령화 대응력이 달라질 수 있기 때문에 각 국가의 사회문화적인 특성에 대한 고려 또한 미래 전망시 고려되어야 할 것이다.

<표 12-1> 국가별 고령화 대응 정책의 특성비교

	호 주	독 일	스웨덴
인구고령화	고령화 사회	초고령사회	고령사회
	점진적인 고령화	상대적으로 빠른 고령화	점진적인 고령화
	출산력 수준이 양호하고 이민 활발	출산력 수준이 낮아 급격한 향후도 고령화 우려	출산력 수준이 낮지 않아 향후도 고령화는 급 격하지 않을 것임.
복지지출	지출수준이 그리 높지 않음	사회보험중심의 복지지출	조세중심의 높은 복지지출
노후 소득보장제도 1)	자산조사형 1층 + DB형강제퇴직연금 2층	자산조사형 1층 + 포인트형의 공적 2층(의무가입)	최저소득보장을 수반한 명목확정기여방식
	급여대상 (65세 이상)의 78%	급여대상 (65세 이상)의 2%	급여대상 (65세 이상)의 55%
	1층의 급여액: 평균소득의 23.7% 목표	급여액: 평균소득의 20.3% 목표	급여액: 평균소득의 16.3% 목표
	순연금 대체율: 58.9%(여자: 56.9%)[a)	순연금 대체율: 57.9	순연금 대체율: 53.6%
	노인소득: 전체인구 소득의 69.7%	노인소득: 전체인구 소득의 91.5%	노인소득: 전체인구 소득의 82.0%
	퇴직연장 장려책 - 여성 퇴직연령 인상 조정 - 수령액 개선 - 기타 조기퇴직 프로그램 접근	퇴직연장 장려책 - 여성퇴직연령인상 조정 - 조기연금접근 제한 - 수령액 개선 - 기타 조기퇴직 프로그램 접근	퇴직연장 장려책 - 정규퇴직연령 연장 - 완전연금보험기여 기간 연장 - 수령액 개선 - 연금제도에서 민간저축의 확대필요

장기요양보호 2)	재원: 일반조세	재원: 사회보험(별도의 장기요양보험)	재원: 일반조세 (public long-term care)
	급여방식: 현물급여	급여방식: 현물+현금급여	급여방식: 현물급여
	대상: 전연령 대상, ACAT에 의한 사정으로 대상자 선정	대상: 전연령 대상, 평가에 의한 대상자 선정	대상: 전연령 대상
	사용자 부담: 지불능력에 따른 부담	사용자 부담: 급여상한 초과액(시설급여는 숙식비 별도)	사용자 부담: 지자체가 설정한 분담액
	장기요양비용 지출: GDP 대비 1.19%	장기요양비용 지출: GDP 대비 1.35%	장기요양비용 지출: GDP 대비 2.89%
	- 구조개선정책의 확립 - 조정과 평가 개선 - 지불제도에 대한 대책 - 공급과 질에 대한 대책 - 비용최소화를 위한 서비스 혼합 - 서비스 구매와 비공식적 보호자를 위한 이전소득	- 조정과 평가 개선 - 지불제도에 대한 대책	- 구조개선정책의 확립 - 지불제도에 대한 대책
경제활동	퇴직 유인효과가 소득과 무관하게 일정	하위/중간소득자가 근로를 지속할 동기가 적은 국가	하위/중간소득자가 근로를 지속할 동기가 적은 국가
	저소득고령인력에 대한 고용급여 인상 교육 및 훈련 프로그램 적극 수행	교육 및 훈련 프로그램 적극 수행	교육 및 훈련 프로그램 적극 수행
다양한 사회참여활동	시민 참여 활발	시민 참여 활발	시민 참여 활발

주: a) 남자와 여자가 다름. ( )은 여자의 대체율임
자료: 1) OECD, Pension at a Glance, 2011.
Casey et al., Policies for an Ageing Society, 2003.
2) OECD, Long-term Care for Older People, 2005.

2

노인복지 서비스

행정안전부 주민등록 인구통계에 의하면 우리나라는 65세 이상 노인인구가, 2025년에는 20.3%로 초고령사회(보건복지부, 2022). 노인복지(the aged welfare)는 많은 사회문제 중, 특히 노인에게 일어나는 문제를 해결하고 노인의 복지를 이룩하려는 사회적 노력이라고 할 수 있다. 오늘날 사회변화와 다양화를 추구하는 산업화·정보화 시대에서 노인들은 젊은 세대들에 비해 생활의 적응력이 어렵고 생산 활동에서 소외되어 있으며, 이와 같은 노인의 생활을 둘러싸고 있는 제반 여건들이 불가피하게 노인문제를 야기하고 있다. 따라서 노인복지란 인간다운 생활을 영위하면서 자신이 속한 가족과 사회에 적응하고 통합될 수 있도록 필요한 자원과 서비스를 제공하는데 관련된 공적, 사적 차원에서의 조직적 제반활동이라고 정의 내리고 있다.

노인의 건강 수준에 따라 노인복지서비스는 세 범주로 나뉜다. 건강한 노인을 위한 사회적 지지, 병약한 노인을 위한 지역사회서비스, 더 이상 지역사회에서 독립적으로 생활할 수 없는 노인을 위한 시설에서의 장기요양보호서비스 등이다(Tobin & Toseland, 1900).

건강한 노인들을 위한 사회적 지지로서 여가서비스는 노인복지관, 경로당, 노인교실 등에서 주로 제공된다.

병약한 노인들을 위한 지역사회서비스가 우리나라에서는 재가서비스로 불린다. 재가서비스는 서비스 대상자가 재가시설을 방문해서 이용하는 급식서비스, 여가서비스, 의료서비스 등의 이용서비스와 방문간호나 식사배달, 가사지원과 같이 재가시설에 고용된 서비스 제공자가 대상자의 집을 방문해 제공하는 방문서비스로 나누어진다. 재가서비스를 통해 그렇지 않았으면 시설에서 보호할 수밖에 없는 노인들이 지역사회에서 생활이 가능해진다. 독립적 생활의 유지가 재가서비스의 주 목적이다. 재가서비스에는 주·야간보호서비스, 단기보호서비스, 방문요양서비스, 방문목욕서비스, 방문간호서비스, 무료급식서비스, 지지집단서비스 등이 포함된다. 시설에서의 장기요양보호서비스는 노인장기요양보험제도 시행으로 양적으로 급증하고 있다. 노년기에는 일반적으로 신체적 기능이 저하되기 마련이라 어느 시점에 가서는 건강상태가 악화되어 독립적으로 일상생활을 하기 어렵게 된다. 따라서 가족의 부양능력으로 신체적 수발을 담당하기 어렵거나 가족이 없는 노인인 경우에는 시설보호가 불가피하게 된다. 평균수명의 연장, 가족구조의 변화, 가족의 노부모부양기능 약화를 감안할 때 시설보호에 대한 앞으로의 수요는 급증하리라고 예측된다.

1) 노인상담

우리나라 노인복지법에 의하면, 시·군·구 자치구에 노인복지상담원을 두고 노인에 대한 복지를 도모하는데 필요한 상담 조치를 하도록 규정되어 있으나 실제로는 사문화되어 있는 실정이다. 손화희(2007)에 의하면, 서울지역의 노인복지시설들은 가족상담, 생활상담, 심리상담, 건강상담, 취업상담, 일상생활정보상담, 노후설계 등 다양한 영역의 노인상담 프로그램을 실시하고는 있었으나 전문인력이 부족하고 또한 상담업무에 할애할 수 있는 시간이 부족한 것으로 나타났다. 노인상담의 필요성은 시설거주 노인이 증가하고 있고, 노인자살이 급격하게 증가하고 있으며, 노인학대가 급증하고, 가정 내 문제의 외부노출을 꺼리는 문화적 특성을 감안할 때 그 타당성이 충분히 인정된다(손화희, 2008).

노인상담에서는 주로 빈곤, 질병, 취업문제, 시설입소, 이성교제, 재혼, 고립, 상실, 독립과 의존 등 노년기의 기본 욕구 충족 및 심리사회적 문제들을 다룰 것으로 기대된다. '한국 노인의 전화'와 각 지역의 '노인의 전화'가 노인상담을 제공하는 대표적인 기관이다. 최근에는 노인복지관, 노인보호전문기관, 노인치매상담센터 등 노인 관련 기관들에서 상담 영역과 활동이 확장되고 있다. 노인상담을 제공하는 인력은 상담전문가부터 자원봉사자, 노인 동료상담자에 이르기까지 전문성의 편차가 매우 큰 실정이다. 노인상담인력양성에 대한 관심이 높아지면서 경기도 노인종합상담센터에서는 노인인복지상담사, 노인진로상담사, 노인집단상담사, 노인심리상담사 과정 등을 운영하고 있다. 대한노인회와 가정행복학교 한국노인상담교육원에서는 경로당 노인교육 활성화를 위한 노인상담사 전문 교육과정을 운영하고 있다.

MEMO

13
CHAPTER

장애인구와 사회복지

1

장애인복지의 필요성

'장애를 가진 사람'이라는 뜻의 장애인이라는 용어가 처음 사용되기 시작한 것은 1989년이다. 1981년 처음으로 우리나라에서 복지법이 제정, 시행되면서 당시에 장애인이라는 용어가 없었기에 일본의 '장해자'라는 말을 빌려와 '장애자'로 사용하였다. 자(者)의 의미가 '놈'이라는 뜻을 가지고 있어서 부정적이라는 지적과 함께 사람 '인' 자를 사용하자는 견해에 따라 1989년 장애인 복지법으로 개정하면서 장애인이라는 용어가 사용되고 있다.

한편, 장애가 없는 사람을 '비장애인'으로 표현하기도 하고 '정상인'으로 사용하는 경우도 있다. 비장애인이라는 용어도 객관적인 용어는 아니지만 정상인이라는 용어는 결코 사용하지 말아야 한다. 장애가 없는 사람이 정상인이라면 장애가 있는 사람은 비정상인이 되기 때문이다.

장애인복지에 있어서의 기본적인 목표는 장애인들이 우리 사회의 한 구성원으로서 비장애인과 함께 더불어 살아가고 또한 보편적인 삶을 유지할 수 있도록 지원하는 것이며, 이를 통하여 그들의 완전한 사회참여와 평등이 실현될 수 있는 것이다. 장애인의 범주가 확대됨에 따라 장애인복지의 영역확대에 따른 장애인복지정책의 중요성과 책임성도 높아지고 있다.

1) 장애인복지의 개념

(1) 장애의 정의

장애라는 용어는 다양한 의미로 사용되고 있어 한마디로 정의하기는 매우 어렵다. 장애는 의학적 정의, 사회적 정의, 직업적 정의, 법적 정의와 같이 다양하게 정의할 수 있다.

① 의학적 정의

장애를 정상의 범위에서 벗어난 신체 정신의 구조, 기능 등 해부학적 측면의 손상이나 결함을 의미한다.

② 사회적 정의

사회적 역할에 대한 의미로서 장애인에 대한 사회적 시각을 의미한다.

③ 법적 정의

한 사회에서 법으로 정해진 장애를 의미한다.

④ 직업적 정의

직업을 찾고 유지하는데 지장이 있는 정도를 판가름해서 장애여부와 정도를 구별지음

⑤ 장애인복지법(제2조)에서의 정의

장애인은 신체적, 정신적 장애로 인하여 장기간에 걸쳐 일상생활 또는 사회생활에 상당한 제약을 받는 자를 말한다.

⑥ 유엔의 장애인권선언

장애인은 선천적이든 후천적이든 신체적, 정신적 능력이 불안정하여 일상의 개인 또는 사회생활에서 필요한 것을 자기 자신이 확보할 수 없는 사람을 의미한다고 규정하고 있다.

2) 장애개념의 변화

- 장애를 규정하는 개념이 단순모델에서 복합모델로 전환되었다.
- 장애의 개념 규정에서 환경적 요인들을 점차 강조되었다.
- 장애의 개념 규정에서 긍정적인 용어사용을 강조되었다.

장애의 개념적 모델은 개별적 모델과 사회적 모델로 분류할 수 있다.

(1) 개별적 모델

장애라는 현상을 질병, 종양 및 건강조건 등에 의해서 직접적으로 야기된 '개인'의 문제로 간주하는 개별적 모델에는 근본적으로 중요한 두 가지 핵심사항이 있다.

첫째는 개인의 장애문제에 그 핵심을 둔다는 점이다.

둘째는 이러한 문제의 원인이 장애를 발생시키는 근본적인 제한 혹은 심리적인 상실에 기인한다고 보는 점이다.

본 관점은 '의료 전문가에 의한 개별적 치료'라는 형태의 의료적 보호를 해결책으로 제시하며 장애관리의 초점을 개인의 보다 나은 적응과 행위의 변화에 둔다. 일명 기능제약모델이라고 하기도 하며 기존의 의학적 정의와 경제학적 정의가 여기에 포함된다. 따라서 개별적 모델에서는 노동능력이 없고 거동이 불편한 중증장애인을 중심으로 수당이나 급여가 제공된다. 개별적 모델에서 장애인은 항상 객체이다. 서비스의 종류, 양과 기간은 대부분 전문가들에 의해 결정된다. 왜냐하면 장애인은 '보호'받아야 할 취약한 사람들이기 때문이다.

(2) 사회적 모델

장애라는 현상을 장애를 가진 사람의 사회로의 통합이라는 관점에서 '사회적인'문제로 간주하는 사회적 모델은 개별적 모델에서 전제하고 있는 두 가지 주요점을 완전히 무시하는 것에서 시작된다. 즉 장애를 개인에게 귀속된 것이 아니고 사회적 환경에 의해 창조된 조건들의 복잡한 집합체로 보는 것이다. 조직 내에서 수용하고 이에 적합한 서비스를 제공하는 데 대한 사회의 실패를 의미하는 것이다.

사회적 모델은 장애인을 '장애로 인해 사회적 배제 기제에 의해 불이익을 당하는 사람'이라고 바라보기 때문에 문제는 의식적이든 무의식적이든 장애인을 기피하려는 차별적 사회 기제이다. 따라서 차별적 사회기제를 없애는 것이 중요한 이슈가 된다.

2

장애인구의 빈곤문제와 차별문제

1) 장애인과 빈곤

장애인은 신체, 정신 또는 기타의 사유로 근로능력이 없거나 있어도 상당한 한계를 갖고 있어서 빈곤계층으로 전락될 가능성이 어느 인구집단보다 크고 실제 장애인은 법정 빈곤계층 가운데 다수를 차지하고 있다. 우리나라는 장애인과 비장애인 간의 소득 격차가 OECD 회원국 내에 최하위권에 있을 만큼 장애인의 소득 수준이 연약하다(변용찬 외, 2003). 장애인가구 중 국민기초생활보장 수급자 비율은 15.0%다(김성희 외, 2017). 특히 한 가정의 생계를 책임져야 하는 가구주가 후천적으로 질병 또는 교통사고나 산업 재해로 인해 장애인이 될 경우 그 가정은 빈곤가정으로 전락될 가능성이 매우 높다. 장애인에 대한 재활의료서비스는 장기간에 걸쳐 지속되는 경우가 대부분이고 이에 따라 막대한 의료비 지출이 요구되기 때문이다.

장애인을 위한 소득보장정책은 직접적 소득보장제도와 간접적인 경제적 부담의 경감 조치를 포함한다. 직접적 소득보장제도는 저소득 장애인이 신청할 수 있는 국민기초생활보장제도, 장애인연금, 장애인수당제도로 나누어진다. 우리나라의 대표적인 공공부조제도인 국민기초생활보호제도에 의해 근로능력이 없고 소득과 재산에 기초한 소득인정액이 기준 이하의 요건에 해당하는 장애인은 정부로부터 생계급여를 받을 수 있다. 저소득층 중증장애인의 생활안정 지원과 복지증진 및 사회통합을 목적으로 하는 장애인연금법에 근거한 장애인연금은 만 18세 이상 등록한 중증장애인으로 본인과 배우자의 소득인정액이 선정기준액 이하인 장애인이 신청할 수 있다. 장애인수당은 차상위계층 이하의 경증장애인이 신청할 수 있는 제도다. 장애아동부양수당은 차상위계층 이하의 모든 장애아동 가구를 지원한다. 장애인을 위한 간접적 소득보장정책에는 빈곤한 장애인가정과 일반 장애인

가정의 경제적 부담을 간접적인 방식으로 경감시켜주는 세금공제 등의 조치가 있다. 그 밖의 간접적 소득보장으로는 의료급여 수급권자인 장애인의 의료비 지원, 소득인정액이 일정금액 이하인 가구의 1~3급 장애인인 중·고등학생 및 1~3급 장애인의 중·고등학생 자녀 교육비 지원, 소득인정액이 일정금액 이하인 가구의 장애인인 중·고등학생 및 장애인의 중·고등학생 자녀 교육비 지원, 장애인 재활보조기구 무료 교부, 건강보험 지역가입자의 보험료 경감, 전화요금 감면, 철도와 지하철 및 항공요금 할인, 승용차 관련 할인 등이 있다.

2) 장애인과 차별

장애인 차별은 '합리적인 이유 없이 노동, 교육, 공공서비스의 제공 등에 있어서 장애인을 배제·구별하거나 불리하게 대우하는 행위 및 그밖에 이에 준하는 행위'로 정의된다(김성희 외, 2004). 장애인 차별은 잘못된 인식과 편견과 같은 사회인식적 측면, 양질의 노동과 높은 수익성을 추구하는 시장경제 구조, 사회진화적 측면에서 보는 의학적·우생학적 관점, 차별원인을 해결할 수 있는 국가정책 및 법률의 부족 등에서 그 원인을 찾아볼 수 있다(김성희 외, 2004).

장애인 차별은 합리적인 이유 없이 장애를 이유로 불이익을 주는 직접적 차별과 비장애인을 기준으로 한 기준이 장애인에게 불리한 결과를 발생케 하는 간접적 차별로 이루어진다. 학교나 기업에서 합리적인 이유 없이 장애인 입학이나 취업을 거부하는 것은 직접차별에 해당된다. 국가인권위원회(2002)는 간접적 차별을 '동일한 기준을 모든 사람에게 적용하였음에도 불구하고 보호받아야 할 집단이 다른 집단에 비해 상당히 높은 비율로 해당 기준을 충족시키지 못함으로 인해 손해를 입게 되는 경우'로 규정하였다. 중립적인 기준을 적용했어도 그 중립적 기준이 특정 소수자 집단에게 불이익을 야기하면 차별로 볼 수 있다는 것이다. 가시적인 직접적 차별에 대해서는 그동안 많은 변화가 있었으나 간접적 차별 관련해서는 사회적 인식 증진과 더불어 적극적인 개선노력이 시급한 실정이다.

보다 세분화해 보면, 차별의 유형은 장애인을 정당한 이유 없이 배제·거부하거나 불리하게 대우하는 직접차별, 형식상으로 공정한 기준을 적용했더라도 장애인에게 불리한 결과가 발생하는 간접차별, 과도한 부담이나 현저히 곤란한 사정과 같은 정당한 이유 없이 장애인에게 편의시설이나 서비스 등의 제공을 거부하는 정당한 편의 제공거부, 광고의 내용이 장애인에 대한 배제·거부 등 불리한 대우를 나타내는 광고를 통한 차별이 있다.

UN 인권위원회에서 제시한 장애인 차별분류는 경제적·사회적 및 문화적 권리 규약 하에 노동권, 여성장애인권리, 생존권, 건강권, 교육권, 문화향유권으로 대분류하였고 시민적·정치적 규약 하에 장애이유로 차별금지, 장애인지원서비스, 형사상의 권리, 시설장애인 권리, 가족생활권, 참정권으로 대분류하여(정무성·양희택·노승현, 2006) 장애인의 각 생활영역에서의 차별을 파악할 수 있는 체계적인 분류를 제시하고 있다. 그러나 접근권과 소비자권리는 빠져 있어 이에 대한 보완이 요구된다. 우리나라의 장애인차별 금지법에서는 차별의 영역을 고용, 교육, 재화와 용역의 제공 및 이용, 사법·행정절차 및 서비스와 참정권, 모·부성권·성, 가족·가정·복지시설 및 건강권 등 여섯 영역으로 규정하고 생활상의 다양한 형역에 걸친 차별을 금지하고 있다.

장애인차별금지법이 별도로 제정되기 전에도 장애인복지법 제8조에 차별금지, 선거권보장, 장애발생예방, 정보에의 접근, 사회환경 개선, 문화환경 정비, 경제적 지원 등 차별 관련 조항이 마련되어 있었으나 기본권 침해 같은 차별에 대한 근거 및 위법 시 벌칙 등에 있어서 구체성과 실효성이 낮은 편이었다.

2007년 제정된 장애인차별금지법은 장애를 이유로 한 차별을 금지하고, 장애를 이유로 차별받은 사람의 권익을 구제함으로써 장애인의 사회참여와 평등권 실현을 통해 인간으로서의 존엄과 가치를 구현하기 위해 만들어졌다. 특히 이 법은 입법과정에서 장애인 당사자의 요구가 최대한 반영되도록 하기 위해서 장애인 스스로 주도한 장애인 당사자 운동의 제언들을 받아들였다. 동법에서 차별은 장애인 당사자는 물론 장애인을 돕고 있는 사람에 대한 부당한 처우, 장애인이 사용하는 보조견 및 보조기구 등의 정당한 사용을 방해하는 것을 차별로 규정하고 있다.

3

직업재활과 고용

직업은 생계의 수단일 뿐 아니라 사회적 기여와 자아실현 차원에서 인간의 삶에 큰 의미를 지니는 데 일반적으로 장애인은 신체적 기능손상이나 정신적 기능손상으로 직업을 갖고 유지하는 데 어려움이 따르므로 이와 관련된 서비스 지원이 필요하다. 직업 재활은 장애인이 직업을 갖고 그 직업을 유지할 수 있도록 직업과 관련된 모든 원조, 즉 직업훈련 및 지도, 취업알선 등을 제공하는 것을 의미한다. 장애인고용촉진 및 직업재활법에서는 직업재활을 장애인의 직업지도, 직업적응훈련, 직업능력개발훈련, 취업알선, 취업, 취업후 적응지도 등으로 구분하고 지원함으로써 장애인이 직업생활을 통하여 자립할 수 있도록 직업재활을 강조하고 있다(장애우권익문제연구소, 2001). 직업재활은 장애인의 존엄성을 증진하는 인도주의적 사업일 뿐 아니라 비경제적 사회구성원을 경제적으로 유용한 존재로 만들어 사회적 부담을 줄이고 사회적 생산에 기여한다(Rubin & Rossler, 2001).

직업재활서비스에는 직업상담, 직업평가, 개인·사회적응훈련, 직업적응훈련, 직업훈련, 직종개발과 배치, 보호고용, 지원고용, 사회지원서비스가 포함된다(정무성·양희택·노승현, 2006). 직업상담은 상담을 통해 장애인이 직업에 대한 동기를 갖고 직업생활을 계획하며 직업을 선택하고 준비하여 직업을 유지할 수 있도록 원조한다. 직업평가는 의료적, 심리적, 사회적, 직업적, 문화적 영역 등에 대한 포괄적인 평가결과들을 통합하여 직업에 관한 대상자의 통찰력을 높이고 직업 프로그램에 필요한 기초, 특성, 직업욕구 등을 평가하기 위한 전문적이고 체계적인 일련의 포괄적 활동 및 과정을 의미한다. 개인·사회적응훈련은 장애인이 주거생활과 사회생활을 하는 데 필요한 다양한 기술을 익히게 하는 데 목적이 있다. 직업적응훈련은 주로 지역사회나 사업체 등에서의 현장훈련을 일컫는다. 직업훈련은 보호작업장이나 근로작업장의 현직훈련, 일반사업체의 현직훈련, 시설의 공과 훈련으로 구분된다. 직업배치는 직업이나 부업, 작업활동, 보호시설 등에 관한 정보를 장애인 개인의 관심과 능력에 맞게 제공하고 직업과정에서의 적응능력을 배양해주는 것을 일컫는다. 보호고용은 중증장애로 인해 일반 경쟁 노동시장에서 취업이 어려운 장애인들을 위해 특별한 환경이나 지원을 통해 고용을 유도하는 것을 의미한다. 지원고용은 일반사업체에서 고용이 어려운 장애인을 대상으로 비장애인과 통합된 작업장에서 계속적인 지원서비스를 제공하여 고용을 안정되게 유지하도록 돕는 것이다. 사후지원서비스는 취업 이후 예기치 못한 문제발생에 대비해 일정기간 동안 장애인과 고용주를 지원하는 것을 일컫는다.

장애인 직업재활 관련 전문가로는 1990년 제정된 장애인고용촉진 등에 관한 법률(현, 장애인고용촉진 및 직업재활법)에 의해 양성되고 있는 직업생활 상담원, 1994년 개정된 특수교육진흥법에 근거한 직업담당 교사, 근로자직업훈련촉진법에 의한 직업능력개발훈련 교사, 1991년부터 한국직업재활학회에 의해 자격이 관리되는 장애인 직업재활 상담사가 있다(강위영·나운환, 2001).

우리나라 장애인의 고용 현황은 높은 실업률과 저임금이 특징으로 매우 열악한 형편이다. 학력이나 기술이 있는데도 사회적 차별에 의해서 직업을 갖지 못해 경제적 어려움을 갖는 장애인의 고용을 촉진하기 위한 제도로는 일정 규모 이상의 사업장에 대하여 장애인을 일정 비율 의무적으로 고용하도록 하는 고용할당제도가 있다. 민간기업의 경우 기업의 규모가 클수록 장애인고용률이 낮은데 장애인 의무고용률 2% 도입 이후 장애인의 대다수가 50인 이하의 소규모 영세업체에 주로 취업하였으며, 대기업은 고용부담금을 통해 장애인 고용을 회피하고 있는 실정이다(노동부, 2008). 정부에서는 장애인 고용을 선도하기 위해 장애인공무원 의무고용률의 목표를 3%로 상향 조정한 개정법률을 2009년부터 시행하고 있다.

일반취업이 불가능한 장애인을 위한 제도로는 특정 시설에서 근로활동을 함으로써 그들의 직업재활과 소득 수준을 향상시키기 위해 고안된 보호고용제도이다. 장애인을 위한 보호고용시설로는 장애인 근로시설과 장애인 이용 및 수용시설에 부설된 보호작업장, 근로복지공단에서 운영하는 산업재해 근로자 자립작업장이 있다. 장애인 근로시설은 지체장애인이 대부분이고 장애등급별로는 중증장애인이 다수이다. 보호작업장의 주요 생산품은 목공예, 비닐봉투, 전자부품조립 등이 주를 이루며 상당수 작업장이 이익잉여금을 내지 못하고 있는 실정이다. 보호작업장의 경영실적이 저조한 이유는 생산품의 판로 개척에 어려움이 있으며, 단순작업에 의존하고 있어 생산성이 낮고, 경영 및 생산체제의 전문성이 떨어지기 때문이다. 산업재해근로자 자립작업장에는 소수의 장애인들이 입소하여 봉제나 목공예 작업을 주로 한다.

보호작업장 설치 및 운영의 근본적인 취지는 일반고용이 어려운 중증장애인을 대상으로 교육, 훈련, 고용의 기회를 제공하는 것으로 되어 있다. 그러나 우리나라는 현재 중증장애인의 수에 비해 보호고용시설이 매우 부족한 실정이며, 중증장애인 대부분이 재가장애인이라서 생활시설 부설로 운영되는 보호작업장은 재가장애인들에게 직업재활과 근로에 의한 소득향상의 기회를 제공해 주지 못하고 있다. 뿐만 아니라 근로시설과 보호작업장의 직종들이 부가가치가 낮아 수익성이 적은 사양산업 위주여서 적정한 효과를 거두지 못하고 있다.

4

장애에 관한 관점과 장애인복지서비스

장애의 개념은 크게 개인적 모델과 사회모델로 구분될 수 있다. 개인적 모델은 장애의 원인과 문제, 해결책을 장애인 개인의 속성에 근거하는 반면, 사회적 모델은 사회환경과의 상호작용에서 비롯되는 원인과 문제로 보고 해결책을 환경의 변화에서 모색한다. 올리버는 개인적 장애 모델과 사회적 장애 모델을 〈표 13-1〉과 같이 비교하였다(Oliver, 1996).

<표 13-1> 개인적 장애 모델과 사회적 장애 모델의 비교

개인적 장애 모델	회적 장애 모델
· 개인적 비극으로서의 손상	· 회적 억압으로서의 장애
· 개인적 문제에 관심	· 사회적 문제에 관심
· 개인적 치료와 처치	· 사회적 행동과 임파워먼트
· 전문가 활동	· 자조와 협조
· 전문가의 지배	· 개인 및 집합적 책임
· 사회적 기준에의 적응	· 개인간 차이의 긍정
· 장애인을 위해 무언가를 하기	· 장애인과 함께 실천하기
· 장애아의 순종	· 소비자로서의 권리
· 목표에 대한 전문가의 통제	· 장애인의 목표 선택

개인적 모델은 의료적 모델로도 일컬어진다. 개인적 모델은 장애의 원인과 문제가 장애인 개인에게서 비롯된다고 전제하므로 변화의 대상을 장애인 개인에 초점을 두게 된다. 개인적 모델에는 두 가지 접근법이 있는데 장애를 수술, 약물치료와 같은 의학적 혹은 생물학적 개입과 유전학적 개입

을 통해 예방되거나 개선될 수 있는 신체적이거나 정신의학적 조건에 의해 야기되는 것으로 간주하는 생물의학적 접근법과 장애를 작업치료나 물리치료 같은 재활서비스를 통해 치료될 수 있는 결함 자체에 기인하는 기능적 무능력으로 상정하는 기능적 접근이다(정순둘 외, 2007). 개인적 모델에 근거한 장애의 개념은 장애의 사회적 맥락을 고려하지 않으며, 생물학적 결함의 강조로 장애인이 사회적으로 열등하다고 추정하게 만들고, 장애인과 전문가의 관계를 의존적으로 만든다는 비판을 받고 있다(Liachowitz, 1988; Oliver, 1998).

사회적 모델은 장애로 인해 발생하는 대부분의 문제가 장애인을 둘러싼 사회환경에 문제가 있거나 그 사회환경들과의 상호작용에 문제가 있어서 발생하는 것으로 본다. 사회적 모델은 장애인의 신체적·정신적 결함이나 기능적 한계가 아닌, 그들에게 제약을 부과하는 사회적 환경에 초점을 둔다. 따라서 사회적 모델은 장에를 갖고 있는 사람들을 사회가 어떻게 차별하고 억압하는지와 사회가 어떻게 그들의 욕구에 보다 효과적으로 반응할 것인지에 관심을 집중한다. 사회적 모델에 기초한 장애인복지실천은 장애인들과의 상호 협조적인 관계 속에서 이루어지고 정치적, 사회적, 경제적, 물리적 환경의 장벽 제거가 목표이다(wiliams, 1997). 사회적 모델 또한 한계가 지적된다. 사회적 모델은 장애인이 경험하는 우울이나 고통을 부인하고, 장애인 개인의 개성을 무시한다는 비판을 받고 있다(Priestly, 2003; Williams, 1997).

한편 장애인에 대한 개입의 관점은 재활 패러다임에서 자립생활 패러다임으로 변화되고 있다. 드종은 재활 패러다임과 자립생활 패러다임을 〈표 13-2〉와 같이 비교하였다(Dejong, 2001).

<표 13-2> 재활 패러다임과 자립생활 패러다임

항목	재활 패러다임	자립생활 패러다임
문제의 정의	신체적 손상, 직업기술의 부족, 심리적 부적응, 동기 및 협력 부족	전문가, 친척 등에 의존, 부적절한 지원서비스, 건축/경제적 장벽
문제의 위치	개인	환경, 재활과정
문제의 해결	의사, 물리치료사, 직업재활상담원 등의 전문적 개입	동료상담, 옹호, 자조, 소비자주권, 장애제거
사회적 역할	환자/클라이언트	소비자

통제 주체	전문가	소비자
원하는 결과	최대한의 일상생활활동, 유급취업	자립생활

재활 패러다임은 장애 자체를 문제의 원인으로 전제하고 전문가의 원조를 통해 장애인의 잔존 기능을 회복하여 장애상태를 최대한 극복하는 데 초점이 있다. 자립생활은 장애인들이 자신의 삶을 스스로 선택하고, 조정하며, 관리하는 것을 일컫는데 자립생활 패러다임은 장애인이 정신적·신체적으로 타인에게 의존하는 것을 최소화하고 지역사회 생활에서의 역할유지능력을 최대화하도록 자립생활을 지원하는 서비스가 필요하다고 본다.

장애인복지는 장애인에 대한 인간으로서의 존엄한 권리를 보장하고 사회적으로 동등한 대우를 받도록 국가와 사회적 차원에서 이루어지는 제반 활동을 말한다(김태성·홍선미, 2006). 우리나라는 장애인복지와 관련해 장애인복지법 외에 특수교육진흥법, 장애인고용촉진 및 직업재활법, 장애인차별금지 및 권리구제 등에 관한 법률, 장애인교육지원법(장애인 등에 대한 특수교육법)이 있어 기본적 법적 장치는 그 토대가 마련되어 있다. 그러나 보다 중요한 것은 법적·제도적 보완과 확충이 서비스의 질적 향상까지 수반해야 한다는 점이다. 현재의 장애인복지서비스는 장애정도보다는 저소득층을 대상으로 하는 서비스가 주축이 되고 있어 저소득층이 아닌 중증 장애인의 의료, 재활, 복지서비스는 가족에게 큰 부담과 책임을 부여한다.

재가장애인을 위한 서비스로는 장애인종합복지관 혹은 지체, 시각, 청각, 언어, 지적 장애 등 일정 유형장애인을 대상으로 하는 단종 복지관, 주간보호센터, 장애인체육관, 장애인심부름센터, 수화통역센터, 장애인자립지원센터 같은 이용시설의 제반 서비스, 의료재활서비스, 직업재활서비스 등이 있다.

장애인 거주시설로는 장애유형별 거주시설, 중증장애인거주시설, 장애영유아거주시설, 장애인단기거주시설, 장애인 공동생활가정 등이 있다.

장애인복지와 관련해 가장 큰 변화는 장애인 활동지원의 도입으로 활동지원 급여는 장애인의 상태, 가정환경 및 사회활동 정도, 개인의 욕구 등을 고려하여 장애인의 일상생활과 사회생활을 스스로 수행하는 데 필요한 범위 안에서 표준급여이용계획서에 따라 제공된다(보건복지부, 2019d). 활동지원급여의 종류는 활동보조, 방문목욕, 방문간호가 있다. 활동보조는 활동지원사가 수급자의 가정을 방문해 신체활동, 가사활동, 사회활동 등을 지원한다. 활동보조 급여의 내용은 아래와 같다.

- 신체활동 지원 : 개인위생 관리, 신체기능 유지 증진, 식사 도움, 실내이동 도움
- 가사활동 지원 : 청소 및 주변정돈, 세탁, 취사
- 사회활동 지원 : 등하교 및 출퇴근 지원, 외출시 동행

방문목욕은 활동지원 인력인 요양보호사가 목욕설비를 갖춘 장비를 이용하여 수급자의 가정 등을 방문하여 목욕을 제공하는 급여이다. 방문간호는 활동지원 인력인 간호사 등이 의사·한의사 또는 치과의사의 지시서에 따라 수급자의 가정을 방문하여 간호, 진료의 보조, 요양에 관한 상담 또는 구강위생 등을 지원하는 급여이다.

활동지원의 대상자 선성기준은 「장애인복지법」상 등록 장애인 중 서비스지원 종합 조사표의 점수 42점 이상이 해당된다. 활동지원 급여의 구간은 종합점수 465점 이상으로 월 한도액이 6,221,000원인 1구간부터 종합점수 42점 이상~75점 미만이고 월 한도액 778,000원인 15구간까지 있다. 활동지원급여를 이용할 수 있는 연령 기준은 만 6세 이상에서 만 65세 미만이다. 활동지원 급여는 바우처 형태로 운영된다.

5

장애인의 재활

재활의(rehabilitation)의 사전적 의미는 '회복시키다','복귀시키다'이다. 재활은 어떤 이유로 작위가 박탈되었던 사람이 다시 작위를 부여받을 때 사용한 용어로 알려지고 있다. 재활이라는 용어는 장애분야뿐 아니라 의료, 복지, 건축 등에서도 사용되고 있다. 결국 재활은 인간다운 권리, 자격, 존엄이 어떠한 원인에 의하여 손상된 사람에 대해 그 권리, 자격, 존엄을 회복하는 것을 의미한다.

Rusk는 재활이란 '신체적, 정신적, 직업적 잠재능력을 최대한으로 회복시켜 충분한 생활을 영위할 수 있게 하는 것'이라고 정의하고 있으며, 세계보건기구에서는 재활을 '의학적·사회적·교육적·직업적 수단을 동원하고 이를 상호 조정하여 훈련 또는 재훈련을 통하여 장애인의 기능적 능력을 가능한 한 최고수준에 도달하도록 하는 것'이라고 정의하였다. 재활의 영역은 일반적으로 의료재활, 교육재활, 직업재활, 사회재활로 구분된다.

1) 의료재활

(1) 의료재활의 개념

국제노동기구(ILO)에서는 의료재활을 '장애인이 자립하고 활동적인 생활을 영위할 수 있도록 개인의 기능적 혹은 심리적 능력을 발달시키는 의료적인 접근방법'으로 정의하였다. 국제보건기구(WHO)에서는 '질병이나 사고에 대한 후유증, 만성질환, 노인병 등 치료기간이 장기화되기 쉬운 환자의 잠재능력을 활용하여 자연치료를 적극적으로 촉진시키는 기술이며 내·외과적 치료의 응용과 함께 물리적, 심리적 수단을 보완하고 보충하는 의료적 조치'라고 정의하고 있다. 러스크(Rusk)는 의료재활을 '외상이나 질병에 대한 치료만으로 끝나는 것이 아니라 환자가 장애를 입게 되었을 때, 남아 있는 기능으로 일상생활은 물론 직장생활도 가능하도록 훈련시키는 것'으로 정의하고 있다.

장애인은 그 자신의 신체적, 정신적 장애로 인한 것뿐만 아니라 체계적 재활서비스의 부재에 의해서도 사회·환경에의 적응에 어려움을 겪고 있으며, 나아가서는 인간다운 삶의 보장에 위협을 받고 있는 대표적인 사회복지 대상영역이다. 어떤 원인으로든지 일단 장애가 발생된 경우에는 장애인이 신체적, 정신적, 사회적 또는 직업적으로 사회에서 정상에 가까운 생활을 할 수 있도록 최대한의 기능을 회복시켜 주어야 한다. 이러한 측면에서 의료재활서비스는 여러 과정 중에서 첫 단계에 해당하는 가장 기초적이고 필수적인 과정이며 장애의 예방, 조기발견, 조기치료 및 추후관리까지의 모든 과정을 포함한다. 질병이나 외상은 치료시기, 치료내용, 치료방법 등에 따라서 그 결과가 현저히 달라질 수 있으므로 발병 초기나 외상 직후부터 예상되는 장애에 대해 미리 적절한 조치를 취한다면 장애를 최소화할 수 있는 반면, 이미 발생한 장애에 대하여 적절한 재활치료를 하지 않는다면 중증장애인이 될 수도 있으므로 여기에 의료재활의 중요성이 있는 것이다(박옥희, 2001).

또한 의료적 욕구는 일반적으로 장애인의 가장 필요로 하는 영역이라고 볼 수 있기 때문에 의료재활 서비스의 공급확대는 장애인의 가장 절실한 필요를 충족시킨다는 측면과 아울러 장애인의 사회통합 촉진과 기여 면에서 가장 필수적인 분야이다. 의료재활은 장애인재활의 기초가 되는 동시에 가장 중요한 부분이며 질병의 발생 및 외상 초기부터 실시되어야 할 뿐만 아니라 장애인들이 사회생활을 영위하는 중에도 계속 필요로 하는 분야라고 볼 수 있다(오혜경, 1999).

(2) 의료재활의 대상

의료재활을 필요로 하는 사람은 심신에 장애가 있는 사람으로 만성질환이나 장애를 지니고 있는 사람들이다. 이러한 사람들을 위한 의료재활은 환자의 신체적, 심리적 능력의 회복을 꾀하고 그가 가진 잠재능력을 발휘할 수 있도록 하는 의학적 수단으로 그 영역은 ① 우선적으로 신체적 장애를 예방하는 일과, ② 신체적 장애를 제거 혹은 경감시키는 일, ③ 장애가 잔존하더라도 그 제약 내에서 그의 능력을 최대한으로 발휘해서 생활할 수 있도록 훈련시키는 일이다(남상만 외, 1998).

(3) 의료재활 내용

의료재활의 내용은 크게 다음의 세 가지 방법으로 분류할 수 있다.

첫째, 수술, 변형의 과정, 마비와 회복훈련 등 기본적인 기능장애의 개선을 도모하는 방법이다.

둘째, 기본적인 기능장애의 회복에 한계가 있는 경우, 다른 기능의 훈련 등을 통해 통상적인 기능을 발휘할 수 있도록 하여 전체적인 능력의 향상을 도모하여, 보장구 등을 활용하여 기능장애를 대체할 수 있는 방법이다.

셋째, 장애인이 자립생활을 영위할 수 있도록 생활환경, 직장생활의 개선 등을 의료적 입장에서 자문하고 서비스하는 방법이다(남상만 외, 1998).

치료의 종류로는 장애의 원인이 되는 병적 요소를 제거하기 위한 약물치료와 수술치료, 기능을 향상시키기 위한 물리치료, 작업치료, 언어치료 등이 주로 실시된다.

2) 교육재활

(1) 교육재활의 개념

교육의 기회균등은 자유와 평등을 표방하는 민주국가의 기본명제이다. 이것은 모든 아동에게 교육을 받을 수 있는 기회를 평등하게 부여함으로써, 어떠한 한계가 있더라도 그 능력과 한계의 범위 내에서 보상교육을 받을 수 있음을 의미한다. 교육에서 평등한 대우가 각별히 요구되는 대상은 장애인이다. 우리나라 헌법 제 31조 1항에서 '모든 국민은 능력에 따라 평등하게 교육을 받을 권리를 가지고 있다'고 명시되어 있는 것으로 보아 그들에게 평등한 대우를 부여하기 위한 교육재활은 필수적인 재활영역이다(오혜경, 1999).

교육재활이란 장애인이 가지고 있는 능력을 최대한으로 향상시키고 발휘하게 하여 잠재능력의 가능성을 개발하여 사회생활에 스스로 적응해 가도록 도움을 주는 교육제도와 교육방법 및 기술을 총칭한다(전용호, 2000). 인간의 지적, 정신적 능력은 성장단계에 있는 교육을 통하여 발달된다. 특히 장애아동의 능력향상을 위하여 교육재활은 반드시 필요한 재활분야이다.

(2) 교육재활의 대상

던(Dunn)은 특수교육의 대상을 '신체적, 심리적 특성의 정도가 평균으로부터 차이가 있는 아동으로 장애아의 각자 능력에 맞는 수준에까지 성치시키기 위하여 특수교사나 특수한 보조적 지도가 필요한 아동'이라고 하였으며, 미국의 공법에서는 '특수교육과 관련 서비스를 필요로 하는 자'로 정의하고 '정신지체, 농, 난청, 신체적 결함, 건강장애, 언어장애, 시각장애, 정서장애, 특정학습장애를 포함한 자'로 규정하고 있다.

우리나라 특수교육진흥법 제10조에서는 특수교육대상자를 '시각장애, 청각장애, 정신지체, 지체부자유, 정서장애(자폐성 포함), 언어장애, 학습장애, 기타 교육부령이 정하는 장애를 지닌 자'로 규정하고 있다.

(3) 교육재활의 내용

장애인을 대상으로 한 교육은 장애인이 가지고 있는 특성에 맞추어 교육내용이나 교육방법이 특수한 성격을 띠므로 이를 특수교육이라 한다. 특수교육은 장애로 인한 일반학교과정을 일반학급에서 교육받기 곤란한 아동이나 교육상 특별한 배려가 필요한 아동에게 특성에 맞는 교육환경을 마련하여 아동의 가능성을 최대한 발휘하도록 하기 위한 교육의 한 분야이다. 이러한 특수교육은 20세기 초반에 이르러 장애인도 비장애인과 함께 생활해야 한다는 사회통합의 이념이 강조됨에 따라 장애 아동에 대한 특수교육도 분리교육보다는 비장애아동과 함께 공부하는 통합교육이 강조되어 오늘날에는 통합교육에 역점을 두고 있다. 이러한 특수교육의 기본가정과 원리는 다음과 같다(박옥희, 2001).

첫째, 특수교육의 목적은 일반교육에 비하여 특이하지 않다.

둘째, 특수교육의 방법은 일반교육과 다르다. 즉 특수아동은 정상성에서 벗어난 점 때문에 특별한 시설과 교육방법, 특별한 훈련을 받은 교사와 여러 가지 보조서비스가 필요하다.

셋째, 특수교육은 종합적인 노력의 소산이다. 즉 특수아동을 발전하여 효과적인 교육적 조치를 하기 위해서는 여러 영역의 전문가들의 관여가 필수적이다.

넷째, 특수아동은 이질적인 집단이다. 특수아동은 동일영역에의 장애아동이라 할지라도 개인차가 심하므로 획일적인 교육프로그램을 사용할 수가 없다.

다섯째, 특수교육은 많은 보조서비스를 필요로 한다. 대부분의 특수아동은 의료서비스, 특별한 시설 및 기자재, 특별한 훈련프로그램, 특별한 학급크기 등을 필요로 한다.

여섯째, 특수교육과정은 선별, 진단, 교수, 평가 등 네 가지 요소로 구성된다.

일곱째, 통합교육을 한다. 즉, 특수아동은 필요한 만큼만 특수교육 전문영역에 배치하여 교육받게 하고 될 수 있는 한 일반학급에서 일반아동과 함께 교육받게 한다. 일반학급에서 통합교육을 받기 위해서는 개별화 학습, 융통성 있는 교육프로그램, 물리적 환경의 개선 등이 필요하다.

3) 직업재활

(1) 직업재활의 개념

'직업과 관련된' 이라는 뜻의 'vocational'과 '사회 복귀, 갱생' 이라는 뜻의 'rehabilitation'이 결합되어 'vocational rehabilitation'이라고 한다. 장애인들의 직업적인 능력을 최대한 개발하여 직업인으로서 완전한 사회복귀와 능동적인 사회참여를 돕는 과정을 의미한다.

McGowan(1969)은 직업적 재활이란 심심의 결함을 지닌 장애인들의 신체적, 정신적, 사회적, 직업적, 경제적 능력을 최대한으로 찾고 길러줌으로써 일할 권리와 의무를 일반인과 똑같이 갖게 하는 것으로, 장애인의 성공적인 사회통합을 위한 최대의 과제인 자립생활을 영위하도록 하는 것을 장애인 재활사업 중 가장 핵심이 되는 것이라고 하였다.

(2) 직업재활의 목표

장애인이 지니고 있는 잔존능력을 개발하고 결함을 지닌 영역을 보완할 수 있는 보상능력을 발달시켜서 자립할 수 있게 도와주는 것이다.

국제노동기구(ILO)에서는 장애인의 적절한 취업과 그 유지를 가능하게 하는 계획적 사업으로서 그 최종목표는 취업이라고 규정하고 있다.

(3) 직업재활의 대상

심신의 결함이 직업을 갖는 데 큰 지장과 방해가 있으나 일정한 의료적, 직업적, 교육적, 사회적 대책을 마련해 주면 직업을 가질 수 있는 가능성이 있는 장애인으로 제한한다(안병즙외, 1991).

지능이 낮은 사람은 일반인들이 싫증을 느끼는 단순하고 반복적인 작업을, 청각장애인의 경우에는 소음공해가 심한 작업이나 평형감각을 상실했기 때문에 유리한 선박작업 등을, 시각장애인인 경우에는 고도로 발달된 촉각으로 광학기기의 렌즈검사, 암실작업, 악기조율 등의 작업과 같이 일반인들보다도 더 잘할 수 있는 조건을 구비하고 있다고 할 수 있으며, 그 외에도 심신의 결함을 굳은 의지와 피나는 노력으로 극복할 수 있는 경우가 많다.

(4) 직업재활의 역할

직업적 재활은 가장 인도주의적인 사업이며 의존적인 생활로부터 독립의 생활로 변화시킴으로써 자기비하나 사회적 멸시로부터 자존과 존엄을 찾게 해주는 역할을 한다.

- 직업 상담 : 장애인의 직업 욕구와 개인적, 사회적 상황에 대한 상담이 이루어진다.
- 직업 평가 : 장애인의 직업 능력과 사업장 환경 등에 대한 평가를 실시한다.
- 직업 재활 계획서 작성 : 개인의 욕구와 필요에 적절한 서비스를 제공하기 위한 개별화된 직업 재활 계획서 또는 고용 계획서를 작성한다.
- 직업 적응훈련, 직업훈련 : 개별화된 계획서에 따라 직업 적응을 위한 훈련, 직업을 준비하기 위한 훈련을 실시, 보호고용이나 지원 고용과 같은 고용서비스를 제공한다.
- 직종 개발, 직업 배치
- 사후 지도 : 직업을 유지할 수 있도록 지원한다.

(5) 직업재활의 특징

① 개별성

개인의 욕구와 능력에 따름.

② 현실성

장애로 인한 한계를 인식함.

③ 전문성

각 분야의 전문가에 의해 서비스가 제공됨.

④ 포괄성

각 분야의 전문적인 서비스가 종합적으로 조정되어 제공되어야 함.

⑤ 신축성

장애인의 욕구에 따라 프로그램이 조정되어야 함.

⑥ 계속성

장애인에게 서비스가 필요할 때까지 제공되어야 함.

(6) 직업재활의 기본원칙

- ▶ 모든 사람은 기본적인 인간의 가치를 가지므로 심신결함의 범위 내에서 인생을 추구하도록 해야 한다.
- ▶ 모든 사람은 사회성원의 일원이므로 장애인들이 사회에 받아들여질 수 있도록 적응력을 키워야 한다.
- ▶ 모든 사람의 자질은 보호되고 개발되어야 하고 존중되어야 한다.

(7) 직업재활의 의의

장애인이 가지는 여러 가지 욕구 중에서 직업적인 생활능력의 회복과 직업적 신분보장은 가장 고귀한 것이다. 이것은 장애인이 취업을 함으로써 자고의 일원으로 인정받거나 산업체에서 신뢰받는 인력으로 가족이나 사회에 부담을 덜고, 생산적인 시민으로 기여할 수 있다는 점에서 직업적 재활의 의의를 갖는다.

(8) 직업재활의 전문 인력

직업재활사, 직업훈련교사, 직업생활상담원, 직업평가사, 직무지도원 등이 있다.

4) 사회재활

(1) 사회재활의 개념

장애인의 완전참여와 평등의 이념에 입각하여 아무런 차별과 불편을 느끼지 않고 그가 속한 사회의 주류문화를 공유하면서 직업재활, 가정생활 등의 사회생활을 충분히 영위하도록 국민의 수용적 태도와 사회적 인식의 개선을 말한다. 국제재활협회에 의하면 "사회재활은 장애인이 사회적 활동능력(social functioning ability)을 획득하기 위한 하나의 과정이며, 사회적 활동능력이란 장애인이 여러 상황에서 자신의 욕구를 충족시킬 수 있는 능력과 사회참여를 최대한 성취할 수 있도록 하기 위한 권리"라고 정의하고 있다.

(2) 사회재활의 목적

장애인이 스스로 자기 문제를 이해하고 그 문제를 해결하는 데 주위의 자원을 활용할 수 있도록 돕는 것이다. 이러한 스스로를 돕는 과정에서 나타나는 장벽들을 장애인 개인적으로, 행정적으로 또는 입법적으로 제거시켜 나아가는 것이 사회적 재활 서비스의 과업이라고 할 수 있다. Wright(1980)는 사회 재활의 목적을 장애인을 도와 가정, 지역사회, 직장의 요구에 적응할 수 있게 하여 사회에 통합 또는 재통합하는 데 있다고 정의하고 있다.

(3) 사회재활의 필요성

장애인이 심리적으로 자기의 장애를 현실적으로 받아들여 더 이상 장애된 상태에 집착하지 않고 새로운 자기인생의 가능성을 찾아 이를 승화시켜 가도록 심리적으로 돕고 장애인의 사회적응을 돕기 위해 물리적 환경을 개선해 나가는 것들이 장애인의 재활과정에 반드시 있어야 한다. 이를 위해 전문 사회재활 서비스가 필요하고 사회의 장애인 수용태도의 적극화를 위해서는 다양한 사회생활을 통한 사회계몽이나 입법이 필요하다.

(4) 사회재활의 프로그램 유형

- 재활 스포츠

장애인의 건강과 관련해서 내적, 외적인 힘, 신체의 실행능력의 힘과 삶을 보다 윤택하게 한다. 잘 계획된 신체 훈련은 예방적 효과가 크며, 다른 사람에 대한 의지와 도움으로부터 자립심을 길러주고 직업적 가능성의 증대로 장애인 본인뿐만 아니라 그 가족과 국가에 이익을 가져다준다. 특히, 장애인 스포츠는 전체적인 재활과 사회화의 수단으로서 장애에 상응하는 집단이나 운동이 행해질 수 있는 장소에서의 치료수단과 같은 스포츠, 게임, 그리고 운동교육에서 전문화된 형태로 이루어진다(한민규, 1997).

6

장애인복지정책과 실천

1) 장애인 소득보장정책

장애인의 경제적 문제를 해결하고자 정부에서 제공하는 직접적인 소득보장정책은 크게 세 가지로 분류될 수 있는데 첫째, 공적부조에 의한 소득보장. 둘째, 사회보험에 의한 소득보장. 셋째, 경제적 부담경감에 의한 소득보장으로 분류될 수 있다.

(1) 공적부조에 의한 소득보장

① 기초생활보장제도

정부는 매년 생활능력이 없어 생계가 어려운 국민을 대상으로 그들의 가족사항, 생활실태, 부양 및 근로능력, 소득. 자산보유상황, 기타 사항들을 정확히 파악하여 기초생활보장 수급대상자 선정하여 생계급여, 의료급여, 주거급여 등 각종 지원사업을 수행하고 있다. 국민기초생활보장제도의 주요내용은 국가의 보호를 필요로 하는 절대빈곤가구, 즉 부양의무자 요건과 소득 및 재산기준에 해당하는 기초생활보장수급자 가구에 대하여 생계, 교육, 의료, 주거 등 기본생활을 제도적으로 보장하지만 근로능력이 있는 수급자에 대해서는 구직안내, 직업훈련, 근로여건 조성을 위한 다른 사회복지 서비스의 연계 등 종합적 자활, 자립을 지원한다.

② 장애수당

장애수당 및 장애아동수당은 장애인복지법에 의해 국민기초생활보장 수급자 및 차상위계층등록 장애인의 생활안정을 도모하기 위해 수당을 지급하는 사회보장제도이다.

(2) 사회보험에 의한 소득보장

① 장애연금

우리나라의 대표적인 사회보험제도인 국민연금제도는 1988년부터 시행되었다. 이 중 장애연금은 연금가입기간 중에 장애가 발생하였을 때 지급된다.

장애연금은 국민연금법상의 장애등급(1~4등급으로 구분)에 따라 차등지급 되는데, 장애등급이 1~3등급인 경우에는 연금으로 차등지급하고 경한 장애인 4급인 경우에는 기본연금액의 225%를 일시보상금으로 지급한다. 장애등급 1~3급에 해당하는 장애를 당한 경우에는 등급에 따라 기본연금액의 100%, 80%, 60%에다 가급연금액을 더한 금액이 지급된다.

② 장애급여

산업재해로 장애를 입은 경우에는 산업재해보호보상법에 따라 장애급여가 지급되는데, 장애 급여 역시 신체장애등급(1~14등급으로 구분)에 따라 장애보상연금 또는 장애보상일시금을 지급한다. 신체장애등급이 1~3등급인 경우에는 장애보상연금을 지급하고 그 외에는 본인이 연금 또는 일시금을 선택할 수 있다.

(3) 경제적 부담경감에 의한 소득보장(보건복지부에서 주관하는 시책) : 장애인 고용정책

① 일반 고용정책

일반고용을 촉진하기 위한 제도로는 장애인고용촉진 및 직업재활법에 의한 장애인의무고용제도가 있다. 장애인의무고용제도에 의하여 국가와 지방자치단체는 장애인을 소속 공무원 정원의 3% 이상 고용하여야 한다. 상시 50인 이상의 근로자를 고용하는 사업주는 5%의 범위에서 대통령령으로 정하는 비율이상에 해당하는 장애인을 고용하도록 되어있다.

② 보호 고용정책

장애인 보호고용을 촉진하기 위해서 장애인 근로사업장과 장애인 보호작업장을 설치하여 운영함으로써 일반노동시장에 고용이 어려운 중증장애인들에게 고용의 기회를 제공하고 있다.

③ 장애인 교육정책

장애인 교육정책은 장애아동들에게 균등한 교육의 기회를 주기위해 만들어진 제도이다.

· 장애인가구 자녀 교육비 지원

저소득장애인 가구의 자녀에 대한 교육비를 지원하여 경제적 부담을 줄여주기 위한 제도로 중·고등학교 입학생과 재학생의 입학금 및 수업료 전액 지급한다. 1~3급 장애인 중학생 및 고등학생과 1~3급 장애인의 중학생 자녀 및 고등학생자녀로서, 재산은 가구당 4,320만원 이하가구원당 월 평균소득이 42만원 이하여야 한다.

· 특수교육법

특수교육은 특수학교를 통한 특수교육, 일반학교에서의 특수학급을 통한 특수교육, 일반학교에서의 일반학급을 통한 통합교육, 순회교육, 유아특수교육으로 구분되고, 특수교육은 특수교육대상자의 특성에 적합한 교육과정·교육방법 및 교육매체 등을 통하여 교과교육·치료교육 및 직업교육 등을 실시하는 것을 말한다.

7

장애인복지시설과 서비스

1) 장애인복지시설이란

장애인의 인간다운 삶과 장애인의 의료·교육·직업 재활생활환경 개선 등을 통하여 장애인의 생활 안정에 기여하는 등의 장애인 복지 서비스를 제공하는 시설을 말한다.

(1) 장애인 생활시설

장애인이 필요한 기간 거주하면서 재활에 필요한 상담·치료·훈련 등의 서비스를 받아 사회복귀를 준비하거나 장애로 인하여 장기간 요양하는 시설이다.

① 장애유형별 거주시설

장애유형이 같거나 또는 유사한 장애를 가진 사람들을 입소 또는 통원하게 하여 그들의 장애유형에 적합한 의료·교육·직업·심리·사회 등 재활서비스와 주거서비스를 제공하는 시설로 시각, 청각·언어, 지적(자폐성)장애인 생활시설로 나눠진다.

② 중증장애인 요양시설

장애의 정도가 심하여 항상 도움이 필요한 사람을 입소하게 하여 상담·치료 또는 요양서비스를 제공하는 시설이다.

③ 장애영유아 거주시설

6세 미만의 장애영유아를 입소 또는 통원하게 하여 보호함과 동시에 그 재활에 필요한 의료·교육·심리·사회 등 재활서비스를 제공하는 시설이다.

(2) 장애인 지역사회재활시설

장애인을 전문적으로 상담, 치료, 훈련하거나 장애인의 여가활동과 사회참여활동 등에 편의를 제공하는 장애인복지관, 의료재활시설, 체육시설, 수련시설, 공동생활가정 등의 시설을 말한다.

① 장애인복지관

장애인의 지역사회생활에 필요한 종합적인 재활서비스를 제공하고, 장애에 대한 사회적 인식개선사업, 지역사회자원개발, 홍보 및 계몽, 연구사업 등을 수행하는 시설이다.

② 의료재활시설

장애인을 입원 또는 통원하게 하여 상담, 진단 및 판정, 치료 등 의료재활 서비스를 제공하는 시설로, 장애인의 재활사업과 각종 사회복지사업을 수행하는 주요기관인 보건소와 보건복지부 산하 국립재활원, 그 외 의료재활병원 등이 있다.

③ 체육시설

장애인의 체력 증진 또는 신체기능 회복활동을 지원하고 편의를 제공하는 서비스 시설이다.

④ 수련시설

문화, 취미, 오락 활동들을 통한 심신수련을 조장, 지원하고, 이와 관련된 편의를 제공하는 시설이다.

⑥ 장애인 단기보호시설

가정에서의 생활이 어려운 장애인을 일정기간동안 휴식, 피난, 요양, 자립 준비를 위한 거주 공간 및 필요한 서비스를 제공하여 장애인 가족의 생활이 원활하게 유지되도록 협력하는 서비스 시설이다.

⑦ 장애인 주간보호시설

장애인을 주간에 일시 보호하여 장애인에게 필요한 재활서비스를 제공하는 시설이다.

⑧ 장애인 심부름센터

이동에 상당한 제약이 있는 장애인에게 차량 운행을 통한 직장 출퇴근 및 외출 보조나 그 밖의 이동서비스를 제공하는 시설이다.

(3) 장애인 직업재활시설

일반 작업환경에서는 일하기 어려운 장애인이 특별히 준비된 작업환경에서 직업훈련을 받거나 직업생활을 영위할 수 있는 시설을 말한다.

① 장애인 보호 작업장

직업능력이 낮은 장애인에게 직업적응능력 및 직무기능 향상훈련 등 직업재활훈련 프로그램을 제공하고, 보호가 가능한 조건에서 근로의 기회를 제공하며, 이에 상응하는 노동의 대가로 임금을 지급하며, 장애인 근로사업장이나 그 밖의 경쟁적인 고용시장으로 옮겨갈 수 있도록 돕는 역할을 하는 시설이다.

② 장애인 근로사업장

직업능력은 있으나 이동 및 접근성이나 사회적 제약 등으로 취업이 어려운 장애인에게 근로의 기회를 제공하고, 최저임금 이상의 임금을 지급하며, 경쟁적인 고용시장으로 옮겨갈 수 있도록 돕는 역할을 하는 시설이다.

③ 장애인 생산품 판매시설

장애인 생산품의 판매활동 및 유통을 대행하고, 장애인 생산품이나 급여, 용역에 관한 상담, 홍보, 판로 개척 및 정보 제공 등 마케팅을 지원하는 시설이다.

(4) 장애인 유료복지시설

장애인이 필요한 치료, 상담, 훈련 등 편의를 제공받고 이에 소요되는 일체의 비용을 시설 운영자에게 납부하여 운영하는 시설

MEMO

14
CHAPTER

다양한
가족 지원서비스

1

한부모가족과 조손가족

1) 한부모가족

한부모가족은 부모 중 한쪽과 자녀로 구성된 가족으로 우리 사회에서 급속하게 증가하고 있는 가족형태이다. 과거에는 배우자 사망으로 인한 한부모가족의 비율이 높았으나 여성의 경제적 자립 능력 향상과 장기적인 경제불황으로 인한 남성의 경제력 약화, 이혼을 억제해주던 사회적·도덕적 통제장치의 약화, 가족가치관의 변화 등으로 최근에 이혼율이 크게 증가하면서 이혼으로인한 한부모 발생 비율이 급격하게 증가하고 있다. 한부모가족에 대한 사회복지서비스 및 프로그램의 확대가 시급하게 요구되는 배경에는 한부모가족이 빠르게 증가하고 있는 복합적 문제를 갖기 쉬운 취약한 가족형태라는 문제인식이 있다. 게다가 한부모가족은 해체의 위험이 높아 편모나 편부의 가출 혹은 재혼 등으로 조손가족으로의 전환이나 자녀들의 시설입소를 낳기도 한다.

한부모가족에 대한 관심은 주로 모자가족으로 모자가족은 전통적으로 사회복지의 주요 원조대상이었으며 공공부조의 주 대상이다. 경제적인 문제는 종종 부모-자녀 관계의 갈등을 유발하게 되는데 윤에경(1997)은 경제적 여건 변화로 인해서 자녀들이 경제적 상황 변화에 적응하는 데 어려움을 겪게 되며, 어머니의 경제활동으로 인해 자녀에 대한 정서적인 기능이 저하되어 이로 인한 갈등을 경험하게 된다고 지적하였다. 김영희와 한경혜(1990)의 연구에서도 편모가 경험하는 경제적인 스트레스가 부모역할 수행에 부정적 영향을 주는 것으로 나타나 한부모의 경제적인 문제가 자녀양육 문제와 연계될 수 있음을 규명하고 있다.

한부모들은 역할과다와 사회적 고립 같은 심리사회적 문제에 종종 직면한다. 이들은 대인관계 및 사회적 영역에서 친구와의 관계변화와 고립, 이혼에 대한 부정적 인식으로 인해서 사회활동 참여나 대인관계 측면에서 어려움을 겪는 것이 일반적이다. 한부모들은 외로움으로 고통을 느끼며 부부중심사회에서 배우자가 없는 데서 비롯되는 스트레스를 자주 경험하게 된다(Shaw, 1991).

한부모가족은 다양한 형태의 사회적 편견을 경험하며, 이로 인해 사회적 활동이나 대인관계에서 제약을 받는 것으로 나타나고 있다. 사별보다 이혼에 대해 사회적 편견이 좀 더 가혹한 것으로 나타나는 데 일반적으로 가장 지지적일 것으로 추정하는 원가족과의 관계에서도 유사한 경향이 나타난다. 한부모가 된 후 원가족을 만나는 빈도에서 사별한 여성은 44.6%가 변함이 없고 31.1%가 덜 자주 만난다고 한 반면, 이혼여성은 27.1%가 변함이 없고 52.3%가 덜 자주 만나는 것으로 나타났다(성정현, 2000; 신은주, 2000).

한부모가정의 자녀들도 심리적 복지 수준이 양호하지 못한 것으로 보고된다. 헤더링톤(Hetherington)과 그 동료들은 이혼으로 인한 한부모가정 자녀가 우울증과 정서적 고통으로 괴로워한다고 보고하고 있다(Hetherington et al., 1985). 일반적으로 사별에 의한 한부모가정의 자녀보다 이혼이나 별거에 의한 한부모가정의 자녀들이 정서적 불안이나 열등감이 심한 것으로 보고된다. 부모이혼 후 아동의 적응양식은 양육부모의 태도, 부모-자녀 간의 관계, 비양육 부모와의 접촉 정도, 가족의 경제상태, 이혼에 대한 자녀의 태도와 대처 양식에 따라 다를 수 있다.

한부모가족지원법은 한부모가족의 생활안정과 자립기반을 조성하기 위한 법적 근거가 된다. 이혼, 사별, 별거, 미혼 등의 이유로 혼자서 만 18세 미만의 자녀 혹은 취학이나 군복무 중인 만 22세 미만의 자녀를 키우는 저소득층 한부모가족이 대상이 된다. 한부모가족에 대한 우리나라의 복지제도는 정부 차원에서 제공되는 사회보장제도 내의 사회보험, 공공부조, 사회복지서비스와 민간 차원에서 사회복지관 등을 통한 서비스 등이 있다. 사회보험으로는 연금 관련법들에 의해 배우자 사망 시 유족연금을 받을 수 있으며 빈곤한 한부모가족은 국민기초생활보장제도에 의해 생계비와 의료급여를 받을 수 있다. 저소득층 한부모가족은 한부모가족지원법에 근거해 아동양육 및 교육급여, 고용촉진, 복지자금 대여, 자녀양육비 이행 법률구조 지원 등을 제공받는다. 한부모가족지원법에 근거한 저소득층 한부모가족의 주거지원은 영구임대주택 일부 우선분양 외에도 모자가족복지시설, 부자가족복지시설, 미혼모자가족복지시설, 일시지원복지시설 등을 통해 서비스가 제공된다. 사회복지관과 사회단체들에서는 건강한 한부모자녀 관계를 유지하기 위한 부모-자녀 간의 갈등해결 방법 및 바람직한 의사소통 기술을 배울 수 있는 교육기회를 제공하고 있고 가족관계 강화를 위한 서비스나 프로그램들도 실시하고 있다. 주로 집단 프로그램 및 소풍, 캠프, 운동회와 같은 가족활동을 통해 가족관계와 가족 기능을 증진시킨다.

고립되어 있기 쉬운 한부모가족의 지지적 관계망을 확대시키기 위해 한부모 자조집단 혹은 자녀 자조집단의 형성과 훈련을 통해 상호 지지를 도모할 수 있다. 한부모들은 자조집단에서 관심사를 함께 논의하고 공감을 나눌 수 있으며, 자녀양육, 개인적 스트레스 관리, 재정관리 등에 있어서 도움을 받을 수 있다. 또 자조집단을 통해 필요한 물품이나 서비스를 교환할 수도 있다. 자녀들도 자조집단에서 토론과 활동을 함으로써 심리사회적 적응과 성장을 경험할 수 있다.

2) 조손가족

자녀세대 없이 조부모와 미성년 손자녀로 구성되는 조손가족은 가족해체가 급증하면서 그 수가 크게 늘고 있는 가족형태이다. 조부모가 미성년 손자녀의 일차적 양육을 맡게 되는 것은 주로 자녀의 이혼, 사망, 가출로 인해서다.

조손가족 조부모들은 평온한 노후의 삶을 기대했다가 시간적으로 어긋난 역할인 손자녀 양육으로 일반 노인들과 다른 경험을 하고 있다(Jendrek, 1994). 이들은 손자녀 양육을 맡지 않은 일반 노인들과 비교했을 때 부정적인 개인적, 대인관계적, 경제적, 정서적 어려움과 신체적·정신적 건강의 악화를 겪기 쉽다(Hayslip & Kaminski, 2005).

우리나라에서의 연구결과를 보면 대부분의 조부모들이 한 가지 활동 이상에 제약이 있을 정도로 신체건강상 문제가 심각하며, CES-D로 측정한 우울 정도는 36%가 중증의 심리적 고통을 겪고 있었다(최해경, 2006). 같은 척도를 사용한 미국의 전국적 연구결과에서 한 가지 활동 이상 제약이 있는 조부모가 52.4%(Minkler & Fuller-Thomson, 1999)이고, 12문항 CES-D로 측정한 결과 32%가 가벼운 우울 이상이라고 보고한 연구(Fuller-Thomson & Minkler, 2000)와 비교하면 우리나라 조손가족 조부모의 신체 및 정신건강은 훨씬 취약한 실정이다.

조손가족 손자녀의 심리사회적 적응문제도 관심을 필요로 한다. 조손가족 조부모의 50% 이상이 손자녀가 감정의 동요, 긴장, 강한 분노, 산만함, 충동적 행동을 나타내며 상당한 관심을 요구하고 집에서 순종적이지 않다고 응답하였다(Pruchno, 1999). 이는 국내의 성지혜(2001)의 연구와도 일치하는데 부모의 이혼으로 조부모와 함께 살고 있는 조손가족 아동들이 가족 안에서 발생하는 문제들로 인해 많은 스트레스에 노출되어 있고 정서적으로 우울하며, 행동에서 공격적일 가능성이 높은 편으로 보고하고 있다. 물론 모든 조손가족 손자녀들이 발달상의 문제 혹은 어려움을 경험하는 것은 아니며 오히려 조부모와의 관계가 긍정적인 완충장치로 기능하여 학교생활과 사회 기능에 있어 좀 더 긍정적인 영향을 미칠 수 있는 것으로 보고하는 연구들도 있다(Solomon & Marx, 1995).

사회적 약자인 노인과 아동으로 구성되는 조손가족은 가족구성상 취약성을 갖고 있으므로 이를 보완하고 대체해 줄 다양한 지원이 필요한 가족형태인 반면 공적 차원의 지지체계는 아직까지 적정하게 구축되어 있지 못한 실정이다. 공공부조의 일환으로 저소득층 조손가족에 대한 생계 및 의료지원을 하고 있고 사회복지관, 건강가정지원센터, 위탁가정지원센터 등에서 조손가족 조부모와 손자녀를 대상으로 가족강화 프로그램 혹은 자원 연계서비스를 실시하고 있으나 충분하지 못한 실정이다. 조손가족을 위해 경제적 빈곤과 의료료적 욕구충족 뿐아니라 아동발달을 위한 환경적 자극, 진로 및 생활지도, 다양한 위험으로부터의 보호 등을 제공하는 종합적인 가족지원서비스가 제도화되어야 할 것이다.

2

다문화가족 서비스

우리사회는 단일민족, 단일인종으로 구성된 사회에서 외국인노동이주자[1], 여성결혼이주자[2], 새터민[3] 등이 급격하게 증가하면서 다문화사회로 진입하고 있다.

우리나라에서 외국인근로자는 고용허가제와 산업연수제에 근거해 유입되고 있다.

설동훈(2019)은 외국인근로자 수가 급증하게 된 주원인을 단순노동자의 공급원이 크게 감소한 한국의 노동력 공급구조의 변화 때문으로 설명한다.

외국인근로자는 전문기술직에 주로 종사하는 소수의 합법취업자 이외에는 단순 생산기능직에 종사한다. 대부분의 합법취업자는 미국, 일본, 캐나다, 영국, 독일 등 선진국 출신인 반면 고용허가제와 산업기술연수 해당자와 불법체류자는 중국, 필리핀, 방글라데시, 베트남, 파키스탄, 러시아, 나이지리아, 우즈베키스탄 등 개발도상국 출신이다. 그밖에 2007년부터 시행된 방문취업제는 다른 나라 국적을 가진 재외동포들이 우리나라를 방문해 자유롭게 취업할 수 있도록 한 제도로서 이 제도로 재외동포들의 입국절차가 간소화되고 취업 기회 확대와 취업 분야가 다양화될 수 있게 되었다.

---

1) 한건수(2003)는 농수산업에서부터 제조업, 도매업과 서비스산업에 걸친 외국인 이주노동자의 등장은 한국경제와 고용시장뿐만 아니라 한국사회의 일상과 문화에까지 변화를 불러일으키고 있다면서 다음과 같이 묘사하고 있다: "가나인 노동자가 돌본 양계장의 닭과 계란, 나이지리아 노동자가 껍질을 까고 세척한 마늘이 주방에 공급되고 있으며, 방글라데시와 파키스탄에서 온 노동자들이 만든 조리대와 식탁 위에서 조선족 여성이 아침식사를 준비한다. 스리랑카와 네팔의 여성노동자들이 만든 학용품으로 아이들을 공부를 하고 있고, 몇몇 지역의 학교 교실에서는 외국인노동자의 자녀들이 한국인 학생들과 함께 한국어로 공부를 하고 있다."
2) 여성결혼이민자라는 용어가 많이 쓰이나 결혼을 통한 이주가 바로 국적취득과 같은 이민의 성격으로 이어지지 않는 것을 감안해 본 장에서는 여성결혼이주자 혹은 결혼이주여성으로 표현한다.
3) 북한을 이탈하여 남한에 온 사람들을 귀순용사, 귀순자, 월남자, 탈북자, 북한이탈주민 등으로 호칭하여 오다 2004년 7월 이후부터는 새터민으로 호칭하고 있다. 1997년 1월 13일에 제정된 북한이탈주민 보호 및 정착 지원에 관한 법률에 근거하여 북한을 탈출한 사람에 대한 법적 명칭은 북한이탈주민이다.

우리나라 사람들은 이주노동자 가운데 한국계 외국인 이주노동자에 대해서는 외국인이 아니라 한민족으로 간주하는 경향이 있다.

외국인노동자들은 대부분 일정 기간이 지나면 본국으로 돌아가지만 결혼이주여성은 한국인과 결혼해 국적을 취득하고 자녀를 낳아 기르면서 한국사회에 정주하고 사회구성원이 된다는 점에서 이들에 대한 관심과 지원은 보다 정당화된다. 김혜순(2000)은 결혼이주여성들과 그 자녀들은 한시적 체류자가 아닌 합법적인 정주자로서 '우리 식구'로 인식되고 이들의 사회적응에 대해 국가와 시민사회가 책임감을 갖게 되면서 결혼이주여성 및 자녀가 다문화주의 중심으로 부각되었다고 지적하였다.

새터민은 80년대 이전에는 주로 정치적 이유나 범법행위로 인해 탈북하였고, 1980년에서 90년대 중반까지는 식량난과 경제난이 결부된 정치사상적 이유가 탈북동기였으나 최근에는 삶의 질을 향상시키기 위한 목적으로 변화되는 추세이다. 북한을 탈출한 주민들이 증가하면서 북한, 중국, 한국을 연결하는 사회적 연결망이 형성되어 이 연결망을 통해 제공되는 정보와 재원을 바탕으로 새로 북한을 탈출하는 사람들이 늘고 있다(김성윤, 2006). 그 결과 최근에는 가족을 동반한 북한이탈주민들이 급격하게 늘어나고 있다.

이와 같이 최근 들어 외국인노동이주자, 여성결혼이주자, 새터민이 우리 사회의 구성원으로 자리매김을 하게 되면서 그동안 단일민족과 인종, 동질적인 이념과 가치관에 기반한 문화를 유지해온 우리에게 새로운 도전과 과제가 부여되고 있다. 이주노동자의 불법체류 문제와 인권보장을 둘러싼 갈등이 심화되고 있고, 국제결혼가정이 급증하면서 이들의 적응문제와 가족해체와 같은 이슈들이 제기되고 있으며, 북한이탈주민의 급격한 양적 증가와 부적응 문제 등 문화적으로 다원화되어 가는 한국사회가 해결해야 하는 새로운 과제들이 많아지고 있는 것이다.

유엔인종차별철폐위원회는 2007년 8월 한국정부의 인종차별 철폐상황에 대한 이행보고서를 검토한 후 한국의 단일민족주의, 순혈주의가 인종차별주의를 야기할 수 있다면서 다인종적·다문화적 가치를 위한 교육을 권장하였다. 외국인근로자, 국제결혼가정, 새터민 등 다문화집단 가운데 다수가 한국사회에 적응하는 과정에서 많은 어려움을 경험하는 사회·경제적 취약계층으로 인식되면서 정부 및 민간단체들이 적극적인 정책수립 및 서비스 제공을 위한 노력을 하고 있으나 지금까지의 초점은 이들 이주자들이 우리 사회에서 가능한 빨리 우리 언어와 문화를 습득하고 한국 사람으로 적응하도록 지원하는 데 있다. 그러나 이제 외국인노동이주자, 여성결혼이주자, 새터민에 대한 우리 사회의 관심이 노동력 공급, 농어촌지역의 혼인문제나 저출산 문제를 해결하는 수단, 또는 인권 유린, 인신매매, 사기결혼, 자녀세대의 부적응 등 사회병리적 문제 수준의 논의를 넘어서야 할 것이다. 이를 위해서는 무엇보다도 이들을 지역공동체의 일원으로 받아들이는 과정에서 문화적 다양성에 대한 민감성 증진과 사회적 인식의 전환이 요구되며 다문화 공동체가 정착되고 안정되기 위한 다각적인 노력이 필요하다.

3

다문화가족 지원 서비스

다문화집단은 다양한 사회문제에 있어서 고위험군 특성을 지니고 있다는 점에서 사회복지 영역의 관심을 필요로 한다. 많은 외국인노동이주자, 여성결혼이주자, 새터민이 한국사회에서 사회·경제적 소외계층으로 고착되고 있어 복지 관련 대상으로서 관심이 높아지고 있다. 특히 외국인노동이주자와 결혼이주여성이 사회복지서비스를 필요로 하는 사회적 약자로 부각되고 있다. 김이선 외(2007)는 다문화정책의 기치 하에 추진 중인 법·제도적 개선과 서비스를 살펴보았을 때 우리나라의 정책대상 설정이 차별/배제모델에 근거하는 것으로 분석하였다. 다양한 이주자 가운데 여성결혼이주자나 다문화가족 자녀에 집중되어 있고 이들은 한국인과의 혼인관계, 대한민국 국적 자녀를 양육하고 있는 혈연관계에 따라 기초생활보장 등의 혜택을 받을 수 있는 반면 그 외의 이주민에 대해서는 일시적 체류자격만 부여하고 각종 권한을 인정하지 않는 차별/배제모델을 유지한다는 것이다.

우리나라의 외국인근로자는 체류자격과 출신국 요인에 따라 사회보장 혜택이 결정된다(설동훈, 2006). 외국인근로자 중 합법취업자는 4대 사회보험 수혜대상이 되며, 체류자격이 고용허가제를 통해 비전문취업인 경우 건강보험과 산재보험이 당연 적용되고, 국민연금을 당연 적용하되 근로자의 본국이 국민연금제도가 없을 경우는 적용이 제외되며, 고용보험은 임의 가입된다.

한편 우리나라에서의 외국인노동이주자에 대한 관심과 지원이 시민사회단체들에 의해 시작되었기 때문에 이 단체들의 인권 및 노동문제에 대한 상담활동이 활발하다. 종교적 배경 하에 설립된 외국인노동자 상담소 및 지원단체들과 비종교적인 사회단체들이 쉼터운영, 고충상담, 의료 및 법률서비스 등을 제공하고 있다. 종교단체와 NGO 단체 가운데도 외국인노동자를 대상으로 하는 서비스 제공기관이 상당한 수에 이른다. 지자체들도 외국인지원 조례 제정, 외국인근로자 지원센터의 설립과 운영 등을 통해 다문화 시대에 부합하려는 시도를 하고 있다.

다문화가족의 사회적응, 자녀양육, 문화적응 등과 관련된 결혼이주여성 문제들에 대한 관심은 적극적으로 제도적인 반영이 이루어지고 있다. 중앙 및 지방정부는 결혼이주여성들의 인권보호와 문화적 적응을 위한 정책과 프로그램을 마련하기 시작했는데 체계적인 대응보다는 행사성 프로그램을 여러 부처에서 중복하여 제시하고 있는 실정이다(한건수, 2000). 2008년 3월에 제정된 다문화가족지원법은 다문화가족 실태조사, 생활정보 제공 및 교육지원, 평등한 가족관계의 유지, 가정폭력 피해자에 대한 보호 지원, 산전 산후의 건강관리지원, 아동보육과 교육, 다국어에 대한 서비스 제공, 다문화가족 지원센터의 지정, 다문화가족 지원업무 관련 공무원의 교육 등을 규정하고 있다.

우리나라에서 여성결혼이주자는 사회보장제도 내에서 개인으로서의 권리가 보장되지 못하고 국민의 배우자이자 모성이라는 조건 아래 사회보장제도의 혜택을 받게 되어 있다(양애경 외, 2007). 여성결혼이주자는 자녀가 있을 때는 좀 더 확장된 사회적 지원을 받는다. 여성결혼이주자 실태조사에서 밝혀진 서비스 이용률을 살펴보면 한국어 및 한국 사회 적응 교육이 51.8%로 가장 높았고, 통번역 서비스 지원 15.5%, 자녀 언어발달 지원과 이중언어 교육 15.1%, 사회활동 지원 13.0%6 순이었다(여성가족부, 2019).

김이선 외(2006)는 여성결혼이주자를 대상으로 실시하고 있는 프로그램 및 서비스가 서로 다른 문화 간의 상호소통과 이해에 기반하기보다는 여성결혼이주자의 일방적인 동화와 수용을 전제한 경우가 많다고 주장하였다. 따라서 결혼이주자를 대상으로 하는 문화체험 행사 등 일회성 교육을 산발적으로 실시하기보다 한국사회에서의 적응을 돕는 체계적인 한국어 교육 및 생활교육이 이루어질 필요가 있다. 아직까지 일방적인 한국어와 한국문화 전수 교육 위주이나 상호 이해를 증진시킬 수 있는 접근으로 전환되는 것이 바람직하다. 결혼이주여성뿐 아니라 남편, 가족들까지 포함하는 자조모임 결성과 운영이 한 예가 될 수 있다. 결혼이주자 본인뿐 아니라 배우자 및 시부모를 포함한 가족을 대상으로 한 교육이 동시에 이루어질 때 그 효과는 배가 될 수 있을 것이다. 이 외에도 결혼이주자 가정의 자녀양육 및 노인부양 지원정책도 필요한데 특히 자녀양육과 관련된 지원이 절실하다.

새터민은 정착단계별로 정부의 지원을 받고 있다(이금순 외, 2004). 이들은 입국 후 시설보호단계인 하나원에서 사회적응교육 및 심리상담과 진로지도를 받는다. 거주지 편입단계에서 정착금 등 재정적 지원, 주택알선, 자매결연 지원, 학교 편입학 지원 등을 제공받으며, 5년 동안의 거주지보호

단계에서 생계비지원, 직업훈련 지원, 교육지원, 의료보호 등이 제공된다. 마지막으로 사후지원 단계에서는 상담, 창업, 결연 관련하여 후원회 및 민간단체 등을 통한 지원, 자매결연, 장학금 등이 제공된다. 정부지원 외에도 민간 부문을 통한 지원이 다양하게 이루어지고 있는데 주로 종교단체가 지원을 많이 한다. 많은 새터민들이 경제적 빈곤문제, 정체감 혼란, 문화적 소외감과 이질감 등의 어려움을 겪게 되면서 이들의 사회 부적응이 사회문제로 부상되었고 새터민 복지에 대한 사회적 관심이 높아졌다.

다문화가족이 증가하는 시점에서 우리 사회는 많은 변화를 가져왔다. 앞으로도 다문화사회로 진입하는 한국사회에서 사회복지의 실천영역은 더욱 거시적인 관점에서 접근되어야 할 것이다. 이미 이 사회에 정착하여 살고 있는 다양한 인종의 세계관과 정체성 및 다문화특성을 고려한 맞춤형 서비스와 복지서비스영역 확대 등, 이제는 이들의 문화적 요소를 고려하지 않으면 안 되며, 이는 사회적·시대적인 요구라 하겠다.

Lum(2004)은 '사람들 사이에 존재하는 다양성과 차이점을 존중하고 원조관계에서 작용하는 문화적 요소를 인식하는 사회복지실천'을 다문화사회복지실천이라 하였다. 따라서 다문화복지실천이란, '가족의 정체성·다양성·차이점을 고려하면서 가족 및 가족 구성원의 문제를 해결하여 가족이 건강하고 행복한 상태를 유지할 수 있도록 하며, 이 과정에서 작용하는 문화적 요소를 인식하는 거시적이고 미시적인 사회적 대책'이라고 말할 수 있다.

결혼이민자, 외국인근로자, 북한이탈주민(새터민)의 증가로 우리 사회도 본격적인 다문화사회로 진입하고 있다. 다문화에 대한 개념 및 문제와 대책이 이슈가 되면서 정부는 장기적 대책마련의 구체적인 노력을 하게 되었다. 그 일례로 최근 정부에서는 우리 사회의 외국인 및 다문화현상과 관련한 대응으로 범부처적인 종합대책을 발표하였다. 즉, '여성결혼이민자가족 및 혼혈인·이주자 사회통합지원방안' 등이 그것이다. 다문화 관련 사회적 지원은 중앙정부 및 지방자치단체 차원에서도 사회적 방안을 모색하기 시작하였고, 시민사회는 이에 대하여 일찍이 옹호차원의 사회운동을 펼치면서 직접적인 지원 프로그램도 펼쳐왔다.

1) 이주민의 지위 및 처우 관련법적 지원

'이주민의 지위 및 처우 관련법적 지원'으로 먼저 외국근로자의 법적 지위 향상을 위하여 외국 인력의 편법활용과 인권침해로 비판받던 산업연수제도(1993)가 고용허가제(2004)로 바뀌면서 아예 2007년부터는 산업연수제도를 폐지하였다. 2007년에는 이주민에 대해 매우 포괄적인 서비스 내용을 제시하고 있는 "재한외국인처우기본법"이 제정되었고, "다문화가족지원법"이 2008년에 제정되어 당해 9월부터 시행되었다. 이 법률안의 추진과정에서는 외국인의 결혼, 출산, 육아, 자녀교육, 처우개선 등 이에 대한 종합적인 지원을 목표로 하였다. 그러나 다양한 외국인 체류자보다 결혼이민자와 국적취득자가족에게만 국한되어 아쉬움이 있다.

2) 이주민의 문화적·사회적 통합을 위한 지원

이주민의 문화적·사회적 통합을 위한 지원으로, 2006년 '여성 결혼이민자 및 혼혈인·이주자사회통합대책'(빈부격차차별시정위원회, 2006)이 활성화되었다. 이를 위한 정책 및 프로그램으로는, 결혼이민자 가족지원정책관련(법무부, 여성가족부, 농림부), 국제결혼당사자 보호관련(법무부, 여성가족부), 가정폭력문제 대응을 포함한 안정적인 체류지원 강화(법무부, 여성가족부), 이주민의 조기적응 및 정착지원(보건복지부, 교육과학기술부), 안정적인 생활환경조성(복지부, 노동부, 여성가족부), 사회적 인식개선사업 및 한국문화교육사업(여성가족부, 문화체육관광부), 정보교육 관련(정보통신부)정책 등이 있다.

3) 기타 각종 지원보장 및 사회적응지원

이 외에도 각종 지원보장 및 사회적응지원을 추진하는 정책을 살펴볼 수 있다. 2007년부터 농림부에서는 농촌여성 결혼이민자 가족적응 지원사업을 추진하여 여성결혼이민자를 여성농민지원자에 포함시켰다. 또한 교육인적자원부(현 교육과학기술부)에서는 다문화사회교육을 강화하여 2007년부터 초·중등학교의 사회, 도덕교과과정에 다문화·다민족 관련요소를 반영하기 시작하였으며, 각 대학에서도 다문화 관련강의가 개설되었다. 2008년에는 다문화가족지원센터(2008년 현재 82개소)가 설치되어 좀 더 활발한 서비스지원이 이루어지고 있고, 한편 보건복지부(2009)에서는 '아동양육지도사 교육'여성가족부(2010)에서는 '다문화가족 자녀 언어발달지원사업''다문화가족방문상담사

양성교육'다문화가족 방문교육사업'(2011)으로 자녀생활지도사 양성교육 등을 실시하였으며, 이와 더불어 전국적으로 종합사회복지관, 주민자치단체, 구청, 일반 NGO, 여성직능단체 등도 이주민과 다문화가족을 위한 서비스를 적극적으로 제공하고 있다.

MEMO

15
CHAPTER

복지국가의
사회복지 실천

1

노동복지

일(work)과 복지(welfare)의 합성어로 '일하는 사람을 위한 복지'를 의미한다. 이 개념은 영국이 1970년대 말 이후 국제통화기금(IMF)의 구제금융을 받으면서 경제적 위기를 타개해 나가기 위해 도입한 개념이다. 미국에서도 이 개념은 일하는 것을 조건으로 공적인 부조를 베푸는 것을 말한다. 당시 사회안전망 등 다양한 복지 제도가 노동 의욕을 떨어뜨려 생산성을 저해한다는 비판에 직면한 영국 정부는 이 제도의 도입을 통해 경제활성화의 길을 모색했다. 이 제도에 의거 실업자가 실업수당을 수령하기 위해서는 직업센터를 찾아가 자신이 일자리를 찾고 있으며 일자리가 생기면 즉시 일할 수 있다는 의지를 보여 주어야 한다.

2

경제복지

복지국가라는 말은 두 가지로 해석된다. 첫째는 인류가 모두 그렇게 되기를 바라는 이상적인 국가의 모습이라는 뜻이고, 둘째는 현실적으로 경제가 발전하여 국민의 복지가 크게 실현되고 있는 나라라는 뜻이다. 우리가 여기서 유의하지 않으면 안 되는 것은, 경제발전이 이루어지지 않으면 복지국가 건설이 불가능하다는 사실이다. 그러므로 복지문제의 핵심은 경제발전인 것이다. 지금 개발도상국 가운데는, 국민의 대부분이 굶주리고, 인간이 지니는 가장 기본적인 욕구조차 충족시키지 못하고 있는 나라가 많다. 이런 나라에서는 우선 국민의 식생활을 해결하는 일이 급선무가 될 것이다. 오늘날 지구상에서 이른바 개발도상국에 속하는 나라만 해도 100개국이 훨씬 넘는 것이다. 우리나라를 비롯한 중진국에서는, 일단 절대적 빈곤은 극복했다고 볼 수 있으나, 상대적인 소득의 격차로 인하여 사회적인 갈등이 고조되는 경우가 많다. 여기서는 사회보장제도의 정비와 확충으로, 낙후되거나 소외된 사람들의 생활을 보호하고 안정시킬 필요가 있다.

한편 선진국은 대체로 경제발전의 성과를 거두고, 그 바탕 위에서 복지국가의 실현을 상당히 진전시키고 있다. 이제 우리나라는 중진국에서 선진국으로 진입하는 노력을 하면서, 복지 국가의 건설을 꾀해야 할 단계에 와 있다. 이 책은 우리나라의 복지국가 실현을 앞두고 국민 모두가 생각해 보아야 할 과제를 제시하고 있는 것이다. 복지국가에 대한 관점이 과거와는 많이 달라졌다. 물론 기본적으로 중요한 복지국가의 뜻이나 그 성립의 역사적 과정, 복지국가에 관한 사상 내지 이론, 그리고 여기에서의 정부의 역할, 사회보장제도와 소득분배의 공정 등에 대해서는 원리적인 이야기는 다루었다. 물론 그 사이 시대상황의 변화에 알맞도록 문장도 수정하였다. 특히 20세기말 그리고 21세기 초의 세계경제의 조류가 바뀌게 된 현실을 살펴보지 않을 수가 없었다. 그리고 우리나라의 복지국가로서의 현주소를, 시대의 흐름과 발맞추어 검토하게 된 것이다. 지금 우리나라는 선진국으로 들어가는 길목에 서 있다고 할 수가 있다. 그렇기 때문에 새롭게 전개해야 할 과제가 많고, 재정을 조달해야 한다는 난제도 가지고 있다. 그러므로 우리가 지향해야 할 복지국가의 미래상도 올바르게 설정할 필요성이 있다.

3

복지정치

복지국가에 대한 비전은 이념과 정책 패러다임, 그리고 구체적인 정책의 그물망이라고 할 수 있다. 그리고 정당정치가 복지정치의 중심으로 작동하기 위해서는 정당의 정책구현 역량과 경쟁성이 담보되어야 한다. 우리나라 정치에서도 복지와 복지국가는 이미 매우 중요한 정치의제이고, 대부분의 정당들이 나름대로의 정책 프로그램을 가지고 복지경쟁에 나서고 있다. 한국의 보수당은 '공동체자유주의'라는 보수주의 이념의 재구성을 시작으로, '한국형 생활복지국가'를 복지체제 담론으로 제시했다. 영국과 한국의 현 집권당의 복지정책의 핵심 중 하나가 고용을 통한 빈곤층 혹은 저임금노동자들의 빈곤탈출에 있다는 점에서 인식의 유사성을 가지고 있다. 하지만 영국의 보수당은 엄격한 실업급여제도와 생활임금제도의 도입이라는 제도적 상보성을 갖춘 데 반해, 한국보수당의 생애주기 맞춤형 공공부조와 이른바 '노동개혁'을 통한 일자리 창출은 서로 분리되어 있을 뿐만 아니라, 오히려 저임금노동의 저변화라는 문제를 낳을 수 있다. 이러한 의미에서 한국의 보수정당이 이전의 반복지정당의 이미지 탈피에는 어느 정도 성공했지만, 생활보장이라는 궁극적 목표에 적합한 복지국가의 비전이 요구된다.

4

사법복지

사법이란「법규를 적용하여 어떤 사항의 적법·위법 또는 이를 규정하는 권리관계를 확정함으로써 구체적인 쟁송을 해결하는 국가작용」을 말한다. 따라서 사법적인 해결은 사회의 논리를 기초로 하는 해결이며, 구체적인 해결상황에 있어서의 인간관계는 항상 국가의 권위 내지는 실력을 배경을 가진「수직형 인간관계」가 되기 쉽다. 이에 대해 사법복지적인 해결은 개인의 객관적 필요성(needs)과 자기결정을 중시하는 해결이며 개인의 논리를 기초로 하는 것이기 때문에 해결상황에 있어서의 인간관계는 개별적인 객관적 필요성에 초점을 맞춘「수평형 인간관계」가 된다. 이렇듯 사법과 사회복지는 일견 아무런 연관성이 없는 것처럼 생각되어졌다. 과거 사법은 국민의 위에 군림하여 국민을 재판하는 것으로 인식되었다. 그러나 구시대적인 재판과 재판집행기관의 개혁 등, 일련의 사법기관의 활동 속에서 전통적 사법활동의 마이너스 측면을 완화시키거나 보완하기 위한 활동이 점차 큰 위치를 차지하게 되었다. 그 내용은 교도소 개혁, 소년보호시설의 탄생, 보호관찰(probation) 제도 및 소년법원의 탄생, 가족문제에 대한 특별조치의 도입 등 다양하지만, 1950년 유엔보고서「사회복지행정의 방법」이 제시한 바와 같이 법원사회복지(social work), 보호관찰, 가석방, 사회적 소외아동의 후견서비스, 친족부양의무 장려원조, 무료법률상담·변호제도 등 사법제도 관련 사회복지활동(Adjudication-Connected with Social Welfare Activities)9)으로 종합되어 국제적인 인지를 획득하기에 이르렀다.

현대사회는 사법의 등장을 필요로 하는 사회문제가 더욱 증대하고 있으나, 국민은 건강하고 문화적인 생활을 영위하는 주권자로서 행복추구권을 실현하기 위해 외부로부터의 간섭을 받지 않는 독립된 사법기관인 법원으로부터 공평하고 신속한 재판을 받을 권리가 있다. 더욱이 국민생활은 한정된 특정인에 대한 특수서비스를 초월하여 만인의 복지수요에 부응하는 다양한 사회적 서비스를 필요로 하고 있으며, 사회복지(social services)라는 명칭에 걸맞은 다양한 전문업무를 요구하고 있는 것이다

5

현대 사회복지의 향후 전망

1) 현대 사회복지의 발달특징과 현황

현대 사회복지의 발달은 해방 50년을 겪으면서 비교적 짧은 기간에 걸쳐 일어난 사회체계의 급격한 변화와 정치권력의 개편, 생활구조의 변화, 국민의식의 변화 등 정치, 경제, 교육, 생활풍습, 국민생활 등과 밀접한 관계를 갖고 발전해 왔으며, 그 발달과정에서 몇 가지 특징을 살펴볼 수 있다.

외국의 자선단체나 외원에 위한 물질적 구호수준에서 시설보호중심으로 발전하면서 프로그램의 다양화와 사회복지기관의 세분화가 진행되어 왔으며, 사회복지대상자의 경우 의식주 중심의 보호수준에서 건강, 청소년, 가족, 산업현장 등 전 국민을 수혜의 대상으로 확대시켜 왔으며, 제도적 측면에서도 아동복지법과 생활보호법에서 시작하여 국민연금법과 고용보험, 장애인고용촉진법 등에 이르기까지 각종 공적부조법과 사회보험법 등이 제정되어 사회보장에 관련된 행정과 제도의 개선으로 나타났다. 아울러, 사회경제정책과 국민의 의식변화와 관련하여 사회복지를 주로 자선사업이나 구호사업으로 인식했던 50~60년대 정치사회적 혼란기와 경제개발위주의 성장정책과, 70년대 이후 경제개발활성화를 위한 보조정책으로서의 사회개발을 지나, 80년대에 들어서며 복지국가를 지향하는 정부의 정책발전과 지방자치제 실시에 따른 지역복지에 대한 관심증대와 기업체의 기업복지에 대한 시도 및 국민의 복지의식 전환이 사회복지의 전문성과 질을 향상시키는 등 사회복지 실현의지가 강하게 부각되었던 것이다. 우리나라 사회복지분야의 경우 경제변수에 심하게 종속되어 왔다는 또 다른 특징을 엿볼 수 있다. 지난 30여년 동안 경제성장의 논리가 우선시됨에 따라 복지부문에 관한 논의는 유보되어질 수밖에 없었으며, 1인당 GNP가 10,000달러를 넘어서면서 삶의 질 향상에 대한 국가적 관심이 가시화될 무렵, 오히려 유동성 외환부족이라는 문제가 '97년 IMF(국제통화기금)

의 구제금융을 요청하는 사태로까지 악화되었으며, 이는 결국 실업문제를 중심으로 한 돌발적인 복지수요를 만들어내게 되었다.

사회적 안전망 형성을 포함한 기초적 복지수요를 외면해 온 고속적 경제성장이 결과적으로 대량해고를 통한 실업문제라는 새로운 복지수요를 불러왔고 이는 현재까지도 국가적 차원에서 대응하지 않으면 안 될 실업문제라는 범사회적 문제가 되고 말았다. 이와 함께 최근 우리나라의 사회복지는 사회의 급속한 변화 속에서 기본적인 패러다임을 전환시켜 가고 있음을 엿볼 수 있다. 먼저, 무연고자나 생활보호대상자 등을 중심으로 한 시설중심의 대책에서 전체 일반 대중과 재가복지서비스분야로 서비스대상과 제공방법이 변화하고 있음을 살필 수 있고, 중앙정부주도의 복지행정이 지방자치시대에 맞게 지방행정으로 추진되고 있으며, 사회구조의 변화와 함께 국민대중의 복지 니드가 다양화되고 다계층화됨에 따라 경제적이고 물질적 중심의 서비스와 함께 비물질적, 사회적 기능장애에 대처하는 서비스가 강화되고 있으며, 아울러 소득, 보건, 의료, 교육, 주택, 재활 등 각각의 사회복지분야가 상호 연계되거나 통합되어 가고 있음을 살펴볼 수 있다. 그러나 지난 '95년 고용보험의 도입으로 의료보험, 산재보험, 국민연금과 함께 4대 사회보험체계가 구축되고, 노인·장애인 등 취약계층을 위한 기본적 복지서비스를 위한 제도의 기본 틀이 어느 정도 갖추게 되었다고는 하나, 사회보험이 아직 전국민을 포괄하지 못하고 저소득실직자등 사회안전망의 사각지대에 놓여있는 한계계층이 존재하고 있으며, 또한 보호대상자에 대한 지원수준이 국민의 기초생활보장 및 다양한 국민적 복지욕구 충족에는 미흡하고, 사회보장행정체계가 공급자의 편의 위주로 되어있는 등 복지의 질적인 수준이나 내용면에서 아직 미흡한 실정에 있는 것이 우리나라 사회복지 현실의 하나일 것이다.

2) 향후 전망과 과제

보건복지부에서는 지난 '98년 11월 제1차 사회보장장기발전계획을 내놓으며 '99년부터 향후 5년간에 대하여 인구의 노령화, 가족구조의 변화, 산업화 등에 따라 국민복지수요가 급증할 것을 예상하고 특히 경제난에 따른 대량실업자 발생 등으로 소득분배의 악화, 가족해체 등 과거에는 없던 새로운 복지수요 발생 등 국민생활의 질적개선을 위한 다양한 복지욕구가 표출되고, 소외계층의 사회보장증대욕구가 심화될 것으로 내다보았다. 이를 통해 21세기 국민복지의 비전을 '정의롭고 생산적인 복지공동체 구축'에 놓고 전국민 사회보험 실현과 최저생활수준 보장 및 삶의 질 제고를 위한 복지시비스의 확충을 계획하였다.

또한 사회보장발전의 기본이념을 사회적 권리로서의 국민복지기본선의 보장과 생산적 복지에 두고, 보호가 필요한 모든 국민에 대한 최소한의 먹고 입는 문제와 자녀교육 및 의료는 국가책임하에 두고, 단순보호차원의 복지보다는 자활능력 배양등을 통해 경제발전에 기여할 수 있는 생산적기능을 강화하기 위해 그 추진전략을 설정하였다.

첫째, 고실업시대에도 적응할 수 있는 사회안전망의 구축으로 전국민 사회보험 실현으로 1차 사회안전망을 완비하고, 공공부조의 확대를 통해 사회보험 미적용 계층을 흡수·보호하겠다는 것이다.

두 번째로는 국민기초생활의 보장 및 생산적 복지의 강화로 근로능력이 없는 저소득계층에게는 최소한의 기본적 생활을 보장하고 근로능력자에게는 자활·자립기반을 조성하겠다는 깃이다.

세 번째, 정부와 민간이 함께 하는 선진형 복지지원체계를 확립하는 것이다.

넷째, 사회보장관리 체계의 효율화를 추진하여 4대 사회보험의 통합추진 및 복지서비스 전달체계의 개선하겠다는 등이 그 주요한 것이다.

그러나 이러한 발전계획의 성공적 추진을 위하여 상당수준의 복지재정의 확보와 투자가 요구가 되나, 국가재원 배분의 우선순위 조정을 통한 점진적 복지재정의 확보라든가, 지방세의 안전적 확충 등을 통한 지방복지재정의 확충이라는 일반적 재정확보계획이 보다 적극적이고 구체화되어야 할 것이며, 공동모금회에 대한 기부금의 법정기부금화를 통한 사회복지공동모금제도의 안정적 발전과 종교계의 복지참여 지원 및 유도이외에도 복지재정 확보를 위한 특단의 대책이 마련되어져야만 할 것이다. 그럼에도 불구하고 고용보험과 국민연금의 확대시행과 국민건강보험의 통합시행 등 사회보장정책의 발전적 시행과 함께 국민의 기본적 생활을 보장하고 생산적 복지를 추구하는 국민기초생활보장법의 시행 등 정부의 의지가 실현되고 있는 점 등을 미루어 향후 우리나라의 사회복지가 그렇게 어둡지만은 않을 것이라 보고 다음과 같이 전망하고자 한다.

첫째, 고용보험과 국민연금, 국민건강보험과 산재보험 등 4대 보험의 통합 또는 확대를 통해 사회안전망이 완비될 수 있을 것이다.

둘째, 국민의 기초생활이 보장될 수 있을 것이다. 최저생계비 보장 등 보호수준이 향상되어 기본적 생활이 보장되고, 자활·자립지원시책 강화를 통한 생산적 복지기반의 구축이 국민의 기초생활을 보장하게 할 수 있을 것이다.

셋째, 복지 서비스가 확충될 것이다. 가족 및 지역사회 중심의 예방적 서비스와 재가복지서비스가 확충될 수 있을 것이며, 장애인과 노인 등의 편의시설 설치 확대와 직업안정제도에 대한 지원을 통해 소외계층의 사회참여 기회가 확대될 것이다.

넷째, 복지수요가 확대되고 다양화될 것이다. 사회변화는 우리가 예견하는 것보다 훨씬 다양할 것이며 이에 따른 사회적 복지요구도 다양화될 것이며 아울러 복지수급주체도 보다 조직화될 것으로 전망되기 때문이다.

그러나 이러한 전망에도 불구하고 통일을 추구하는 남북 개방화와 지방자치제의 확립 및 세계화와 탈냉전체제이후의 신자유주의 이데올로기의 득세 등 국내외적 변화의 물결이 어떠한 변인으로 작용할 수 있을지에 대한 보다 심층적인 고찰과 함께, 적어도 해방이후의 복지정책과 실천내용을 총점검하고 새로운 시대에 대응할 수 있는 지혜를 모아야 할 것이며, 우리나라의 문화에 기초한 사회복지실천모델의 개발을 강구해야만 할 것이다.

6

민간 사회복지체계의 개선과제

21세기를 새롭게 맞기 위해서는 국민 모두가 지역사회에서 건강하고 안전하게 행복한 삶을 살 수 있는 복지체계가 갖추어지지 않으면 안 된다. 특히 노인 및 장애인, 아동을 포함한 취약계층에게 정상화(normalization)의 이념이 실현되는 복지사회를 건설하여야 한다. 지역사회의 사회복지 과제를 해결하기 위해서는 기본적으로 지역차원의 사회복지행정체계가 완비되어야 하며, 특히 지역주민들에게 직접 서비스를 제공하는 민간 사회복지시설, 기관의 효율적인 운영이 중요하다. 나아가서 공공과 민간의 협조 관계(partnership)를 기반으로 체계적인 사회복지사업이 수행되어야 한다. 공공과 민간이 협조체제를 이루는 복지체계를 이루기 위해서는 민간부문에서 다음과 같은 사항이 개선되어야 한다. 첫째, 공공부문의 사회복지전담부서와 협력을 유지하면서 지역주민의 접근성이 용이하도록 조직화하고, 민간자원의 동원이 용이하고 지역주민의 욕구에 맞는 전문적인 서비스 전달체계를 구축하여야 한다. 둘째, 민간 사회복지기관들이 공공체계에 합리적으로 연결되면서 민간부문 상호간에 서로 밀접한 관계를 가지고 활성화되어야 한다. 셋째, 공공부문 전달체계의 문제점인 권위적 경직성과 전문성 결여의 문제점을 극복하고, 민간부문의 재정적 어려움을 해결하고 독립성을 보장해 줄 수 있는 제도적 장치가 마련되어야 한다(신복기 외, 1995: 47).

이는 민간부문의 사회복지는 효율성을 높이고 통합적이며 전문적인 서비스가 제공될 수 있는 체계를 갖추어야 함을 의미한다. 특히 민간 사회복지기관들의 연계·협력체계를 강화하여 민간부문 복지총량의 극대화를 이룸으로써 기존의 복지자원의 영세성으로 인한 한계성을 극복할 수 있어야 한다. 이를 위해 민간복지체계는 민간복지기관 및 시설, 자원봉사자, 민간복지재정이 적극적으로 동원되고 상호보완되면서 활성화되어야 한다. 사회복지협의회를 중심으로 협의·조정기구를 강화하고, 자원봉사센터와 공동모금기구가 효과적으로 연계될 필요가 있다. 이러한 틀 속에서 사회복지협의회가 수행해야 할 기능은 지역사회의 여건에 따라 다양하게 제시할 수 있으나, 대부분의 지역사회에서 공통으로 수행되어야 할 기능에 대해 Dunham(1970: 440-441)은 다음의 9가지를 제시하고 있다.

첫째, 지역사회의 복지증진과 관련된 사실발견

둘째, 사회복지기관들간의 조정과 협력 증진

셋째, 지역사회의 복지증진을 위한 센터의 역할

넷째, 사회복지기관간의 서비스 조정

다섯째, 사회복지기관들이 수행하는 업무의 질적 수준 제고

여섯째, 사회복지에 관한 공동의 계획 수립 및 실천

일곱째, 정보제공, 교육 및 홍보

여덟째, 사회복지기관의 자원동원에 관한 자문 및 재정안정 도모

아홉째, 사회행동

우리나라 사회복지협의회는 6·25동란 직후인 1952년에 구호활동을 하던 민간 사회사업기관들의 모임인 한국사회사업연합회로 출범하여 현재는 사회복지사업법에 의한 법정단체인 한국사회복지협의회로 발전하였다. 최소한 형식적으로는 과거의 단순한 구호기관의 연합체로부터 민간사회복지분야의 대표적 기관으로 그 위상이 정립된 것이다. 또한 한국사회복지협의회 정관 제1조에는 '사회복지에 관한 조사 연구와 각종 복지사업을 조성하고, 사회복지사업과 활동을 조직적으로 협의·조정하며, 사회복지에 대한 국민의 참여를 촉진시킴으로써 우리나라의 사회복지 증진과 발전에 기여함을 목적으로 한다'고 규정함으로써 민간사회복지계의 대표기관으로서의 역할을 담당하여야 하는 당위성을 제시하고 있다.

그러나 우리나라 사회복지협의회는 아직도 상당부분 시설사업연합체로서의 제한된 기능만을 수행하여 사회복지기관들의 조정역할에 대한 동의와 지지를 제대로 받지 못하고 있는 실정이다. 또한 재정적인 이유 때문에 보건복지부의 위탁사업에 의존도가 높아 협의회의 자체사업과 고유사업을 제대로 수행하지 못하고 있다. 더구나 정부나 지역공동모금회를 통한 자원동원 및 분배 능력이 없기 때문에 민간기관에 대한 영향력도 매우 약하다. 그리고 협의·조정기능을 수행하는데 필수적인 전

문인력과 기구 및 예산이 확보되지 못하여 제대로 역할을 수행할 수 없는 상황이다. 또한 각 시·도에 지방사회복지협의회가 조직화되었으나, 재정적·인적 자원의 부족으로 인해 중앙의 하부조직으로의 명맥만 유지해오고 있다(정영순, 1995: 448).

이와 같이 민간 사회복지법인 단체간의 유기적 조정역할을 담당해야 할 사회복지협의회가 회원구성의 폐쇄성, 재정규모와 자립의 취약 및 사회복지 정보 관리체계가 미약하여 관련시설과 단체간의 협의(?)·조정(?)·지도기능을 제대로 하지 못하고 있는 것은 우리나라 민간 사회복지의 비효율성을 초래하는 주요인으로 작용하고 있다. 즉, 단순히 사회복지업무의 위탁 수행 기관으로서 소극적, 폐쇄적 형태를 벗어나지 못함으로써 전국적인 사회복지 인적·물적 자원의 조정 관리능력의 공백현상을 초래하고 있는 것이다. 따라서 사회복지협의회가 제 기능을 발휘할 수 있도록 조직이 강화되고, 전문인력 및 예산 등이 확보되어야 한다. 특히 사회복지협의회의 활성화와 전문적 기능의 확대는 자립적인 재정확보가 뒷받침될 때 가능하다. 협의회의 재정자립은 정부와 지방자치단체의 재원 및 외부 지원기금 등으로부터 초래될 수 있는 종속성과 비자율성을 탈피할 수 있다. 또한 지역사회 단위로 자원개발 및 자원동원 운동을 전개함으로써 사회복지에 대한 지역사회의 관심과 참여를 유도할 수도 있다. 이를 통해 사회복지협의회는 명실공히 그 고유의 기능을 회복하여 민간복지의 조직화를 위한 핵심적 역할을 담당할 수 있도록 하여야 한다.

참고문헌

감정기, 최원규, 진재문(2002). 사회복지의 역사, 나남.

강위영, 나운환(2001). 직업재활개론 나눔의 집.

강종수(2019). 사회복지행정의 이해. 학지사.

강희설(2000). 노인차별에 대한 노인의 경험과 인식. 성공회대 시민사회복지대학원 석사학위논문.

고용노동부(2018a). 2017년판 산재보험사업연보.

_________(2019). 2018년판 고용보험백서.

고토우 미키(2008). 일본의 다문화 프로그램과 다문화 사회복지사의 역할. 평택대학교 다문화가족 센터. 다문화사회의 전문성 강화와 국제협력 네트워크 구축.

교육과학기술부(2008). 다문화가정 학생현황.

국가인권위원회(2002). 장애인 차별실태 자료분석을 통한 인권의식 개선방안에 관한 연구.

권지성(2005). 공개입양족의 적응. 나눔의 집.

금명자 외(2006). "한국의 다문화가정 청소년실태". 다문화가정 청소년 사회적응 실태 및 지원방안. 국가청소년위원회 한국청소년상담원.

김기원(2001). 사회복지조사론. 나눔의 집.

김상균 외(2007). 사회복지개론. 나남출판.

김성윤(2006). "새터민 정착의 실태와 문제점 및 개선방안". 한국동북아논총 38. 249-269.

김성천, 윤혜미(2000). 가족복지증진을 위한 정책대안 연구. 보건복지부.

김성희, 변용찬, 박성민(2004). 장애인의 사회통합을 위한 차별해소방안. 한국여성개발원 한국보건사회연구원.

김성희, 이연희, 오욱찬, 황주희, 오미애, 이민경, 이난희, 오다은, 강동욱, 권선진, 오혜경, 윤상용, 이선우(2017). 2017년 장애인실태조사. 보건복지부.

김승권 외(2000). 2000년 전국 출산력 및 가족보건실태조사. 한국보건사회연구원.

김안나(2007). "참여정부 사회안전망 정책의 성과와 과제". 보건복지포럼 135. 22-32.

김애순(2002). 성인발달과 생애설계. 시그마 프레스.

김연옥, 유채영, 이인정, 최해경(2005). 가족복지론. 나남출판.

김영만(2005). 대한민국에 사는 탈북자(새터민)들의 적응실태. 한국학술정보(주).

김영주(2006). 농촌거주 여성결혼이민자의 생활과 특성: 충남 지역 사례를 중심으로, 한국사회사학회 충남대학교 사회과학연구소 2006년 정기학술대회 자료집.

김영화, 박태정, 장경은(2008). 사회정의 실현을 위한 사회복지정책론. 공동체.

김영화, 이옥희 옮김(1999). 복지와 이데올로기. 한울아카데미.

김영화, 이진숙, 이옥희(2006). 성인지적 가족복지론. 양서원.

김영희, 한경혜(1996). "빈곤층 편모의 스트레스가 부모역할수행에 미치는 영향 심리적 디스트레스의 매개역할을 중심으로". 한국가정관리학회지 14(4). 263-276.

김이선, 김민정, 한건수(2006). 여성결혼이민자의 문화적 갈등 경험과 소통 증진을 위한 정책과제. 한국여성개발원.

김이선, 황정미, 이진영(2007). 다민족 다문화사회로의 이행을 위한 정책 패러다임 구축(I): 한국 사회의 수용 현실과 정책과제. 한국여성정책연구원.

김태성, 홍선미(2006). 사회복지개론. 청목출판사.

김태성(2018). 사회복지정책입문. 청목출판사.

김형인(2006). "미국의 다문화 정책과 교훈". 국회도서관보 Vol.325. 17-28.

감혜란(1996). "과제중심 모델의 적용에 관한 연구: 위탁보호 사례를 중심으로". 한국사회복지학 30. 24-47.

김혜란, 홍선미, 공계순(2006). 사회복지실천기술론. 나남출판.

김혜순(2006). 한국의 '다문화사회' 담론과 결혼이주여성: 적응과 통합의 정책마련을 위한 기본전제들. 한국사회학회. 동북아 "다문화" 시대 한국사회의 변화와 통합.

고용노동부(2006). 노동행정사 2편 노동시장정책.

__________(2019) 고용보험백서.

교육부(2019) 국민기초생활보장사업 교육급여 운영방안안내.

국민건강보험공단(2019a) 2018 건강보험주요통계.

______________ (2019b) 노인장기요양보험통계연보.
국민연금공단(2019). 국민연금통계연보.
국토교통부(2019a) 주거급여 사업안내.
박경일 외(2001). 사회복지학강의. 양서원.
박병현(2005). 복지국가의 비교: 영국, 미국, 스웨덴, 독일의 사회복지역사와 변천. 공동체.
박현이, 이명화, 박수선(2005). 십대 청소년의 성경험 및 성태도에 관한 실태조사. 아하청소년성문화센터.
변용찬, 김성희, 윤상용, 지은정(2003). OECD 국가의 장애인복지정책 비교 연구. 한국보건사회연구원.
보건복지가족부(2008a). 의료급여사업안내.
______________(2008c). 일자리, 기회, 배려를 위한 능동적 복지 2008년 실천계획. 업무보고자료.
______________(2008c). 긴급지원사업안내.
______________(2008d). "저소득층을 위한 희망디딤돌 복지대책". 보도자료(2008. 4, 3).
______________(2008e). 아동복지사업안내.
______________(2008f). 국민기초생활보장안내.
______________(2008g). 장애인복지사업안내,
______________(2008h). 자활사업안내.
______________(2010). 2010년도 사회복지시설관리안내.
보건복지가족부 보육지원과(2008). 아동보육 현황.
보건복지부(2005). 국제결혼 이주여성 실태조사 및 보건 복지 지원 정책방안.
__________(2008). 2007년도 전국 노인학대상담사업 현황보고서.
__________(2012). 2011년 전국노인생활실태조사.
__________(2014b). 자활사업안내.
__________(2014c). 긴급지원안내.
__________(2014d). 기초연금사업안내.
__________(2015b). 의료급여사업안내.

__________(2018a). 보건복지통계연보.

__________(2019a). 국민기초생활보장 사업안내.

__________(2019b). 자활사업안내 Ⅰ.

__________(2019c). 자활사업안내 Ⅱ: 희망, 내일키움통장사업.

__________(2019d). 긴급지원사업안내.

__________(2019e). 의료급여사업안내.

__________(2019f). 기초연금사업안내.

__________(2019g). 장애인연금사업안내.

__________(2019h). 아동수당사업안내.

__________(2019i). 2018 보건복지백서.

__________(2019a). 보육통계.

__________(2019b). 2018 국민기초생활보장 수급자 현황.

__________(2019c). 장애인등록현황.

__________(2019d). 2019년 장애인활동지원사업안내(개정).

__________(2019e). 2019 노인복지시설 현황(2018.12.31. 기준).

보건복지부 재활지원팀(2007). 2006년 장애인 지역사회재활 운영현황.

보건복지부 중앙노인보호전문기관(2019). 2018 노인학대현황보고서 가이드북.

서보순, 송은희 김우호, 서민호, 조웅(2018). 사회복지개론. 지식공동체.

서유정(2012). "영국의 복지개혁과 취업장려정책". HRD Review 제15권 제3호. 76-95.

서지명(2015). 공공부조vs사회보험. 아시아경제.

설동훈(1999). 외국인노동자와 한국사회. 서울대학교 출판부.

______(2006). 외국인근로자 지원사업(기관) 제도 개선 및 중장기 계획수립을 위한 연구. 근로복지공단.

성민선 외(2005). 사회복지개론. EM커뮤니티.

성정현(2000). "이혼여성의 자립방안에 관한 연구". 협성논총 12. 77-108.

성정현, 여지영, 우국희, 최승희(2004). 가족복지론. 양서원.

성지해(2001). 빈곤한 조부모손자녀세대 아동의 우울 및 불안에 관한 연구-지역사회복지관 서비스 대상자를 중심으로. 이화여자대학교 사회복지대학원 석사학위논문.

손화희(2007). 노인상담 현황과 과제에 대한 소고. 한국노년학회 추계학술대회 자료집.

_____(2008). 노인상담 종사자의 직무분석과 교육과정에 관한 연구. 한국노년학회 춘계학술대회 자료집.

신은주(2000). 사별여성의 자립방안에 관한 연구. 혼자 사는 여성의 자립방안. 한국여성연합.

양애경 외(2007). 여성결혼이민자에 대한 지역사회의 수용성 연구. 한국여성정책연구원.

양옥경(2005). 가족과 사회복지. 이화여자대학교 출판부.

여성부(2008). 2007년 전국 가정폭력 실태조사.

여성가족부(2014). 2013 청소년백서.

__________(2019). 한부모가족지원사업안내.

__________(2019). 2018년 전국다문화가족실태조사연구.

오성배(2005). "코시안(Kosian) 아동의 성장과 환경에 관한 사례 연구". 한국교육 32(3). 61-83.

오정수, 류진석(2009). 지역사회복지론. 학지사.

오정수, 최해경, 정연택, 류진석, 유채영(2020). 사회복지학개론, 양서원.

옥필훈(2018). 사회복지개론. 공동체.

유경준 외 (2012) 4대 사회보험 적용징수 관리체계 개선방안, 고용노동부.

유태균 역(2001). 사회복지질적연구방법론. 나남.

_____ 외 역(2006). 21세기 새로운 복지국가. 나남출판.

윤애경(1997). 이혼모 적응과정에 있어 자녀관계에 관한 연구. 효성가톨릭대학교 대학원 석사학위논문.

윤인진(1999). "탈북자의 남한사회 적응실태와 정착지원의 새로운 접근". 한국사회학 33. 511-549.

_____(2007). 국가주도 다문화주의와 시민주도 다문화주의. 한국사회학회. 한국적 "다문화주의"의 이론화.

윤찬영(2017). 사회복지의 이해. 정민사.

의료정책연구소(2006). OECD 국가의 의료재원조달 및 지불체계. 대한의사협회.

이금순 외(2004). 북한이탈주민 분야별 지원체계 개선방안. 통일연구원.

이병록(2007). 지역사회복지와 사회복지시설. 청목출판사.

이세형(2017). 사회복지 행정 실무. 양성원.

이영분, 김기환 등(2010). 사회복지 실천론. 동인.

이인재, 류진석, 권문일, 김진구(2006). 사회보장론. 나남.

이인정, 최해경(2007). 인간행동과 사회환경. 나남출판.

이재담(2000). 의학의 역사. 위드.

이재석(2017). 사회복지 사례관리. 어가.

이화여대 사회과학연구소 엮음(2005). 사회과학의 이해. 이화여자대학교출판부.

장애우권익문제연구소(2001). 장애우복지개론. 나눔의 집.

장인협, 이혜경, 오정수(2009). 사회복지학. 서울대학교출판부.

장휘숙(2007). 전생애 발달심리학. 박영사.

전우택(2000). 탈북자들의 남한사회 적응과 심리갈등에 대한 이해, 남북한의 사회적 통합: 2000년도 한국심리학회 춘계 심포지움 자료집. 67-91.

______(2007). 사람의 통일, 땅의 통일: 통일에 때한 사회정신의학적 고찰. 연세대학교 출판부.

전우택, 민성길, 이만홍, 이은실(1997). "북한탈북자들의 남한사회 적응에 관한 연구". 신경정신의학 36. 3-18.

정경희, 이소정, 이윤경, 이수연(2011). 선진국의 고령화 대응정책 동향. 한국보건사회연구원.

정경회, 오영희, 강은나, 김재호, 선우덕, 오미애, 이윤경, 황남희, 김경래, 오신휘, 박보미, 신현구, 이금룡(2017). 2017년도 노인실태조사. 서울: 한국보건사회연구원.

정명숙 역(2007). 사회복지와 심리학. 시그마 프레스.

정무성, 양희택, 노승현(2006). 장애인복지개론. 학현사.

정순둘 외(2007). 사회복지와 임파워먼트. 학지사.

정연택(1995). "독일 노동시장정책의 문제에 비추어 본 한국노동시장정책의 문제". 한국사회복지학회 추계학술대회 자유논문발표집 12. 168-178. 한국사회복지학회.

_____(2007a). 사회복지분야론 Ⅰ. 임춘식. 사회복지학개론 공동체. 179-197.

_____(2007b). 노동시장 변화와 실업 및 고용, 노동시장정책 평가와 과제. 사회복지연구회 2007년 추계학술대회 자료집.

정정균 외(1998). 보건사회학. 서울대학교 출판부.

정진웅(2006). 노년의 문화인류학(개정판). 한울아카데미.

조성남(2004). 에이지 붐 시대: 고령화 사회의 미래와 도전. 이화여자대학교 출판부.

조영달(2006). 다문화과정의 자녀교육실태조사. 교육인적자원부.

지승희, 이명우 역(2007), 싱담인턴쉽: 이론에서 실제로. 시그마프레스.

최성균, 이준우(2017). 한국 사회복지실천과 복지경영. 파란마음.

최성은(2012). 유럽의 복지개혁 동향. 한국조세연구원.

최창현, 황민철(2010). 사회복지조사방법론. 윤성사.

최해경(2006). "조손가족에 대한 사회적 지지 실태와 조부모의 신체적 건강과 정신건강에 미치는 영향". 한국인구학 29(2). 115-142.

통계청(2019a). 2018년 생명표.

_____(2019b). 고령자통계.

_____(2006b). 가계수지 기본통계.

한건수(2003). "'타자 만들기': 한국사회와 이주노동자의 재현". 비교문화연구 9(2). 157-193.

_____(2006). "농촌지역 결혼 이민자 여성의 가족생활과 갈등 및 적응". 한국문화인류학 39(1). 195-243.

한경구, 한건수(2007). 한국적 다문화 사회의 이상과 현실: 순혈주의와 문명론적 차별을 넘어. 한국사회학회. 한국적 "다문화주의"의 이론화.

한경혜, 윤순덕(2001), 자녀와의 동·별거가 농촌노인의 심리적 복지감에 미치는 영향. 한국노년학회. 2001년 춘계정기학술대회 발표논문자료집.

한국가정법률상담소(2004). 가정폭력예방지침서: 꽃으로도 풀잎으로도 때리지 마라.

한국산업인력공단(2015). 사회복지서비스. 진한엠앤비

함세남 외(2001). 사회복지의 역사와 철학. 학지사.

고용보험 인터넷 서비스 http://www.ei.go.kr/index.jsp
국민건강보험공단 http://www.nhic.or.kr
국민연금공단 http://www.nps.or.kr
노인장기요양보험 소개 http://www.longtermcare.or.kr
보건복지부 국민기초생활보장제도 안내 http://team.mohw.go.kr/blss
Adams, R. & Laursen, B.(2001). "The organization and dynamics of adolescent conflict with parents and friends". Journal of Marriage and the Family, 63, 97–110.
Ainsworth, M. D. S.(1972). "Attachment and dependency: A comparison". In J. L. Gewirtz (Eds.), Attachment and dependency. Washington, D. C.: Winston.
Ambert, A.(1992). Effects of children. New York: The Haworth Press.
Anderson, J.(1981). Social work methods and processes. Belmont, CA: Wadsworth.
Bandura, A.(1977). Social learning theory. Englewood Cliffs, NJ: Prentice–Hall.
Barker, R. L.(1995). The social work dictionary(3rded.).Washington,DC:NASWPress.
__________(1999). The social work dictionary(4thed).Washington,DC:NASWPress.
__________(2003). The social work dictionary(5thed).Washington,DC:NASWPress.
Beckett, C.(2006). Essential theory for social work practice. London: Sage.
Biesteck, F.(1957). The casework relationship. Chicago: Lyola University Press.
Boyle, S. W., Hull, G. H., Mather, J. H., Smith, L. L., & Farley, O. W.(2006). Direct practice in social work. Boston: Allyn & Bacon.
Bowlby, J.(1982). Attachment and loss: Attachment, 1. New York: Basic.
Brearley, J.(1991). "A psychoanalytic approach to social work". in J. Lishman(ed.), Handbook of theory for practice teachers. London: Jessica Kinsley.
Briar–Lawson, K., Lawson, H., Hennon, C., & Jones, A.(2001). Family–centered: Policies & practices. New York: Columbia University Press.
Butler, R. N.(1975). Why Survive?: Being Old in America. New York: Harper & Row.
Caplan, G.(1964). Principles of preventative psychiatry. New York: Basic Books.

Carstensen, L. L., Graff, J., Levin son, R. W., & Gottman, J. M.(1996). “Affect in intimate relationships: The developmental course of marriage”. In C. Magai & S. H. McFadden (Eds.), Handbook of emotion, adult development, and aging. San Diego: Academic Press.

Chui, W. H. & Ford, D.(2000). “Crisis intervention as sommon practice”. in P. Stepney & D. Ford (eds.), Social Work Models, Methods and Theories, Lyme Regis: Russell House.

Cicchetti, D., Toth, S. L., & Lynch, M.(1995). Bowlby's dream comes full circle: The application of attachment theory to risk and spychopathology, Advances in clinical child psychology (Vol. 17). New York: Plenum Press.

Collins, D., Jordan, C., & Coleman, H.(1999). An introduction to family social work. Itasca, Illinois: F. E. Peacock Publishers.

Cooper, C.(1985). “Good enough, border–line, and bad enough parenting”. In M. Adcock & R. White(Eds.), Good enough parenting: A framework for assessment. London: British Agencies for Adoption and Fostering.

Coulshed, V. & Orme, J.(1998). Social work practice: An introduction(2nded). Basingstoke:Macmillan/BASW.

Cournoyer, B.(2000). The social work skills workbook(3rded). CA:Broooks/Cole.

Cummins, L., Sevel, J., & Pedrick, L.(2006). Social work skills demonstrated: Beginning direct practice(2nded).Boston:Allyn&Bacon.

DeJong, G.(2001). “Defining and implementing independent living”. In N. M. Crewe & I. Kenneth, Independent living for physically disabled people. San Jose: Zola & Ass., Inc.

Doel, M.(2000). “Task–centred work” in M. Davies(ed.), Blackwell Encyclopaedia of Social Work. Oxford: Blackwell.

Dominelli, L.(2002a). “Feminist theory”. in M. Davises(ed.), The Blackwell Companion to Social Work(2nded).Oxford:Blackwell.

____________(2002b). Feminist social work theory and practice. Basingstoke: Palgrave.

Dubois, B. & Miley, K. K.(2011). Social work: An empowering profession(7thed.). Boston. MA: Allyn and Bacon.

Elkind, D.(1967). "Egocentrism in adolescence". Child Development 36. 1025-1034.

Epstein, L.(1995). "Brief task-centered social work". in R. L. Edwards(ed.), Encyclopedia of Social Work(19thed). 1,313-323.WashingtonD.C.:NationalAssociationofSocialWorkers.

Epstein, L. & Brown, L. B.(2002). Brief treatment and a new look at the task-centred approach(4thed). Boston:AllynandBacon.

Fatout, M. & Rose, S. R.(1995). Task groups in the social services. Thousand Oaks. CA: Sage.

Feldman, F. L. & Scherz, F. H.(1967). Family social welfare: Helping troubled families. New York: Atherton Press.

Freidan, B.(1993). The fountain of age. New York: Simon & Schuster.

Friedlander, Walter A. & Apte, Robert Z.(1980). Introduction to Social Welfare. Englewood Cliff,s New Jersey: Prentice-Hall, Inc.

Fuller-Thomson, E. & Minkler, M.(2000). "The mental and physical health of grandmothers who are raising their grandchildren". Journal of Mental Health and Aging. 6(4). 311-323.

Garmezy, N.(1993). Children in poverty: Resilience despite risk. Psychiatry 56. 127-136.

Garland. J., Jones, H., & Kolodny, R.(1965). "A model for stages of development in social work groups". In S. Bernstein, Exploration In group work. p.49.

Germain, C. B.(1988). "School as a living environment within the community". Social Work in Education 10. 260-276.

Gibbs L., Gambrill, E., Blackemore, J., Begun, A., Keniston, A., Peden, B., & Lefcowitz, J.(1994). A measure of critical thinking about practice. Unpublished paper presented at the Fall Conference of the Wisconsin Council on Social Work Education, Stevens Poin, WI.

Gilbert, N. & Terrell, P.(1998). Dimensions of Social Welfare Policy(4th ed.). Boston: Allyn and Bacon.

_____________(2007). 사회복지정책론(남찬섭/유태균 역). 나눔의 집.

Goerge, Vic & Wilding, Paul(1994). Welfare and ideology. London: Harvester Wheatsheaf

Gould, S. J.(1978). Transformations, growth, and change in adult life. New York: Simon & Schuster.

Hamner, J. & Statham, D.(1999). Women and social work: Towards a woman-centred practice(2nd ed). Basingstoke: Macmillan/BASW.

Hardcastle, D. A., Wenocur, S., & Powers, P. R.(1997). Community practice: Theories and skills for social workers. New York: Oxford University Press.

Hayslip, B. & Kaminski, P. L.(2005). "Grandparents raising their grandchildren: A review of the literature and suggestions for practice". The Gerontologist 45(2). 262-269.

Hepworth, D. H., Rooney, R. H., & Larsen, J. A.(2004). Direct social work practice: Theory and skills(6th ed). dlttt 2] Tol. 140 2. CA: Brooks/Cole

Hepworth, D. H., Rooney, R. H., Rooney, G. D., Strom-Gottfried, K., & Larsen, J. A.(2006). Direct social work practice; Theory and skills(7th ed). CA: Brooks/Cole

Hester, M. & Pearson, C.(1998). From periphery to centre: Domestic violence in work with abused children. Bristol: Policy Press.

Hetherinton, E. M., Cox, M., & Cox, R.(1985). "Long-term effects of divorce and remarriage on the adjustment of children". Journal of the American Academy of Child Psychiatry 24. 518-530.

Hockenbury, D. H. & Hockenbury, S. E.(2002). Psychology(3rd ed). New York: Worth Publication.

Hoffman, K. & Sallee, A.(1993). Social work practice: Bridges to change. Needham Heights, MA: Allyn & Bacon.

Hollis, F.(1977). "Social casework: the psychosocial approach". in Encyclopedia of Social Work(17th ed). pp. 1300-1307. Washington DC: NASW press.

Howe, D.(1987). An introduction to social work theory. Aldershot: Wildwood House.

Incus, A, & Mindanao, A.(1973). Social Ivey, A., work practice:Model and method. Itasca. IL: Peacock.

Ivey, A. E. & Ivey, M, B.(2008). Essentials of intentional interviewing; counseling in a multicultural world. CA: Brooks/Cole.

Jack, G.& Gill, O.(2003). The missing side of the triangle: Assessing the importance of family and environmental factors in the lives of children. Ilford: Barnardo's.

Jendrek, M.(1994). "Grandparents who parent their grandchildren: Circumstance and decisions". The Gerontologist 34. 206-216

Johnson, L. C. & Yanca, S. J.(2007). Social work practice: a generalist approach(9th ed). Boston: Allyn & Bacon.

Kadushin, A.(1981). Child welfare services. New York: Macmillan Publishing.

Kaplan, L. & Girard, J.(1994). Strengthening high risk families. New York: Lexington Books.

Kaufmann, F. X.(ed.)(2005). 사회정책과 사회국가(정연택 역). 21세기.

Kilpatrick, A. & Holland, T. (1995). Working with families: An integrative model by level of functioning. Boston: Allyn & Bacon.

Kirst-Ashman, K. K.(2003). Introduction to social work and social welfare: Critical thinking perspectives. CA: Brooks/Cole.

Konopka, G. (1903). Social group work: A helping process. New Jersey: Prentice-Hall.

Lampert, H.(1994). 사회정책론(윤여덕 역). 민영사.

Landon, P. S.(1995). "Generalist and advanced generalist practice". In R. L. Edwards(Ed.), Encyclopedia of social work (19th ed.), 2, 1101-1108. Washington, DC: NASW Press.

Laslett, P.(1989). A fresh map of life: Emergence of the third age(2nd Ed.). Palgrave Macmillan.

Levinson, D. J.(1986). The season's of men's life. New York: Knopf.

Liachowitz, C. H.(1988). Disability as a social construct. Philadelphia: University of Pennsylvania Press.

Luhmann, N. (2001). 복지국가의 정치이론(김종길 역). 일신사.

Maciver, R. M.(1931). The Contribution of Sociology to Social Work, Columbia University Press. Read Books (2008).

Maguire, L.(2002). Clinical social work: Beyond generalist practice with individuals, groups and families(1st ed). 배태순 외 공역. 시그마프레스. CA: Brooks/Cole.

Marcia, J.(1980). Identity in adolescence. In J. Adelson(Ed.). Handbook of adolescent psychology. New York: John Wiley.

Marsh, P. & Triseliotis, J.(1996). Ready to practise? Social workers and probation officers: Their training and first year at work. Aldershot: Avebury.

Mason, J.(1996). Qualitative Researching. Thousand Oaks, C.A.: Sage. Publications

McGoldrick, M. & Carter, B.(1999). "Self in context–The individual life cycle in systemic perspective". In B. Carter & M. McGoldrick(Ed.), The expanded family life cycle: Individual, family, and social perspectives(3rd Ed.). MA: Allyn and Bacon,

McInnis–Dittrich, K.(1994). Integrating Social Welfare Policy & Social Work Practice Pacific. Grove: Brooks/Cole Publishing Company.

McLeod, J.(2003). An Introduction to Counselling (3rd ed). Buckingham: Open University Press.

Middleman, R. & Wood, G.(1990). "Reviewing the past and present of group work and the challenge of the future". Social Work with Groups 13(3). 3–20.

Minkler, M. & Fuller–Thomson, E.(1999). "The health of grandparents raising grandchildren: Results of a national study". American Journal of Public Health, 89, 1384–1389.

Monk, A.(Ed.)(1990). Handbook of gerontological services(2nd Ed.). New York: Columbia University Press.

NASW(2009). NASW Code of Ethics.

Netting, E., Kettner, P., & McMurtry, S.(1997). Social work macro practice. New York: Longman.

New Oxford Dictionary of English(2001).

Newman, B. M, & Newman, P. R.(2018). Development through life: A psychosocial approach(13th Ed.). Boston, MA: Cengage.

Newman, B. M.& Newman, P. R.(2012). Development through life: A psychosocial approach(12th Ed.). CA: Cengage Learning.

Nichols, W.& Everett, C.(1986). Systemic family therapy: An integrative approach. New York: The Guilford Press.

Nichols. M. P. & Schwartz, R.(2001). Family therapy: Concept and method(4th ed). Boston: Allyl & Bacon.

Oliver, M.(1996). Understanding disability: From theory to practice. New York: St. Martin's Press.

________(1998). "Theories in health care and research: Theories of disability in health practice and research". British Medicine Journal 317(170). 1446-1449

Oliver, M. & Barnes, C.(1998). Disabled people and social policy: From exclusion to inclusion. London: Longman.

Panel, C. & Othman, B.(1980). "Relating the mainstream model of social work with group to group psychotherapy and the structured group approach". Social Work with Groups, 3(2), 5-23.

Payne,M.(1997).Modern social work theory(2nded).Chicago:LyceumBooks.

Perlman, H.(1957). Social casework: A problem solving process. Chicago: University of Chicago Press.

Petersen, A. C.(1993). "Creating adolescents: The role of context and process in developing trajectories" Journal of Research on Adolescence 3. 1-18.

Popple, Phillip, R. & Leighninger, Leslie(2002). Social Work, Social Welfare, and American Society(5th ed). Boston: Allyn and Bacon.

Preston-Shoot, M. & Amass, D. (1990). Making sense of social work. Basingstoke: Macmillan.

Priestly, M.(2003). Disability: A life course approach. Cambridge: Polity.

Pruchno, R.(1999). "Raising grandchildren: The experiences of black and white grandmothers". The Gerontologist, 39, 209-221.

Rapoport, L.(1967). "Crisis-orientated short team casework". Social Services Revies 41. 31-44.

Reid, W. J. & Shyne, A.(1969). Brief and extended casework. New York: Columbia University Press.

Reid, W. J. & Epstein, L.(1972). Task-centred casework. New York: Columbia University Press.

Richmond, M.(1922). What is social casework? New York: Russell Sage Foundation.

Rogers, C. R.(1961). On becoming a person. Boston: Houghton Mifflin

Rosenberg, D. Rosenberg, H. J., & Farrell, M. P. (1999). "The middlelife crisis revisited". In S. L. Willis &J. D. Reid(Eds.), Life in the middle: Psychological and social development in middle age. San Diego, CA: Academic Press.

Rothman, J. (1995). "Approaches to community intervention". In J. Rothman, J. L. Erlich, & J. E. Tropman, Strategies of community intervention(6th ed.). Illinois: F. E. Peacock.

Rubin, S. E. & Rossler, R. T.(2001). Foundations of the vocational rehabilitation process(5th Ed.). Austin, TX: Pro-ed.

Saleebey, D.(1997). The strengths perspective in social work practice(2nd ed). New York: Longman.

__________(2002). "Introduction: Power in people". In D. Saleebey(Ed), The strengths perspective in social work practice(3rd ed). pp.1-22. Boston: Allen & Bacon.

Seed, P.(1990). Introducing network analysis in social work. London: Jessica Kingsley.

Shaw, S.(1991). "The conflicting experiences of lone parenthood". In M. Hardey & G. Crow (Eds.). Lone parenthood. Toronto: University of Toronto Press.

Sheafor, B. W. & Horejsi, C. R.(2000). Techniques and guidelines for social work practice(7thed).Boston:Allyn&Bacon.

Sheafor, B. W., Horejsi, C. R., & Horejsi, G. A.(2000). Techniques and guidelines for social work practice(5th ed). Boston: Allyn & Bacon.

Sheehy, G.(1995). New passages: Mappingyour life across time. New York: Ballantine Books.

Shyrock, R. H.(2002). 근대 서양의학사(이재담 역). 디엘컴.

Sibeon, R.(1990). "Comments on the structure and forms of social work knowledge". Social Work and Social Sciences Review 1(1). 29-44.

Singer, G.. Powers, L., & Olson, A.(1996). Redefining family support. Pacific Grove: Brooks/Cole.

Solomon, J. C. & Marx, J.(1995). "To grandmother's house we go: Health and school adjustment of children raised solely by grandparents" The Gerontologist 35(3). 386-394.

Steinberg, L. D. & Silk, J. S.(2002). "Parenting adolescents". In M. Bornstein(Ed.), Handbook of parenting(2nd Ed.) Vol. 1. Mahwah, NJ: Erlbaum.

Stepney, P. & Ford, D. (2000). Social work models, methods and theories. Lyme Regis: Russel House.

Stroufe, L. A.(1979). "Socioemotional development". In J. Osofsky(Ed.), Handbook of infant development. New York: Wiley.

Thorne, B. (2002). "Person-centred counselling". in M. Dvies(ed.) The Blackwell companion to social work(2nd ed). Oxford: Blackwell.

Tobin, S. S. & Toseland, R. W.(1990). "Models of services for the elderly". In A. Monk(Ed.) (1990), Handbook of gerontological services(2nd Ed.). New York: Columbia University Press.

Toseland, R. W. & Rivas, R. F.(1995). An introduction to group work practice(2nd ed).

New York: Macmillan.

____________________________(1998). An indroduction to group work practice(3rd ed). Boston: Allyn & Bacon.

____________________________(2001). An indroduction to group work practice(4th ed). Boston: Allyn & Bacon.

Trevithick, P.(2000). Social work skills. 우국희 외 공역. 청목출판사. Buckinham: Open University Press.

__________(2005). Social work skills. A practice handbook(2nd ed). Buckinham: Open University Press.

Turner, F. J.(Ed.). (1996). Social work treatment(4th ed). New York: Free Press.

Wallestein, J. S. & Lewis, J. M.(2004). "The unexpected legacy of divorce: Report of a 25-year study". Psychoanalytic Psychology 21. 353–370.

Walsh, J. (2006). Theories for direct social work practice. CA: Brooks/Cole.

Weick, A. Rapp, C. Sullvian, W. P., & Kisthardt, W.(1989). "A strengths perspective for social work practice". Social Work 34. 350–354.

Whitbourne, S. K.(2005). Adult development and aging: Biopsychosocial perspectives(2nd Ed). New York: Wiley.

Wilensky H. L. & Lebeaux C. N.(1965). Industrial Society and Social Welfare. New York: The Free Press.

Williams, J. M.(1997). Extending independent living to persons with brain injuries. University of Kansas Unpublished Doctoral Dissertation.

Zastrow, C.(2000). Introduction to social work and social welfare(7th ed). Belmont, CA: Wadsworth.

__________(2004). Introduction to social work and social welfare: Empowering people(8th ed). Belmont, CA: Wadsworth.

__________(2006). Social work with groups; A comprehensive workbook(6th ed). CA: Brooks/Cole.

사회복지학개론

초판 1쇄 인쇄 / 2022년 12월 23일
초판 1쇄 발행 / 2022년 12월 30일

저자 황희숙
발행처 형설출판사
경기도 파주시 회동길 37-23 · 전화 (031) 955-2361～4 · 팩시밀리 (031) 955-2341
발행인 장진혁
등록 라-제9호 · 1962년 5월 1일
홈페이지 http://www.hyungseul.co.kr
e-mail hs@hyungseul.co.kr

정가 30,000원

ISBN 978-89-472-8632-9 93330

사회복지학개론